Calor

Bill Buford

Calor

Aventuras de un aficionado como esclavo en la cocina,
cocinero, fabricante de pasta y aprendiz
de carnicero en la Toscana

Traducción de Marta Salís

EDITORIAL ANAGRAMA
BARCELONA

Título de la edición original:
Heat
Alfred A. Knopf
Nueva York, 2006

Ilustración: foto © Christopher Thomas / Getty Images

Primera edición en «Panorama de narrativas»: octubre 2007
Primera edición en «Compactos»: enero 2022

Diseño de la colección: Julio Vivas y Estudio A

ISBN: 978-84-339-6101-3
Depósito Legal: B. 19112-2021

Printed in Spain

Liberdúplex, S. L. U., ctra. BV 2249, km 7,4 - Polígono Torrentfondo
08791 Sant Llorenç d'Hortons

Para Jessica

... che move il sole e l'altre stelle

Cena con Mario

Un ser humano es, fundamentalmente, un saco en el que se echa comida; sus demás funciones y facultades pueden ser más elevadas, pero, en el tiempo, vienen después. Un hombre muere y es enterrado, todas sus palabras y actos caen en el olvido, pero las cosas que ha comido viven después de él en los huesos fuertes o débiles de sus hijos. Creo que sería una hipótesis plausible la de que los cambios de dieta alimenticia tienen mayor trascendencia que los cambios dinásticos o religiosos. La Gran Guerra, por ejemplo, no habría sido posible si no se hubiese inventado la carne enlatada. Y la historia de los últimos cuatrocientos años en Inglaterra habría sido enormemente diferente sin la introducción de los tubérculos y de otros vegetales a finales de la Edad Media, y, poco después, la introducción de bebidas no alcohólicas (té, café, cacao) y también de licores destilados a los que no estaban acostumbrados los ingleses, bebedores de cerveza. Es curiosa la escasa frecuencia con que se reconoce la importancia social de la comida. En todas partes se ven estatuas dedicadas a políticos, poetas y obispos, pero ninguna dedicada a cocineros, curadores de tocino o cultivadores de hortalizas.

GEORGE ORWELL,
*El camino de Wigan Pier**

* Traducción de Ester Donato, Barcelona, Destino, 1982. *(N. de la T.)*

La primera vez que vislumbré lo que los amigos de Mario Batali habían descrito como el «mito de Mario» fue un gélido sábado por la noche, en enero de 2002, cuando le invité a una cena de cumpleaños. Batali, chef y copropietario de Babbo, un restaurante italiano en Manhattan, es un cocinero tan famoso y competente que casi nunca le invitan a comer a casa de nadie, según me explicó, e hizo cuanto pudo para mostrarme su agradecimiento. Apareció con su propia grapa de membrillo (el áspero zumo de uva del final de la vendimia, una vez destilado, se vuelve casi bebible al añadirle esa fruta), una jarra de *nocino* casero (la misma idea, pero con nueces), abundante vino y una gruesa tajada de *lardo:* literalmente, el tocino crudo y «lardoso» de un cerdo muy gordo, que él mismo había adobado con hierbas aromáticas y sal. Yo era lo que con generosidad podría llamarse un cocinero entusiasta, más osado que competente (es decir, entusiasta pero esencialmente ignorante), y todavía me sorprende que tuviera el atrevimiento de invitar a alguien tan famoso como Batali, junto con otras seis personas que pensaban divertirse presenciando mi humillación. (Mario era amigo del amigo que celebraba el cumpleaños, así que pensé: ¿Por qué no invitarle a él también?; pero, cuando –maravilla de las maravillas– aceptó y se lo conté a Jessica, mi mujer, ésta se puso furiosa: «¡En qué diablos estabas pensando al invitar a *cenar* a un famoso chef!»)

Pero la velada no resultó tan cómica, fundamentalmente porque Mario no me dio la oportunidad. En cuanto me explicó que sólo un imbécil dejaría la carne envuelta en papel de aluminio después de cocinarla, tiré alegremente la toalla y seguí sus instrucciones. Batali, en cualquier caso, ya llevaba para entonces las riendas de la reunión. Nada más llegar, había cortado el *lardo* en rodajas muy finas y, con inesperada familiaridad, las había colocado en nuestras lenguas, susurrando que la grasa debía deshacerse lentamente en nuestras bocas para poder apreciar su intensidad. El *lardo* era de un cerdo de setecientas cincuenta libras de peso que, durante sus últimos meses de vida, se había alimentado de nata, manzanas y nueces («la mejor canción entonada en clave porcina»), y Mario nos convenció de que podríamos paladear todos los sabores de aquella maravillosa dieta –allí, en el fondo de la boca– mientras el tocino se disolvía. Ninguno de nosotros había probado nunca de manera consciente la grasa del cerdo («En el restaurante, les digo a los camareros que lo llamen *prosciutto bianco*»), y cuando Mario nos animó a repetir por tercera vez, todos nuestros corazones se habían acelerado. Batali era un gran bebedor –comentó de pasada que, en uno de sus viajes a Italia con su socio de Babbo, Joe Bastianich, los dos se habían echado al coleto doce botellas de vino en una cena– y, aunque no creo que ninguno de nosotros fuera capaz de nada parecido, para entonces estábamos ya muy sedientos (el *lardo,* la sal, el calor humano de tanto regocijo) y, realmente animados, empezamos a beber cada vez más. No sé.

En realidad no me acuerdo. Teníamos también la grapa y el *nocino,* y una de mis últimas imágenes es la de Batali a las tres de la madrugada (un hombre corpulento con la espalda terriblemente arqueada, los ojos cerrados, una larga cola de caballo pelirroja balanceándose rítmicamente tras él, y un cigarrillo apagado en los labios mientras golpeaba el suelo con sus zapatillas Converse rojas) simulando que tocaba la guitarra al compás del «Southern Man» de Neil Young. Batali tenía cuarenta y un años, y pensé que hacía mucho tiempo que no veía a un adulto simular que tocaba la guitarra. Después encontró la banda sonora de *Buena Vista Social Club,* intentó bailar salsa con una de las invitadas (que enseguida se desplomó en un sofá), trató de seguir con el novio de ésta, que le miró con indiferencia, lo cambió por un CD de Tom Waits, y canturreó mientras fregaba platos y barría el suelo. Me recordó que teníamos una cita al día siguiente –para corresponder a mi invitación, me había pedido que le acompañara a un partido de fútbol de los New York Giants con unas entradas que le había regalado el comisario de la NFL, que acababa de comer en Babbo–, y después desapareció con tres de mis amigos, asegurando que conocía los locales abiertos hasta las cinco de la madrugada como la palma de la mano y encontraría un lugar donde continuar la velada. Acabaron en el Marylou del Village, «un estupendo garito donde se puede conseguir lo que sea a cualquier hora de la noche, y nada bueno», según la descripción de Batali.

Había amanecido cuando regresó a casa. Me lo contó su portero al día siguiente cuando los dos tratábamos de despertarlo mientras el chófer del comisario le esperaba en la calle. Cuando finalmente Batali apareció en ropa interior, cuarenta y cinco minutos más tarde, se quedó unos instantes perplejo en la puerta de su apartamento, preguntándose qué hacía yo allí. (Batali es realmente voluminoso, y era todo un espectáculo verlo así vestido.) Luego, en unos minutos, se transformó en lo que llegaría a ser para mí el estilo Batali: pantalones cortos, zuecos, gafas de sol envolventes y el cabello pelirrojo recogido en una cola de caballo. Aquel corpulento Clark Kent en calzoncillos se convertía en «*Molto* Mario» –el nombre ingenioso y polisémico de su programa culinario de televisión, uno de cuyos significados era, literalmente, *Mucho* Mario (es decir, un Mario *intensificado, exagerado*)– y una figura cuya celebridad no supe apreciar hasta que, como invitados del comisario, nos permitieron bajar al campo antes del partido. Los hinchas de los New York Giants tienen tanta fama de brutos que hay muchas caricaturas de ellos (desnudos de cintura para arriba en una mañana invernal o llevando rígidos sombreros; en cualquier caso, unos tipos poco aficionados a las tareas culinarias), y me sorprendió que tantos reconocieran al chef de la cola de caballo, que les miraba muy sonriente con los brazos cruzados. «¡Eh, Molto!», gritaban. «¿Qué se está cociendo, Mario?» «¡Mario, un plato de pasta!» En esa época, *Molto Mario* se emitía por las tardes en la televisión por cable, y descubrí una imagen muy compleja del macho trabajador metropolitano, que corría a casa cuando terminaba su turno de trabajo para aprender cómo brasear sus *rapini* y conseguir el punto adecuado de sus *orecchiette* caseras. Me quedé a cierta distancia, observando el espectáculo (para entonces parte del público coreaba: ¡Molto! ¡Molto! ¡Molto!) con uno de los encargados de seguridad, un hombre fornido con un aire y una vestimenta que parecían gritar: «¿Dónde es la fiesta, tío?»

–Me encanta ese tipo –dijo mi acompañante–. Me basta mirarlo para tener hambre.

Mario Batali es el chef más conocido de la ciudad con más chefs del mundo. Además de su programa de televisión –y de sus apariciones para promocionar, por ejemplo, el circuito de carreras de la NASCAR en Delaware–, Batali estaba sencilla y vigorosamente omnipresente. Se podría decir sin miedo a equivocarse que ningún chef comía, bebía, entraba y salía tanto como él. Si vives en la ciudad de Nueva York, acabarás encontrándote con él (y lo harás antes si eres de los que dan vueltas por ahí a las dos de la mañana). Con su socio Joe tiene otros dos restaurantes, Esca y Lupa, y una tienda donde venden vinos italianos; y cuando nos conocimos, estaban pensando en abrir una pizzería y comprar un viñedo en la Toscana. Pero Babbo, encajonado en unas antiguas cocheras del siglo XIX, al lado de Washington Square, en Greenwich Village, era el alma de su empresa. El edificio era estrecho; el lugar estaba lleno de gente, ruido y empujones; y la comida, deliberadamente italiana, más que italoamericana, se caracterizaba por su extraordinaria presentación, que parecía tener el sello inconfundible de Batali. La gente iba allí en busca de excesos. Algunas veces me preguntaba si Batali, más que un cocinero convencional, no sería un abogado de la turbia empresa de despertar apetitos voraces (fueran lo que fueran) y saciarlos (del modo que fuese). Un amigo mío, que en una ocasión se acercó a la barra para tomar una copa, fue alimentado por el propio Batali durante seis horas, y luego tuvo que pasar tres días comiendo fruta y bebiendo agua. «Ese hombre no sabe lo que es la mesura. Jamás había visto a nadie cometer tantos excesos. Todo es comida y bebida, comida y bebida, comida y bebida, hasta que uno tiene la sensación de estar drogado.» Los chefs que le visitaban regularmente eran sometidos a las versiones más extremas de lo que ya era de por sí una experiencia extrema. «Vamos a matarle», me dijo Batali con cara de loco mientras preparaba la comida de un rival que había pedido inocentemente un menú degustación de siete platos, y al que Batali añadió un número letal de platos extra. Los entrantes (distintas variantes del cerdo) incluían *lonza* (lomo curado de la piara alimentada con nata, manzanas y nueces), *coppa* (espaldilla), una manita frita, setas *porcini* asadas con la *pancetta* preparada por Batali, y («¿por qué no?») pasta cubierta de *guanciale* (carrillada). Ese año Mario estaba probando un nuevo lema: «El maldito exceso casi se queda corto.»

Batali nació en 1960 y creció en las afueras de Seattle: un chico de una zona residencial con una sólida educación *Leave it to Beaver.** Su madre, Marilyn, es de origen inglés y francocanadiense: de ella ha heredado el cabello pelirrojo y esa piel tan clara, tan poco meridional. Todo lo italiano le viene de su padre, Armandino, el nieto de unos inmigrantes que llegaron a Estados Unidos en la década de 1890. Mientras Mario crecía, su padre era un ejecutivo bien remunerado de la compañía Boeing, encargado de gestionar las piezas de los aviones fabricadas en el extranjero, y en 1975, cuando le destinaron a Europa para supervisar el cierre de las fábricas, se llevó a su familia a vivir a España. Fue entonces cuando Mario cambió, según Gina, su hermana pequeña. («Ya estaba intentando rebasar los límites.») En los años que siguieron al franquismo, Madrid era un lugar de diversión y libertinaje (bares donde servían alcohol a menores, antros en los que se vendía hachís, legalización repentina de la profesión más antigua del mundo), y Mario pareció probar un poco de todo. Le pillaron

---

* Serie de televisión de la década de 1950, un retrato estereotipado de la familia norteamericana de la época. *(N. de la T.)*

cultivando marihuana en el tejado del edificio donde vivía su padre (el primer incidente de lo que acabaría convirtiéndose en todo un asunto: Batali fue más tarde expulsado de su residencia universitaria, estuvo bajo sospecha de traficar, e incluso años después tuvo un problema en la frontera de Tijuana por el que acabó en la cárcel). Su asociación con la marihuana trae, asimismo, a la memoria de Batali sus primeros escarceos culinarios: paninis nocturnos con cebollas caramelizadas de la región, un queso de vaca español y rodajas muy finas de chorizo: «La mejor mezcla imaginable para unos consumidores de hachís; Dana, mi hermano menor, y yo, éramos los típicos críos fumadores de porros..., ¡nos sentíamos tan felices!»

Cuando Batali regresó a Estados Unidos en 1978 para estudiar en la Rutgers University de Nueva Jersey, estaba decidido a volver a Europa («Quería ser un banquero español; me encantaba la idea de ganar mucho dinero y llevar una vida de lujo en Madrid»), y, aunque parezca increíble, sus dos asignaturas principales eran dirección de empresas y teatro español. Pero, después de haber sido expulsado de su residencia universitaria, Batali consiguió trabajo como lavaplatos en una pizzería llamada Stuff Yer Face* (el mero nombre era premonitorio), y su vida cambió. Lo ascendieron a cocinero, luego a cocinero de línea (dentro de un área de producción, el encargado de preparar una cosa determinada), y finalmente le pidieron que fuera el encargado, una oferta que rechazó. No quería esa responsabilidad; se estaba divirtiendo demasiado. La vida en Stuff Yer Face era vertiginosa (veinticinco años después, Batali sigue afirmando que posee el récord de pizzas fabricadas en una hora), sexy («Las camareras más hermoooooosas de la ciu-

* Ponte morado. (*N. de la T.*)

dad») y muy extrema («No quiero parecer un gran drogata, pero, cuando un tipo entra en la cocina con un molde de pizza al revés cubierto de líneas de coca, ¿cómo puede uno decir que no?»). Cuando en su tercer año de universidad asistió a una conferencia organizada por las empresas más importantes, Batali se dio cuenta de su equivocación; jamás sería banquero. Sería chef.

«Mi madre y mi abuela siempre habían dicho que yo debería ser cocinero. De hecho, cuando preparaba mis solicitudes para entrar en la universidad, mi madre me aconsejó una escuela de cocina. Pero yo le dije: "Demasiado gay, mamá. No quiero ir a una escuela de cocina..., eso es para maricas".» Cinco años después, Batali había regresado a Europa y estaba matriculado en el Cordon Bleu londinense.

Su padre seguía supervisando las operaciones de la Boeing en el extranjero y tenía en aquellos momentos su base en Inglaterra. Gina Batali también vivía allí y recuerda que sólo veía a su hermano mayor cuando ella se marchaba al colegio y Mario regresaba de sus correrías nocturnas después de asistir a clase durante el día y de trabajar en un pub. Se trataba de The Six Bells de King's Road, en Chelsea. Mario se ocupaba de servir bebidas en lo que llamaban la barra americana («No tengo *ni idea* de lo que hacía») cuando abrieron un elegante comedor en la parte trasera y contrataron a un chef para dirigirlo, un hombre de Yorkshire llamado Marco Pierre White. Batali, aburrido del ritmo de la escuela de cocina, fue contratado como el nuevo esclavo del chef.

En la actualidad, Marco Pierre White está considerado uno de los chefs más prestigiosos de Gran Bretaña (así como uno de los más irascibles, belicosos y autoritarios), y parece increíble que estos dos hombres, ambos con poco más de veinte años, coincidieran en la diminuta cocina de un pub. Batali era incapaz de comprender lo que presenciaba: su única experiencia en un restaurante había sido preparar platos combinados en New Brunswick. «Creía estar viendo algo que todos los demás conocían. No tenía la sensación de estar a la cabeza de una revolución. Y, sin embargo, aunque no podía imaginar que aquel tipo llegaría a ser tan famoso, me daba cuenta de lo diferente y creativa que era su cocina. Era un genio decorando los platos. A mí jamás me había preocupado la presentación. Me limitaba a tirar la comida en el plato.» Batali describía a White haciendo un puré verde brillante con hojas de albahaca y una crema de mantequilla blanca, y luego dibujando círculos con la salsa verde en un sentido y con la crema blanca en el otro y trazando una línea oblicua en medio. «Jamás había visto a nadie trazar jodidas líneas con dos salsas.» White ordenaba a Batali que le siguiera al mercado («Yo era su cabeza de turco. "Sí, jefe", le contestaba, "lo que usted mande, jefe"») y los dos regresaban con aves de caza o con los ingredientes de los platos más inverosímiles que jamás se servirán en un pub inglés: *écrevisses* con una salsa reducida de langosta, ostras con caviar, hortelano asado (un pájaro diminuto y muy poco común que se sirve cuando aún respira, y que se come con tripas y todo, como un crustáceo crudo). «Y toda la carta estaba escrita en jodido francés.»

Según Batali, White era en el fondo un ignorante, pero, al ser tan intuitivo y tan físico –«un hermoso espécimen, perfecto, un cuerpo clásico, como una escultura, de hombros anchos, cintura estrecha»–, podía hacer cosas con la comida que nadie había hecho antes. «Cuando preparaba una salsa holandesa la batía con tanta fuerza que la espuma empezaba a subir y se convertía en otra cosa..., en una especie de sabayón.» Siempre estaba picando cosas, reduciéndolas, y haciendo que Batali las pasara por un tamiz «más pequeño que un jodido colador de té, porque estábamos en un pub y era lo único que teníamos; y yo me pasaba el día entero tratando de colar una reducción de marisco llena de cáscaras por aquella cosa diminuta, empujándola una y otra vez con una cuchara de madera».

El apelativo que más le gustaba emplear a White era «peón caminero». «Por ejemplo, estamos los dos solos en la cocina», recuerda Batali, «y, según él, estoy haciendo mal las patatas, o los calabacines, o lo que sea, así que me manda saltear los tirabeques mientras él continúa en una esquina haciendo algo espectacular con seis cigalas, y de pronto grita: "Tráeme los tirabeques *ahora*", y yo se los llevo, obedientemente. "Aquí tiene, jefe." Pero a él no le gusta su aspecto. "Están fatal, gilipollas. Los has cocido demasiado, jodido imbécil. Te los has cargado, peón caminero de mierda." Pero yo soy americano y no entendía lo que significaba "peón caminero", y entonces le respondía algo así como: "Peón caminero esto, peón caminero lo otro, si no te gustan mis tirabeques, hazlos tú", lo que le enfurecía aún más.» White arrojó un risotto en el pecho de Batali. Pegó a un chico irlandés que fregaba los platos. «Era muy intimidante», recuerda Batali. Y aguantó cuatro meses —«Estaba aterrorizado, ese tipo era un hijo de puta»—, y un día echó dos puñados de sal en una salsa de mantequilla blanca y se largó.

«Nunca me olvidaré de él», dijo White, cuando le conocí en Londres. «¿A que sus pantorrillas son enormes? Debería donarlas a la cocina cuando muera. Serían un fantástico ossobuco. Si Batali entrara por la puerta, me bastaría ver sus pantorrillas para reconocerle.» Según White, Mario no se tomaba en serio su profesión. «Le perdía el sueño.» Habría sido un chef estupendo, explicaba White, si se hubiera levantado al oír el despertador. Se acuerda de cuando le enviaba a comprar frutas tropicales. «Volvía con cuatro aguacates. Estaba agotado. No sabía lo que hacía. Había estado de juerga hasta las cuatro de la mañana. Era terriblemente alocado. Muy extremo. Joy Division era su grupo favorito, eso lo dice todo.» White se llevó el dedo a la nariz y simuló que esnifaba. «Usted me entiende, ¿verdad?» White movió la cabeza. «¿Estaría bien decir que en aquellos tiempos su entusiasmo por la gastronomía era muy superior a su talento? ¿Puedo hacer ese comentario? En cuanto a su talento, ¿ha logrado equipararse a su entusiasmo?»

En la cocina de White, Batali fue un fracaso, y no hay duda de que le gustaría olvidar aquella experiencia, pero no puede: al fin y al cabo, White fue la primera persona que le mostró lo que podía ser un chef. Por ese motivo, Batali aborrece y respeta a White. Incluso ahora, veinte años después, uno percibe en la versión de Batali cierta irritación por no haber logrado seducir o trabajar con alguien que conocía tan bien el potencial de la comida, el hecho de que ésta fuera «un mundo tan abierto». Batali aprendió de White las excelencias de la presentación, la rapidez, la resistencia, y una cocina de intensa actividad física. Y también se desarrolló con él su odio a las cosas francesas. Batali tiene vetadas las salsas reducidas, la costumbre de hervir un caldo de carne hasta que adquiere la densidad de un jarabe. («Si al pasar el dedo por él se queda la huella, no es mío; nosotros nunca lo serviríamos, es demasiado francés.») Y tampoco tolera los berrinches («algo tan histriónico, tan de la vieja escuela»). Pero Batali aprendió sobre todo cuánto le faltaba por aprender.

Estimulado por White, Batali se embarcó en un recorrido por los mejores restaurantes de Europa, siguiendo el

rastro de las habilidades de White hasta llegar a sus orígenes, como si se tratara de una línea genealógica: La Tour
d'Argent en París; el Moulin de Mougins en la Provenza; el
Waterside Inn, en las afueras de Londres, considerado entonces el mejor restaurante de Gran Bretaña. «En cuatro
meses se aprenden las cosas esenciales de cada lugar», me
dijo Batali. «Si quieres aprenderlas como es debido, tienes
que quedarte un año para cocinar en todas las estaciones.
Pero yo tenía demasiada prisa.» Batali pasaba la mayor
parte del tiempo haciendo unas tareas tremendamente re-
petitivas: exprimiendo carcasas de pato, noche tras noche,
con ayuda de un artilugio diseñado para extraer hasta la
última gota de jugo y hacer un caldo de pato que, a su
vez, se reduciría hasta convertirse en una de esas salsas
«pegajosas y engomadas» que tanto empezaban a desagra-
dar a Batali. «Se aprende trabajando en la cocina. No leyendo un libro, ni viendo un programa de televisión, ni
asistiendo a clase. Así es como funciona la cosa.»

Y eso es lo que yo quería hacer: trabajar en la cocina
de Babbo, como esclavo de Mario.

Esclavo en la cocina

Descubrí casualmente que un hombre que cocina resulta muy seductor. Había invitado a cenar a una mujer, llamémosla Mary Alice. Puse a Erroll Garner, un poco de Miles Davis y después «Moonglow», la melodía principal de *Picnic* y la música más romántica de la escena de amor más romántica que jamás se ha filmado, y saqué el entrante que había preparado con antelación, unas gambas Rothschild: rebanadas de pan de molde sin corteza salteadas en mantequilla clarificada, rellenas de gambas braseadas un par de minutos en un caldo de pescado (que después se reduce hasta adquirir la consistencia del almíbar) y gratinadas en el horno con un poco de gruyère y unas láminas de trufa. Coloqué el plato delante de ella.

–¡Oh! –exclamó, y me siguió a la cocina donde estaba preparando los tournedos Rossini: pequeños medallones de solomillo recubiertos de *foie gras* y láminas de trufa, con una reducción de Madeira.

–¡Ah!

Y empezó a preguntarme toda clase de detalles sobre lo que estaba haciendo y quién era.

El remate era un postre espectacular llamado Le Talleyrand. Se prepara con cerezas enlatadas, azúcar y almendras molidas, se recubre de merengue, se pone encima media cáscara de huevo vacía y se mete en el horno; para que su efecto sea sorprendente, se apagan las luces y se prende fuego a un poco de kirsch o de ron, que se vierte en la cáscara de huevo cuando el merengue sale tostado del horno, como si fuera un pequeño volcán... y es entonces cuando las cosas se pueden poner interesantes.

Los ojos de Mary Alice eran límpidos y suplicantes.

–Eres el hombre más complejo y profundo que conozco, y adoro tus conocimientos y tus dedos..., pero tengo otra cita esta noche a las diez.

Y se marchó para pasar la noche con otro tipo. ¡Tanto trabajo para beneficiarlo a él! Y ni siquiera me llamó para darme las gracias.

JONATHAN REYNOLDS,
Dinner with Demons, 2003

1

Aceptaron que me incorporara a prueba. «El problema es el espacio», dijo Mario. «¿Cabe otro ser humano?» No. Ni siquiera cabían los que estaban. Pero, de algún modo, conseguí hacerme un hueco. Para empezar, iría una o dos noches a servir la pasta en los platos y pasaría los viernes en la cocina auxiliar, preparando alimentos para la noche. Mario me invitó entonces a una de sus reuniones del sábado por la mañana. Era el 26 de enero de 2002.

Aparecieron veinte personas, y se sentaron alrededor de una mesa muy larga, en el piso de arriba, con Mario en el centro. En abril saldría a la luz *El recetario de Babbo*, y su publicación, dijo, tendría algunas repercusiones. «Estaremos en el punto de mira. Vendrán equipos de televisión, mucha gente y, lo que es más importante, regresarán los críticos.» Babbo era un restaurante de tres estrellas y, según Mario, probablemente se volvería a evaluar si las seguía mereciendo. Lo que quería decir en realidad es que el crítico culinario del *New York Times* no había escrito sobre Babbo y podría aprovechar la publicación del libro para hacerles una visita, y Mario deseaba que todo el mundo estuviera preparado. «Además», dijo Mario, «como el libro desvelará nuestros secretos, tendremos que cambiar la carta.» Pidió a todos que aportaran ideas y sugirió que sus cocineros leyeran recetas antiguas, buscando platos tradicionales con los que pudiera hacerse algo nuevo. Luego nos recordó los tres principios esenciales de la cocina: que estábamos allí para «comprar comida, prepararla y venderla obteniendo una ganancia; ése es nuestro cometido»; que la regularidad era fundamental («Si alguien viene de nuevo al restaurante para tomar un gran plato, y no se lo servimos exactamente igual, somos estúpidos»); y que el éxito de Babbo, «el mejor restaurante italiano de América», se debía sobre todo a su estilo: «Más femenino que masculino. Se trata de que la gente piense que hay varias abuelas preparando su comida en la cocina.»

Cuando Mario terminó, Andy Nusser, el chef ejecutivo encargado de dirigir el día a día, sacó a colación un problema de trabajo: el mal genio. Andy tenía cuarenta y un años, la edad de Mario, pero su físico apolíneo no podía ser más diferente del dionisiaco de su jefe. Medía uno ochenta y tres y tenía los hombros de un nadador y una belleza muy juvenil; lo único que traicionaba su edad era que su abundante pelo empezaba a encanecer. Estaba en Babbo desde su apertura. Su forma de ser (austera, nada frívola, siempre con prisas) transmitía disciplina y un respeto casi militar por las reglas. Acababa de despedir a un cocinero, declaró Andy, por ser incapaz de dominar su mal genio. Había golpeado las ollas, arrojado al suelo toda clase de utensilios, «envenenado a todos con su ira». No tolerarían un comportamiento así, dijo Andy. Mario le interrumpió con algunas sugerencias: tomarse un pequeño descanso antes de empezar a cocinar o «el estrés se introducirá en lo que cocinéis y nosotros lo notaremos». Ofreció algunas estrategias para la semana: aunque tengáis que trabajar trece, catorce, posiblemente quince horas en «vuestro primer día, porque el primer día siempre es terrible, el segundo día las cosas serán más fáciles, y el último día, coser y cantar. Podéis aparecer a las dos». Uno de los turnos termina hacia la una de la madrugada; por mucho que empieces a las dos de la tarde, sigues teniendo una larguísima jornada de once horas.

–Tened paciencia –añadió Andy–. Aguantad. Sé que casi todos estamos aquí porque queremos dirigir nuestros propios restaurantes.

Miré a uno y otro lado. La edad media era treinta y tantos. La mayoría eran hombres. Estaban pálidos y sin afeitar. Muchos hablaban inglés con dificultad. ¿Estaban allí porque esperaban dirigir sus propios restaurantes?

El viernes siguiente, a las siete de la mañana, me presenté ante el chef de la cocina auxiliar, una mujer hermosa y atlética de más de cuarenta años llamada Elisa Sarno. Yo estaba entusiasmado, lleno de esperanza, dispuesto a todo. Pero Elisa no pareció demasiado contenta de verme.

Después de ponerme un delantal y una chaqueta, me enseñaron las instalaciones. Una esquina estaba ocupada por una despensa refrigerada, un recinto del tamaño de un pequeño camión y con estantes de arriba abajo. La crítica semanal de restaurantes del *New York Times* estaba pegada en la puerta, como de costumbre: un recordatorio de la competencia y de lo importantes que eran las tres estrellas de Babbo (muy pocos restaurantes, al parecer, llegaban a conseguir dos). Otra esquina se dedicaba a la limpieza de los platos. Encima se guardaban toda clase de cacharros y recipientes de plástico. Mientras Elisa los describía en función de su tamaño, distrajo mi atención el lavaplatos, un joven airado (nadie me lo presentó, pero más tarde descubrí que se llamaba Alejandro) que atacaba una olla del tamaño de un contenedor de basura con una manguera de alta presión de la que salían chorros de agua en las direcciones más insospechadas. «Éstos son los de un cuarto de galón», me explicaba Elisa entretanto, «y aquí tienes los de dos, cuatro, seis y ocho cuartos, todos con su código de color en la tapa. Las fuentes hondas y semihondas están allí, junto con las bandejas planas y de otro tipo.» Aprendí lo importantes que eran los recipientes en una cocina auxiliar: cuanto hacías se guardaba en ellos para poder emplearse después; y era mucho más trascendental de lo que parecía preguntar: «¿Coloco *esto* (patas de pollo, por ejemplo, o algunas carrilleras de ternera) en un recipiente de seis cuartos de galón o será suficiente uno de cuatro?» Y estaba meditando sobre aquel lenguaje tan particular y tan autista que todos dominaban manifiestamente a mi alrededor (¿es eso lo que enseñan en una escuela de cocina, toda aquella extraña terminología?) cuando Elisa interrumpió bruscamente sus explicaciones.

–¿Dónde has dejado tus cuchillos? –preguntó.

–¿Mis cuchillos?

–¿No tienes cuchillos?

–¿Se supone que he de tener cuchillos?

–Oh, Dios mío. Bueno... Tráelos la semana que viene –exclamó–. Odio prestar mis cuchillos a la gente –añadió entre dientes.

Me condujo a la despensa hablando muy deprisa, deseando volver a su trabajo.

–Aquí guardamos todo lo que va a la parrilla –señaló un estante lleno de recipientes con la tapa verde, imposible de distinguir de los demás estantes, también llenos de recipientes con la tapa verde–. Ése es el estante de la pasta. Ése, el de los salteados. Oh, sí, y ahí está la cinta adhesiva.

Todo tiene fecha y está etiquetado. ¿Dónde está tu bolígrafo? ¿Tampoco has traído bolígrafo?

Las verduras estaban en la parte trasera: cajones de zanahorias, apio, cebollas blancas. El pescado estaba apilado en el suelo, una especie de monstruo plateado del Mediterráneo que habían traído antes de que yo llegara.

–Es hora de deshuesar los patos. Ven conmigo.

Había cuatro cajas, y seis patos en cada una.

–Limpia el mostrador, humedece un trapo... ¿Te acuerdas de dónde están los trapos? Coge una tabla de madera –(¿Puedes repetirme dónde están?, pregunté muy nervioso)–, un recipiente de ocho cuartos y dos de cuatro cuartos, una fuente honda –(¿qué recipientes eran ésos?)–, y papel sulfurizado. Coge unas hojas de la despensa. Los de cuatro cuartos serán para las mollejas. Toma uno de mis cuchillos. ¿Traerás tus cuchillos la semana que viene?

Sí, sí, por supuesto.

–Saca el pato por la parte superior para no mancharte de sangre. Quítale las mollejas. El hígado va en un recipiente, los riñones en otro. Quítale las patas para hacer el *confit*, pero antes corta el hueso de la parte de abajo..., hazlo con esto –dijo, pasándome un *tomahawk* gigante–, y luego quítale la pechuga. Sabes cómo deshuesar un pato, ¿verdad?

–Bueno, supongo que sí. Quiero decir que lo he hecho alguna vez. –Pero ¿cuándo? Creo recordar una cena... ¿en 1993?

–¿Y has oído hablar de la *ostra* de las aves?

–¿La *ostra*? –pregunté, y mi mente realizó un cálculo muy simple. El pato, un animal con alas: ave. La ostra, un ente molecular sin alas: molusco. Los patos no tienen *ostras;* las ostras no tienen patos–. ¿La *ostra?* –repetí.

–Sí, es el pedacito de carne más preciado. Está aquí –dijo, cortando la pechuga por la mitad y recortando el muslo con su cuchillo. Lo manejaba con una habilidad sorprendente, como si no le costara esfuerzo, y la carne se partió instantáneamente en dos. Estaba pensando que quería aprender aquello, así que no me enteré muy bien de dónde estaba la *ostra* del pato (¿delante o detrás del muslo?) antes de que ella se marchara. Había llegado un repartidor con las cajas de carne.

Eché un vistazo a mi alrededor. Los chefs de repostería estaban a mi lado, dos tipos que cortaban piñas en rodajas. Delante de mí había una pared llena de hornos, con unos depósitos hirviendo en la parte superior. Detrás de mí, dos hombres hacían pasta. Había una batidora gigante en el suelo, mezclando rítmicamente un montón de masa. Eran las siete y cuarto de la mañana.

Cogí un pato, le quité las alas y empecé a buscar la famosa *ostra*. Sentía la obligación de honrar al pájaro que tenía en la mano asegurándome de que la *ostra* de su muslo acabara en un plato. Pero ¿dónde estaría la condenada?

Conseguí deshuesar lentamente mis primeros patos y amontoné sus pedazos en mi tabla. Tenía que filetearlos como me había enseñado Elisa –haciendo aquel truco tan sencillo con el cuchillo, únicamente con el filo, sin hacer fuerza, dejando que la carne se abriera como por arte de magia–, y después echar cada tajada en su recipiente. Pero no sabía si lo estaba haciendo bien. Apilé los muslos en una esquina de la tabla, ocultando mis primeros experimentos fallidos bajo algunos de los mejores ejemplos, por si acaso Elisa volvía a inspeccionar mi trabajo.

Mientras tanto, ella estaba abriendo las cajas de carne. («Carrilleras de cerdo *congeladas*», decía al repartidor, «no quiero nada congelado.») El repartidor no contestaba. Tenía los ojos clavados en mí. («¿Ha contado estas piernas de cordero?», le preguntaba Elisa. «Nunca hay el número que usted dice; ¿cómo voy a llevar una cocina sin saber cuántas tenemos?») ¿Qué le pasaba a aquel repartidor? Su mirada empezaba a resultarme muy incómoda. ¿No tienes nada mejor que hacer? ¿Te parece divertido ver cómo un tipo destroza veinticuatro entrantes porque es incapaz de encontrar una *ostra?*

Miré al otro lado de la habitación, donde uno de los cocineros parecía deshuesar codornices, una operación mucho más enrevesada. Y lo hacía a una velocidad pasmosa. El repartidor seguía inmóvil. ¿Estaba moviendo realmente la cabeza? En ese momento, no sé cómo, pasé el filo del cuchillo de Elisa suave y delicadamente por la parte superior de mi dedo índice, desde el primer nudillo hasta la uña. Tuve unos instantes para preguntarme si acababa de hacer lo que creía. Sí. Y la sangre empezó a salir a borbotones de mi dedo.

—¿Te has cortado? —preguntó Elisa, interrumpiendo su recuento de las piernas de cordero en un tono que decía: «¿Llevas media hora aquí y eso es todo lo que has hecho?»

—Sí —respondí, envolviendo mi mano en un trapo sucio de carne—, pero no te preocupes. Me pasa continuamente. Deberías mirar mis dedos. Un mapa de cicatrices y rasguños. Creo que debería usar gafas. Soy miope. O hipermétrope. Las dos cosas, en realidad. Me pasa continuamente, de veras.

—¿Necesitas ir al hospital?

Aquello parecía una acusación.

Dije que no con la cabeza, un poco inquieto al ver su preocupación. Estaba sangrando mucho.

—Hay tiritas en el frigorífico —exclamó ella—. Y tendrás que ponerte unos guantes de goma. Las tiritas no durarán secas.

Me retiré al comedor, tapé la herida con dos tiritas cruzadas, metí el dedo con esfuerzo en un guante de cirujano y regresé a la cocina. Eran casi las nueve, y en mi tabla de madera apenas quedaba un pequeño espacio de cinco pulgadas para trabajar. El resto estaba lleno de trozos de pato.

Continué con lo mío. Chas, choc, pim, pam, pof. Vacié mi tabla. Y, al hacerlo, las tiritas se despegaron, y el guante sintético y transparente de cirujano empezó a hincharse como un globo de agua con mi sangre. Es cierto que siempre estoy cortando trocitos de mí mismo, pero era obvio que, si cortaba un trocito de aquel guante, organizaría un desastre. Iba muy retrasado, y Elisa estaba observándome.

Cogió un muslo. Yo tenía la impresión de haber encontrado la *ostra*. Delante y detrás, dondequiera que estuviera, había mucha carne. Ése no era el problema.

–Hay demasiada grasa –dijo Elisa, cortándolo; y como si hubiera olvidado decirme algo crucial, añadió–: *eres* consciente de que esto se servirá a la gente...

La cocina auxiliar llegó a ser para mí, sobre todo las primeras semanas, una especie de campamento militar culinario donde me enseñaban las técnicas básicas para ser cocinero, especialmente a manejar con destreza los cuchillos. Era como si los hubiera usado durante años sin tener ni idea. Aquella primera mañana, me detuve para afilar mi cuchillo –bueno, en realidad el de Elisa– y ella abandonó lo que estaba haciendo para mirarme: yo lo afilaba hacia atrás (ergo, lo había hecho siempre de ese modo). Y luego estaba el asunto del balanceo. La idea es que, cuando cortas los alimentos, es necesario dejar la punta del cuchillo bien apoyada en la tabla de madera: de ese modo acabas moviendo suavemente el cuchillo de un lado a otro, y el filo se desliza sin esfuerzo, y con mayor control, por lo que sea que estés cortando. Es probable que lo sepan todos los que cocinan, pero yo no lo sabía.

Algunas técnicas parecían superfluas. Las zanahorias eran un tormento. Todos los caldos de carne de larga cocción llevan zanahorias, además de apio, cebollas y especias, para suavizar el sabor a carne. Era algo que yo sabía, o al menos creía saber. Había preparado caldos en casa: sopas, caldos de pollo, esa clase de cosas; y me limitaba a tirar las zanahorias, cortadas o no: ¿qué importancia tenía si iban a cocinarse durante horas? Craso error.

Al parecer, una zanahoria sólo se puede cortar de dos maneras: en trozos irregulares y en pequeños dados. Lo primero significa partir la zanahoria por la mitad, longitudinalmente, y luego –chas, chas, chas– cortarla en forma de perfectas e idénticas medialunas (algo que, a mis ojos, no tiene nada de irregular).

Mi pesadilla eran los pequeños dados: cortar cada trocito de zanahoria en un dado de exactamente un milímetro cuadrado.

Una zanahoria no tiene forma de dado, así que primero hay que convertirla en un largo rectángulo y cortarlo en lonchas muy finas de un milímetro, después coger esas lonchas y cortarlas en tiras largas de un milímetro, y luego –chas, chas, chas– cortar éstas en dados de un milímetro. Yo parecía haber concluido con bastante éxito la primera tanda... o eso o se había hecho tarde y nadie tenía tiempo de fijarse en la mezcolanza geométrica del recipiente que había llenado. En mi segunda tanda había treinta y seis zanahorias. Tardé mucho en cortarlas en dados. Elisa aparecía de vez en cuando para asegurarse de que no estropeaba lo que tenía entre manos, pero supongo que confió en mí con las zanahorias –después de todo, ¿qué mal podía hacer a una zanahoria?–, así que, cuando finalmente se acercó, yo estaba a punto de terminar. Me gritó: «¡Te he dicho pequeños dados! ¡Eso no son pequeños dados! Ignoro lo que son, pero están mal.» Había pasado dos horas cortando zanahorias y de pronto, como si tal cosa, me gritaban que no servían para nada; *así* de mal estaban. Tenía ganas de llorar. Tardé tres días en poder contarle mi experiencia a alguien («Ella tiró todas mis zanahorias ¡todas!»), e incluso entonces mi voz seguía temblando de indignación. Al cabo de un mes, conseguí finalmente que los pequeños dados fueran perfectos, aunque mi éxito («¡Vaya!», exclamó Elisa, cogiendo mi recipiente de cuatro cuartos y vertiendo su contenido en un líquido que hervía a fuego lento. «Éstos te han salido bien») se vio secretamente mermado por el hecho de haberme comido a escondidas un montón de pequeños dados imperfectos.

Corté carne de cerdo para un ragú (después de que me devolvieran la primera remesa: «Esto son trozos, yo te he pedido dados») y aprendí a limpiar la grasa de una falda de ternera. Al trocear unos conejos, me enseñaron a atar los lomos como los carniceros, y el descubrimiento me emocionó de tal modo que llegué a casa y seguí practicando. Le conté mis logros a Elisa. «Até todo», dije. «Una pierna de cordero, algunos utensilios, una silla. Cuando regresó mi mujer, también la até a ella.» Elisa movió la cabeza. «¡No seas patético!», exclamó, y siguió con sus tareas.

Los olores de la cocina empezaron a fascinarme. A media mañana, cuando muchos alimentos estaban preparados, se cocinaban en rápida sucesión, y los aromas llegaban en oleadas, uno tras otro, como si fueran sonidos musicales. Si había carne en el fuego, el olor intenso y penetrante del cordero invernal impregnaba la cocina. Y, al cabo de unos minutos, era el del chocolate deshaciéndose en un cuenco de metal. Y después el de algo desconcertante como los callos (es extraño para el olfato sentir cómo los menudos de vaca ocupan el lugar del chocolate). Luego llegaba un fuerte olor a pescado –pulpo hirviendo a fuego lento–, seguido de lo que parecía zumo concentrado de piña. Y los aromas se sucedían: arándanos, caldo de pollo, la reconfortante química de la ternera, el cerdo y la leche, como si alguien preparara un ragú a la boloñesa.

Hasta entonces, mi cocina se había basado en las recetas de los libros. Yo era un aficionado que siempre deseaba hacer algo más que una simple cena, aunque mis experimentos culinarios, sobre todo si invitaba a algún amigo, solían ser muy estresantes y se caracterizaban por dos cosas incompatibles: su ambición y mi falta de experiencia. Mis amigos calculaban lo que debían retrasarse, pues sabían lo que encontrarían si aparecían puntuales: su anfitrión lleno de salpicaduras, presa del pánico, sin duchar, deseando que se marcharan. En una ocasión los invitados llegaron en el punto álgido de una pequeña conflagración: una nube negra salía de la cocina y yo estaba paralizado en la puerta, incapaz de recordar cómo se apagaba un fuego de grasa.

Nunca había trabajado en una cocina profesional y siempre había respetado a quienes lo hacían. Sabían cosas que yo desconocía. Ahora estaba entre ellos. En cuanto adquirí unos conocimientos básicos, dejé de sentirme cohibido. Era un miembro del equipo de cocineros que trabajaba en aquel cuarto trasero, y los cuchillos de los demás, al igual que el mío, golpeaban rítmicamente las tablas de madera: sin ventanas ni luz natural; sin conexión con el mundo exterior; sin saber siquiera qué tiempo hacía; sólo un teléfono, un número que no figuraba en la guía; inaccesible..., lo cual era muy placentero, rodeado de aquellas intensas asociaciones de comidas festivas.

2

California. En la primavera de 1985, Mario regresó de Europa y se instaló en San Francisco. Había oído hablar de una revolución culinaria en Bay Area y quería unirse a ella. («Lo que se está cociendo en los fogones», empezaba un artículo de *Life* titulado «La nueva cocina americana», y publicado un mes antes de que Batali se trasladara al oeste, «es nada menos que el redescubrimiento de América.») La revolución se caracterizaba por el empleo radical de ingredientes locales, aunque, en su primer trabajo para una gran empresa de *catering*, Batali no vio prácticamente nada que fuera radical o local. En una fiesta para siete mil empleados de Apple Computer, celebrada en un estadio de béisbol, Batali fue el encargado de las gambas; las llevaba en un carrito y las servía con una pala («Lo digo en serio, ¿qué puede haber de divertido en eso?»). Su hermano Dana llegó de Seattle, y los dos alquilaron una casa victoriana en el barrio de Haight Ashbury, un acuerdo en el que se produjeron las tensiones previsibles. El trabajo de Dana (en la animación por ordenador) estaba en Oakland, al otro lado de la bahía, a cuarenta y cinco minutos de casa, y al despertarse solía encontrar los coletazos de alguna fiesta: su hermano y unos cuantos extraños y malolientes chefs tendidos en el suelo del salón en distintos estados comatosos, la casa envuelta en una nube de tabaco, botellas vacías por doquier, el equipo estereofónico a todo volumen.

Medio año más tarde, Mario empezó a trabajar en un hotel de la cadena Four Seasons, el Clift, y, al cabo de seis meses, le nombraron segundo chef, su primer puesto importante desde los días del Stuff Yer Face. Aquélla fue una experiencia más típicamente californiana, pues la cocina del hotel, como muchas de la época, estaba probando toda clase de extrañas combinaciones (chiles con limoncillo y alubias negras chinas, una mezcla de lo neolatino, la fusión asiática y la vecina que vendía sus manzanas). Ha corrido mucha tinta sobre la revolución californiana; se han hecho muchas bromas a su costa: un momento posmoderno de la alimentación, vinculado al compromiso de Bay Area con cualquier improvisación, aunque fuera de lo más absurda. Yo estudié en la Universidad de Berkeley hasta 1979, y ahora me daba cuenta de que la revolución había empezado a muy pocas manzanas de allí, en Chez Panisse, el famoso restaurante de Alice Waters. Yo tenía dos recuerdos de las dos veces que había comido allí: uno muy borroso de un plato deliberadamente extravagante (caracoles de «cosecha propia», quizá, en gelatina de kiwi decorada con flores comestibles; algo, en cualquier caso, que parecía decir a voz en grito: «Admírame»); y otro muy vivo de Leonard Michaels, un escritor de ficción que enseñaba inglés en la universidad, sentado en la mesa vecina. Michaels había crecido en el Lower East Side neoyorquino, era muy urbano y estaba de vuelta de todo, y daba gusto ver su escepticismo ante las locuras californianas. Pero en aquella ocasión Michaels, rodeado de tres alumnos que le escuchaban absortos, disertaba con inusitado entusiasmo sobre un trozo de comida: un espárrago. Lo sujetaba entre los dedos y hablaba de él como si no fuera una simple verdura sino un asunto realmente importante...: un manuscrito de Milton, por ejemplo, o de Susan Sontag. La cocina se había convertido en una cuestión intelectual. En Estados Unidos nunca lo había sido. Aquel espárrago era una revolución.

Uno de los revolucionarios era Jeremiah Tower, el chef ejecutivo del restaurante. Cuando Batali llegó, Tower se había marchado de Chez Panisse y había abierto Stars. Era uno de los chefs elegidos por la revista *Life*. («Esas cabras nubias», decía Tower, según un titular, contemplando con amorosa intensidad esos animales, «¡son tan hermosas!») Tower describe su cocina como francocaliforniana: técnicas francesas con ingredientes americanos y un sentido del juego muy del Nuevo Mundo, o «nuevos-viejos platos en un nuevo-nuevo marco». En su autobiografía, *California Dish–What I Saw (and Cooked) at the American Culinary Revolution*, se encuentra la receta del consomé de marihuana (hay que tostar los tallos y las semillas antes de echarlos en el caldo de pollo), así como su interpretación de los rollitos de primavera chinos (con piel de salmón o arenque en vez de masa) y un *soufflé* de erizo de mar servido con anguilas cocidas a fuego lento en su propia sangre. Tower tiene fama de ser sexualmente muy activo («¿Por qué no me masturbas en mi Mercedes, ahí detrás?», preguntó a Batali cuando los dos se conocieron), una habilidad especial para meter la pata (cometió la estupidez de servir cochinillo en una reunión judía), y una total entrega a la cocina como espectáculo («Pedí a los cocineros que bebieran una copa de champán y cogieran dos sartenes grandes», escribió, rememorando un almuerzo para la prensa en 1983, cuando la cocina californiana empezaba a ser reconocida. «A una señal mía, llenaron las sartenes con una mezcla de frutas tropicales, frambuesas y almíbar de granadilla; después todos nosotros, al unísono, lanzamos aquella compota al aire como si fuéramos unos virtuosos de las tortillas. Y todo el mundo se puso en pie para aplaudirnos»). Para Batali, Stars, en el Civic Centre de San Francisco, era el restaurante ideal del momento. Steve Crane, un amigo que entonces era camarero, recuerda que él y Mario («un payaso con un Suzuki 1100 pintado como una cebra») iban allí a la salida del trabajo porque «era el lugar donde había que ir»; todos los chefs aparecían por Stars cuando terminaban su turno. «Tower preparaba una comida vital y estilizada con personalidad y energía», dice Batali. «En pocas palabras, que fue una gran inspiración para todo lo que he hecho desde entonces.»

Los recuerdos de Batali trajeron a mi mente algo de otra época: una librería o un café literario más que un restaurante, City Lights, por ejemplo, veinte años atrás. «Fue en Stars, y durante la explosión californiana, donde conocí a algunos chefs que querían hablar de su oficio, y donde aprendí que el paladar es algo muy personal.» Los sabores intensificados y los grandes contrastes..., esas cualidades (esas cualidades tan *extremas)* caracterizaban gran parte de su cocina: vinagretas con cítricos y salsas de brillantes colores, marisco crudo y crustáceos intensamente marinados. Según Batali, fue allí donde desarrolló el gusto por los vinagres y los limones. «Desde entonces, mi cocina ha estado siempre al borde de la acidez, que es donde yo quiero que esté. Doy un último toque de acidez a todas las cosas. Muchos de esos platos defectuosos que hacen los franceses se animarían con ese toque de acidez..., para hacer que la gente segregue saliva.»

Después de dos años en el Clift, a Mario le ofrecieron un empleo en el Hotel Biltmore de Santa Bárbara, un majestuoso edificio colonial español que la cadena Four Seasons acababa de comprar y quería promocionar. Llamaron a Mario por razones evidentes («energía, entusiasmo, ardor, juventud», según Brian Young, el director que le contrató), y le dieron su propio restaurante, La Marina, con lo que se convirtió, a los veintisiete años, en el joven chef mejor pagado de la compañía. Andy Nusser, por aquel entonces diseñador de ordenadores, conoció a Mario en una fiesta de drogatas a altas horas de la madrugada (Batali bebía tequila de una bota, y el licor le salpicaba todo el rostro). Alguien había llevado *foie gras*, pero no sabía cómo servirlo, y, aceptando el reto de que un buen cocinero debía preparar un plato con cualquier cosa que tuviera a mano, Mario hizo una reducción dulce y avinagrada de soda de naranja Nehi y caramelos de fruta Starburst. («Primero se quitan los envoltorios de los caramelos y se echan en un cazo, donde, a fuego lento, se deshacen poco a poco hasta obtener un almíbar de color brillante; luego, por separado, se cuece la soda hasta reducirla a la mitad.») Nusser asegura que el resultado fue delicioso, y se quedó tan impresionado que decidió en el acto convertirse en chef.

Al final de aquel año, la dirección de Four Seasons pidió a Mario que llevara un restaurante más selecto en Hawai, con un sueldo incluso más elevado («me lo suplicaron, estaban desesperados»), pero Batali rechazó la oferta; y luego se marchó. Estaba aburrido: de Santa Bárbara, de la cadena Four Seasons, de todos aquellos «ejecutivos trajeados». Después del excitante período vivido en San Francisco, había dejado de aprender pero quería seguir jugando. A Batali le cuesta recordar algún menú de su restaurante: «pastas bastante suaves, costillas de ternera ahumadas, langosta a la parrilla con alcachofas fritas», y luego se muestra confuso. «Lo cierto es que no me acuerdo demasiado de aquellos tiempos. La verdad es que salía hasta muy tarde. Salía hasta tardísimo.» No sabía en qué se gastaba el sueldo. «No me compraba ropa. No tenía nada que justificara aquel despilfarro. ¿Qué pasaba con mi dinero? Sabes a qué me refiero..., ¿qué pasaba con mi dinero?» Era imperioso que se marchara. Se le ocurrió ir a Italia. Quería aprender a cocinar como su abuela Leonetta Merlino Batali.

Leonetta Merlino había crecido trabajando en el primer almacén de productos importados de Italia del estado de Washington, Merlino's, abierto por sus padres en Seattle en 1903. El almacén fue vendido a finales de la década de 1960, y Mario siempre ha lamentado que su padre no se hiciera cargo del negocio («Lo perdieron. La cagaron»). Todos los miembros de la familia tienen recuerdos muy vívidos de sus almuerzos en casa de Leonetta, donde tomaban sus raviolis hechos a mano. (Su marido, Armando, que murió cuando Mario tenía seis años, se ocupaba de las carnes, criando sus propios cerdos para hacer *prosciutti*, morcillas, fiambre con gelatina y salchichas, y negociando con los nativos americanos de una reserva cercana para que le proporcionaran ciervos y alces.) Aunque Leonetta hacía grandes cantidades de raviolis –mil, mil doscientos a la vez–, siguiendo una receta familiar del Abruzzo (con sesos de ternera, salchichas de cerdo, pollo, acelgas, y quesos parmesano y romano) y extendiendo la masa con un largo rodillo, muy apreciado por la textura que conseguía («áspera, como la lengua de un gato»), sólo permitía que cada niño tomara seis porciones de pasta. Todavía hablaban de ello. «¡Sabíamos que había más!», recuerda Gina Batali.

«¡Podíamos verlos!» Pero Leonetta estaba decidida a enseñarles lo que era una comida italiana, con la pasta después del *antipasto* –un plato de *salume* y vegetales marinados– y, antes del *secondo*, una carne asada, a menudo cordero, cocinado siempre con romero y muy hecho. La receta de raviolis continúa en la familia; el hermano de Mario los prepara el día de Navidad. Leonetta los había hecho con tanta frecuencia que era incapaz de explicar cómo, y un primo la filmó mientras ella respondía a sus preguntas. Las demás recetas se conservan en doscientas fichas de tres por cinco pulgadas: una salsa de costillas de cerdo para la pasta (con «esa especie de sabor a cerdito sonrosado», recuerda Mario), callos, y, algo típico de Nochevieja, el *baccalà* salado (bacalao seco, rehidratado en leche), servido con polenta caliente sobre una tabla de madera.

Armandino Batali me envió copias de las recetas. Me sorprendió lo conmovedoras que eran aquellas fichas, una especie de conversación culinaria entre vivos y muertos. A menudo he pensado que la comida es un poderoso mensajero de cultura, condensado en nuestra necesidad de comer para sobrevivir; y lo sentí con especial intensidad mientras leía aquellos recuerdos de otra generación y escuchaba hablar a los hijos de Armandino de las aparentemente excéntricas recetas de su abuela, quien las había aprendido en la trastienda de un almacén de comestibles de Seattle de su madre, que las había aprendido, a su vez, en una casa de un pueblo del Abruzzo de la *suya*.

Mario telefoneó a su padre. ¿Conocía algún lugar en Italia donde pudiera trabajar para una cocinera con aire de matrona a cambio de alojamiento y comida? No tenía ni idea, pero probablemente algún amigo le ayudaría. Escribió cinco cartas. Recibió una respuesta de la *trattoria* de una ciudad donde se construían piezas de avión para la

Boeing. ¿Alojamiento y comida para el hijo de Armandino? ¿Un segundo chef de un restaurante de la cadena Four Seasons? ¿Cuándo podía empezar?

3

Como muchos restaurantes neoyorquinos, Babbo acepta «externos», estudiantes de escuelas de cocina que trabajan sin cobrar y luego escriben una tesis sobre su experiencia, a menudo el último requisito para obtener el título. Estados Unidos tiene doscientas veintinueve escuelas de cocina oficialmente reconocidas, de las que salen veinticinco mil graduados al año, algunos de ellos ya mayores (como yo) que siempre habían deseado cocinar pero no sabían cómo. El Harvard y Yale es el Instituto Culinario de América, el CIA, dos horas al norte de la ciudad de Nueva York, junto al río Hudson, que ofrece cuatro años de estudios a cambio de una matrícula anual de veinte mil dólares, delantales y cuchillos incluidos. No es nada barato, pero casi todos los cocineros de Babbo se han formado allí. Ahora comprendía que cuando Mario me aceptó, estaba ocupando el lugar que había dejado el último externo, y me sentía muy afortunado. Una mañana leí su tesis, que incluía una receta de intestinos de oveja para setenta y cinco personas, así como las cantidades de harina, huevos y queso de cabra necesarios para hacer mil quinientos *tortelloni;* algo que podría serme de utilidad, pensé, si mientras cruzaba el Atlántico en el *Queen Mary,* por ejemplo, fallecía súbitamente el personal de la cocina y se corría la voz de que un tipo a bordo conocía dos recetas de la biblia culinaria de Babbo (un cuaderno azul con las recetas de todos los platos de la historia del restaurante, que se guardaba en una balda entre un exprimidor eléctrico y una máquina que pulverizaba las carrilleras de vaca y las convertía en un mejunje de aspecto turbio), y cientos de pasajeros, temerosos de pasar hambre, me suplicaban que fuera a la cocina del barco, donde, después de rebuscar en los armarios y en una pequeña despensa, encontraría suficientes intestinos de oveja para poner en práctica mis conocimientos.

Para Elisa era algo rutinario recibir a los chefs en prácticas a las siete de la mañana y explicarles el funcionamiento de la cocina. Era algo que hacía aproximadamente cada tres meses. Ellos la necesitaban para acabar sus estudios y ella, empecé a comprender, los necesitaba para acabar el trabajo diario. La diferencia entre ellos y yo era ostensible y explicaba todas mis dificultades. Elisa seguía pensando que yo tendría que saber lo que hacía. Una mañana me pidió que bajara corriendo al sótano en busca de veinticinco naranjas y cincuenta limones. «Usa tu delantal», me dijo, y entonces, advirtiendo mi perplejidad, suspiró y se cogió las dos puntas del suyo formando una especie de hamaca, a modo de ilustración. Cuando volví, me mostró un pelador de cítricos. «¿Sabes usarlo?», me preguntó, disimulando tan poco su irritación que comprendí lo que estaba pensando: «No me digas que eres tan ignorante que no sabes para qué sirve.» Después me costó admitir que aquel pelador era un desastre –cortaba tan poco que parecía destrozar la fruta–, hasta que mi tabla de madera se convirtió en un pegajoso campo de batalla de naranjas y limones inservibles, y yo insinué vacilante que quizá aquel pelador no fuera el mejor de la cocina.

Lo difícil de mi situación se confirmó un viernes, siempre un día de la semana largo y estresante, pues no sólo preparábamos comida para esa noche sino para todo el fin de semana. Yo estaba en la despensa, intentando encontrar un hueco para una bandeja de colmenillas. No había sitio. Elisa estaba en el suelo, cambiando el caldo de pollo de un recipiente de veinte cuartos a uno de doce cuartos, porque necesitaba uno de veinte cuartos y no quedaba ninguno vacío. (El caldo de pollo era el único caldo de carne aceptable –los demás serían demasiado franceses– y todas las mañanas se llenaba una cazuela de patas y de agua y se dejaba hervir durante horas. Las patas de pollo son todo un espectáculo: parecen manos humanas sin dedo pulgar, curvadas y con grandes nudillos; y la primera vez que las divisé, agitándose en aquella enorme cacerola, tuve la sensación de que estaban unidas a los brazos de un montón de gente que sacaba las uñas fuera del agua en ebullición, tratando de escapar, como si aquella cazuela borboteante fuera la puerta del Infierno, allí, en la parte trasera de la cocina, apoyada en la pared, el rincón más caluroso.)

Andy también estaba en la despensa, organizando lo que él llamaba una «especialidad de la despensa», algo que hacía los fines de semana para descubrir qué ingredientes no se estaban empleando antes de que se estropearan. «*Bronzino* crujiente» era una especialidad de la despensa porque «hemos comprado veinte raciones por noche y sólo hemos servido nueve, y es casi domingo, así que tenemos que darles salida o tirarlas; y tampoco ha habido mucha demanda de *porcini*, no sé por qué, y siempre sobra panceta, así que reinventaremos nuestro plato de pescado con *porcini* y panceta crujiente y nos libraremos de ellos de una vez». Gina DePalma también estaba en la despensa y ella fue el problema. Gina era la chef repostera, un puesto ejecutivo como el de Elisa, y las dos dirigían la cocina de la mañana. Elisa llegaba a las seis y empezaba a preparar una larga lista de alimentos que se necesitaban para la noche. Gina entraba dos horas más tarde y se encargaba de los postres. Aunque tenían muchas cosas en común –las dos habían crecido entre comilonas de domingo con sus abuelos italianos, por ejemplo–, no podían ser más diferentes. Elisa era delgada y deportista. Los días libres se entrenaba para alguna maratón, y a veces corría las seis millas que le separaban del trabajo, al amanecer. («No tiene sentido llegar limpia y fresca, ¿verdad?») Su pelo empezaba a encanecer, y tenía un rostro estrecho y de pómulos marcados. Gina no hacía ejercicio. Tenía abundante pelo negro y era claramente más rolliza, como era de esperar, después de pasar el día probando almíbares, chocolates y cremas. Era la única persona con un teléfono móvil –en la cocina, las llamadas privadas estaban prohibidas–, y no sólo porque se ocupaba de sus ingredientes y hacía sus propios pedidos, sino también porque se negaba a atravesar la cocina para usar el teléfono colgado en la zona donde Elisa trabajaba. (El problema no era la distancia sino la compañía que encontraría.) Además, Gina era muy habladora y no podía vivir sin teléfono.

Elisa no era una persona extrovertida. Pasaba mañanas enteras sin decir una palabra. Todo en ella –su actitud, la eficacia de sus movimientos, la expresión seria y decidida de su rostro– reflejaba determinación. Podía estar irritable («Cuando está de mal humor, se entera toda la cocina», protestaba Gina), pero jamás descubrías por qué: no sabías casi nada de su vida privada. Y sabías demasiado de la de Gina: cuándo había tenido un cita en el último año, qué había ocurrido en ella, cómo se llamaba él; y se preguntaba en voz alta si volvería a salir con alguien.

–¿No tenías que coger un vuelo? –me dijo Gina. Lo sabía por nuestros comentarios matutinos–. Deberías marcharte. *Francamente*, tal como tratamos a nuestros externos..., sería diferente si cobraras un sueldo.

Yo asentí con la cabeza tratando de ser amable, y un poco desconcertado, pues aún no tenía claro el concepto de externo. (Ahora sé que éstos se encuentran a las órdenes de Elisa, y Gina decía aquello porque estaba convencida de que Elisa era una negrera. O quizá Gina estuviera celosa porque ella no tenía sus propios esclavos.)

Gina siguió con los ojos clavados en mí. Yo guardé silencio con mi bandeja de colmenillas.

–En serio, deberías irte. *Ahora mismo.*

Se encogió de hombros y se marchó. Andy, satisfecho con su recuento de lubinas, se fue tras ella. Me quedé solo con Elisa.

–*No* se te ocurra escuchar a esa mujer –exclamó furiosa, en voz baja. Ella seguía en el suelo; y yo, sujetando mi bandeja de colmenillas–. ¿Entiendes? Te marcharás cuando yo lo diga. Soy tu jefa. Te diré cuándo puedes irte. ¿Está claro?

Balbuceé que sí, patéticamente. Eran las cuatro en punto, una hora en que normalmente se ha acabado el trabajo de la cocina auxiliar, pero comprendí que aún faltaba mucho por hacer.

Volví a la cocina con mi bandeja de colmenillas y pensé en lo ocurrido. El ataque de ira me había sorprendido, aunque no debería haberlo hecho: estaba familiarizado con las tensiones que afloraban en la cocina. Las había visto entre Elisa y Memo Trevino. Memo era uno de los dos segundos chefs, un hombre enorme con la cabeza desproporcionadamente grande y la cabellera negra e hirsuta, que tenía, a los veintiocho años, las dotes de mando de alguien mucho mayor. Si Memo chocaba involuntariamente contigo, te golpeaba con el torso, no porque tuviera mucha barriga sino porque siempre caminaba sacando las ingles. Más de una vez me vino a la cabeza –ignoro de dónde– la imagen de Memo con una lanza y un tocado de plumas. Tenía la arrogancia del jefe de una tribu.

Llevaba tres semanas en la cocina auxiliar cuando Memo me llevó a un lado para preguntarme qué pensaba de la cocina de Elisa. Estaba tan poco preparado para que alguien me pidiera mi opinión que no comprendía de qué me estaba hablando.

–No puede decirse que sea perfecta, ¿verdad?

–¿Qué es lo que no es perfecto? –inquirí.

–La comida.

Seguía sin entender nada.

–¿No te has fijado en que se le quema un montón de comida?

No, no me había fijado, si bien era cierto que se había quemado una fuente de carrilleras de vaca.

–A eso me refiero. Es inaceptable. ¿Y te has dado cuenta alguna vez de lo mal que corta su cuchillo?

Medité sobre ello. La verdad es que había usado personalmente su cuchillo y no me había parecido que cortase mal.

–Te lo preguntaré de otro modo. ¿La has visto afilándolo?

–Claro –respondí–. Unas pocas veces.

A esas alturas ya conocía los distintos rituales para afilar un cuchillo. Frank Langello estaba especialmente orgulloso del suyo. Frankie era el ayudante del segundo chef. Tenía más o menos la edad de Memo y era un italoamericano de pelo oscuro y ondulado, pestañas increíblemente largas, y el atractivo de uno de aquellos delgados cantantes melódicos de las décadas de 1940 y 1950, como un joven Sinatra en los años de Hoboken.* Frankie y Memo habían trabajado juntos en Le Cirque, un restaurante de cuatro estrellas que dirigía el famoso y extravagante Sottha Khunn, y estaban convencidos de que, en la cocina de Babbo, muy pocos tenían su sentido de la disciplina, algo que evidentemente incluía el cuidado de los cuchillos. Frankie sólo utilizaba los más baratos, pues los restregaba con tanta fuerza contra el afilador de acero que los filos se desgastaban. De vez en cuando empleaba una piedra de afilar para que cortaran aún mejor: los probaba afeitándose los antebrazos. («Cuando me crezca el pelo, volveré a sacar la piedra de afilar.»)

Memo movía la cabeza.

–A eso voy: unas *pocas* veces. Has visto a Elisa afilando su cuchillo unas *pocas* veces. Créeme. Su cuchillo parece un palo. Ése es el problema: no se toma realmente en serio su trabajo. Los grandes chefs –explicó– nacen, no se hacen. Es algo que se lleva en la sangre o no: la *pasión*.

Yo no sabía qué decir. Era un espacio muy pequeño para aquellas posiciones tan radicales. A Memo no le gustaba Elisa porque no era lo bastante seria. Y a Gina no le gustaba porque era demasiado seria. Y a Elisa no le gustaba Gina porque no era suficientemente seria. («La mayoría de los restaurantes tienen chefs reposteros que trabajan de verdad», decía Elisa casi todas las mañanas mientras Gina hablaba animadamente por su teléfono móvil.)

El incidente de la despensa fue muy esclarecedor en otro sentido.

Al empezar a trabajar, me había considerado en broma un esclavo en la cocina. Ahora tenía otra visión de las

* Ciudad de Nueva Jersey donde Sinatra nació y empezó a cantar. (*N. de la T.*)

cosas. *Era* un esclavo en la cocina. Ése era mi papel: esclavo en la cocina matinal. De hecho, había firmado un contrato de aprendizaje: estaba obligado a trabajar para Babbo durante un período de tiempo determinado. Por las mañanas, recibía las enseñanzas de Elisa a cambio de mi tiempo, y sus enseñanzas eran tan valiosas que tenía derecho a todo mi tiempo; más valía que las Ginas de la cocina tuvieran cuidado con lo que me decían.

Los demás también me enseñaban cosas. («Soy un gran profesor», me dijo Memo, después de mostrarme cómo deshuesar un lomo de jabalí, «y la gente siempre me dice que debería dedicarme a eso, a la enseñanza; pero tengo un problema: la falta de paciencia.») Pero casi todo lo aprendía de Elisa. Para mi asombro, me tomó en serio. Yo era un proyecto; iban a convertirme en cocinero.

Lo cierto es que agradecí aquella discusión en la despensa, el hecho de que Gina y Elisa se pelearan por mí: había tantísimo trabajo que incluso yo era necesario. Quería ser necesario. Deseaba que llegara el día en que mi presencia sirviera de algo. Desde que había asistido a aquella primera reunión, tenía la fantasía de que llegaran a confiar en mí para formar parte de la cadena de cocineros..., tal vez para sustituir a alguien en una emergencia o durante una crisis inesperada. No me atrevía a compartir esos pensamientos con Mario, Elisa o Memo, pues seguía siendo el tipo que no sabía trocear una cebolla sin cortarse la palma de la mano. Y, sin embargo, me tomaban en serio: no dejaban que me marchara.

O quizá la verdad era mucho más simple: Elisa necesitaba ayuda, y en lugar de eso me tenía a mí.

Elisa a veces me sorprendía. Estaba trabajando a toda velocidad, esperando que apareciera y me preguntara si había terminado cinco cosas para poder encargarme alguna más (cuando invariablemente, y *quiero decir* «invariablemente», seguía haciendo la primera), y ella aparecía de no sé dónde y me daba una taza de chocolate caliente o un trozo de carne. «¡Caramba, muchas gracias!» Si estaba preparando una falda de ternera para la noche –como es una carne de segunda categoría, hay que cortarla muy fina y cocinarla a fuego rápido–, podía separar unas cuantas tiras, colocarlas sobre una plancha de asar, sazonarlas sin miedo y servirlas en una fuente. (Se trata de una plancha de acero que se coloca sobre los quemadores de gas –perfectamente encajada, evitando que escape el calor: caben más cosas en ella que en un hornillo convencional, y alcanza temperaturas muy elevadas–, una falda de ternera se cocina en segundos.) En una ocasión deshuesó un pavo y lo envolvió en hojas de diente de león y queso de cabra. Sus platos eran ricos en proteínas y muy salados. Cuando los preparaba, tenía una expresión ensimismada, como si una melodía sonara en su cabeza. Parecían unos momentos importantes, y los únicos en que Elisa se relajaba. No sonreía –nunca se sentía suficientemente a gusto para hacerlo–, pero era obvio que estaba pensando en sonreír.

Preparar comida parecía algo que todos necesitaban hacer: no para el restaurante sino para la cocina. Almorzábamos todos juntos, por supuesto –copiosamente, hacia las cuatro de la tarde–, pero, a lo largo de todo el día, había casi siempre alguien cocinando algo. La práctica parecía ilustrar un principio al que todos llamaban «cocinar con amor». Un plato salía mal porque no se había puesto suficiente amor en él. Un plato salía bien porque rebosaba amor. Cuando cocinas con amor, cada plato es un acontecimiento único; jamás olvidas que alguien espera para comerlo: tu comida, preparada con tus manos, arreglada con tus dedos, degustada con tu lengua.

Un sábado en que ni Andy ni Elisa andaban por allí, Memo volvió a llevarme a un lado. «Déjame enseñarte a cocinar con amor.» De pronto quería improvisar una cena familiar: había encontrado unas lenguas de vaca, que yo sospechaba destinadas a una «especialidad del día»: pero daba lo mismo, ahora eran suyas. Las hirvió, las hizo a la parrilla y las cortó, y luego mezcló la carne en un cuenco con su propia salsa picante. «*Así* se hacen los tacos», dijo, colocando lo que había preparado en una fuente: un montón de tortillas, unas sobre otras, junto con varias libras de lengua de vaca y abundante tomate y ralladura de limón. Era mi primer taco de cinco pisos. No se parecía nada a ningún taco que hubiera visto nunca –de hecho, entre la altura y la crema de queso cayendo por los lados, se asemejaba más a un pastel de bodas–, pero sigue siendo el mejor taco que he comido en mi vida.

No es fácil preparar algo así en una cocina tan ajetreada, pero de algún modo todos encontraban el momento de hacer algo para nosotros. Parecía estar en la esencia de por qué eran cocineros. Elisa me contó una vez que en su vida ideal «cocinaría sólo en casa, para mis amigos». Gina lo explicaba de forma más contundente: «Te invito a casa, me paso el día cocinando para ti, observo tu rostro mientras comes, bocado tras bocado, y me dices que soy maravillosa... ¡Ah, qué fantástico!»

Gina apareció una mañana con un postre nuevo.

–¿Tiene demasiada almendra? –inquirió, dándome un trocito con la mano.

Pensé: No le interesa mi opinión.

–No, Gina, está perfecto.

–¿Tiene demasiada almendra? –preguntó al tipo que traía las alcachofas, metiendo un trocito en su boca mientras él la miraba cohibido, sin poder usar sus manos, y ella le quitaba una miga del labio inferior.

–Hmm... –exclamó con la boca llena–, es delicioso.

–¿Tiene demasiada almendra? –preguntó a Andy cuando apareció, justo después del mediodía.

Andy esperó a que Gina pusiera el trocito en su boca, inclinándose hacia delante, con los labios fruncidos como si fuera a estamparle un beso.

–Gina, eres un genio.

Y ella siguió preguntando, a diez personas diferentes, dándoles de comer con la mano.

Recordé a la señora Waters seduciendo a Tom Jones en la novela de Henry Fielding. En realidad, estaba pensando en la versión cinematográfica con un joven Albert Finney, donde «pasiones y apetitos» se confunden y los suaves suspiros de la señora Waters se mezclan con la voracidad con que Tom engulle un enorme trozo de rosbif. La comida siempre ha tenido asociaciones eróticas, y sospecho que cocinar con amor es la inversión de un principio diferente: cocinar para *ser* amado. La base de una comida romántica es que, al estimular y satisfacer un apetito, otro se sentirá igualmente estimulado. ¿Hasta qué punto las ganas de Tom de comerse una chuleta poco hecha estimulan su deseo por la señora Waters? La pasta fresca cocinada con mantequilla, me contó Mario una vez, ilustrando la vinculación entre ambas cosas, «se inflama como una mujer cuando se excita». El orégano, dijo en otra ocasión, tiene el perfume embriagador del cuerpo de una mujer: «Es la hierba más sensual.» Lidia, la madre de Joe Bastianich, fue más explícita. «¿Qué otra cosa podemos introducir en un cuerpo ajeno?», me preguntó retóricamente cuando la conocí en un almuerzo. «¿Entiende?»

4

Porretta Terme, 1989. El pequeño restaurante La Volta estaba encima de la ciudad de Porretta Terme, en lo alto de una colina que domina un valle montañoso entre Bolonia y Florencia. Mario llegó en tren un lunes por la tarde del mes de noviembre, llevando sus palos de golf, aunque no hubiera ningún campo de golf en cien millas a la redonda, y una guitarra eléctrica con un pequeño amplificador («que ya sonaba distorsionado en el volumen tres»); tenía la esperanza de que, si le faltaba dinero, podría cubrir sus gastos haciendo de músico callejero. Llevaba unos pantalones que parecían de pijama y unos zuecos rojos. Pero no le esperaba nadie («Llegué solo a la estación de tren de ninguna parte»). No sabía cómo funcionaban los teléfonos ni hablaba italiano. Cuando Roberto y Gianni Valdiserri finalmente le localizaron, se quedaron perplejos. No parecía el segundo chef mejor pagado de la cadena Four Seasons; parecía un campesino albanés, según me explicó Roberto cuando le visité una vez que tenía vacaciones en Babbo.

El «terme» de Porretta Terme significa «termas» y hace referencia a los manantiales de azufre locales. El primer día me despertó un profesor que daba clase con un altavoz en una de las piscinas a un grupo de individuos de la tercera edad con problemas de sobrepeso. Los italianos tienen derecho a dos visitas anuales, subvencionadas por el gobierno, y pueden hacerse distintas irrigaciones (nasales, rectales, vaginales) para tratar problemas intestinales, infertilidad, sofocos, artrosis. En una parte más antigua de la ciudad, los edificios son del siglo XVIII, época en que las acaudaladas familias boloñesas pasaban allí sus vacaciones de verano para escapar del calor de la llanura: las grandes y lujosas estancias, los techos altos, los ventanales con persianas de madera parecían evocar en tonos amarillo anaranjados la Viena de los Habsburgo. Muchas de esas mansiones están abandonadas; y lo mismo ocurre con la vieja estación de ferrocarril, de estilo imperial, tallada en la ladera de la montaña. Durante casi dos siglos, el tren, la mejor manera de cruzar los Apeninos, se detuvo en Porretta (en el andén se podía comprar una «caja de Porretta»: un *panino* de jamón, una fruta, un trozo de queso parmesano y media botella de Lambrusco). En la actualidad, los turistas llegan en autobuses con sus gorros de baño. No pude encontrar Torretta en ninguna guía de viajes, pero me tropecé con una primera edición de *Comer en Italia*, de Faith Willinger, publicado el año en que Mario se trasladó allí. Pasaba por alto la ciudad, pero decía que La Volta, en el cercano pueblo de Borgo Capanne, era «un valor en alza de la carretera conocida como la Porrettana» (la vieja carretera en el fondo del valle). «Giovanni Valdiserri se encarga del rústico comedor, y su mujer y su cuñada trabajan juntas en la cocina», escribió Willinger. «Los embutidos son locales, y la pasta está recién hecha, enrollada a mano; no se los pierda.»

Borgo Capanne está a seis millas de Porretta, en un alto. Se llega a él por una carretera serpenteante y tremendamente empinada. Hay una primera milla muy escarpada hasta que aparece una iglesia justo antes de un pueblo llamado Pieve. *Pieve* significa «iglesia rural» en italiano antiguo. Después de otra milla, la tierra se vuelve más llana, aunque sea brevemente, y se entra en un pueblo rodeado de huertos. Es Orti. Un *orto* es un pequeño terreno donde se cultivan verduras y legumbres. El siguiente pueblo es Poggio, en la cima de una colina. *Poggio* significa «cima». Finalmente se llega a Borgo Capanne. Una *capanna* es una cabaña; un *borgo*, un pueblo: un pueblo de cabañas en la montaña. Y si subes la ladera que hay justo encima, encuentras, como era de esperar, las ruinas de los primeros asentamientos ocultos en el bosque. La parte más moderna del pueblo tiene una hermosa vista del valle y las montañas (con picos volcánicos semejantes a pirámides y cubiertos por espesos bosques). Borgo Capanne es un grupo de casas unidas entre sí, en forma de laberinto, como si hubieran querido protegerse... de la naturaleza, de los lobos, de cualquier cosa que subiera por la carretera. Para entrar en el laberinto, hay que pasar bajo un arco de piedra. En italiano, un arco es una *volta*. Y es allí donde se encuentra el restaurante. Encima de éste hay una vivienda: aquél era el nuevo hogar de Mario.

La Volta estaba cerrado cuando llegó, pero le prepararon una cena con productos de temporada («Joder, una comida familiar y ¡estamos comiendo trufas blancas!»), y todo el mundo se dio a conocer. Roberto era el expedidor después de finalizar su jornada laboral (trabajaba de ingeniero en una industria que fabricaba piezas de aviones desde la Segunda Guerra Mundial, cuando a Mussolini se le ocurrió esconder las actividades de la fuerza aérea en las montañas que había cerca). Su hermano Gianni dirigía el negocio. Su padre Quintiglio («Quintiglio Canario, el quinto hijo del canario, un nombre hermoso para un hombre hermoso») era el que se adentraba en el bosque, el buscador de trufas, el jardinero místico, y él y Mario congeniaron enseguida: «Estoy contentísimo de tener un norteamericano en el pueblo.»

A la mañana siguiente, Mario se presentó en su nuevo trabajo. Betta no apareció hasta dos horas más tarde y entonces extendió con el rodillo una gigantesca lámina de pasta hecha a mano. «Fue la primera comida que vi», recuerda Mario, aunque tardarían dos semanas en dejarle tocar la masa. Empezó a tomar notas e inició un aprendizaje de seis meses de lo que él llama «el truco de las "damas" para hacer la pasta a mano». Betta siguió haciendo *strichetti*, unos pequeños lazos que se sirven con setas *porcini* y cebollitas rojas sofritas en aceite de oliva. Después preparó una pasta diferente para el día siguiente, y también otro ragú, con muslitos de pintada asados hasta que la carne se separaba del hueso y se deshacía, convirtiéndose en una especie de salsa. Pasó un mes sin que nadie hiciera una boloñesa, la típica salsa de carne de la Emilia-Romaña. «Estaban aburridos de hacerla», dijo Mario, pero después me enseñaron a prepararla y se convirtió en mi tarea semanal: ternera, cerdo, vaca y panceta, guisados lentamente con mantequilla y aceite de oliva. Tienen que dorarse y dorarse, aunque jamás adquieran esa tonalidad debido a la grasa que suelta la carne –y que dejas allí, es parte del plato–, y luego se añade leche y vino blanco y, al final, un poco de concentrado de tomate, que da a la salsa marrón un tinte rosado.

Mario acompañaba a Quintiglio (una bellísima persona de pies enormes, manos fuertes, voz profunda, grandes orejas caídas, y camisa y chaqueta abotonadas hasta el cuello») en busca de bayas y setas. Seguía unas reglas con los *porcini* y únicamente cogía los que estaban junto a los robles y los castaños; los que crecían bajo los pinos y los chopos eran peores. Tenía un verdadero talento para encontrar trufas. Cuando Armandino visitó a Mario al año siguiente, éste le comentó: «Era como si Dios acabara de pasar por el pueblo: había trufas por todas partes.»

Con el tiempo, Mario y Quintiglio adquirieron la costumbre de desayunar juntos: un vaso de vino tinto, un huevo cocido con aceite de oliva y una loncha de queso Fontina. Para la comida de Navidad, Quintiglio le enseñó a preparar el clásico *brodo*, el caldo navideño con *tortellini*. Se necesitaba una gallina vieja (que ya no pusiera huevos), algunos huesos de vaca, un hueso de jamón, una cebolla y una zanahoria, ambas enteras para que el caldo fuese muy claro. En primavera comían lo que Quintiglio cultivaba en su jardín, y que siempre plantaba según las fases de la luna (la lechuga con la luna en cuarto creciente; la remolacha y la pastinaca durante el cuarto menguante). Quintiglio se llevaba a Mario al río Reno en busca de «una extraña variedad de pequeño berro que crecía allí», de cebollas salvajes, y de un diente de león amargo que luego hervía cuarenta y cinco minutos y servía con aceite de oliva y vinagre balsámico. En la actualidad, Mario sigue preparando las verduras como le enseñó Quintiglio. («Es mucho mejor hervirlas para eliminar toda la porquería y *después* saltearlas con ajo y aceite de oliva; entonces es cuando las puñeteras saben realmente bien.») Para Mario, Quintiglio fue la primera persona que le enseñó a descubrir lo que crece en la tierra y a deleitarse con ello, a reconocer que estás comiendo algo que sólo puedes disfrutar aquí y ahora, en este día de esta estación del año, y que ha producido la naturaleza.

Pero los primeros meses no fueron nada fáciles. Dana Batali los recuerda como una época en la que Mario tuvo que aprender humildad y «se reían de las cosas que quería cocinar»; aunque, al parecer, los platos que Mario preparaba (langostinos crudos, *soufflé* de puerros, salmón marinado con grapa) pretendían demostrar su valía y recordar a sus anfitriones que hasta hacía poco había sido un chef muy respetado. El padre de Mario percibió, asimismo, la inquietud de su hijo en las cartas que enviaba. «La experiencia le afectó bastante.» Según Mario, fue el último período melancólico de su vida, unos meses de constante y placentera melancolía, «una tristeza feliz». Después de la cena, subía a su dormitorio, encendía una vela, se ponía los cascos y tocaba sobre todo canciones de Tom Waits (aquellas baladas de la época qué-desgraciado-soy, amigo-sírveme-otra-copa-por-favor), leía (se abría camino con esfuerzo a través de las novelas de Faulkner), alzaba la vista para contemplar las montañas, el río Reno, y echaba de menos a sus amigos, aunque comprendía que estaba mejor sin ellos. «Fue una especie de revulsivo. Me di cuenta enseguida, nada más ver lo que preparaban, de que no me había equivocado. No era una comida que yo conociera. Era tradicional. Sencilla. Sin salsas, ni tablas de vapor, ni ollas con caldo de ternera, ni nada que yo hubiera aprendido a hacer.»

Italia cambió a Mario, asegura su padre. «Cuando llegó seguía siendo un joven muy alocado. Bebía mucho, fumaba, andaba siempre detrás de las chicas. Ignoraba qué hacer con el resto de su vida. Italia lo centró. Le proporcionó su cultura.»

Jim Clenenden, propietario de los viñedos Au Bon Climat de Santa Bárbara y uno de sus viejos compañeros de correrías nocturnas, describía el cambio de un modo más prosaico. Clenenden visitó a Mario en La Volta cinco meses después de su llegada. «¿Qué ocurría? En nuestro último encuentro, era un tipo de la Costa Oeste con acento de Nueva Jersey. Fíjate en él: ese cabello pelirrojo, esa tez pálida. ¿Te parece italiano? Se podría haber llamado Mark Battle. Y ¡de pronto era Mario Batali! El cambio era tan sorprendente... Pero aquel viaje deparó otras sorpresas a Clenenden: once platos, once botellas de vino, una cena que terminó a las cuatro de la mañana, una resaca brutal, y «Mario hablando italiano sin parar..., aunque aún fuera lo bastante norteamericano para soportar, sólo eso, a un visitante de California». Batali todavía no dominaba la carta, recordó Clenenden, pero estaba a medio camino de una increíble transformación. «Y estaba muy lejos de estancarse. Era evidente que en cualquier momento descubriría algo grande.» Aquello sucedía en el mes de abril. Al llegar el verano, la metamorfosis era completa.

La víspera de mi marcha, cené con Gianni y Roberto lo que preparó Betta –una mujer de más de cuarenta años que parecía una muñeca– y nos sirvieron sus dos hijos: Emiliano, de veintiocho años, y Mila, que entonces tenía dieciséis y a la que Mario recordaba en su canasto de mimbre en el suelo de la cocina. Se unió a nosotros Joe Bastianich que, casualmente, estaba en la zona por un asunto de negocios. Mario hablaba tanto de sus años en Porretta que también Joe había querido visitarlo. Yo no conocía muy bien a Joe. Llevaba la recepción de Babbo –el servicio, los vinos–, y casi nunca aparecía por la cocina. Tampoco se le veía mucho durante el día, porque encontraba la oficina de Babbo inadmisible. Comparado con Mario, Joe era muy poco hablador, y algunos interpretaban su reserva como timidez. Pero no era tímido, sólo menos extrovertido que su a menudo escandaloso socio, con el que tenía la sensatez de no competir en busca de reconocimiento o atención. («Joe me necesita», me confesó Mario una noche. «No podría hacer nada de esto sin mí.» «Mario es el cocinero», me explicó Joe otra noche. «Yo soy el camarero.»)

A Gianni y a Roberto les intrigaba Joe. Gianni es un hombre muy dulce. Tiene manos grandes, muñecas anchas y una cintura elástica que delata una vida carente de ejercicio físico. Pero come con verdadera alegría y, al hacerlo copiosamente, sin inhibiciones, parece casi siempre feliz. Tiene un hermoso rostro de cejas gruesas y expresivas que se juntan continuamente con aire burlón, como un animal sorprendido en medio del bosque.

Roberto, su hermano, parece más enérgico. Es bajo y fornido, con la cabeza cuadrada, el cuerpo cuadrado y un carácter muy concienzudo. A diferencia de Gianni, que es calvo, Roberto tiene mucho pelo, y éste es tieso, color pajizo y se asemeja bastante a un casco. Es fácil imaginar a Roberto con traje y corbata, aunque aquella noche (en consonancia con el persistente frío invernal de los Apeninos) llevaba un jersey oscuro de lana sobre una camisa de algodón.

Los dos hermanos son unos románticos de la comida y dedican a ella todas sus energías. Mario me habló de los largos viajes que hacían los tres rutinariamente en busca de algún plato regional cuya autenticidad estuviera probada: conducir cuatro horas hasta Mantua, por ejemplo, para encontrar los raviolis perfectos rellenos de calabaza de otoño; y, después de probar un pequeño bocado, al darse cuenta de que la pasta no estaba hecha a mano, salían del restaurante indignados y aplacaban su hambre con algún *panini* comprado en un bar mientras conducían de vuelta a casa. Roberto sigue furioso porque alguien sirvió unos espaguetis a la carbonara, preparados por Mario, con los huevos encima en lugar de mezclados con la pasta. «¡Lo vi con mis propios ojos! ¡Estaban encima! ¡Qué vergüenza!»

Joe Bastianich no era ningún romántico. Había crecido en un restaurante de inmigrantes en Queens y tenía clarísimo la importancia del dinero. Se mostró impaciente con Gianni y Roberto. Su actitud parecía decir: «Montañas, montañas..., los restaurantes son un negocio; ¿por qué sois tan capullos?» Joe es hijo de Felice y Lidia Bastianich, ambos inmigrantes, que tenían su propio restaurante, La Buonavia, con capacidad para treinta personas, en 1968, el año del nacimiento de Joe. (Lidia tiene ahora un programa de televisión, varios libros de recetas y su propio restaurante en el Midtown.) Los recuerdos de infancia de Joe están dominados por «la realidad no siempre agradable de cocinar para ganarse la vida»: limpiar interceptores de grasa, barrer insectos tras la visita de los exterminadores de plagas, el olor penetrante del betún, y la peste de un vestuario abarrotado de «gordos y sudorosos italianos y croatas leyendo los resultados de las carreras de caballos», donde Joe hacía sus deberes y dormía sobre unas cajas de tomate hasta que lo llevaban a casa. En la actualidad, sigue sin soportar las hojas de laurel. «Tres veces tuve que sacarlas de la garganta de alguien que se estaba ahogando, incluyendo mi abuela cuando yo tenía nueve años, y todo ¿para qué? ¿Crees que el sabor es tan importante?» Los pollos le hacen estremecerse, ya que acompañaba a su padre en coche al mercado mayorista para comprar aves baratas, «las *más baratas*»; las amontonaba con hielo para que no se estropearan y, cuando éste se derretía, aquella «agua de pollo» color rosado caía por su espalda. Joe no quería un restaurante; quería dinero y, al convertirse en un operador de bolsa de Wall Street, descubrió que lo odiaba. Recuerda que esperó su primer *bonus* con impaciencia, lo cobró y

63

volvió a la oficina para presentar su dimisión: entonces se fue directamente al aeropuerto JFK y compró un billete a Trieste. Se quedó un año allí, viviendo en una furgoneta Volkswagen, trabajando para varios chefs y vinateros, sintiendo la necesidad de comprender lo que, ahora se daba cuenta, iba a ser su vida.

Joe es ocho años más joven que Mario, pero tiene la seriedad de una persona doce años mayor. Se afeita la cabeza. Es enorme, aunque no corpulento, y su tamaño transmite poder. Tiene unos andares de boxeador —piernas separadas, manos en los costados, siempre en guardia— que, al asistir a un bautizo de la familia Bastianich, advertí que ya imitaba su hijo de cuatro años. En el curso de una cena preparada por Betta —una pizza blanca, *pappardelle* verde con ragú de codorniz, *tortellini* a la crema—, Gianni y Roberto hicieron conjeturas sobre la sociedad que formaban Joe y Mario.

—Tú debes de ser la sal —dijo Roberto—, y Mario la pimienta.

—Tú eres el hombre del dinero —aclaró Giovanni. La idea era que Joe tenía a Mario bajo control, que había conseguido domarlo.

Joe se encogió de hombros y se volvió hacia mí.

—¿Cómo se dice en italiano «quién sabe...»?

Roberto y Gianni siguieron insistiendo. Para ellos era inconcebible que aquel hombre con pantalones de pijama que habían recogido en la estación de tren en 1989 hubiera llegado a ser un famoso chef sin la ayuda de alguien mucho más mundano. Mario había sido el payaso de la ciudad, o al menos su portavoz más sibarita. Se había presentado a un concurso anual de nuevos talentos en Porretta («Los demás aspirantes eran niñas de catorce años», señaló Roberto) con su banda de tres miembros —el barbero a la batería, el tallador de lápidas al saxo y Mario a la guitarra eléctrica–, tocando una versión larguísima y a todo volumen del «Hey, Joe» de Jimi Hendrix. Había sido el bailarín más salvaje de la discoteca, y solía regresar a casa con Bruno, el jefe de la oficina de correos, y tocar hasta el amanecer esas canciones que celebran la cosecha. Nunca habían conocido a nadie que bebiera tanto como Mario.

–Quince whiskies de una sentada –exclamó Roberto–. ¿Os lo imagináis?

–Eran veinte –dijo Gianni–. Solía contarlos.

Era el gordo con una docena de novias que parecían llamarse Jennifer. «Incluso las italianas eran Jennifer», exclamó Roberto.

–¿Por qué los gordos resultan tan atractivos a las mujeres? –preguntó Gianni.

–¿Está más gordo o más delgado que antes? –inquirió Roberto a modo de respuesta.

–¿Sabes una cosa? –me susurró Joe desde el otro lado de la mesa–. No puedo más... –Y empezó a tararear el aria de una ópera.

Al cabo de tres años, Mario se marchó de Italia, y las cosas se complicaron para Gianni y Roberto. Fue como si la partida de Mario y el declive de los Valdiserri estuvieran relacionados. Mario regresó a América para ganar dinero justo en el momento en que Gianni y Roberto empezaban a perderlo.

El restaurante siempre había sido caro, decían. En pocos meses, los habitantes de Porretta perdieron poder adquisitivo. Ese año, 1992, señaló el comienzo de una recesión económica en toda Europa, pero ni Gianni ni Roberto estaban al corriente de lo que pasaba en otros sitios; lo único que sabían era que un mes habían tenido mucho trabajo y al siguiente, casi nada. Los pedidos habían descendido en la fábrica donde trabajaba Roberto, y cada vez les visitaban menos ejecutivos extranjeros. Las familias de Bolonia tampoco iban como antaño, y las casas donde pasaban las vacaciones se quedaban sin alquilar: ¿quién desea ir a las montañas y comer los espaguetis que puedes comer en casa cuando, por el mismo precio, puedes estar en una playa en el Pacífico Sur? Hubo algunas muertes: la madre de Gianni, el padre de Betta. Y también deudas de juego: los casinos eran la desgracia secreta de Gianni. La Volta se vendió. Hoy existe un restaurante en el mismo lugar, pero tiene un nombre francés, sirve pescado, y las dos veces que fui estaba cerrado. Gianni tardó nueve años en conseguir fondos para abrir otro local, La Capannina, una pizzería en un parque junto al río, donde se podía cenar al aire libre en las calurosas noches estivales. Pero aquel verano había hecho mal tiempo y el negocio no marchaba. Era allí donde estábamos cenando, pero hacía demasiado frío para sentarnos fuera, y los demás clientes –cinco hombres, todos ellos obreros– comían pizza y bebían cerveza. Podías leer la preocupación en las arrugas de tristeza que rodeaban los ojos de Gianni. Borgo Capanne, el pequeño pueblo de la colina, estaba muerto, me dijo su hija Mila mientras me guiaba por sus calles al día siguiente. *Più bestie che persone.* Había más perros y gatos que personas.

Mario se marchó antes de que empezara la decadencia gracias a la ayuda de su mejor amigo de Rutgers, Arturo Sighinolfi. Arturo visitó a Mario en Porretta. Los dos interpretaban de un modo muy parecido la cocina italiana. El padre de Arturo estaba a punto de jubilarse; durante veinticinco años había dirigido Rocco, el restaurante italoamericano de Bleecker Street, en la llamada «zona de la salsa de tomate». Arturo propuso a Mario que llevara el restaurante con él y el negocio fuera a medias: Arturo esta-

ría en la recepción, Mario en la cocina. Había un apartamento en el piso de arriba donde Mario podría vivir. El
nuevo Rocco, inspirado en La Volta, tendría una carta po-
derosamente italiana.

5

La cocina de Babbo era en realidad varias cocinas. Por las mañanas, ese pequeño espacio –el área de trabajo no tiene más de siete metros por tres– era la cocina auxiliar y lo dirigía Elisa. Por las noches, ese mismo espacio se convertía en la cocina de servicio y lo dirigía Andy. Pero entre la una y las cuatro y media, las diferentes cocinas (más metáforas que lugares) coexistían.

Andy era el primero que llegaba, deliberadamente un minuto o dos después del mediodía, y se mostraba muy respetuoso con la estructura de autoridad de la mañana. Memo, el segundo chef, aparecía una hora más tarde. Frankie, el ayudante del segundo chef, no tardaba en seguirle. Y luego entraban los demás, uno tras otro, recién levantados, sorbiendo su primer café, oliendo a jabón y con el pelo todavía mojado. El último era siempre Nick Anderer, el «tipo de la pasta». Nick era alto y delgado, con el físico de un jugador de tenis, llevaba siempre un pañuelo azul atado en la frente, y tenía el pelo oscuro, los ojos marrones y las facciones de un euroasiático. El padre de Nick era de ascendencia alemana y su madre japonesa-americana, así que le llamaban «Chino» (aunque en un mundo mejor no habría sido un chino ni un japo, sino sencillamente Nick). Su puesto era el más fácil de organizar, pero acababa siendo el más duro. Casi todo el mundo pide pasta. Cuando Nick llegaba, entre las dos y las tres, había un enorme ajetreo en la cocina.

Para entonces, había allí entre dieciocho y veinte personas. Mientras los integrantes de la cocina auxiliar terminaban frenéticamente su trabajo, la cadena de cocineros ultimaba sus preparativos, temerosos de no haber acabado antes de los primeros pedidos. Aquellas tardes, en muchos sentidos, eran una muestra exagerada de algo característico no sólo de Nueva York (donde, con tanta gente concentrada en una pequeña isla, el espacio es algo precioso y sobrevalorado) sino también del negocio de la restauración (en el que el tamaño de la cocina y del comedor son cálculos financieros, y una cocina pequeña significa más mesas). La preocupación por el espacio era extrema. El restaurante no abría al mediodía porque la metafórica cocina auxiliar seguía trabajando a esas horas. Y también porque casi todo su equipo –manteles, cubiertos, vasos, platos– se guardaba bajo los bancos donde los comensales se sentarían: todas las mañanas se desmontaba el restaurante; y todas las tardes se armaba de nuevo. La supuesta oficina de Babbo eran dos sillas y un ordenador en cualquier grieta que saliera en el sótano. Parecía una prolongación bastante chapucera de las cañerías. Cuando explotó un tanque de agua caliente –durante varios días tuvieron que hervir el agua para fregar los platos–, trasladaron la «oficina» a otro lugar para tener acceso a la avería. La mesa del ayudante de Mario estaba debajo de un fregadero, siempre borboteando con los restos de comida que giraban en él. El olor era muy penetrante.

Por la tarde, el espacio estaba jerarquizado. Mario me advirtió de ello cuando le comenté que debía de haber echado culo porque no hacían más que darme topetazos. «Te dan topetazos porque pueden; están poniéndote en tu sitio.» Al día siguiente, los conté: me dieron cuarenta topetazos. El espacio era la mayor preocupación de Andy; al llegar, entraba directamente en la despensa para ver si podía meter las cosas en recipientes más pequeños. De lo contrario, no habría espacio para guardar lo que se preparaba en la cocina auxiliar. En una ocasión le ayudé a hacer una ensalada de hierbas quitándoles los tallos para concentrar sus sabores. Empezamos en el comedor porque no quedaba sitio en la cocina; nos trasladamos al oscuro rincón del café –delante de las puertas de la cocina– cuando empezaron a poner las mesas, y acabamos apoyados en el servicio de señoras.

Por la tarde, si consigues un lugar privilegiado, no lo abandonas. No contestas el teléfono, ni haces recados, ni te preparas una taza de café, ni vas al baño, porque, de lo contrario, pierdes tu sitio. Hacia las dos, las fuentes de carne braseada salían del horno, pero no cabían en ningún lado, así que se dejaban sobre los cubos de basura. Encima de ellas se colocaban otras fuentes. Y a veces se amontonaban nuevas fuentes sobre éstas.

Mario va y viene entre los diferentes turnos. Ya no dirige la cocina –aparece de repente para ver si todo funciona o sencillamente la visita cuando le apetece–, pero a la gente le gusta creer que está allí todas las noches, preparando todos los platos, una idea que él se encarga de reforzar, sacando de un modo muy llamativo algunos platos para los clientes especiales. Un año después de la apertura de Babbo, tuvo un aneurisma cerebral que alarmó a su familia. «Oh, Dios mío, pensé, se acabó», recuerda su hermano Dana. «Le ha llegado su momento de Marilyn Monroe, ha vivido demasiado deprisa.» También inquietó a los clientes de Babbo, que cancelaron sus reservas. «La única vez en que cualquiera podía entrar y conseguir una mesa», dice Elisa.

Mario vino una tarde para hacer una especialidad del día llamada *cioppino*. Lo había preparado la noche anterior, pero sólo lo pidieron cuatro clientes. «Hoy van a promocionarlo los camareros y, como no acaben con él, los despido», exclamó alegremente. *Cioppino* es una contracción de «*C'è un po'?*» (¿hay alguna cosita?), una sopa de inmigrantes italianos hecha con sobras y cualquier «cosita» que algún miembro de la familia consiguiera de los pescadores al final del día. En aquella ocasión, la «cosita» era carne de cangrejo y, fiel a la ideología del plato, Mario deambuló por la cocina cogiendo lo que encontraba: pulpa y líquido de tomate, restos de tomates asados, hojas de zanahoria, un cuenco de pieles de cebolla, cualquier cosa. Cobraría veintinueve dólares.

Mario ocupó el lugar de Dominic Cipollone, el chef de los salteados. Dominic llevaba dos años en Babbo; era su primer trabajo en un restaurante. («Sea lo que sea», decía Mario, «lo hemos hecho nosotros.») Era un hombre triste y taciturno, con aspecto de Pedro Picapiedra sin afeitar y, en un momento determinado, se dio lúgubremente la vuelta y chocó con Mario.

–Dom, me has dado un topetazo –dijo Mario.

Dominic se disculpó. Su tono era irónico; parecía decir: claro que te he dado un topetazo; eres un tipo enorme y estabas en mi camino.

Pero Mario no quedó satisfecho.

–Dom, no se te ocurra volver a hacerlo.

Dom no sabía cómo reaccionar. ¿Se trataba de una broma?

–No quiero que me des topetazos –prosiguió Mario–.

¿Ves esta encimera? Es mía. ¿Ves este suelo? Es mío. Todo lo que hay aquí es mío. No quiero que me des topetazos.

Encontré a Dominic en la despensa.

—Mario está en mi sitio. Tengo que limpiar lo que ensucia, y me da topetazos. Me quedaré aquí.

(El caso es que aquella noche se vendieron treinta y cuatro *cioppini*. «Los camareros superaron la prueba», me dijo Mario cuando llegué al día siguiente y lo encontré apoyado en un banco bebiendo un whisky. «Estoy muy contento.»)

Cuando Mario se marchaba de la cocina, nunca sabías cuándo volvería. Elisa recordaba el miedo que, en los primeros tiempos, habían inspirado sus salidas, especialmente en una fase Chinatown en que regresaba con unas compras que quería servir como especialidad del día. Pies de pato, por ejemplo, o lenguas de pato. «Muy pequeñas, muy pequeñas, con un hueso diminuto en la parte de atrás que resultaba casi imposible de sacar.» O medusas que, siguiendo su costumbre de preparar los ingredientes locales a la manera italiana, se cortaban en tiras, se marinaban con aceite de oliva, limón y albahaca y se servían crudas como una ensalada. «Era asqueroso», decía Elisa. Y el desconcierto era el mismo cuando Mario volvía con las manos vacías y, sin que nada le distrajera, empezaba a buscar en la basura. La primera vez que presencié un momento así —una visión insólita, aquel hombre corpulento inclinado hacia delante y con los brazos hundidos hasta el codo en una bolsa de desperdicios de comida— yo era el objeto involuntario de sus pesquisas. Había cortado el apio en cubitos y estaba tirando los penachos de hojas (después de todo, ¿cómo se cortan las hojas en cubitos?). Los penachos tienen el sabor más intenso, y era consciente de que no debía tirarlos, pero eso es lo que estaba haciendo: tenía mucho apio que cortar.

«¿Qué demonios es esto?», preguntó Mario, sosteniendo en la mano un puñado de mis hojas de apio antes de volver a sumergirse en la bolsa de plástico para ver qué descubría, que, por supuesto, fueron más penachos de apio, cientos de ellos. Mario los sacó quitándoles cualquier cosa grasienta que estuviera pegada a sus hojas (se servirían aquella noche con la carne). «¿Qué has hecho?», me preguntó estupefacto. «¡Estás desperdiciando lo mejor del apio! ¡Te he pillado, escritor! Recuerda nuestra regla: ganamos dinero comprando comida, preparándola y consiguiendo que otras personas paguen por ella. No ganamos dinero comprando comida y tirándola.» Presencié el número de la basura varias veces, con unos riñones («Elisa, nosotros no tiramos los riñones de cordero»), unos tallos verdes de ajo («¿Qué haces, Frankie? Son perfectos para una sopa») y el sucio y áspero extremo de unos puerros salvajes («Que alguien hable con el tipo de las hortalizas..., está acabando conmigo»). Cualquier cosa remotamente comestible sólo se tiraba si Mario estaba fuera.

Por las noches empecé a servir la pasta en los platos.

«Hazlo así», me dijo Mario. Cogió mis pinzas antes de que pudiera servir los espaguetis y los dejó caer lentamente desde arriba. «Lo que quieres es colocar una montaña de pasta lo más hueca posible.» Y después con los *tortelloni*: «Sólo un poquito de salsa. Lo importante es la pasta, no la salsa», una máxima que oiría una y otra vez, y que diferenciaba a Babbo de un restaurante italoamericano. (Hay salsas de tomate que tienen más importancia que la pasta, pues también llevan carne picada y albóndigas o salchichas, o las dos cosas, además de pimientos, cebollas en vinagre y guindilla en copos.) Mario cogió mi cuchara –los *tortelloni* se deshacen con las pinzas– y me enseñó cómo sujetarla. «No eres un ama de casa. Olvídate del mango. Sostenla por aquí, por la base. Tendrás más control. Sólo es calor.» (Idiota de mí, pensé, y, avergonzado, tuve la repentina fantasía de una cubertería futurista, incluyendo una cuchara posmoderna sin mango, excepto tal vez un borde puntiagudo de media pulgada para los memos que lo necesitaran.) Más tarde Mario me explicó los ingredientes de los *tortelloni*. Era una pasta blanda y suave, rellena de queso de cabra, que se servía con cáscara de naranja seca y un poco de polen de hinojo, una especie de versión exagerada de esta planta. El polen de hinojo fue un descubrimiento de la escritora culinaria Faith Willinger, una norteamericana que vivía en Florencia y tenía allí una fuente secreta: en sus viajes a Estados Unidos escondía el polen de hinojo en la maleta, dentro de una bolsa de plástico de cien gramos, como un contrabandista. ¿Y la cáscara de naranja? Porque la naranja y el hinojo son una combinación clásica. Y también porque da cierta gracia a un plato suave y sin la menor acidez.

Retrocedí un poco para ver toda la cocina y lo diferente que era por la noche. Había manteles blancos –sujetos con cinta adhesiva– sobre las encimeras, donde Andy revisaba los platos antes de que salieran al comedor. La larga zona central de trabajo también había cambiado. Durante el día, era el lugar donde yo tenía mi tabla de madera, así como César González y Abelardo Arredondo, dos de los ayudantes de cocina mexicanos. Ahora se había convertido en el «paso». Andy, el hombre que dirigía la cocina, se hallaba en un lado, gritando los pedidos y cogiendo los platos que le «pasaban» los distintos cocineros. Detrás de él estaba la «línea», una barrera de aparatos culinarios. En una esquina estaba el irascible monstruo de la pasta, una máquina de agua hirviendo envuelta en vapor.

En la otra esquina había una parrilla, un cuadrado de acero en llamas amarillo azuladas. Entre ambos había tres cocinas, cada una con su horno encendido a doscientos cincuenta grados centígrados. Era una temperatura altísima. Yo estaba al lado de Andy y podía sentirlo. Cuando me acerqué, así como al echar una ojeada al plato que estaban preparando, sentí el calor con mucha más intensidad: un golpe de calor, como una nube, que no sólo era un hecho físico (estaba en las raíces del pelo de mi cuello) sino también una abstracción. Pero era suficientemente real: un muro abrasador, aunque fuera invisible, y me alegraba de encontrarme al otro lado.

Nick trabajaba en la máquina de la pasta –con el rostro en medio del vapor, todo sudoroso– y calentaba las salsas sobre uno de los quemadores plancha. Era el rincón de la pasta. Dominic cocinaba en medio y recalentaba cosas en el horno de abajo. Era el rincón de los salteados. El *swinger* se movía entre éste y la parrilla, ayudando a los dos cocineros, sirviendo sus platos y atento a cualquier imprevisto. Mark Barrett estaba en la parrilla. Acababa de empezar y parecía muy concentrado en su trabajo. Era alto, con gafas, iba sin afeitar y tenía el pelo ondulado y muy revuelto, como si se le hubieran pegado las sábanas y no llevara despierto mucho rato.

Era muy diferente de los demás; y lo mismo le ocurría a Nick. Los dos venían de familias prestigiosas y adineradas. No tenían que ser cocineros. A veces imaginaba que eran dos intrusos entre trabajadores de clase media, obligados a justificar continuamente su profesión ante unos preocupados padres, para los que un empleo en una cocina era lo mismo que unirse a un circo. Nick había estudiado historia del arte en la Universidad de Columbia, donde su padre era profesor de literatura japonesa. Había aprendido italiano, porque era un requisito para obtener su licenciatura, y había pasado un año en Europa, sobre todo en Roma. Cuando regresó, ya no le interesaban los fundamentos de la arquitectura clásica, la pintura renacentista o lo que hubiera supuestamente estudiado aquel año tan caro que sus padres le habían costeado en el extranjero. Había descubierto la pasta; quería ser un chef. Mark tenía también un padre muy culto (era dermatólogo), una licenciatura en humanidades (literatura inglesa), y una epifanía profesional muy similar desbaratando un itinerario intelectual: en su caso, un viaje a Dublín para ver las calles por las que habían paseado Joyce, Yeats y Beckett; pero, en vez de eso, encontró el intenso aroma de los huevos, la mantequilla y la nata de una pequeña granja de productos lácteos, pues había subvencionado su estancia trabajando en la cocina de un café. Cuando volvió a Estados Unidos, abandonó la literatura irlandesa y se matriculó en una escuela de cocina. Mark había crecido en Ohio y sus humildes ojos de pueblerino parecían maravillarse de todo. Aquel día tenía la cara llena de vendas y gasas. En su día libre, había ido a un concierto de rock y se había roto la nariz al arrojarse entre el público que bailaba delante del escenario. Eso también parecía típico..., desde luego, lo que cualquiera esperaría que hiciera los fines de semana el hijo universitario de un dermatólogo.

Hasta entonces, yo había creído conocer la carta de Babbo; podía recomendar algunos platos: los *pappardelle...* están de muerte; o los calamares dos minutos al estilo salvavidas siciliano..., muy picantes, no te los pierdas. No sabía nada. En la biblia azul de Babbo llegué a contar cincuenta pastas. No tenía ni idea de que existieran tantas. Había sesenta platos principales. Y cuarenta entrantes. Me quedé mirando la carta. Estaba pegada delante de Andy, encima del «paso» y justo debajo de un estante abarrotado de cosas italianas: una botella doble mágnum de *vino rosso da tavola*, una botella de aceite de oliva, algunos vinagres balsámicos: el bodegón de una cocina italiana, tal como la habría descrito una revista de viajes, y lo único que veían los clientes cuando, al ir al servicio, miraban por los cristales de las puertas de vaivén de la cocina. (¡Qué pintoresca es Italia!, parecía decir el bodegón a cualquiera que se asomara, aunque el vino se hubiera oscurecido con el calor, el aceite de oliva estuviese rancio y la verdadera cocina, que no tenía nada de italiana ni de pintoresca, quedara fuera de su vista.) La carta ocupaba cuatro páginas; «Larguísima», reconocía Andy. Los cocineros se movían tan deprisa que era incapaz de entender lo que hacían. Los platos se recibían a través de una impresora de pedidos, que escupía largas tiras de papel, una detrás de otra; Andy los cantaba y, sin que yo supiera cuándo ni cómo, reparé en que todos habían aumentado al mismo tiempo la velocidad de sus preparativos. Sus movimientos tenían otro ritmo, otra urgencia. Al final de la noche, no sabía explicar lo que había visto: algo muy confuso, comida lanzada al aire, y unas formas de actuar completamente diferentes: una enorme agresividad cuando los cocineros manejaban el calor y el fuego, mientras sus cazuelas despedían llamaradas; y una delicadeza casi artística cuando montaban los platos con sus manos, moviendo hojas de hierbas y verduras con sus dedos y rematándolos con unas líneas de colores que vertían de una botella de plástico, como si estuvieran firmando un cuadro. ¿Qué era aquello? Algo que no podía entender. Habría podido estar en Marte.

Yo estaba en un momento en que podía seguir adelante o dar marcha atrás. Si daba marcha atrás, diría: «Gracias por la visita, muy interesante, no hay duda de que esto no es para mí.» Pero ¿cómo podía seguir adelante? No había un lugar para mí. Aquellas personas tenían el nivel profesional más alto. No necesitaban pensar. Tenían tan asimilados sus conocimientos que funcionaban de forma instintiva. Yo no tenía esa clase de conocimientos y no podía imaginar cómo se adquirían. Era consciente de que estaba moviéndome al borde de algo: una experiencia larga, penosa, que minaría la confianza en mí mismo y resultaría de lo más humillante.

Mario, entretanto, inspeccionaba los platos que salían al comedor. Era una de sus visitas sorpresa.

Miró detenidamente un filete de falda y se dirigió a Mark. «Tío de la parrilla, tu salsa verde se está cortando. Has puesto demasiado aceite, y el plato está demasiado caliente. Sirve otro.» Mark siguió sus instrucciones con unos movimientos increíblemente acelerados, como un vídeo que avanzara a toda velocidad. «Estoy contando. Diez. Nueve. Ocho. Siete... Si te oigo hablar es que estás hablando demasiado alto.» La cocina era como una biblioteca. Mario examinaba un plato en el rincón de los salteados, el pato, metió su dedo en él y lo probó. «Dom, quita esta salsa.» Era demasiado salada, había que diluirla. «Y el pato», añadió, cogiendo una tajada de la pechuga. «El lado de la grasa necesita otro minuto, la carne está bien.» Aquello rayaba en lo increíble. «Pero derrite un poco más la grasa.» Yo llevaba un cuarto de hora observando cómo Dominic cocinaba la pechuga a fuego lento, con la piel grasa para abajo. Eso era lo que Mario le estaba pidiendo que hiciese un poco más, a fin de que la piel quedara especialmente crujiente.

Entonces, nervioso por ser el centro de atención, Dominic dejó caer un plato que aterrizó en las salsas y acabó roto en el suelo. Había mollejas en la salsa de tomate, salsa de tomate en el caldo de pollo y cristales en el suelo. Dominic trató de sacar con una cuchara las mollejas, pero en su precipitación las dejó caer y terminaron en otra salsa. Mario no dijo nada, pero se quedó delante de Dominic, con las piernas abiertas y los brazos cruzados, mirándole directamente. «Dom se toma las críticas como algo muy personal», me dijo. Dominic estaba sudando. Aquella mirada tan directa, me enteraría luego, era el modo en que Mario expresaba su preocupación; en otros lugares, se oían gritos. (Memo, que procedía de una cocina francesa, recordaba una costumbre llamada «platear»: el chef te quita un plato de las manos y lo arroja al suelo, normalmente en el momento de más ajetreo, y se supone que tú tienes que limpiar todo y preparar otro nuevo. Según Memo, fue «el momento más humillante de mi vida, y no se repitió».)

Devolvieron un plato de *orecchiette* del comedor, a medio terminar, y lo trajo a la cocina el *maître* John Mainieri, que nos explicó: «No hay suficientes floretes en el brécol.» Cinco personas se agruparon alrededor del plato y empezaron a comer de él. «Dice que la última vez que lo comió aquí el brécol tenía más floretes.» Todo el mundo cogió un florete y lo miró detenidamente.

–Es cierto –exclamó Mario–. Los floretes eran más grandes, pero la naturaleza no produce floretes así en esta época del año.

Prepararon otro plato de pasta y Mario se lo pasó a uno de los camareros.

–Cuando se lo entregue, golpéele con su pene como si fuera una pistola.

Media hora después, devolvieron otro plato de la misma mesa; esta vez, de una mujer. Un filete. Estaba correoso. «Ella no quiere otro plato. Quiere un filete hecho como es debido.» Los cocineros se abalanzaron sobre la carne, arrancando indignados los trozos con las manos, y se miraron diciendo: «¿Correoso?»

El filete volvió del comedor por segunda vez. En aquella ocasión, era evidente que estaba demasiado hecho. Y también trajeron una chuleta. Tampoco era lo bastante buena.

–¡Demonios! Averiguad cómo se llaman. No vuelven a pisar el restaurante. –Mario se detuvo–. ¿Qué están bebiendo?

–Un Solaia 1997.

Cada botella costaba 475 dólares.

–Olvidadlo –dijo Mario, y pidió otra ronda de platos principales.

6

Nueva York, 1992. Los platos que Mario preparaba en el nuevo Rocco eran como los capítulos de una autobiografía; cada uno de ellos está tan íntimamente ligado a un momento concreto de su vida que la carta es casi más literaria que culinaria: cocinar como recuerdo. Los raviolis rellenos de sesos y acelgas son una receta de su abuela. Una crítica de la revista *New York* destacó unos «anticuados *tagliatelle* con ragú a la boloñesa», el mismo ragú que Mario había preparado en La Volta. Los *strichetti* con setas *porcini* y *cremini* son una variación de lo que Betta cocinó el día en que Mario empezó a trabajar con ellos. El *soufflé* de puerros (con salmón marinado a la grapa) era el plato que había hecho para su primera comida navideña en Italia. Mario había llegado por fin a Nueva York y tenía toda una vida culinaria que expresar.

Cuando llevaba casi dos meses trabajando en Rocco, Mario conoció a Susi Cahn, su futura mujer, que vendía verduras orgánicas y queso de cabra en los restaurantes del Downtown. (Los padres hacían el queso y ella cultivaba las verduras en sus tierras al norte de Nueva York.) Dos semanas más tarde, ella llevó a sus padres a cenar a Rocco: era su cumpleaños, y aquel restaurante le parecía un lugar perfecto para celebrarlo. Dio la casualidad de que la familia de Mario estaba en Nueva York y celebraba otro cumpleaños, el de su madre. Terminaron de cenar a las tres de la mañana. Susi lo recuerda como una nube de risas y de alcohol: Mario entraba y salía corriendo de la cocina, y volvía siempre con alguna sorpresa: otro plato, otra botella de vino, otra grapa y, finalmente, un acordeón que tocó su padre, dirigiendo las canciones italianas de borrachos que entonaron todos. Cahn, que no se parece en nada a Mario –es pequeñita, morena, de la Costa Este, judía en vez de católica no practicante, madrugadora en vez de trasnochadora, reservada y reflexiva en vez de extrovertida e impulsiva–, es un ejemplo de la clase de persona con la que probablemente Mario se lleva mejor. «Yo soy *muy, muy* diferente», exclamó cuando nos reunimos para hablar, como si quisiera decir: «¡Sé realista! Mario no podría vivir con otra versión de sí mismo.» Arturo, su nuevo socio, no era, al parecer, tan diferente y, nueve meses después de abrir el restaurante, su sociedad se vino abajo.

No conseguían clientes. Incluso Dana Batali estaba perplejo. «La comida era buena. No entiendo por qué no iba nadie.» Por el motivo que fuera, desconcertaban a los clientes habituales. «Le pedí a Mario que empezara poco a poco», me contó Arturo por teléfono cuando le localicé en Miami, donde trabaja de barman. «He estado en Italia. Sé lo que es bueno. A mí tampoco me gustaba el viejo estilo de comida. Pero no, Mario tenía que hacer las cosas a su modo o nada. Era el restaurante de mi padre. Conocía a los clientes desde hacía veinticinco años. Miraban la carta y decían: "¿Qué es esta mierda?" Y se marchaban.» También se pelearon por cuestiones monetarias. Mario siempre daba a la gente platos extra, incluso comidas enteras, y no lo cobraba. «Y se bebía él casi toda la grapa.»

La ruptura fue muy amarga. «No puedo ver Food Network,* pues no sé si va a aparecer él», me comentó Arturo. «Anoche, vinieron unos amigos a cenar y hablaron de *Molto Mario*. ¿Cómo pueden hacerme eso? Y usted», exclamó de repente, bastante indignado, «¿cómo puede telefonearme inesperadamente y mencionar a ese tipo? Me ha estropeado la noche.»

Mario se quedó sin empleo y sin hogar. Armandino le propuso que fuera a Seattle para abrir un restaurante juntos; un deseo nacido del arrepentimiento de no haber conservado el almacén familiar. Pero Mario no aceptó su oferta porque, finalmente, había encontrado un local: un restaurante indio abandonado, y con un alquiler especialmente bajo porque los inquilinos anteriores se habían largado sin pagar y el propietario estaba muy alterado. Batali no tenía dinero, pero le pidió un préstamo a Cahn («Jamás se me pasó por la imaginación que no fuera a triunfar», me dijo ella) y llamó a Steve Crane, su amigo de San Francisco, para que se convirtiera en su socio. Pó abrió seis semanas más tarde, a finales de mayo de 1993, con bastante discreción, pues andaban escasos de dinero (y, por lo tanto, de ingredientes), carecían de licencia para vender alcohol, y no se podían permitir el lujo de instalar aire acondicionado en un verano que resultó ser el segundo más caluroso de la historia de la ciudad. Pero ya estaban en el negocio y, a finales de agosto, un crítico culinario del *New York Times*, Eric Asimov, apareció de improviso y se quedó deslumbrado ante el recalcitrante italianismo de su cocina. Según Mario, fue muy alentador descubrir al fin que «lo que quería hacer en Nueva York era lo que Nueva York quería co-

---

* Cadena de televisión dedicada exclusivamente a temas culinarios. *(N. de la T.)*

mer». (Poco después, Armandino, animado por Mario, dejó su trabajo como ejecutivo de la Boeing y, a los sesenta y un años, se marchó a Italia para convertirse en un aprendiz no remunerado de Dario Cecchini, uno de los carniceros más famosos del país; de tal astilla tal palo.)

Pó parece un Babbo adolescente: trece mesas, dos más en la acera, y una carta fuertemente inspirada en La Volta. Para Stephen Crane, los dos primeros años fueron los mejores. Él estaba en el comedor, Mario en la cocina («como un atleta»), y pronto se convirtió en el lugar de encuentro nocturno de los chefs; gracias a Mario, recuerda Crane, que dio nuestra tarjeta a todo el mundo, levantó el negocio *viva voce*, y lo consolidó tratando a los clientes invitados como vips. (Esa costumbre se ha perfeccionado en Babbo, y las únicas veces que he visto a Batali rojo de ira es porque habían descuidado a algún vip. Casi nunca grita, pero, cuando el *maître* no reconoció a un productor musical que se había acercado a la barra, explotó: «¡Gilipollas! ¡Maldito gilipollas!»; y lo echó de la cocina con tanta furia que creí que iba a tirarle algo. «Si es una mesa de vips, preparáis el pedido *ya*», siseó entonces al personal de la cocina, abundando en la norma de que los vips se atienden primero y más deprisa. «No haces la comida cuando te sientes bien y estás preparado. No haces esperar a un vip porque eres un jodido genio y sabes más que nadie. No eres un puto artista. Empiezo a contar. Diez segundos. Deben tener sus entrantes en diez segundos. Nueve. Ocho. Siete.» Y, de manera casi vertiginosa, los entrantes aparecen, y la palidez de los chefs refleja auténtico miedo.)

Según Crane, los problemas empezaron en Pó cuando un ejecutivo de la recién nacida Food Network vio a Mario dirigir la cocina y le pidió que fuera a una audición. La fama de Mario como chef creó tensiones entre los dos socios («¿Cómo podía llevar el restaurante cuando la gente de Nueva Jersey hacía colas para conseguir su autógrafo?»). «Llegaba a trabajar y había una sesión fotográfica de la que yo no sabía nada, y el fotógrafo me decía: "Eh, usted, quítese de ahí"», recuerda Crane. («¿Y qué podía hacer yo?», pregunta Mario. «Nadie estaba interesado por el *maître*.») En 1999, Mario puso un precio al restaurante y le dio a elegir a Crane: si pagas, es tuyo; si aceptas el dinero, es mío. Crane prefirió pagar. Cuando firmaron el acuerdo, los ojos de Mario se llenaron de lágrimas. «Mario es el tipo más duro que conozco, parece ir por la vida diciendo: "Pégame más fuerte, ¡vamos!" No le había visto llorar nunca.» Según Mario, fue muy doloroso. «Como si alguien pusiera su nombre a tu primer bebé.» Jamás pensó que Crane quisiera el restaurante, y menos aún que fuera a pagarlo. «Se quedó estupefacto cuando le dije que seguiría con el negocio; no creía que pudiera llevarlo sin él.» Y, por extraño que parezca, Crane no lo lleva sin Mario, que sigue allí como una especie de fantasma, no sólo en la carta –que sigue ofreciendo sus platos de La Volta–, sino también en las mentes de los empleados.

–¿Está Mario? –pregunté a una camarera cuando fui a cenar un fin de semana.

–No, esta noche, no –respondió, cansada de contestar a esa pregunta.

7

Era la segunda semana de marzo, el día más cálido desde el verano, y la gente quería una carta nueva. El conejo dejaría de servirse con coles de Bruselas, y se acompañaría de guisantes de primavera, brotes de guisante y una vinagreta naranja brillante preparada con zanahorias mini. «No sólo ofrecemos conejo, sino también lo que hay dentro de su cabeza», explicaba Mario. «Te comes el animal *y* ¡lo que éste quiere comer!»

Había una partida de habas. Iban a sustituir a los garbanzos en una receta de pato llamada Pirámides en *Brodo:* una figura arquitectónica de pasta, semejante a un monumento egipcio, rellena de cuanto sobraba al deshuesar las aves: riñones, corazones, trozos de su fibrosa carne en un ragú, un risotto hervido en caldo de pato. «¡Nadie tiene ni idea de lo que hay en su interior!», declaró Mario. «Podría ser el pene de Jeffrey Dahmer,* *y* no cuesta nada, *y* a la gente le encanta.» Pero el caldo lo hacían con pavo y huesos de pato: el pato era demasiado gomoso, «una mariconada francesa».

* Asesino en serie norteamericano. *(N. de la T.)*

Aún no había llegado el pedido de ortigas salvajes. «¡Es típico!», comentó Gina. «En cuanto mejora el tiempo, la gente quiere la primavera. Habas, bayas, guisantes ingleses, y me preocupa lo que recibimos. Seguro que no es local.» De hecho, el mercado al aire libre de Union Square seguía casi vacío, y lo único que vendían eran los inconfundibles puerros salvajes del norte de Nueva York. Los puerros acompañaban a los espaguetis, envolvían en ellos los lomos de cerdo, se preparaban en vinagre para el verano o se servían solos espolvoreados con queso rallado del Piamonte. «Hechos así, me provocan una erección», decía alegremente Mario. En la cocina, todo el mundo los comía así: los ponían sobre la plancha de asar, añadían un chorrito de aceite, les daban enseguida la vuelta y los cogían con unas tenacillas. Los puerros eran efímeramente tiernos y tenían la frescura de la tierra y del sol: anunciaban la llegada de un tiempo más cálido.

Hubo cambios en la cocina. Nick se marchaba. Suspirando por volver a Roma y, animado por las historias de Porretta que contaba Mario, había decidido regresar a Italia. Mario se sentía muy halagado –aquella decisión equivalía a decir: «Seguiré su ejemplo, maestro»– y trataba abiertamente a Nick como su discípulo. («Ir a Italia es el único modo de aprender.») Mario era una fuente de consejos en ebullición: sobre lo que Nick debería buscar («Si el objetivo es tener tu propio restaurante, elige con cuidado; has de encontrar un lugar que haga la cocina que tú desees hacer»), sobre las finanzas («Necesitarás quinientos dólares y una buena tarjeta de crédito»), y sobre dónde debería ir («La mejor cocina está en el sur, pero no se andan con bromas..., no te comerás una rosca»). Ésa era la pregunta clave: ¿dónde?; y Mario daba vueltas al asunto en voz alta mientras Nick le miraba en silencio, sentado en un taburete, hasta que finalmente Mario se decidió por una *trattoria* de Roma llamada Checchino («Con muchísimo movimiento»). Mario llamaría el lunes. En la cocina de Babbo, la marcha de Nick se convirtió en un asunto importante, pues dejaba su trabajo, su país. Todos reconocían que el aprendizaje de la cocina italiana en un país que no era Italia tenía sus límites.

Stacie Cassarino, una de las cocineras de Gina, volvía a la cocina auxiliar durante el día. Había trabajado a prueba por las noches, en la cocina de servicio, pero no era lo bastante rápida. «Por desgracia, ha publicado sus poemas», dijo Andy, como si eso lo explicara todo. «Piensa demasiado.» La cocina tenía cuatro vacantes: no todas al mismo tiempo, pero casi; y Mario y Andy tenían que espabilarse.

Uno de los puestos se cubrió enseguida porque apareció por la puerta el candidato perfecto. Tony Liu sería el nuevo repostero de Gina, un auténtico regalo porque Tony estaba capacitado para mucho más, pero se moría de ganas de trabajar en Babbo. Era un hombre serio, bajito, de pelo oscuro cortado al rape y hombros musculosos. Era de Hawai; practicaba surf en verano y *snowboard* en invierno, y sus andares eran maravillosamente atléticos, aunque a menudo estaba fuera de lugar en aquella cadena de cocineros urbanos, pálidos y nerviosos, que llevaban meses sin ver la luz del día. Pero estaba allí para aprender lo que Babbo tenía que enseñarle, ése era su objetivo, y jamás parecía olvidarlo. Jamás sonreía, por ejemplo, ni una sola vez, aunque siempre se las arreglaba para parecer amable. Cuando llegaba a mediodía, saludaba a los empleados latinos en español, uno por uno, algo que nadie más hacía. Tony había sido cocinero en el restaurante francés de cuatro estrellas de Daniel Boulud. También había vivido en España, donde había trabajado en Martín Berasategui, un restaurante con tres estrellas Michelin en las afueras de San Sebastián. Dominaba dos cocinas europeas. La italiana era la siguiente. Conocía la jerga, sabía lo que debía hacer, y le aceptaron como colega.

No ocurrió lo mismo con Abby Brodiker. Venía de la cocina auxiliar de Food Network y los demás estaban recelosos: un estudio de televisión no es un restaurante, y, para Memo y Frankie, a Abby le faltaba cualificación, experiencia, y no sólo era mujer, sino también muy femenina; en pocas palabras, no merecía un lugar en la cadena de cocineros. Memo y Frankie podían ser un dúo muy intimidante, como dos siniestros gemelos que tuvieran su propio lenguaje. Apenas hablaban entre ellos, pero su comunicación era constante –una ceja en alto, una leve inclinación de cabeza– y estaban siempre de acuerdo en lo que debían hacer: arreglar un pescado, dar los últimos toques a la especialidad de la casa o asustar a los nuevos. Frankie, por lo que fuera –¿cómo iba a saberlo yo?–, se sintió especialmente ofendido por la llegada de Abby, y los dos se cogieron una gran antipatía. Abby parecía una niña. Tenía el pelo rubio, que a veces recogía en una cola de caballo, y era menudita, de nariz respingona y facciones pequeñas. Al cabo de unos días (todos los cocineros empezaban en el rincón de la despensa, preparando entrantes), se había endurecido de forma palpable y su rostro carecía de expresión, como si fuera una máscara.

«Todas las mujeres pasan por esto», dijo Elisa. «Y era peor antes, cuando el Neandertal era el chef de la cocina auxiliar.» (Elisa ocupó ese puesto cuando el Neandertal se trasladó a Pittsburgh para llevar un restaurante que habían abierto Joe y Lidia Bastianich.) Elisa solía quejarse del Neandertal a Mario: «Es grosero, machista, ofensivo», y continuaba su retahíla de protestas: el modo en que se referían a los *rapini** en la cocina, las descripciones detalladas de las visitas a las prostitutas. Pero Mario le decía que no podía hacer nada. «Vamos, Elisa, esto es Nueva York. Tienes que acostumbrarte.» El caso es que el Neandertal no duró mucho en Pittsburgh. «Estaba todo el tiempo tocando el trasero a las camareras y pidiéndoles que practicaran el sexo oral», me contó Lidia.

Y entonces fui testigo de lo que podría considerarse un sintomático intercambio de palabras en el que estaban implicadas unas mollejas. Elisa y Memo trataban de decidir lo que sería una ración. Elisa propuso que fueran seis onzas y emplear una balanza, pero Memo no estuvo de acuerdo. «Llamémoslo una copa B», dijo. «Confía en mí, Elisa, todos los chicos conocen el tacto de una copa B», y se cogió los dos pechos para ilustrarlo. «Lo que quieres es una ración copa B de mollejas.»

Elisa se ruborizó: «Si... sigo pensando que deberíamos usar una balanza»; y se volvió hacia mí como si fuera un testigo del mundo exterior. «¿Qué les pasa a estos tíos? ¿Serán así porque tienen que llevar delantales?»

Había que cubrir otros dos puestos, y Mario parecía preocupado, pues daba la casualidad de que Andy y él tenían que ausentarse a la vez. Andy había organizado un viaje a España hacía mucho tiempo, y no podía posponerlo. Andy, durante ocho años el número dos de Mario, había visto cómo los chefs de Babbo llegaban y se marchaban, con el apoyo de Mario y Joe, para abrir sus propios restaurantes. Ahora le tocaba a él. «En el fondo», me confió, «sólo quiero ser chef para tener mi propio restaurante. Finjo que Babbo es mío, pero no es cierto, y ¿qué hay de

* Juego de palabras intraducible entre *broccoli rabe (rapini)* y *rape* («violación»). *(N. de la T.)*

90

divertido en esto si el dinero no acaba en mi cuenta?» Al igual que Mario, Andy había vivido en España, y su restaurante, cuando se convirtiera en realidad, sería ibérico. Viajaba en busca de inspiración; comería en cuarenta y ocho restaurantes en tres días.

Uno de los puestos lo cubrió Holly Burling, una joven de veintiocho años, alta, larguirucha, bastante masculina, pelirroja y de piel muy pálida. Presencié cómo Mario fingía entrevistarla, pero sabía que su decisión estaba tomada de antemano: Holly había trabajado en Italia. ¿Qué más necesitaba saber? No había pasado mucho tiempo allí (sólo unas semanas en un *agriturismo*, una casa rural con camas, aprendiendo a hacer *gnocchi* y pasta casera), pero la cuestión era que había aprendido italiano y encontrado una cocina. «Lo hizo. Consigue las cosas.» Y mientras les escuchaba (y advertía el empeño de Mario en ver a Holly como un alma gemela), comprendí algo más: que Batali consideraba que las mujeres eran mejores cocineras. Mario estaba convencido de que Elisa era el mejor chef de Babbo, «no sólo porque tiene más experiencia, sino también porque es mujer. Sé que parece absurdo, y no acabo de entenderlo. Pero es así: las mujeres son mejores cocineras. Se acercan a la comida de un modo diferente». No parece que esa suposición pudiera resistir un escrutinio científico, pero Joe la compartía con él. Un día después de que Elisa empezara a dirigir la cocina auxiliar, Joe probó la salsa boloñesa y, encontrando en ella la confirmación de lo que buscaba, hizo un gesto de aprobación. «Es cierto», dijo, «las mujeres cocinan diferente. Sabe mucho mejor que la del último tipo.» El último tipo era el Neandertal y, en realidad, no había preparado nunca la boloñesa. Se encargaba de hacerla su primer ayudante de aquella época, Miguel González.

Ofrecieron un puesto a Holly. Una paga de quinientos dólares a la semana, y cinco días de vacaciones a partir del segundo año. No se mencionó una posible baja por enfermedad porque se sobreentendía que nadie se ponía enfermo, tal como descubrí en el silencio sepulcral que siguió a mis palabras una mañana en que amanecí con gripe y llamé a Elisa para decir que no iría al trabajo, dando por descontado que no querrían a una persona con fiebre en la cocina. Nada de eso se daba por descontado. Memo me lo explicó más tarde, un día en que se negó a irse a casa, aunque tenía fiebre y andaba estornudando y limpiándose la nariz con la manga. «Cuando tomé la decisión de ser un chef, asumí que jamás volvería a tener un día libre por estar enfermo. Es uno de los gajes de mi oficio.»

El mayor problema fue el último puesto. No había suficiente dinero para contratar al cocinero experimentado que quería Andy. Entonces empezó a preguntarse si serviría Marcello, «uno de los latinos», que trabajaba por las mañanas haciendo pasta. Pero Andy no estaba seguro de querer cocineros latinos en el servicio nocturno.

–No creo que sea apropiado. Los teníamos en Pó, pero Babbo es diferente.

La gente les llamaba «los latinos» (entre comillas porque, después de todo, Latinoamérica es un lugar enorme). Aun así, su comentario me sorprendió. ¿Acaso a los restaurantes de tres estrellas no les gustaba que los mexicanos hicieran su comida?

–¡Qué va...! Sólo es porque la cocina es más grande, y no quiero pararme a traducir.

Es cierto que el inglés de Marcello era rudimentario, y cuando Mario le entrevistó, habló en español.

–¿Estás dispuesto a trabajar por las noches? –le preguntó–. ¿Sabes que serás el único latino? ¿Aguantarás la presión?

Marcello, con el antebrazo vendado (se lo había cortado con un cuchillo de chef que alguien había dejado con el filo hacia fuera), le escuchó atentamente y contestó que sí, que podría hacerlo. Marcello parecía una versión en pequeño de su jefe: bajito y compacto, pelirrojo y con una cola de caballo, de cuello grueso (era fácil imaginarlo jugando de central en un equipo universitario de fútbol americano) y cara redonda y expresiva. Era respetuoso, amable y educado. Luego me confesó que se había puesto muy nervioso en la entrevista. Mario, que tenía el talento de un vendedor para detectar los síntomas psicológicos del desasosiego, se dio perfecta cuenta de ello. «Me encanta que estén nerviosos. Me hace sentirme tan bieeeeeeeeen.»

Mario preguntó a Marcello si trabajaba en otra parte. Muchos «latinos» tenían dos empleos.

—Sí —respondió Marcello. Le dijo las horas, el sueldo.

—¿Cuánto te pagamos nosotros? —quiso saber Mario. Miró a Andy. Andy no tenía ni idea.

—Trescientos setenta y cinco dólares a la semana —aclaró Marcello.

—A partir de ahora, sólo trabajarás aquí. Tendrás un sueldo de quinientos cincuenta dólares a la semana.

Eso suponía un cambio enorme. Y llevaba implícita una nueva designación: ahora, estaban diciendo a Marcello, eres uno de los nuestros. Regresó a la cocina. Estaba muy serio, pero su paso era claramente más ligero. Podría haber caminado sobre globos de agua.

Yo había presenciado un momento único, y un modesto hito en la pequeña historia de un pequeño restaurante. «Los latinos» están en todas las cocinas de Nueva York. Llevan la comida a tu mesa y después friegan los platos. Todo el mundo asume sin decirlo que son los *Gäs-*

tarbeiter americanos, que están ahí para hacer el trabajo sucio: la rutina del lavaplatos. Pero también preparan casi toda la comida, aunque los puestos de élite, en la cadena culinaria, se reserven para los tipos blancos. Dos de los cocineros más eficientes de Elisa eran César, de veinte años, y Abelardo, de veintidós: ambos «latinos». Elisa les daba una lista todas las mañanas –a veces con treinta tareas diferentes– y a última hora de la tarde habían preparado casi todo lo que el restaurante servía por la noche. Para la mayoría de la gente, eran invisibles; incluso para sus jefes (son «latinos», como si se tratara de una raza, no de mexicanos, uruguayos o peruanos), un grupo de trabajadores intercambiables, muy pocos de ellos angloparlantes, que vivían en la periferia de la ciudad, amontonados en pisos de un dormitorio de los que nadie quería saber nada. Por supuesto que Mario y Andy desconocían el sueldo de Marcello; hasta aquel momento no habían sido conscientes de su existencia.

–Vamos a necesitar un lavaplatos –le dijo Mario a Marcello cuando terminaron la entrevista–. ¿Conoces a alguien?

Mario no habría sabido dónde encontrar uno. Para aquel empleo existía una cadena latina: el actual lavaplatos, Alejandro, se encargaría ahora de hacer la pasta, el trabajo de Marcello. «¿Tienes primos? ¿Algún otro pariente?»

Pasé un viernes por la tarde, día de paga, con Jesús Salgado. Jesús, que había trabajado en Babbo desde el segundo día, era primo de Miguel, el cocinero que había preparado aquella salsa boloñesa tan femenina. Miguel había muerto. El 19 de mayo era el primer aniversario de su desaparición, y la gente hablaba de la fecha con temor. Yo no había conocido a Miguel, pero sabía cosas de él por Elisa: su destreza con los cuchillos, su modo de entender la comida, sus espectaculares aliños, su carisma: cualidades que también tenía César, el sucesor de Miguel (además de primo), aunque Elisa insistía en que Miguel era «mucho más sexy». Jesús era quien había propuesto que contrataran a César tras la muerte de Miguel. Y también era él quien había recomendado a Miguel. (Jesús y Miguel «habían sido como hermanos», y tenían una tarjeta en la que figuraban sus dos nombres y que, sorprendentemente, Jesús seguía utilizando.) Jesús había recomendado, asimismo, a su hermano Humberto, que limpiaba el restaurante durante el día, y a Marco, otro primo, que trabajaba en la cocina auxiliar. Como todos habían entrado en Babbo gracias a él, Jesús se sentía responsable de ellos: si llegaban tarde o no aparecían, Jesús respondía por ellos. Para un empresario, aquel método tan informal era muy seguro, aunque reforzara la distancia entre «los latinos» y el resto del personal. Lo único que les pedían era su tarjeta de trabajador de la Seguridad Social (sin tarjeta, no hay trabajo), e incluso después del 11 de septiembre, es posible conseguirlas por poco dinero.

Jesús era un patriarca nato. Los días de paga, los miembros de su numerosa familia se agrupaban a su alrededor: Humberto vestía una cazadora de cuero y zapatos de piel; César y Marco, más jóvenes, vaqueros anchos estilo hip-hop y deportivas rojas, y ambos se movían al ritmo de un sordo rap con los auriculares puestos. Jesús había bajado al sótano de Babbo para recoger sus cheques semanales y, en aquellos momentos, los llevaba a un lugar de la calle Octava para hacerlos efectivos (ninguno de ellos tenía una cuenta bancaria); César y Marco le seguían un poco rezagados, bailando alegremente. Más tarde encontramos un banco en Washington Square Park. Quería que Jesús me hablara de Miguel.

Jesús era de Puebla, a unas dos horas de la Ciudad de México. Sus numerosos primos también eran de allí. En Babbo, existe la creencia de que los mejores fabricantes de pasta son de Puebla. El primero que hizo este comentario fue Joe, cuando advirtió que en la cocina auxiliar había tres cocineros excepcionales que habían nacido en el mismo sitio. Le pregunté a Jesús: Los mejores fabricantes de pasta ¿son de Puebla?

«Bueno, la cosa es más compleja», respondió. «*Todo el mundo* es de Puebla. Casi todos los mexicanos de Nueva York son de Puebla.» *La migra*, como decía Miguel. La emigración. Puebla es muy pobre y está superpoblado, y Nueva York es un destino en ese camino de inmigración simplemente porque alguien de Puebla terminó con éxito su viaje y otros le siguieron. «En Puebla, no sabemos lo que es la comida rápida. Sólo conocemos la comida que cocinamos. Hay un McDonald's, pero nunca comí allí. No tenía dinero para hacerlo. Para nosotros, era un restaurante de tres estrellas. Una hamburguesa costaba la paga de una semana. Allí todo el mundo se hace su comida.»

Jesús me contó que, el día que volviera a México –llevaba ocho años sin regresar–, su abuela lo celebraría sacrificando una cabra. Frotaría hojas de aguacate contra el animal –«el aceite de las hojas disimula su fuerte olor»–, lo cubriría con una pasta de semillas de calabaza, cacahuetes, chocolate y clavo, y lo enterraría en un hoyo sobre unas brasas de carbón. «Cocinamos la cabeza de cordero del mismo modo. Gran parte de lo que preparamos en Babbo, siguiendo métodos muy rústicos, nos resulta muy familiar. La falda de vaca, por ejemplo, parece un plato mexicano. O la zona de la parrilla, para nosotros *la barbacoa*; asamos la carne del mismo modo. O los estofados: es nuestra forma de guisar los cortes grandes. O el *bain ma-*

rie: en México lo llamamos "baño María", y lo empleamos para hacer tamales. Tenemos mucho que aprender cuando trabajamos en una cocina como Babbo, pero ya sabemos bastantes cosas de antemano.» Me habló de una boda a la que asistiría aquel fin de semana en Queens. «Todo el mundo llevará comida: un cerdo, un pavo, un pollo.» Ocurría lo mismo en Navidad. «Pasamos el día cocinando juntos.» Elisa recordaba algunas de sus conversaciones con Miguel. «Hablaba a menudo de la comida que hacía en casa. César es igual. Tienen un don especial para captar cuanto se hace en toda la cocina. Los dos saben siempre qué queda en la despensa y qué tenemos que volver a pedir. Saben más que la mayoría de los muchachos que se gradúan en una escuela de cocina.»

Cuando Miguel llegó a Nueva York, Jesús se ocupó de él. Vivían juntos, con una numerosa familia de primos, hermanos y amigos, en un piso de tres dormitorios en el Bronx: tres en cada cuarto, nueve hombres en total. Cuando Miguel encontró trabajo en Babbo, empezó a ir a clase de inglés con una portorriqueña llamada Mirabella, y los dos comenzaron a salir juntos.

Elisa se acuerda de ella:

–Tenían problemas, y ella le llamaba constantemente por teléfono. Era mayor que él, se notaba en su voz, pero no supe cuánto hasta que la vi en el funeral. Miguel tenía veintidós años. Ella, cuarenta y dos. ¿Por qué saldría una mujer de cuarenta y dos años con un muchacho de veintidós?

Más o menos en Navidad, Miguel pidió consejo a Jesús. La relación había sido abiertamente tempestuosa, pero, según Miguel, habían superado sus dificultades. Mirabella quería que fuese a vivir con ella. Tenía un apartamento en Brooklyn. Planeaban casarse en junio.

–Yo no la conocía –me dijo Jesús–. Miguel nunca la traía a casa. Eso me extrañaba. Y había otras cosas. Ella siempre necesitaba dinero. Padecía del corazón y tenía que visitar a un especialista. Miguel no tenía mucho dinero. No le sobraba para dárselo a una mujer mayor con un problema de corazón. Miguel me pidió consejo. Le dije que no se fuera a vivir con ella.

Miguel preguntó a los demás compañeros de piso. Todos le aconsejaron lo mismo.

A principios de enero, Miguel se instaló en casa de ella.

Las peleas continuaron. Mirabella le telefoneaba a la cocina todos los días. El tono de aquella mujer era apremiante, imperioso, recuerda Elisa. «Los demás me contaron que ella traficaba con documentos de identidad: compraba y vendía identidades.» En aquella época, un número de la Seguridad Social costaba sesenta y cinco dólares. Una carta verde, un poco más. Un pasaporte, dependía: por uno bueno podían pedirte varios cientos de dólares. «Ninguno de estos muchachos tiene papeles», dijo Elisa. «A veces me pregunto si esa mujer no le asustaría con su estatus de ilegal. Tal vez Miguel temiera que, si se metía en líos, toda su familia tendría problemas.»

La relación no funcionaba, explicó Jesús:

–Pero, como Miguel nos había pedido consejo y nosotros le habíamos dicho que no se casara con aquella mujer, sintió que no podía volver a casa. Estaba avergonzado. No tenía adónde ir.

El 18 de mayo, el último día que pasó en la cocina, trabajó muchísimo, recuerda Elisa. Preparó cosas para toda la semana. «Luego puso sus cuchillos de pescado en un envase de plástico y me los dio. Yo no sabía lo que estaba haciendo. "Gracias", le dije. "Son estupendos".» Aquella noche se ahorcó en la ducha del apartamento de

Brooklyn. Jesús fue corriendo al enterarse. Era la primera vez que entraba en aquel piso. La policía no le permitió ver su cuerpo.

Jesús tenía treinta y tres años, pero parecía mayor. Tiene abundante pelo negro, tan tieso que parece paja cubierta de alquitrán, una nariz grande y angulosa, y un semblante tosco con algunas cicatrices. Parece muy serio y su rudeza resulta atractiva. Telefoneó a su tío, el padre de Miguel. «Su dolor fue increíble. Nada de lo que le conté tenía sentido para él.»

Jesús hizo una pausa. Los dos seguíamos sentados en el banco del parque, rodeados de sus primos y de su hermano, que no parecían tener prisa y nos contemplaban pacientemente. Jesús, con la vista clavada en el suelo, eludía mi mirada. Como si quisiera impedir que yo viera las lágrimas que, al igual que densas gotas de aceite, asomaban a sus ojos. Respiró hondo. Después del funeral, continuó Jesús, organizó todo para que el cuerpo de su primo volviera a México. Andy escribió una carta explicando «que Miguel era un héroe, pues los padres no entendían lo ocurrido. Nosotros tampoco lo entendimos. Seguimos sin hacerlo».

Jesús se levantó. Su familia también. «Ahora estamos muy unidos», exclamó, señalando a los demás. «No queremos que esto vuelva a suceder. Hablamos mucho. Nos aseguramos de que nadie se sienta solo.» Se marchó en dirección al metro, y los demás le siguieron apesadumbrados, caminando tristemente con los hombros caídos.

Llamé a la policía. Jesús tenía el nombre y el número de teléfono de un detective que había llevado el caso, un tal Lamposone. Conseguí hablar con uno de sus colegas.

—Oh, sí, recuerdo aquella noche. Un chico mexicano. Un asunto muy feo. Estaba bebiendo con sus amigos y empezó a jugar con la pistola. Y perdió. Algo espantoso.

Estaba horrorizado: ¿por eso no habían dejado que Jesús viera su cuerpo?

—Oh, no —exclamé, sorprendido—. Nadie mencionó ninguna ruleta rusa.

El detective se quedó desconcertado.

—Será mejor que hable con Lamposone. Puede que me confunda con otro caso.

Al detective Lamposone lo habían destinado a otro distrito, en Bay Ridge. No recordaba aquel suceso. Le di los detalles, el nombre, la fecha. Nada. «Lo siento. Lo he olvidado.»

Cierta mañana, unos diez meses después, yo estaba trabajando en la cocina auxiliar. Hacía pasta con Alejandro, el sucesor de Marcello. (Alejandro era el lavaplatos de mi primer día en Babbo.) Alejandro había crecido en una granja en las afueras de Puebla, y se había marchado a los dieciséis años. Llevaba cuatro años en Nueva York. Era un niño. (Una tarde, cuando los integrantes de la cocina auxiliar en pleno se hallaban en el sótano, cambiándose para volver a casa –la costumbre era desvestirse en un espacio tan reducido como la mitad de un pequeño ropero–, Alejandro se dio cuenta de que Elisa estaba mirando su barriga. Para alguien tan joven, aquella barriga era increíblemente redonda y suave. «Los hombres mexicanos», dijo alegremente, dándose una vigorosa palmada. «Panzas de macho.»)

Yo sabía un poco de español. Quería saber cómo era la granja de la familia de Alejandro: qué animales criaban, qué hortalizas y verduras cultivaban, qué comían en la mesa familiar. Alejandro, aunque feliz de contestar a mis preguntas, no tenía aquel «don especial para captar lo que se hacía en toda la cocina». Aquello era un trabajo. No le interesaba hablar de comida, aunque fuera un cocinero muy competente. Le interesaba conocer a chicas norteamericanas. Propuso ayudarme con el español y, sí, si yo insistía, me hablaría de las hortalizas y verduras de su granja, con la condición de que yo le llevara a algún club. Justo en ese momento entró Marcello. Su mujer esperaba fuera, en un coche. Marcello quería enseñar en la cocina a su nuevo bebé, y mecía en sus brazos un envoltorio rosa con una niña en miniatura, de pocos meses, concebida, comprendí, poco después de su entrevista con Mario: con la seguridad que proporcionó a Marcello su nuevo puesto de trabajo, decidió formar una familia.

La gente que no vive en Nueva York no se da cuenta de hasta qué punto la ciudad vuelve a estar formada por inmigrantes y que de dónde vienes se convierte en lo próximo que serás. En 1892, cuatro de cada diez neoyorquinos había nacido en el extranjero. Desde 1998, el porcentaje es el mismo, debido a la llegada, legal o ilegal, de inmigrantes de Latinoamérica, Rusia, el subcontinente asiático, Albania, los países del Báltico. Los padres de Joe son ambos inmigrantes, de familias italianas que vivían en Istria cuando Tito la incorporó a Yugoslavia: a los italianos, muy poco queridos desde la guerra (casi todos habían sido fascistas), les dieron la opción de integrarse o marcharse. El padre de Joe saltó a bordo de un barco y llegó ilegalmente a Nueva York. Tenía quince años. Lidia tuvo una entrada un poco más convencional y le concedieron asilo político. «Los restaurantes», comentó Joe, «son la tabla de salvación de los inmigrantes de esta ciudad.» El primer trabajo de su padre fue en un restaurante; su primer hogar estaba encima de una panadería (dirigida por un inmigrante). Treinta y cinco años después, su hijo, ahora copropietario de su propia empresa, estaba siendo la tabla de salvación de otra generación. Daba empleo a Marcello, un emigrado de Argentina (y no de Puebla, a pesar de su talento para hacer pasta). Y ahora Marcello confiaba lo suficiente en su nuevo país para formar una familia. Alguien había muerto; alguien nacía.

En una ocasión, le pregunté a Mario qué iba yo a aprender en Babbo.

–La diferencia entre la cocina casera y la profesional –dijo–. Aprenderás la realidad de la cocina de un restaurante. En casa puedes preparar cualquier cosa de cualquier modo y a cualquier hora. No importa si el cordero está un poco crudo cuando se lo comen tus amigos un sábado y no tan crudo cuando vuelven un año después. Aquí la gente quiere exactamente lo mismo que tomó la última vez. La presión de la regularidad. Y eso es lo que hay: una gran presión.

Se quedó pensativo unos instantes.

–Desarrollarás también una sensibilidad culinaria muy especial. Descubrirás cómo usar tus sentidos. Dejarás de confiar en lo que diga tu reloj. Oirás cuando algo está a punto. Olerás los distintos grados de cocción.

Cierto día, en la cocina, Frankie empleó la misma frase, «sensibilidad culinaria», como si fuera algo que uno pudiera aprender. Y pensé que tal vez había tenido indicios de ello al ver cómo los cocineros de la cadena percibían un olor y se volvían para ocuparse de lo que tenían en el fuego, o cómo parecían oír algo en una cazuela y entonces echaban la comida. Aun así, era bastante improbable que yo llegara a dominar aquello; la cocina seguía siendo un lugar obstinadamente incomprensible. Desde el principio hasta el fin del día, reinaba el frenesí. De hecho, sin que yo fuera realmente consciente de ello, se fomentaba el frenesí, porque en éste hay siempre una repetición. Una y otra vez, percibía un olor cuando se terminaba una tarea, hasta que finalmente llegué a identificar no sólo de qué alimento se trataba, sino también en qué momento estaba de su preparación. Al día siguiente, sería lo mismo. (A esas alturas, me las arreglaba, no sé cómo, para pasar más días en la cocina auxiliar, aunque en teoría estuviera trabajando en otra parte.) Me acordé de algo que Andy me había dicho. «No se aprende a manejar un cuchillo en las escuelas de cocina, porque sólo te dan seis cebollas, y por mucho que te concentres en ellas, sólo hay seis, así que no puedes aprender tanto como cuando cortas un centenar.» Un día me dieron ciento cincuenta lenguas de cordero. Nunca había cogido una lengua de cordero, que me pareció grasienta e inquietantemente humana. Pero, después de cocinar, limpiar, pelar y cortar en pequeñas tajadas ciento cincuenta lenguas de cordero, era todo un experto.

Una mañana Elisa salió para ocuparse de un reparto, y yo noté un olor diferente en las piernas de cordero. Se estaban dorando en una cazuela grande a tres metros de mí, y me acerqué a ellas, sumido en una especie de trance, les di la vuelta y reanudé mis tareas. Mi nariz me había comunicado que estaban suficientemente doradas y se estropearían enseguida. Cuando Elisa regresó, yo había sacado las piernas de cordero y había echado una nueva tanda. Me miró, ligeramente sorprendida.

Fue un pequeño adelanto, y me dejaron cocinar. Lo primero que hice, algo bastante razonable, fueron unas piernas de cordero. Les siguieron unas carrilleras de vaca, preparadas básicamente del mismo modo: doradas y estofadas en una salsa de vino hasta deshacerse. Luego llegaron los muslos de pato, el ragú de conejo, la lengua de vaca y las patas de pintada. En una ocasión, mientras hacía unas carrilleras de vaca, olí que estaban en su punto, aunque en teoría les quedaba otra hora de horno. Pero las dejé en el fuego, lo que fue un error, y estuvieron a punto de quemarse, aunque yo aprendí que podía confiar en mis sentidos.

8

Descubrí que necesitaba entender qué eran las costillas de vaca,* probablemente porque desconocía su ubicación, aunque ayudara a Elisa a prepararlas todos los fines de semana y reconociera su abrumadora omnipresencia: casi todos los restaurantes con ciertas pretensiones de Nueva York parecían tenerlas en su carta; y, de hecho, llevaban teniéndolas quince años. Y esto supone algo que rara vez se admite: que las ciudades tienen sus platos de restaurante típicos, ciertos ingredientes o preparaciones que, misteriosamente, se copian a sí mismos (y que casi nunca emigran; hasta hace relativamente poco no era fácil encontrar costillas de vaca en Boston o en Chicago), a través de la promiscuidad indulgente y profesional de los chefs, siempre saltando de un lado a otro, sin quedarse nunca mucho tiempo en el mismo lugar, especialmente en Manhattan, que era también una de las razones por las que Mario se negaba a dar referencias a alguien que trabajara menos de un año con él. («¿Por qué iba a hacerlo?

---

* En inglés *short ribs* (costillas cortas), lo que explicaría el interés del autor. *(N. de la T.)*

¿Para que me roben las ideas que me ha costado una eternidad aprender?») Las costillas de vaca se prestan a esto porque, en todas sus versiones, pueden reinterpretarse con facilidad y temáticamente. Son una especialidad gala en un restaurante francés de cuatro estrellas (las costillas, guisadas en caldo de ternera, se sirven con apio braseado); ligeramente fusión en un lujoso establecimiento euroasiático de cuatro estrellas (sobre un lecho de arroz blanco, con castañas de agua y col china); un alimento reconfortante en un local de comida americana sencillo aunque de dos estrellas (con puré de patata y salsa de carne); un ejemplo de sabores exóticos en un restaurante vietnamita «sólo-al-contado» (con una rama de limoncillo y servidas con salsa de ciruela); y llevan un indicativo italiano –la polenta, invariablemente– cuando son un plato de este país. En Babbo les añaden perejil, ralladura de limón y rábano picante por encima (porque el rábano y la carne de vaca son una combinación tradicional, y porque el rábano da el toque picante y el limón la acidez que necesitan las recetas de Batali). Y el plato tenía un nombre italiano, *Brasato al Barolo*, que significa «braseado al Barolo», un vino tinto bastante fuerte del Piamonte, en el norte de Italia.

Al hacer un braseado, una variante de asado, la carne se cuece a fuego lento en una cazuela tapada –con vino o caldo, o las dos cosas–, hasta que empieza a deshacerse. La carne es normalmente de segunda o tercera categoría, pierna o paleta, uno de esos trozos nudosos que sólo pueden masticarse después de golpearlos varias horas. En Italia, los braseados fueron mucho tiempo un plato invernal, ligado a las cocinas de leña que calentaban las casas y a los sabores insípidos de los tubérculos. (Las carnes braseadas, por ejemplo, aparecen en el libro de cocina más antiguo de la península, *De re coquinaria*, escrito en latín más o menos en la época de Cristo por Marco Gavio Apicio, quien también recomienda ese método desintegrador para los patos salvajes y las aves de caza duras y poco jugosas que, de otro modo, resultan incomestibles.) Lo que pasa con la versión piamontesa de Babbo es que sería muy difícil encontrar un *brasato* de costillas de vaca, con o sin *Barolo*, en algún rincón del Piamonte, y Mario, ante mi insistencia, reconoce que puede haber cierta invención en el nombre del plato. Al igual que yo, no tenía ni idea de dónde estaban esas costillas hasta que, en una noche glacial de 1993, las probó en un restaurante llamado Alison, en Dominick Street, donde casualmente las habían preparado al estilo norteafricano, con cuscús. En prueba de nuestro cansancio de la era «cómo-entregarte-un-corazón-que-ya-está-roto», el Alison iluminado con velas de Dominick Street –que, el día de San Valentín de 2002, fue considerado el restaurante más romántico de Nueva York– ha cerrado sus puertas, pero conseguí localizar a Tom Valenti, uno de sus antiguos chefs. A finales de la década de 1980, Valenti tuvo mucho éxito con un plato de jarretes de cordero que se preparaba siguiendo el mismo método: un músculo barato y muy trabajado se guisaba lentamente en vino y en caldo hasta que la carne se deshacía al tocarla con las tenazas; y su receta se hizo tan popular y fue tan imitada que Valenti empezó a buscar otra carne que pudiera preparar del mismo modo. «Quería hacer algo con ternera o añojo, pero nunca me ha gustado el estofado de vaca. Me parece seco y correoso. Así que hice los deberes y encontré algunos platos antiguos con costillas. Éstas me gustan más que cualquier otro corte del animal: son sustanciosas y tienen esas vetas de grasa que las mantienen jugosas.» Cuando incorporó el plato a la carta, en 1990, éste iba acompañado de un pequeño solomillo: «en teoría, un plato con dos tipos de carne, para que la gente tuviera otra opción si no les gustaban las costillas». Valenti dirige ahora sus propios restaurantes y las costillas de vaca están siempre en su carta (excepto durante un breve período de seis meses en que las suprimió y «los clientes protestaron muchísimo»). En 1990, las costillas de vaca costaban cuarenta y cinco céntimos la libra; actualmente, gracias a Valenti, cuestan más de cinco dólares.

Pero ¿qué es una costilla y en qué parte de la vaca se encuentra? Elisa no lo sabía, y llevaba cuatro años cocinándolas. Ni siquiera Valenti estaba seguro; sus costillas, como las de Babbo, las preparaba el tipo de la carnicería y venían tres o cuatro en cada paquete. De modo que fui a mi carnicero, Benny, en el Florence Meat Market del West Village, y él me lo explicó. Hay trece huesos a ambos lados del tórax, dijo. Seis de ellos, los más grandes y carnosos, son el lomo alto: carne de primera categoría. (Probablemente lo que comía Tom Jones cuando le sedujo la señora Waters: uno de esos chuletones que se pueden sujetar con las dos manos.) Pero tres o cuatro huesos de la parte inferior del tórax, y otros tres o cuatro de la parte superior, cerca del hombro, son más pequeños. Eso serían las costillas. Por ese motivo, venían tres o cuatro en cada paquete del carnicero: tres o cuatro de la parte inferior y tres o cuatro de la parte superior, aunque estas últimas a menudo tienen demasiada grasa para poderse aprovechar.

Con todo, las costillas no son tan pequeñas, suelen medir palmo y medio. Y son asombrosamente carnosas, como las costillas de cerdo, aunque tienen mucho más que comer.

Primero se doran. «Hay que sacarlas por la parte *superior* del envoltorio», me recordó Elisa cuando acababa de romper el lateral, «para no manchar todo de sangre», algo que, para entonces, ya había hecho, y luego separarlas, de una en una, cortando la carne entre las costillas. «Con mucho cuidado», dijo Elisa, «*por favor.*» Las colocas en una *hotel pan** y las sazonas generosamente por ambos lados con sal y pimienta: cuando terminas, parecen llenas de pecas. (Una *hotel pan*, comprendí finalmente, no es realmente una cacerola sino una fuente, y se llama así porque es la bandeja más grande que cabe en un horno, la clase de fuente gigantesca que necesitarían en un hotel.)

En Babbo, cocinan más o menos las costillas de tres vacas al mismo tiempo, unas cuarenta y ocho, pero la cuarta parte son demasiado grasientas y resultan inservibles. (¡Dios mío!, me encontré diciendo mientras sostenía un ejemplar enano y deforme que parecía un bumerang, preguntándome si, entre los pasatiempos de los prados, se incluiría el boxeo bovino. ¿Qué le ha pasado a esta vaca?) La causa de esto es el propio corte –algunos sencillamente sufren mutaciones–, así que, cuando se preparan costillas en casa, hay que comprar el doble de las necesarias; a saber: ocho costillas para cuatro personas. Se pueden hacer otras recetas con los trozos que no se emplean; en Babbo, la carne desechada, desmenuzada a mano y mezclada con parmesano, se convierte en relleno de raviolis, a no ser que César la encuentre antes y le añada copos de guindilla y pimienta de Cayena para hacer el relleno picante de unos tacos para nosotros, con tortillas de harina blanca cocinadas directamente sobre el fuego.

A estas alturas casi todo el mundo admite que la carne no se dora para conservar el jugo; se dora por el sabor. La falsa creencia de que un exterior crujiente era la equivalen-

---

* La traducción literal sería una cazuela o sartén de hotel. *(N. de la T.)*

cia proteínica del papel transparente de cocina surgió en el siglo XIX debido a las especulaciones no probadas de un químico alemán, Justus von Liebig. Éste tenía la teoría de que, cuando las proteínas se coagulan a altas temperaturas, se forma una especie de capa, del mismo modo que cuando las heridas se cauterizan; y esa justificación científica tuvo una gran aceptación, y se convirtió en el nuevo método culinario: caliente y rápido, en vez del tradicional lento y con mucho líquido. Por increíble que parezca, esta idea perduró más de un siglo, hasta 1984, cuando el químico y escritor culinario Harold McGee confirmó que no existía dicha capa y que únicamente doramos la carne porque nos gusta el sabor.

El dorado de la carne es el resultado de las proteínas descomponiéndose con el calor: la superficie se carameliza (se vuelve literalmente más dulce y aromática) y la textura cambia, pero esto no ocurre hasta que la temperatura alcanza al menos 170 grados centígrados. Como el aceite de oliva virgen extra prensado en frío empieza a humear a los 180 grados, supongo que, si eres escrupuloso en esos asuntos, puedes sentirte muy feliz dentro de esa zona barrera de diez grados y dorar tu carne en aceite de oliva sin contaminar la cocina y los pulmones de tus colegas. Aquél, por desgracia, no era el método de Babbo, donde te decían que cogieras una olla enorme con el fondo muy pesado –un *rondo* de noventa centímetros de diámetro–, la pusieras sobre la plancha de asar y vertieras aceite de oliva en su interior cuando el fondo empezara a humear. La primera vez que lo hice, vacilé. Miré por encima del borde del, en aquellos instantes, calentísimo *rondo*, con una costilla en cada mano, como dos pistolas a punto de desenfundarse en un juego de indios y vaqueros. El aceite de oliva había adquirido una ardiente cualidad líquida, y era como si estuviera produciéndose algún fenómeno molecular, pues estaba lleno de pequeños remolinos. Era la primera vez que los veía, y no me gustaban nada. Mientras seguía allí, oí una voz, una voz muy débil, que venía de ese hombrecillo que habita en el fondo de mi cerebro y que siempre he considerado el señor Sentido Común. El señor Sentido Común, que tampoco había ido a una escuela de cocina, me decía que yo no quería meter la mano en el fondo de una gigantesca olla hirviendo, tan caliente que el aceite chisporroteaba, ¿verdad que no quería? Por supuesto que no. Así que, al meter las costillas, las dejé caer justo antes de que llegaran al fondo. Las costillas aterrizaron. Rebotaron y cayeron bruscamente en el aceite hirviendo, que pareció (en mi imaginación, al menos) subir de golpe por una de las costillas, saltar por los aires y explotar, alcanzando mis nudillos. El dolor fue increíble, y en mi piel se formaron pequeñas ampollas como globos entre el final de la cutícula de la uña y el primer nudillo, una zona muy sensible. Cuatro ampollas, una en cada dedo. Eran unos globos bastante bonitos, semejantes a pequeñas y brillantes joyas.

Bueno, así aprendí algo que con seguridad todo el mundo sabía: que no se puede tirar nada al aceite hirviendo, y que los aterrizajes bruscos no son nada aconsejables. Tenía que hacer cuarenta y seis costillas más, y decidí depositar todas cuidadosamente en el fondo de la olla. Pero había un problema. Los globos semejantes a pequeñas joyas de la punta de mis dedos estaban ahora hipersensibles al calor (una sensación muy parecida a la de la congelación, el caso contrario) y, cuanto más los acercaba al fondo de la olla, más se quejaban. Entonces ocurrió algo extraordinario: justo cuando estaba a punto de depositar una costilla, las yemas de mis dedos, al igual que pequeñas mascotas que se soltarán de sus correas, escaparon por su cuenta y dejaron caer la costilla. Volvió a rebotar. Volvió a aterrizar bruscamente. Y, una vez más, el aceite subió de golpe por el hueso, saltó por los aires y explotó, alcanzando, esa vez, no mis nudillos sino las ampollas semejantes a pequeñas y brillantes joyas que había en ellos. Ampollas sobre ampollas. Era un proceso muy parecido al que yo trataba de seguir con la carne: descomponer la proteína del tejido con una temperatura muy alta. Pero esa idea sólo se me ocurrió después. En aquel momento, tenía un único pensamiento: alejarme de la fuente del dolor. Me elevé por los aires. Salí disparado hacia arriba, al tiempo que incrustaba mis mutilados nudillos en la entrepierna (ignoro por qué los hombres hacemos esto, ¿acaso esperamos encontrar consuelo allí?), y di un alarido. Cuando aterricé, me vi rodeado de varios chefs mexicanos de la cocina auxiliar que me miraban con compasión pero también con un claro mensaje: *Señor,** es usted realmente estúpido. César me pasó sus tenazas.

Utilice esto, me dijo.

Por supuesto. Otra lección aprendida: utilizar unas tenazas.

Una vez dorada la carne, el resto es muy sencillo. En realidad, con las tenazas, dorar la carne también es muy sencillo. Quedan cinco pasos para terminar.

Uno. Sacar las costillas doradas y brillantes del *rondo* (empleando unas tenazas, *por favor*)** y preparar el líquido que cubrirá las costillas mientras se brasean. En esta receta, el líquido es el ingrediente esencial, y da igual lo que tenga siempre que sea algo abundante y muy caldoso (en un asado irlandés a la cazuela es agua), aunque el líquido

---

* En castellano, en el original. *(N. de la T.)*
** También en castellano. *(N. de la T.)*

ideal es tanto sabroso como insípido y lleva una parte de vino (en Babbo, unas tres botellas mágnum, no del Barolo que da nombre al plato, sino de un correcto y muy barato Merlot californiano), y otra de caldo de carne (por ejemplo, de pollo), y bastantes verduras: algunas zanahorias, una cebolla, cinco dientes de ajo pelados y dos tallos de apio, que, cortados en trozos grandes, se echan de nuevo en el *rondo*, aún caliente, y se remueven. Después hay que añadir el vino, el caldo, una lata de tomate y dejarlo cocer unos minutos.

Dos. Colocar las costillas ya doradas en una cazuela, añadir el líquido de brasear, sazonar con un poco de tomillo y de romero, cubrir con una tapa, meter en el horno (a 175 grados) y olvidarse de ello.

Tres. (Tres horas después, cuando las costillas están hechas.) Convertir el líquido de brasear en una salsa, aunque eso nos plantee una cuestión evidente: ¿qué es una salsa? En esta receta, por ejemplo, se hace lo siguiente: primero sacar las costillas y dejar que se enfríen aparte; después, colar el líquido en que se han cocinado y verterlo en otro cacharro. Este líquido era ya bastante sustancioso antes de cocer las costillas en él, pues llevaba patas de pollo, un montón de verduras, especias y mucho vino. Y *además* de eso se han cocido las costillas en él. (Los huesos de cualquier animal, hervidos a fuego lento, ayudan a que la carne suelte su propio jugo; y el resultado es un caldo hecho a partir de otro caldo.) Luego, hay que coger este líquido denso, aromático, ya muy concentrado, y seguir trabajándolo: ponerlo de nuevo sobre un quemador y hervirlo a la máxima temperatura. Sencillamente prenderle fuego. A lo bestia. Una espuma amarilla de grasa desleída subirá a la superficie. Hay que quitarla y seguir hirviendo hasta que se reduzca más de la mitad, y entonces, ¡quién lo iba a decir!, deja de ser un líquido de brasear o un caldo: es una salsa. El resultado es muy, muy, muy concentrado. (De hecho, en realidad es casi francés.)

Cuatro. Cuando las costillas se enfrían, descubres que los huesos se han separado de la carne. Y ves también que lo que queda es bastante horrible. Tiene dos partes: un tendón musculoso de algún tipo (la textura se parece al guante de béisbol de un *catcher)* que está incrustado en la carne, como unas vetas de grasa. Las dos partes pueden separarse con la mano. El trozo que parece un guante de béisbol es, además de muy feo, incomestible. Es un placer tirarlo a la basura. El otro trozo es delicioso, pero hay que cortarlo en forma de rectángulo y quitarle la grasa. Con todo, curiosamente, hay varios mutantes mezclados con las costillas buenas. Y en éstos, por el motivo que sea, no se distinguen las dos partes, el trozo malo y el trozo bueno (es decir, el guante de béisbol y la cena). Los dos parecen estar pegados, y no puedes separarlos sin que se deshagan, que es lo que haces: destrozarlos hasta encontrar algo, cualquier cosa en realidad que César pueda emplear para hacernos unos tacos.

Cinco. El montaje. La carne está dispuesta como un ejército de soldaditos muertos, ordenada con esmero. La salsa, sin grasa, ha quedado reducida a algo oscuro, espeso y sustancioso, que podría describirse como el equivalente en comida de casi todas las estrellas masculinas de cine: morenas, ricas y consistentes. Todo está preparado. El siguiente paso es guardarlas de tal modo que se puedan coger rápidamente, calentar en el horno y servir: por ejemplo, seis costillas en una fuente mediana (como las que utilizamos para cocinar *brownies* en casa), cubrirlas con un poco de salsa para que la carne no se seque, y envolverlas muy bien primero en plástico y luego en papel de plata, de tal modo que, una vez amontonadas en el suelo de la despensa, puedan pisarse (se trabaja siempre con tanta prisa que pasan cosas..., siempre pasan cosas) sin que el jugo de las costillas se salga y se pegue a la suela de tus zapatos, dejando un vergonzoso rastro hasta el cuarto de baño cuando por fin tengas oportunidad de ir. Y lo que tenemos es el típico plato preparado en la cocina auxiliar de un restaurante, que está prácticamente hecho mucho antes de que el cliente lo pida (y, si el restaurante puede, ¿por qué no vas a hacerlo tú?). No se estropea en una semana.

Estos pasos –dorar la carne, preparar el líquido, cocer la carne en él, sacar ésta y reducir el líquido hasta convertirlo en salsa– son los mismos para cualquier braseado. Los jarretes de cordero se preparan del mismo modo; al igual que la paleta de cordero, los jarretes de ternera, el jamón de jabalí, la paleta de venado: todos siguen el mismo método.

El 2 de diciembre de 2003, el proveedor de carne de Babbo, Pat La Frieda, hizo una humilde propuesta con consecuencias potencialmente históricas. Le preguntó a Elisa si quería experimentar con el extremo de la falda del rollo de espaldilla.

–¿Qué es eso? –quiso saber ella.

–Es como una costilla sin costilla –le respondió.

–¿Una costilla sin costilla? ¿Quieres decir que no tiene esos trozos horribles que luego hay que tirar?

–Exactamente, es como la costilla perfecta..., la costilla soñada, la costilla celestial, el ideal platónico de una costilla, pero sin costilla.

Y de ese modo, el jueves siguiente, por primera vez en cinco años, la carta de Babbo no tenía costillas. Tenía el extremo de la falda del rollo de espaldilla. El plato se seguía llamando *Brasato al Barolo* (¿por qué cambiarlo?) y, para mi paladar, el sabor era muy parecido, aunque siempre me he preguntado si la salsa, al no enriquecerse con los huesos de las costillas, no había perdido cierta intensidad. Por supuesto nadie sabe lo que come exactamente ni qué parte de la vaca es. Aun así, a Tom Valenti le encantó. Poco después de que Elisa cambiara la carta, vino a cenar a Babbo en su noche libre y le gustó especialmente la nueva receta. ¿Quién sabe?

Así pues, la costilla de vaca termina con un nuevo comienzo. O eso pensaba yo. Pero hace muy poco di con un relato publicado en 1979 por la escritora culinaria inglesa Jane Grigson en el que habla de todos sus esfuerzos para recrear los platos que cita Proust en *À la recherche du temps perdu*. El segundo volumen de la novela de Proust empieza con una cena en la que toman *boeuf à la mode*, lo que Grigson describe como un trozo de segunda categoría braseado lentamente y servido en su propia gelatina. Los trozos de segunda categoría son más baratos, y algunos de ellos son muy adecuados para esta receta. El preferido de Grigson es uno que le envía Charles MacSween & Son, de Edimburgo. Lo describe así: «El trozo especial es el músculo largo y delgado que hay en la parte interior de la paleta, que se llama de muchas maneras, principalmente filete de lomo, rodaja de salmón y cola de pez. Lo vi por primera vez en nuestra carnicería de Francia, y soy incapaz de entender por qué los carniceros ingleses no lo venden.» ¿Un músculo largo y delgado que hay en la parte interior de la paleta? Fui a Benny, mi carnicero, y le pregunté si tenía algún nombre. «Bueno», me dijo, «existen varias posibilidades. Podría ser lomo alto sin tapa, o entrecot, incluso solomillo. Y también el extremo de la falda del rollo de la espaldilla.» ¿El extremo de la falda? Las consecuencias son interesantes: El *Brasato al Barolo* no sólo se hace con Barolo y en el Piamonte: es un plato francés.

Entonces una noche, mientras trabajaba al lado de Mario, tuve la osadía de decirle algo que cambiaría mi vida. Recordé su sugerencia de que en algún momento intentara ser cocinero.

—¿Cuándo puedo empezar? —le pregunté.

—¿Qué tal ahora? —Y se dirigió al cocinero de la parrilla—. Córrete un poco, Mark. A partir de esta noche, tienes un nuevo aprendiz.

Cocinero

Imaginad una cocina enorme mientras se sirve una gran cena. Contemplad a veinte chefs de un lado para otro dentro de un caldero hirviendo. Pensad en una gran masa de carbón vegetal de un metro cúbico para cocinar los segundos platos, otra para preparar las sopas, las salsas y los estofados, y otra para las frituras y los baños María. Añadid a esto un montón de leña para cuatro asadores que no dejan de girar: uno con un solomillo de entre cuarenta y cinco y sesenta libras, otro con un trozo de ternera de entre treinta y cinco y cuarenta y cinco libras, y otros dos para las aves y la caza. En ese horno todo el mundo se mueve a gran velocidad; no se oye el menor ruido: el chef es el único que puede hablar y, cuando lo hace, todos obedecen. Para colmo, las ventanas están cerradas para que el aire no enfríe los platos mientras éstos se sirven. Y de ese modo pasamos los mejores años de nuestra vida. Tenemos que obedecer incluso cuando nos flaquean las fuerzas, pero lo que nos mata son las ascuas de carbón. ¿Acaso importa? Cuanto más breve la vida, mayor la gloria.

ANTONIN CARÊME, 1833

Cocinar es la mayor brutalidad. Es como tomar Viagra y tener una erección increíble durante doce horas.

9

El rincón de la parrilla es un infierno. Cuando llevas cinco minutos en él, empiezas a pensar: Así que es esto lo que Dante tenía en la cabeza. Es un espacio tórrido y oscuro, más tórrido que ningún otro lugar de la cocina; más tórrido que ningún otro lugar que conozcas. Hace poco instalaron aire acondicionado, pero nunca está en marcha en la zona de la parrilla: ¿de qué otro modo pueden mantenerse las altas temperaturas? Apenas hay luz, y no hay nada que justifique esto, sencillamente está mal iluminado; y ello refuerza esa sensación de rincón donde nadie quiere estar: demasiado grasiento, demasiado desagradable. La única luz que parece existir es la de las llamas: se encienden una hora antes de abrir el restaurante y siguen ardiendo durante ocho horas. Nunca había pensado lo que suponía aprender esa tarea. Jamás me había imaginado en aquel puesto, haciendo aquello. Mario me envió allí; y yo crucé la barrera de calor que había levantado en mi imaginación, sintiendo cómo se elevaba bruscamente la temperatura mientras mi piel parecía chisporrotear. A escasa distancia, Mark Barrett, a quien habían encargado que me enseñara el oficio, me recordaba a alguien de otra época. Sus manos tenían una mugre decimonónica. Sus uñas parecían lunas en cuarto creciente de bizcocho negro. Sus antebrazos no tenían pelo y estaban llenos de quemaduras violáceas. Sus ojos, agrandados por las lentes, parpadeaban deformes tras unas gafas de gruesa montura; y por su nariz, aún vendada después de su rotura, se deslizaban unas gotas negras de grasa. Podría haber sido un deshollinador corto de vista. Olía a sudor.

Mark me describió el puesto de trabajo. Había dos aparatos para cocinar, además de la parrilla. Un horno a la derecha para terminar de hacer los trozos grandes, como un chuletón de ocho centímetros de grosor (que se cocina primero en la parrilla y después en el horno), y una plancha de asar a la izquierda para preparar los *contorni:* la guarnición, el resto de aditamentos que se servían con el plato. Mark señaló detrás de él casi un centenar de bandejitas diferentes de comida: hierbas aromáticas, judías verdes, corazones de alcachofa, remolacha, y no sé qué más: un montón de cosas rojas, verdes y amarillas. Comprendí lo que significaba y pensé: Jamás lo conseguiré. Volví a mirar el rincón. Me sentí cercado por el calor.

–Cuidado con la chaqueta –me advirtió Mark–. Si te colocas de espaldas al fuego, los hilos se derriten y se pegan a la piel.

Propuso que nos repartiéramos las tareas: él se encargaría de los platos y yo de la parrilla. Agregó que casi todos los restaurantes se dividían el trabajo.

Me emocioné. ¿No significaba eso que cocinaría *toda* la carne del restaurante? (¿No significaba, asimismo, que no tendría que ocuparme de los *contorni?*)

Mark me explicó lo que debía hacer. Como la carne necesitaba reposar, se preparaba en cuanto llegaba el pedido, aunque faltara una hora para servirse. (Más tarde, cuando llegaba ese momento, se recalentaba un poco y se colocaba en el plato.) Andy cantaba lo que pedían los clientes cinco noches a la semana, y los segundos chefs, Memo o Frankie, lo hacían las dos noches restantes; los cocineros siempre lo repetían para confirmarlo. «Dos chinos», decía Andy, que era como llamaban al menú degustación de pasta en la cocina; y Nick repetía: «Dos chinos.» O Andy gritaba: «Seguido de Amor, Mollis y Tan-tan», lo que quería decir que el siguiente plato era una pasta llamada cartas de amor, un plato de mollejas y un fletán; y el chef de la pasta contestaba: «Amor», y Dom, el chef de los salteados repetía: «Mollis, Tan-tan», una serie de palabras que, escuchadas con objetividad, parecían constituir toda una narración. O: «Perdedor en la barra, solo», que significaba que había una persona en la barra (el perdedor) que había pedido un solomillo de cerdo.

Yo respondía con un grito y sacaba el cerdo de una pequeña nevera bajo las múltiples bandejitas de *contorni*. Todo estaba diseñado para reducir al mínimo los movimientos, de tal modo que uno pudiera girar como un jugador de baloncesto sin cambiar los pies de posición. Yo colocaba la carne cruda en una fuente, y sazonaba ambos lados con sal y pimienta. Cuando estaba hecha, la dejaba reposar en otro recipiente. La idea era que yo pudiese ver en todo momento cuanto me habían pedido, estuviera cocinado o crudo. En el suelo había un enorme barreño de plástico con agua caliente y jabonosa.

—Las manos se te llenarán de aceite y de grasa, y tienes que meterlas en agua para que la comida no se te resbale entre los dedos –dijo Mark–. Desgraciadamente, hay demasiado ajetreo para cambiar el agua.

Una hora después, el agua ni estaba caliente ni tenía jabón. En realidad, una hora después, el agua era algo que prefería no mirar, y cerraba los ojos cuando mojaba mis manos en ella. Al final de la noche, dejé de hacerlo: mis dedos parecían más grasientos cuando los lavaba.

El *branzino*, que se consideraba el plato más sencillo de la carta, fue mi primera pesadilla. Alguien de la cocina auxiliar limpiaba el pescado (una lubina del Mediterráneo) y lo rellenaba de hinojo y ajo tostado. La dificultad estribaba en cocinarlo.

La parrilla tenía el tamaño de un horno –con llamas que salían de unas largas toberas de gas–, y el pescado se colocaba sobre ella al sesgo. Esto era muy importante: al principio, el pescado apuntaba hacia la derecha. Y con la carne ocurría lo mismo: se cocinaba en diagonal, apuntando siempre al nordeste. Una vez hecha, se giraba noventa grados, lo que explicaba su piel crujiente y las marcas cruzadas de la parrilla. Esto también te ayudaba a saber en qué punto estaba tu carne en cualquier momento. Primera fase: apuntar hacia la derecha. Segunda fase: apuntar hacia la izquierda. Tercera fase: darle la vuelta sin dejar de apuntar hacia la izquierda. Última fase: apuntar de nuevo hacia la derecha. Parece obvio, pero, cuando la parrilla está llena, lo obvio es necesario. Al *branzino* se le daba la vuelta con unas tenazas, metiendo una de sus pinzas en la cavidad abierta y cogiendo con la otra el pescado por la cabeza (como sacaríamos un zapato del fuego, aunque al principio odiaba hacerlo, presa del sentimiento irracional de que le hacía daño). Cuando estaba hecho por un lado, se le daba cuidadosamente la vuelta para cocinar el otro. Lo más difícil era la última fase, cuando cogías la cabeza con un paño, metías una de las tenazas bajo la cola y lo levantabas para dibujar en él las últimas marcas cruzadas. Podían salir mal tres cosas. Si lo hacías bruscamente, el pescado se rompía por la mitad. Si lo hacías demasiado pronto, la piel se quedaba pegada a la parrilla. Si lo hacías demasiado despacio, tus brazos se veían envueltos en llamas.

En mi primera noche, hubo una gran demanda de *branzino*. A las siete, sólo me quedaban unos cuantos pelos chamuscados en el codo. Estropeé un montón de lubinas. Mark calculó que habían pedido veintiuna, pero se habían cocinado treinta y nueve. Por algún motivo, era incapaz de aprender a zambullirme en el fuego y coger el pescado por la cabeza. Estaba aterrorizado. Iba demasiado despacio. Luego, demasiado rápido. Había trocitos de pescado por todas partes. Antes de regresar a casa aquella noche, me hicieron andar por la cocina sujetando un *branzino* con mis tenazas. Me sentía un estúpido. Todo el mundo tan ocupado y yo caminando en círculo con un pescado crudo. Pero la segunda noche empecé a coger el tranquillo: tal es la milagrosa pedagogía de la constante repetición. Después de unos cincuenta *branzino*, incluso *yo* sabía cómo cocinar uno.

Aprender a preparar la carne era aprender a desenvolverse en la variación y la improvisación, pues se trataba del tejido de un organismo vivo, y no había dos trozos iguales. Esto me ayudó a comprender que existían dos clases de cocineros: cocineros de carne y cocineros de pasta. Los segundos son científicos y trabajan con medidas exactas e ingredientes estables que se comportan de un modo previsible. Mezclas una cantidad determinada de leche, huevos, azúcar y harina, y tienes una masa. Si le añades mantequilla, ésta se vuelve quebradiza; con un huevo más, esponjosa. La carne está hecha cuando ella lo decide. Cocinas un ave, como una codorniz o un pichón, hasta que la experiencia te dice que está lista (y, si eres como yo y te falta esa experiencia, la abres un poquito y le echas una ojeada). Cocinas un filete hasta que tu «toque» te da a entender que está en su punto. Es algo que no puede enseñarte un libro de cocina –una sensación, algo que uno debe aprender hasta almacenarlo en su memoria, como un olor– y que a mí me costaba mucho percibir. Tradicionalmente, un trozo de carne –una chuleta de cordero, por ejemplo– está medio hecha cuando tiene cierta blandura al tacto. Para ilustrarlo, Mario presionaría la parte menos dura de su regordeta palma y diría que la carne debe tener «este tipo de elasticidad», una hinchazón de cama elástica; pero eso no servía de ayuda, pues nadie tenía unas manos como las de él, dos gigantescos guantes de béisbol, anchos y achaparrados. Mi tacto era siempre muy torpe, y yo me quemaba y era incapaz de saber si *el* momento había llegado o no.

Entonces empecé a tocar la carne para ver si estaba poco hecha, no para ver si estaba hecha. Ponía las chuletas de cordero en la parrilla –cinco, todas ellas de diferente tamaño– y tocaba una, incluso sabiendo que iba a estar blanda. Le daba la vuelta y la tocaba de nuevo. Seguía blanda, como si fuera lana húmeda. Volvía a tocarla, una, dos, tres veces, hasta que finalmente una de las chuletas empezaba a endurecerse un poco. La tocaba. Más dura aún. La tocaba. Ningún cambio. La tocaba. Lista. Aplicaba el mismo principio a las chuletas de lomo alto: una vez asadas a la parrilla, las metía en el horno durante cinco minutos. Luego las sacaba y, para ver si estaban en su punto, las pinchaba con un espetón que luego acercaba a mis labios. Estaba helado. La carne regresaba al horno y yo volvía a poner el reloj automático. Entonces repetía la prueba del espetón: si continuaba frío, volvía al horno, esta vez dos minutos; hasta que, finalmente, la temperatura cambiaba, no demasiado, pero sí de un modo perceptible: un poco más caliente que los labios, apenas por encima de la temperatura corporal. Eso significaba que la carne estaría tirando a cruda. Un minuto más de horno y, si el espetón estaba por encima de la temperatura corporal, la tendría poco hecha. Bastante más caliente, medio hecha. Caliente, muy hecha, y los labios, ¡pobre de mí!, con ampollas. (Incluso así, recomiendo la técnica del espetón –mejor que un termómetro–, porque te permite ver y sentir el corte completo.)

Llevaba dos meses en la parrilla cuando, tal como decían en la cocina, me «machacaron» a pedidos. Era el mes de junio, el caluroso inicio de un caluroso verano. La carta había cambiado de nuevo. Los jarretes de cordero y las costillas de vaca se habían suprimido. El pato no se servía con cebada sino con compota y vinagreta de cereza. El *branzino* se acompañaba de una ensalada de nueve hierbas, la misma que había preparado con Andy, cortando tallos mientras nos empujaban de un lado a otro del restaurante: cebollinos, flores de manzanilla, perejil, perifollo, orégano, levístico, cabeza de apio, las hojas plumosas y color bronce del hinojo pequeño, y algo llamado «pimpinela menor», una explosión de verdor estival.

Hacía treinta y cuatro grados en el exterior. Y ¿en el interior? Quién sabe. Más calor. En cuanto se abría el restaurante, se apagaba el aire acondicionado sobre la parrilla. Me dijeron que llenara algunos jarros de agua. «Prepárate», exclamó Frankie: cuando hace calor, todo el mundo pide cosas a la plancha. (¿Por qué? ¿Porque es un procedimiento «campestre, italiano, al aire libre»? ¿O porque la gente sabe que sale del rincón más tórrido de la cocina y quiere hacer sufrir al tipo de la parrilla?) A las cinco y media, se oyó el sonido de la impresora de pedidos. «Hora de jugar», dijo Memo. Un gráfico de John Mainieri decía que se esperaban casi doscientas cincuenta personas. Resultaron ser más, y muchísima gente llegó en los primeros noventa minutos.

Uno de los misterios de un restaurante es que todo el mundo parece pedir lo mismo, y tú nunca sabes con antelación lo que va a ser. Una noche fueron dos cosas, *branzino* y pato, y Dom y yo trabajamos más que nadie: encargaron veinticinco *branzino* y veintitrés patos. Hacía mucho calor; yo comprendía que a la gente le apeteciera el pescado a la plancha. Pero ¿por qué pedían pato? Una noche era conejo, por ejemplo. Otra, nadie se acordaba de él. Y aquél fue el día de las chuletas de cordero medio hechas (un punto bastante fácil de conseguir, aunque el más sencillo fuera el muy hecho: sólo tenías que cargártelo).

–Un *branzino*, dos corderos medio hechos, un cordero muy hecho, otro cordero poco hecho –gritó Andy.

–Un *branzino*, dos corderos medio hechos, uno muy hecho, otro poco hecho –repetí.

Recuerdo que me pareció absurdo ir a un restaurante italiano y pedir chuletas de cordero. En Babbo se sirven sobre un lecho de alcachofas de Jerusalén (cortadas en láminas muy finas y salteadas) y cubiertas de cebollas rojas (cocinadas en jugo de remolacha para acentuar su color), hojas de hierbabuena y ralladura de limón, con un yogur muy condimentado oculto en su base: todos los ingredientes que uno espera en una receta de Mario. Pero, al fin y al cabo, sólo eran chuletas de cordero.

Las chuletas tienen una capa de grasa en su parte exterior y, cuando están hechas por ambos lados, se doblan hacia el hueso para que queden menos grasientas. En un momento dado, había tanta grasa que empezó a gotear. Y la parrilla se prendió fuego: las llamas eran enormes y no podía apagarlas. Aunque uno esté cocinando carne sobre las brasas, no quiere fuego –sabe a plástico negro–, y es fundamental apagarlo enseguida. Pero había tanta grasa que Memo me pidió que la dejara arder; era el único modo de librarse de ella: sólo tenía que alejarme de las llamas mientras cocinaba. El fondo de mi parrilla, la parte sobre la que debía inclinarme estaba ardiendo. Y entonces empezaron a llegar los pedidos, uno tras otro.

–Dos corderos medio hechos, pichón, solomillo, lomo alto –gritó Andy.

Me di la vuelta, abrí la pequeña nevera, cogí las cosas, me volví de nuevo, coloqué la carne en una fuente y la sazoné. Puse dos filas de cinco chuletas en la parrilla, apuntando todas hacia la derecha, dejé caer los solomillos en otra esquina, y el lomo alto, pero todavía no tenía el pichón cuando oí la impresora de pedidos.

–Tres *branzino* y dos corderos medio hechos.

La misma rutina: otras dos filas de chuletas apuntando hacia la derecha, pero en distinto lugar que la primera tanda (que ya estaban apuntando hacia la izquierda), pues éstas debían estar menos hechas. Pero ¿qué podía hacer con el *branzino*? No quedaba sitio.

La impresora de pedidos sonó de nuevo.

–Tres corderos medio hechos, *branzino*, conejo.

¿Algo más? Dejé la parrilla... Tenía que colocar los nuevos pedidos en una fuente y sazonarlos. Al menos eso; de lo contrario, me olvidaría de ellos cuando encargaran la siguiente tanda y, si me rezagaba, reinaría el caos en la cocina. Tenía la carne sin hacer amontonada, pues no cabía en la parrilla. Me di cuenta de que Memo estaba muy cerca, dispuesto a saltar si la situación me superaba: lo que en la cocina llaman «la hecatombe» o «el completo desastre», cuando hay más cosas de las que tu cabeza puede recordar.

Volvió a sonar la impresora de pedidos. Aquello empezaba a convertirse en una especie de maratón. Las gotas de sudor corrían por mi nariz y yo me movía deprisa, tan deprisa como mi concentración lo permitía, poniendo la comida en la parrilla, dándole la vuelta, removiendo las brasas, quemándome, una fila apuntando a la derecha y otra a la izquierda, atizando el fuego, amontonando la carne, abalanzándome sobre los *branzinos* cuando conseguía sitio para ellos, dándoles la vuelta mientras las llamas seguían ardiendo en una esquina de la parrilla, alimentadas por el aluvión de los nuevos pedidos. Se oyó de nuevo la impresora de pedidos. Mi cabeza estaba al límite de su capacidad, y un pensamiento, una pregunta me obsesionaba: ¿qué ocurrirá si me quedo rezagado? Y continuaban llegando pedidos: cordero medio hecho, cordero poco hecho. ¿Qué le pasaba a aquella gente? Estaba rodeado de carne. Carne en la parrilla. Carne en la fuente de sazonar. Carne en las demás bandejas, amontonada. Había tanta carne que ni siquiera parecía carne. O quizá era eso lo que parecía exactamente. Era tejido, músculo y nervios. Y los pedidos continuaban. «Menudo colocón», dijo en voz baja Memo, todavía detrás de mí. «Esto da sentido a tu vida», exclamó Andy, cogiendo los platos que le daban y añadiendo misteriosamente: «¡de puta madre!». Y aquel comentario dio vueltas en mi cabeza el resto de la noche, y traté de analizar lo que sentía: excitación, miedo, asombro, una experiencia física con endorfina. Pero ¿era algo bueno? Era la primera vez que vislumbraba, decidí, lo que Mario había descrito como «la realidad de la cocina»: una habitación llena de adictos a la adrenalina.

Y entonces, de pronto, terminó el primer turno de la noche.

Se repetiría tres veces —tres momentos «álgidos», el último a las once y media—, pero ahora podíamos descansar un poco. En algún momento de calma alguien preparaba nuestra cena: pescado, porque entre el calor y la grasa del ajetreo, tenía un sabor refrescante, saludable, de otro mundo. En una ocasión, todos quisimos los *calamari* picantes del restaurante y estuvimos comiéndolos una semana: calamares en un caldo de guindilla picante. Aquéllos eran momentos muy extraños, alegres comidas de colegiales, con los cocineros apoyados en una barra, comiendo del mismo plato, hablando una mezcla de inglés y español. Era entonces cuando Mark me aconsejaba cómo actuar en la cocina –cómo pasar desapercibido, cómo respetar la jerarquía–, y yo le preguntaba por su extraña vida nocturna que siempre empezaba a las pocas horas. («Brochetas de atún a la plancha con limoncillo», dijo una vez, explicando lo que había preparado para una mujer en su día libre. «No falla nunca: siempre me da suerte. Pero entonces ella se da cuenta de que el resto de la semana mis noches empiezan a las dos y la cosa no prospera.»)

Me dieron el recado de que unos amigos estaban cenando en el restaurante, y quise acercarme a saludarlos. Pero antes tenía que rebajar mi temperatura. Me mojé con agua fría, coloqué una toalla helada en mi cabeza y entré en la despensa refrigerada. Mi bata de cocinero echaba humo. Me quité la cinta del pelo para escurrirla. Justo entonces apareció Dom y soltó una carcajada ante el espectáculo de un hombre que intentaba no moverse en medio de una nube abrasadora de vapor. Me cambié la bata, me puse un delantal limpio. Había estado meditando sobre el proceso químico de cocinar, sobre el modo en que el calor se transmitía, y cómo, al asar algo a la parrilla, los alimentos se colocan sobre una llama hasta que absorben el calor suficiente para transformar su estructura molecular. Pero no podía quitarme de la cabeza que la fuente de calor –el agente del cambio molecular– no era una llama sino toda la cocina. Nuestro lugar de trabajo era un horno. Me lavé la cara y entré en el comedor, lleno de elegantes y civilizadas parejas, y me pregunté: «¿Qué les pasa? ¿Por qué comen todos chuletas de cordero?»

La transición fue muy brusca. Los cocineros no suelen aparecer por allí. Excepto Mario, que pasa algunas noches en el bar, donde todos puedan verlo (lo que constituye, para muchos, el plato fuerte de su visita), ningún otro chef sale de la cocina. Las culturas de atender y ser atendido son demasiado diferentes. Los cocineros trabajan fuera de las horas normales. Los cocineros trabajan mientras los demás se divierten; de hecho, lo hacen para que los demás puedan divertirse, preparando platos que sus sueldos no les permiten pagar. Es mejor quedarse en la cocina, así no afloran las contradicciones. Sólo vi entrar a los cocineros en el comedor en una ocasión. John Mainieri se asomó con noticias. «Prostituta en la mesa treinta y dos», dijo y, uno por uno, todos los hombres salieron en fila y después discutieron su precio. Holly, que era nueva y la única mujer que trabajaba aquella noche, pareció sumirse en una pudorosa confusión moral: «¿Yo también tengo que mirar?»

El turno de noche lo exageraba todo; era distinto que la cocina auxiliar. La gente se comportaba de un modo muy diferente. Más machista, más duro, más grosero. Me gustaba. Y creo que era un sentimiento general; el ambiente de la cocina era franco, desinhibido. Pero ¿qué sabía yo? Había sobrevivido a una noche de intenso trabajo. Aunque en realidad sólo había hecho la mitad. La otra mitad la había hecho Mark, preparando el *contorni* y sirviendo los platos. Había estado tan ajetreado, tan histérico, tan nervioso, que en ningún momento había mirado lo que hacía.

Me convertí en el tipo de la parrilla. Durante ese tiempo, Mario no apareció por la cocina. Estaba fuera, promocionando algo, y, cuando regresó, llevaba casi un mes en ese puesto. Tal vez yo me creciera un poco. Tal vez necesitase que me pusieran en mi sitio, pero la primera noche tras su vuelta me echó de la cadena de cocineros. Había cocinado mal dos trozos de carne. Los platos estaban en el «paso».

–El cerdo está poco hecho –dijo Mario, separando unos filetes de lomo y juzgándolos demasiado crudos–. Hazlo de nuevo. –Me pasó el plato–. Y el conejo –apretó el lomo blanco y carnoso entre sus dedos índice y pulgar– está demasiado cocido.

El cerdo podía recuperarse colocándolo bajo la salamandra, un gratinador que se emplea para recalentar o cocinar algo muy rápido, aunque no fuera lo ideal: el resultado, a pesar de haber perdido su color sanguinolento, era de un gris muy poco apetitoso. Pero el conejo no tenía arreglo y se lo dieron a un camarero que lo sirvió de todos modos. Mario llamó a Memo y a Frankie y se dirigió a ellos dándome la espalda, mascullando algo inaudible, si exceptuamos la palabra «inaceptable». Después pareció marcharse enojado y desapareció en el restaurante. Memo, que había estado en la despensa, se acercó y me dijo que me echara a un lado.

–No es lo que haría yo. Es lo que mi jefe me ha ordenado. –Y se hizo cargo de mis responsabilidades.

Yo no me podía echar a ningún lado. Me encontraba en un dilema. ¿Debía irme a casa? Pasé una hora considerando esa posibilidad. Se me hizo eterna. Me quedé lo más erguido que pude. Me vi empujado contra un horno caliente, el mismo que había empleado para dar el último toque a las chuletas de lomo alto. Intenté hacerme muy pequeño. En realidad, intenté no ocupar espacio. La gente pasaba corriendo a mi lado, con determinación. El tipo de los entrantes usa la parrilla para recalentar el pulpo y tuve que pegarme al horno para no molestarle. Finalmente, tratando de ser útil, empecé a sazonar la carne que Memo cocinaba; ése era mi trabajo: el chico de la sal y la pimienta. Un poco de sal, un poco de pimienta, y luego una larga espera hasta que alguien pedía otro trozo de carne. Reflexioné: si me marchaba, sería como tirar la toalla. No podría regresar. Continué sazonando la carne. La cocina estaba silenciosa. Nadie me miraba, y sé lo que digo porque, como no tenía otra cosa que hacer, me dedicaba a eso: a mirar a los demás. Los empleados de la cocina nos sentíamos compañeros de armas −el horario, la presión, la necesidad de trabajar al unísono−, y aquel claro rapapolvo en público, todo aquel espectáculo de mira-cómo-la-ha-cagado, no era agradable para nadie: parecía llegar directamente al corazón de lo que significaba ser un miembro del equipo. ¿Lo había hecho Mario deliberadamente para romper la armonía, para recordar a la gente que no existían los amigos, sólo los resultados? ¿Me había tomado demasiadas confianzas con el jefe? Quizá Mario estuviera de mal humor. ¿Estaba realmente el cerdo tan poco hecho? Recordé algo que Mark Barrett me había dicho en una ocasión: Mario nunca grita, pero, cuando está en la cocina, es una persona diferente y ha machacado a más de uno. Entonces Mario reapareció. (Mierda. Y ahora ¿qué?) Se acercó a uno de los quemadores de gas y empezó a hacer pizzas, «pizzas a la plancha», las que pensaba servir en su nueva pizzería. Las pizzas eran su obsesión en aquella época y quería que alguien las probara en el restaurante. Hizo varias, y las recubrió de abundante grasa de cerdo blanco y salsa de guindilla picante, una mezcla que se deshacía en la boca. Mario mordió una, y algunos churretes se deslizaron por sus mejillas. Observé esto porque, de nuevo, era eso lo que hacía, observar a los demás. Luego se acercó a mi rincón y metió el resto de la pizza en mi boca, deprisa y con fuerza.

–Éste es el sabor que América espera –exclamó, a escasas pulgadas de mi cara–. ¿No crees que es el sabor que América necesita?

Tenía la cabeza inclinada hacia atrás, como un boxeador, ofreciéndome la barbilla pero protegiéndose la nariz. Había en él cierta agresividad. Me miró fijamente, esperando que asintiera.

–Esto es lo que América espera –dije.

Satisfecho, Mario llevó las pizzas a sus invitados y se marchó a casa; Memo me ordenó regresar a la parrilla.

–Mario se ha ido –exclamó–, y tienes que recuperar tu «toque».

Fue un acto increíblemente solidario –generoso, rebelde, amable–, y de ese modo volví al equipo.

–A todos nos ha pasado –señaló Frankie–. Sirve de aprendizaje. Es la realidad de la cocina. Bienvenido a Babbo.

Al día siguiente, pedí disculpas a Mario.

–No volverás a hacerlo jamás –dijo.

Y tenía razón: no volví a hacerlo jamás.

10

¿Qué aprendió Batali de Marco Pierre White? Y, fuera lo que fuera, ¿era algo que yo también debía aprender? Me intrigaba el período que los dos habían pasado juntos. Y entonces descubrí una coincidencia extraordinaria (que Batali desconocía, pues no había vuelto a hablar con White): unos días después de que Batali se marchara, White hizo lo mismo. Salió a la calle, cerró con llave la puerta de la cocina y nunca regresó. Y, al igual que Batali, emprendió un largo y penoso aprendizaje culinario. En realidad, siendo ya chef, se inscribió en un curso de reciclaje que duraría cinco años.

Para Batali, el pub había sido una diversión, una aventura que acabó mal, pero que le enseñó cuánto le faltaba por aprender. White tenía muchas más cosas en juego: el pub era su primer restaurante, un sueño, y por tanto, un sueño que había fracasado; pero aquel fracaso fue también un punto de inflexión: él también comprendió cuánto le faltaba por aprender. «Mario y yo, dos niños, habíamos estado solos atendiendo a cien personas todas las noches, convencidos de que hacíamos un trabajo de puta madre. No era cierto.» Según White, el hecho de que se las arreglaran venía a confirmar lo poco que ambos sabían, y, veinticuatro horas después de la marcha de Mario, buscó el restaurante más cercano con estrellas Michelin, La Tante Claire, entonces en Royal Hospital Road, a un cuarto de milla del pub, y se presentó ante su propietario, Pierre Koffmann: ¿Estaría el chef dispuesto a contratarle sin sueldo? White pasó seis meses allí. («Sabía que sólo se quedaría lo suficiente para robar mis recetas», dijo Koffmann.) Descontento con el lugar, White buscó el restaurante más cercano con dos estrellas Michelin, entonces Le Manoir aux Quatr' Saisons de Oxfordshire, que dirigía Raymond Blanc, donde volvió a presentarse ante el chef y se quedó casi dos años. Cuando White estaba a punto de trasladarse a París y trabajar en un restaurante de tres estrellas, el siguiente paso lógico, el destino le proporcionó un nuevo local: Harvey's, en el sur de Londres.

Sin embargo, fue aquella coincidencia lo que me fascinó, y, cuando la descubrí, pensé en lo dura que debió de ser la vida en la pequeña cocina del pub: que ningún sueldo habría compensado..., que *nada* habría compensado... tener encerrados juntos en aquel infierno a dos hombres tan enormes y dominantes. La coincidencia resultaba, asimismo, instructiva. Eso, me repetía, es lo que debes hacer para aprender este oficio: continuar siendo un esclavo..., pero no de un amo sino de varios, uno detrás de otro, hasta convertirte en un experto (signifique lo que signifique), o tener un estilo propio (aunque exija mucho tiempo), o llegar a la conclusión de que sabes más que nadie. Tenía que ir a Londres, decidí. Tenía que aprender lo mismo que Mario. (¿Por qué aquel proceso no tenía nombre? Me refiero a rebajarse para aprender, algo que en mi caso equivalía a hacer el ridículo.)

Hice cinco viajes. White me enseñó algo en todos ellos, aunque casi nunca fuera lo que yo esperaba. Con el misterio que caracteriza a estos asuntos –en los que nutrición, mortalidad y tradiciones culinarias forman un contínuum–, Marco dejó de cocinar el 23 de diciembre de 1999, el día que cumplió treinta y ocho años, la edad que tenía su madre al morir. En vez de eso, da clases a cocineros, inventa las recetas que éstos servirán, retoca sus platos, o proyecta restaurantes en los que otros invierten su dinero. En una de mis visitas, por ejemplo, White y su «gente» compraron un pequeño local al este de Londres el día de mi llegada y, en un fin de semana, lo convirtieron en una *brasserie*. En otra, acababan de hacerse con un elegante restaurante en Mayfair llamado Madame Prunier. Dos meses después, en otra de mis visitas, habían adquirido un casino en St. James Street. Al ver el alcance de los intereses de White –trece restaurantes, además de un local de juego de cinco pisos–, uno se imagina a un magnate en una oficina supermoderna llena de empleados; o, como mínimo, un fax y un ayudante. Pero White es un hombre impulsivo y caótico y resulta asombroso observarle. No tiene ningún ayudante, ni sabría dónde ponerlo, pues tampoco tiene oficina. No sabe escribir a máquina, ni tiene ordenador, y sólo se acuerda de llevar el teléfono móvil de vez en cuando. Tiene un chófer, Takanori Ishii, al que llama señor Ishii, cuyo principal cometido es llevarle de caza y de pesca. Cuando regresaba de una de esas expediciones, me enseñaron el diario de White –que lleva el señor Ishii–, donde sólo se anotan sus citas para perseguir bestias y pájaros del bosque. En cuanto a los negocios, los dirige mientras come en alguno de sus restaurantes.

Fui testigo de cómo lo hacía después de que encargara unos planos para reformar Madame Prunier. Había quedado en ir al estudio del arquitecto pero se retrasó dos horas, algo irrelevante, pues tenía mal la dirección y apareció en Mirabella, otro de sus restaurantes. El arquitecto, cuando le avisaron, se presentó allí con una maqueta gigantesca del futuro Prunier, y consiguió meterse con dificultad por la puerta principal, con un rostro que parecía decir: Es increíble que me obligue a hacer esto. Cuando llegó, tuvo que luchar para que White le prestara atención. Sin darse cuenta, White había organizado varias comidas de trabajo al mismo tiempo.

–Oh, Will, qué alegría verte –dijo a William Sitwell, el director de *Food Illustrated*–. Te conseguiré una buena mesa. ¿Con quién almuerzas? –Una pregunta que desconcertó al señor Sitwell.

–Esto, bueno..., contigo, Marco. Creí que habíamos quedado para comer.

Llegó un periodista del *Evening Standard*, y White le recibió calurosamente, juntó unas mesas para acomodarle y pidió otro risotto y una botella de vino.

Apareció un abogado. White se quedó muy sorprendido. No tenía ni idea de que también aquellas personas esperaban almorzar con él.

Entró un periodista del *International Herald Tribune* (otro vino, otro risotto), seguido de la mujer de White, Mati (¡ay!), y de su relaciones públicas, Alan Crompton-Batt, un amigo íntimo, al que, después de unas catorce botellas de vino, White empezó a referirse en femenino, en tercera persona del singular, con frases como: «Ella nunca se porta demasiado bien después de comer.»

Observé a White. Llevaba unas botas Wellington cubiertas de barro amarillo, un grueso jersey lleno de briznas de paja y una camisa de cuadros oscuros, cuyos puños, en vez de llevar gemelos, estaban abiertos y sobresalían como si fueran dos aletas. Su aspecto era de lo más desaliñado –su pelo, muy desigual, salía en todas direcciones como el nido de un pájaro– y me recordaba a esos dibujos demoníacos del joven Beethoven. Olía mal. Había pasado la noche en el sofá de un guardabosques, decía a cuantos saludaba. Tenía un aire muy mediterráneo (pelo oscuro, piel aceitunada), parecía un hombre de clase obrera e iba vestido como un terrateniente borracho.

A pesar de llamarse Pierre, Marco Pierre White no es francés y sólo ha estado un día en París, en un circuito de carreras. Es medio inglés (nació en Leeds) y, al igual que Batali, medio italiano: su madre era de Bagolino, cerca de Génova. Conoció a Frank, el padre de White –un chef amante de la bebida, capaz de «empezar una pelea en una habitación vacía»–, a los veintidós años, mientras aprendía inglés en Gran Bretaña. El padre llamó Clive, Craig y Graham a los hermanos de White. A Marco le puso el nombre su madre. «Era como si me llamara Sue. Yo quería ser Tom o John. Gary..., me habría encantado llamarme Gary. O Jerry. Cualquier cosa menos Marco Pierre. Solía dar a los amigos mi dinero de bolsillo para que no usaran mi nombre. Al final, los nombres pueden con las personas, ¿no crees? ¿Conoces a algún Nigel? Todos tienen pinta de llamarse Nigel, ¿verdad?

La madre de White murió después de que naciera su cuarto hijo. White tenía seis años y vio cómo perdía el conocimiento. Veintiséis años después, en un momento de crisis personal, se propuso evocar todos los recuerdos infantiles que tenía de ella. Casi todos están relacionados con los veranos familiares en Italia y, según White, tienen la textura de una vieja película en blanco y negro. El cielo es blanco, no azul, y los higos grises, un río caudaloso no tiene color y el suelo de madera donde duermen los niños está frío, hasta que finalmente regresa a Leeds: la alfombra verde donde su madre se desplomó, el sofá azul donde su padre la tendió, la manta roja del servicio nacional de asistencia sanitaria, las puertas esmaltadas en blanco de una ambulancia que desaparecía tras una colina verde. La única receta inventada por él está dedicada a su madre: *tagliatelle* con ostras y caviar («In memóriam de Maria Gallina White»), aunque lo cierto es que su inspiración es más francesa que italiana: sus padres son dos creaciones de los mentores de White: las *«huîtres Francine»* de los hermanos Roux y los *«tagliatelle* de langostinos» de Raymond Blanc. En Gran Bretaña, la cocina italiana no tiene el menor carisma; no existe una tradición angloitaliana que pueda compararse a la italoamericana. Según White, «le faltaba rock'n'roll», especialmente en 1978, cuando White, a los dieciséis años, un desastre en el colegio («No sabía leer, me quedaba delante de mis compañeros con un libro en la mano y no tenía ni idea de lo que ponía»), fue enviado por su padre a Harrogate, una ciudad balneario de las Midlands, para que llamara a todas las puertas de servicio hasta que alguien le diera trabajo. Alguien se lo dio, de esclavo siempre a disposición de un carnicero del Hotel St. George. Allí, observando cómo «aquel tipo manejaba los cuchillos», memorizándolo, y recogiendo luego las sobras para picarlas y rellenar con ellas un pastel para una comida familiar, White descubrió su habilidad para copiar a las personas que le rodeaban y que, invariablemente, hacían una versión del clásico menú francés, pues en aquella época era lo que estaba de moda. Fue entonces cuando White empezó a convertirse en Marco Pierre, iniciando el camino que le convertiría en uno de los mejores chefs franceses fuera de Francia. «Mi madre no pudo elegir un nombre mejor.»

Harvey's, el primer restaurante de White, consiguió su primera estrella Michelin en 1988, un año después de su apertura. Ganó la segunda en 1990. Y cinco años más tarde, White, en un nuevo local, obtuvo su tercera estrella. Durante ese tiempo, adquirió también fama de teatral: era tan nervioso, tan impredecible, y se exaltaba de tal modo (en 1999 tuvo que ser hospitalizado después de que un ataque de hiperventilación, causado por el pánico, paralizara su lado izquierdo) que la gente acudía a su restaurante esperando que ocurriera lo inesperado. Cuando habla de ese período, se yergue en la silla, alza la voz con los ojos desorbitados, y parece animado y furioso al mismo tiempo. Los clientes («esos cabrones gordos y feos») que pedían la carne muy hecha eran un insulto para la cocina, y, en dos ocasiones, Marco les obligó a abandonar el restaurante antes de terminar su comida. («Tardé diez meses en echar a la calle a mi primer cliente», aseguran que dijo en aquella época, antes de añadir, con su tendencia a exagerar, que le había cogido el gusto y no podía parar.) Cuando alguien pedía patatas fritas, se sentía tan ofendido que las preparaba personalmente y cobraba quinientos dólares. «Me daban ataques de locura.» Tiraba cosas; rompía cosas; si no estaba contento con un plato de queso, lo lanzaba contra una esquina, donde se quedaba pegado, deslizándose por la pared a medida que la tarde avanzaba, dejando tras de sí un rastro de Camembert. Cuando su primer chef se cayó y se rompió una pierna, White le increpó: «¿Cómo te atreves? Si fueras un puto caballo, te pegaría un tiro.» En cierta ocasión, frustrado por la lentitud de la cocina, ordenó a sus cocineros que se quedaran en una esquina en el momento en que estaban más agobiados. «"¿Queréis portaros mal?", les pregunté. "De acuerdo. Todos al puto rincón, desde donde miraréis cómo hago vuestro trabajo. Escuchad las voces de vuestras conciencias."»

Conozco diferentes versiones de estas historias, e incluso una vez, hace quince años, presencié un pequeño nú-

mero mientras almorzaba en el Criterion, cerca de Picca-
dilly, poco después de que White se hiciera cargo de él:
pude ver su famosa cólera en acción cuando se abrieron las
puertas de la cocina y los camareros salieron despavoridos
con los semblantes pálidos y angustiados y los hombros
encorvados por la humillación. Aunque fuera perverso por
mi parte, disfruté de aquella escena (¿no era lo que había
ido a buscar?). Ser chef en aquella época, explicaba White
con cierta nostalgia, era tener licencia para gritar. La gente
le gritaba a él; él gritaba a los demás. Disfrutaba gritando e
insiste en que todo el mundo lo hacía, excepto, obviamente, el destinatario de los gritos.

White ha dejado de gritar porque ya no está en la cocina, pero sigue siendo muy voluble. En una ocasión, expli-
cándome otro de sus ataques –después de oír por casualidad el comentario de un comensal estadounidense («Dicen
que el chef está loco»)–, se acaloró de tal modo que olvidó
que había empezado a contarme la historia como ejemplo
de una mente que era impredecible incluso para su dueño.
«Así que me acerqué a su mesa y le dije: "¿De modo que
piensa que estoy loco? ¿Cree que soy un puto loco?" Empezaba a sentirme exasperado. "Voy a atender a este cabrón", pensé. "¿Puedo decir algo en mi defensa?" El tipo
estaba horrorizado. "Sí", respondió débilmente. Y yo le
dije: "Puede que sea muchas cosas, pero no soy un puto
loco, ¿lo entiende?" Como es natural, incluso yo me di
cuenta de que le había demostrado que lo era.»

Incluso en las cosas que parecen sin importancia, Marco transmite una sensación de temeridad. En el mes de junio, los dos estábamos comiendo en una terraza del Belve-
dere, un restaurante del que es copropietario en Holland
Park (originariamente, un salón de té de Lyons, la compañía de té; una de las especialidades de Mario es coger los

restaurantes ingleses más carismáticos y reinventarlos). Hacía una bonita tarde y el parque estaba lleno. Marco terminó un cigarrillo y lo lanzó por encima de la balaustrada. Dudé que aquello fuera sensato.

Una mujer gritó. Luego, con gran irritación, la mujer volvió a gritar: «¡Marco!»

Los dos nos pusimos en pie para asomarnos.

–¡Vaya! ¡Qué casualidad! –dijo Marco–. Es Mati, mi mujer. ¿Qué estará haciendo ahí?

Mati empujaba una sillita de bebé y estaba furiosa: el cigarrillo había aterrizado en el regazo de su niña. Madre e hija nos miraban indignadas, la madre con las manos en las caderas y la niña con los brazos cruzados sobre el pecho.

En otra ocasión, White me invitó a acompañarle de caza al amanecer. Cuando regresábamos a Londres, White arrellanado en el asiento de delante con las botas apoyadas en el salpicadero, descubrió un campo de brillantes flores azules. Les servía de marco un hueco en el seto y el sol de primeras horas de la mañana, enorme, rosado, y White le pidió al señor Ishii que retrocediera para poder contemplarlo de nuevo.

–¿No te parece hermoso, Bill? ¡Mira eso! Son flores de linaza. Se abren al salir el sol. Cuando hemos pasado antes, no estaban.

Entonces rompió el parabrisas con las botas. Estaba demasiado excitado. («Oh, cuánto lo siento, señor Ishii, tendrá que comprar uno nuevo.»)

Al final del verano, le acompañé nuevamente de caza a la finca de Lord Rank, una extensa propiedad en Hampshire, al sur de Londres. Había muchos venados («Mira la luz; ¿ves cómo se vuelve gris terrosa igual que las colinas, y cómo la piel de los animales se funde con los árboles, con el cielo, con todo?»), y Marco descubrió cuatro hombres con unos galgos («¡Oh, qué mala pinta!»). Eran trabajadores irlandeses, de aspecto rudo –uno tenía un navajazo en la mejilla, en forma de luna– y escurridizo («Sólo damos un paseo nocturno»), y los perros, sobre sus patas traseras, observando con impaciencia dos hembras, estaban de caza, un sanguinario deporte ilegal: supone localizar una presa y perseguirla hasta que cae exhausta y los perros la destrozan.

–En una mano tengo el teléfono móvil –les dijo Marco–. En la otra, un rifle. Con esta mano estoy llamando al guardabosques y, como no hayan salido de la propiedad cuando él responda, mataré a sus perros de un tiro.

Levantó el rifle, lo apoyó contra la ventana abierta y, sosteniendo el teléfono entre la cabeza y el hombro, apuntó a uno de los galgos. Acabó marcando el número y quitó el seguro.

–Por favor –me encontré susurrando–. Será mejor que se vayan. De veras, no es ninguna broma, disparará contra sus perros. Y tal vez luego dispare contra ustedes.

Los hombres se apresuraron a marcharse. Estaba justificado que tuvieran miedo. Todo el mundo podía ver que White estaba a punto de disparar. Después reflexioné: ¿Por qué sigo acompañando a este hombre cuando va armado?

Pero lo hice. Y justo antes de que oscureciera en la que sería nuestra última expedición, a finales de septiembre, cazamos un joven macho.

–No hay nada como un venado cazado por uno mismo, ¿verdad, Bill? Has tenido una larga aventura amorosa con él y, precisamente porque lo has matado tú, su sabor es mucho más intenso.

Había seguido acompañándole porque White se dedicaba ahora a eso: a cazar animales; y a mí me interesaba su opinión de la caza, la carne menos adulterada, aunque magra y difícil de cocinar. Aquél, decidí, era un asunto del que aprendería algo, y White tenía mucho que decir, especialmente sobre aves, tal como descubrí al día siguiente cuando cenamos urogallo en el comedor de 50 St. James, su nuevo restaurante.

Los ingleses están orgullosos de su urogallo. La temporada empieza el 12 de agosto, el Glorioso Doce, y se cocina siguiendo un rito: con salsa de pan, migas fritas, a veces jalea de serbal, picatostes, berro y una salsa de vino, acompañando un ave que se asa hasta que su carne está ligeramente rosada. Nuestro camarero tenía pánico de White y, al igual que si padeciera una enfermedad degenerativa, perdía su coordinación cada vez que se acercaba a nuestra mesa (dejando caer servilletas y cubiertos, tropezando con nuestras sillas), hasta que finalmente, cuando llegó el urogallo, White liberó al hombre de sus deberes y trinchó personalmente el ave. El camarero se retiró y contempló nuestra mesa con impotencia.

White probó la carne (cogiendo un poco de salsa de pan). Yo le imité (cogiendo también un poco de salsa de pan) y luego le miré para ver qué pensaba. Es probable que le mirara para ver qué pensaba yo cuando me sorprendió gratamente lo que tenía en la boca. No se toma algo así en los restaurantes norteamericanos, donde la ley obliga a la cría de animales de caza.

–Cinco días –dijo.

–¿Cinco días? –pregunté.

–Cinco días. Han esperado cinco días para cocinarla.

–Justo –exclamé–. Cinco días.

Casi toda la carne debe dejarse algún tiempo sin guisar; ese proceso fomenta la aparición de una enzima que descompone el tejido y ablanda la carne y, al evaporarse el agua, los sabores se intensifican. En un animal salvaje, los fuertes sabores inherentes se intensifican, y en Inglaterra existe la costumbre de colgar las aves de un gancho hasta que el cuello está tan podrido que se desgarra. Eso es justo antes de que aparezcan los gusanos (salvo que tengas mala suerte y sea justo después). La carne putrefacta se sirve muy poco hecha con considerable bravura: ¿Crees que te gusta la caza? (Risas.) Llevo mucho tiempo sospechando la existencia de una conspiración. Al contrario que en Estados Unidos, donde cazan los menos ricos, en Gran Bretaña es el pasatiempo de los dueños de las tierras. ¿Hay algún modo mejor para librarse de los intrusos que ofrecerles de vez en cuando lo que se pierden, de un modo tan repugnante que no sientan la tentación de volver a buscarlo cuando el propietario no les vea?

White tomó otro bocado. Yo le imité.

—Yo habría esperado un poco más —dijo Marco—, aunque no demasiado.

Me explicó que había hecho muchas pruebas. Y agregó lo siguiente:

—He esperado un día, dos días, tres días, cuatro días, cinco días, seis días, siete días, ocho días, nueve días, diez días, once días, doce días, trece días, catorce días, quince días, dieciséis días, diecisiete días, dieciocho días, diecinueve días, veinte días y veintiún días antes de cocinar las aves.

—Y ¿a qué conclusión has llegado? —quise saber.

—Veintiún días es demasiado tiempo —exclamó.

—¿Es muy asqueroso? —pregunté.

—Incomible —dijo.

Continuamos nuestro almuerzo. Él tomó otro bocado. Yo le imité.

—Los picatostes no están bien —observó Marco.

Comí un picatoste. Marco miraba el suyo como si hubiera descubierto un insecto ensartado en un diente del tenedor.

—Deberían haberlo oscurecido con el corazón y el hígado —dijo—. Se hace una especie de pasta con ellos.

Probó la salsa.

—No está buena, ¿verdad, Bill?

Probé la salsa. Para mí, sabía a..., bueno, a salsa. Pero ¿estaba buena? No tenía ni idea.

—Se puede servir el ave con una salsa —explicó Marco—, pero ésta debe ser muy ligera. Personalmente, prefiero los jugos del asado. Ésa es mi salsa: el jugo natural del ave, nada más. Y esta salsa es demasiado elaborada. —La probó de nuevo—. Está hecha con una reducción de caldo de ternera, ¿no, Bill?

Volví a probarla. Es posible que yo no tuviera mucho paladar. Parecía una salsa, de veras.

—Y también lleva un poco de Oporto y de Madeira, ¿no, Bill? Y mantequilla al final. No es necesario una salsa así. Es demasiado fuerte. Le quita sabor a la carne.

Tomó otro bocado. Yo le imité.

—Los tostones... son bastante decepcionantes, ¿no, Bill?

—¿Te parece? —inquirí.

Probé como era debido mis tostones. ¿Qué sabía yo? Nada, salvo que hasta ese momento había disfrutado de mi comida: erróneamente, empezaba a comprender.

—Bueno, no están lo bastante fritos, ¿verdad, Bill? —Tocó los tostones con su tenedor sin disimular su disgusto—. Deberían ser dorados, ¿no, Bill?

Tomó otro bocado. Yo le imité.

—La salsa de mantequilla —prosiguió—. Y lo digo *en serio*. Debería ser más espumosa. Y la salsa de pan... tiene demasiado clavo. La salsa de pan es fundamental con el urogallo —añadió, con el tono de un profesor irritado—. Coges una cebolla, ¿vale?, e introduces un clavo en la mitad. Hierves la leche y le echas el pan. Pero nada de florituras. *Un* clavo, ¿me sigues, Bill? Sólo un puto clavo. No estás preparando un puto postre.

Empezaba a acalorarse. Advertí que, un poco más allá del hombro de Marco, otros empleados se habían reunido con nuestro camarero: podías ver en sus ojos que vislumbraban el futuro y no les gustaba.

–Y tiene demasiadas hierbas –prosiguió Marco–. Puedes estropear un ave con las hierbas. Debes tener cuidado. Estamos aquí para comer una puta ave, ¿verdad, Bill? ¿Acaso no estamos aquí para comer una puta ave?

Un cocinero con gorro se había unido a los camareros. Marco, mientras tanto, se acercaba poco a poco al borde de la silla y volvía a tener los ojos desorbitados.

–No estamos aquí para comer un puto herbario. ¿Habría pedido urogallo si quisiera tomar una ensalada? Y el perejil. Míralo... No pega nada, ¿verdad, Bill?

Sus ojos de loco recorrían la habitación y parecían decir: Algún cabronazo es responsable de esto, y yo encontraré al culpable.

–No entiendo qué hace ahí. ¿Y tú, Bill? ¿Alguien puede decirme por qué han echado puto perejil en mi urogallo? –Marco gritaba–. Me encantaría que alguien me lo explicara. Porque no tengo ni puta idea.

Dio un fuerte suspiro.

–Tiene que ser sabroso –dijo con mucha tranquilidad–. Oler bien y ser sabroso. Algo muy sencillo, muy inglés. Nada sofisticado, aunque ya sabemos lo complicado que es hacer bien las cosas más simples. ¿Que qué quiero? El sabor del urogallo. No demasiado fuerte. Quiero el olor del animal de caza sin que sea muy penetrante: quiero sentir su sabor aquí, en el fondo de mi paladar, un sabor secundario que evoque los páramos. Todo lo demás está en la fuente: el urogallo, la salsa de pan, las migas fritas, la salsa de carne, el trinchado del ave..., justo delante de ti. Es algo muy visual. La naturaleza es el artista.

En la vida normal, «sencillez» es sinónimo de «fácil de hacer», pero, cuando un chef emplea esta palabra, significa «se tarda una eternidad en aprenderlo». Por ese motivo, me acostumbré a preguntarle a Marco por las cosas realmente sencillas. En una ocasión le pregunté cómo cocinaba un huevo.

–Bueno –dijo–, los huevos son *muy* importantes. Dale un huevo a un chef, y sabrás qué clase de cocinero es. Cuesta mucho hacer un huevo. Tienes que entender bien lo que es para saber prepararlo, especialmente si quieres comértelo.

Se pasó dos días hablando de huevos. ¿Cómo los fríe, por ejemplo?

–Tienes que controlar *siempre* la temperatura de la sartén (deshaciendo la mantequilla en ella sin que se caliente demasiado, sin que salga espuma) y entonces añadir el huevo y empezar a moverlo. Y no dejar de hacerlo: debes tener la temperatura al máximo, *siempre,* para que la proteína se potencie, sin cocinarlo del todo, y en el último momento echarle por encima un poco de mantequilla.

Y ¿cómo los hace revueltos?

–En la sartén, nunca antes..., es ahí donde se baten los huevos antes de cocinarlos *muy* lentamente.

Le pregunté por otros alimentos. ¿Un trozo de salmón salvaje?

–Condimenta la sartén, no el pescado, y dale la vuelta en cuanto empiece a soltar el jugo, que es lo que usas para cocinarlo; jamás añadas aceite. Y limpia la sartén antes de hacer la salsa.

¿Foie gras?

–El truco es evitar que se endurezca por abajo..., hay que poner un papel en la base; de lo contrario, se hace demasiado rápido.

¿Cómo fríe una patata?

–Tienes que conocer a tu proveedor. Las patatas crecen en terrenos montañosos. Las mejores patatas fritas salen de las zonas más elevadas. Las demás son una porquería. Déjalas en remojo dos días para quitarles el almidón. Córtalas en rodajas finas y blanquéalas con manteca caliente hasta que estén medio hechas, a los franceses les gusta el *arachide* (aceite de cacahuete), pero yo prefiero la grasa de carne de vaca; entonces deposítalas en una fuente. Se seguirán haciendo sin tostarse. Si las fríes hasta tostarse, se quedarán duras por el centro. Luego échalas en la sartén de nuevo para que se vuelvan crujientes: y estarán blandas por el centro.

¿Y la grasa?

–La grasa cocinada es deliciosa. La cruda, no. ¿Por qué se rellena una oca o un pato? Los chefs de ahora no lo saben porque ya no aprenden los principios más elementales. Las aves se rellenan para cocinarlas más despacio. Con la cavidad vacía, el calor penetra, el animal se cuece por dentro y por fuera, y la carne se hace antes de que se derrita la grasa. Rellena el ave de manzana y de salvia y la grasa se derretirá antes.

Un día quedé para almorzar con Marco en el Drones Club,* su experimento con uno de esos restaurantes sólo para miembros que parecen ser todos amigos, una sala estrecha con paneles de madera en las paredes y unos cuadros

* Nombre del club londinense que aparece en las novelas del humorista y escritor P. G. Wodehouse, y que se traduce como «Club de los Zánganos». *(N. de la T.)*

enormes de mujeres enormes con gigantescos pechos. Marco considera el lugar una prolongación de su casa (sobre la repisa hay fotografías de sus hijos y un par de zapatos suyos), aunque también evoque el ambiente de un club de caballeros: a la hora del almuerzo, todos los comensales son hombres de camisas blancas y almidonadas y largos mechones de pelo gris detrás de las orejas (en la mesa vecina, un hombre negociaba un acuerdo con alguien de Teherán). Parece, asimismo, el bar de un cabaret de Las Vegas, hace cuarenta años, decorado para la fiesta de Nochevieja: del techo cuelgan globos rosas y dos bolas de discoteca, y, por la noche, «los trajes de caballero son sustituidos por unas chicas increíbles». Es el primer restaurante donde Marco ha permitido que haya música, sobre todo Dean Martin. «¿No te recuerda un club de Nueva York?», quiso saber Marco, trayendo a mi memoria una pregunta que me había hecho mientras comíamos en Max, otro de sus restaurantes («Es como un *bistrot* de París, ¿no?»). A Marco le aterrorizan los aviones y jamás ha estado en un *bistrot* de París ni en un club de Nueva York. Lo cierto es que Drones no se parecía a nada que existiera en Nueva York. Era la idea que tenía Marco de una velada ideal.

Alguien entregó a Marco su correo, entre el que había una carta de Malcolm Reid, un copropietario del restaurante Box Tree, en Yorkshire, donde Marco trabajó después de abandonar el hotel de Harrogate. («El Box Tree hizo que mi vida dejara de ser en blanco y negro y se volviera de color.») Marco dejó la carta en la mesa y yo la leí de arriba abajo, advirtiendo por casualidad que tenía problemas para leerla en la posición correcta. Tenía el rostro desencajado. Estaba atascado en el primer párrafo.

–Es dislexia –reconoció–. Una dislexia terrible. No lo descubrí hasta que el profesor de mis hijos me habló de sus problemas (la dislexia es a veces hereditaria); entonces pensé: ¡Un momento! ¡Ése soy yo!

Me habló de una excursión de pesca que acababa de hacer con sus hijos.

–Fuimos a embarcarnos, pero el letrero me desconcertó. Decía: «Pesca de caballa, no némesis». ¿Qué coño significaba eso? ¿No némesis? Lo leí de nuevo: «Pesca de caballa, no némesis». No lo entendía. Lo leí tres veces más. Le dije a mi hijo Marco: «Marco, qué coño es eso de "no némesis"..., esa palabra latina tan rebuscada, ¿qué quiere decir?» La palabra era «ómnibus», un barco de línea que te lleva a pescar caballas. Marco había mezclado las letras y era incapaz de leerlas en orden.

La dislexia –el término procede del griego y describe un problema con las palabras– es un desorden neurológico que altera la capacidad del cerebro para procesar el lenguaje. Como casi todos los disléxicos, Marco responde mejor a la información no escrita. Puede pasar una hora leyendo una página de *The Times* y no recordar nada. «Pero si tú la lees en voz alta, puedo repetirla palabra por palabra.» En un disléxico, las anomalías del cerebro para procesar información visual potencian a menudo otras habilidades insólitas. Marco tiene un sentido de la proporción excepcional. «Esas bolas de discoteca..., nadie creía que pudieran pasar por la puerta y empezaron a desmontar los marcos, pero yo sabía que sobraba un milímetro.» También es increíble su destreza con los números («vienen del otro hemisferio cerebral») y su sentido estético es extraordinario. White tiene una memoria fotográfica para los platos y, según Crompton-Batt, es capaz de recordar todos los que ha servido en los últimos veinte años.

Me encontré pensando en la importancia que Marco da a la parte estética de cuanto se prepara –algunos co-

151

mensales han sabido que estaba en la cocina al ver la composición maravillosamente expresiva de sus platos–, junto con los extraños momentos en los que se detenía a contemplar algo: amaneceres y anocheceres, y la luz cambiante. Una carnicería en temporada de caza era «una obra de arte conceptual: liebres, conejos, faisanes, todos ellos con sus colores y sus manchas, colgando de una barra en el escaparate». Al hablar de su primer empleo, trabajando codo con codo con el carnicero, describía con todo detalle la destreza de aquel hombre con el cuchillo:

–Me encanta cómo abre una pieza de carne con las manos, utilizando las palmas y los dedos, sin ningún esfuerzo, y cómo desliza por ella el cuchillo, como si formara parte de su mano. Olvidar el cuchillo. Se trata de eso. Son las yemas de los dedos, ¿vale? Se deslizan por la carne. El cuchillo sólo es una prolongación de los dedos. *Ésa* es la ciencia del cuchillo. Ahí está el quid del asunto. Y yo me quedaba al lado de aquel tipo mayor (yo tenía dieciséis años, él cincuenta y tantos) y le observaba, hasta que aprendí lo suficiente para cortar las patas de pavo, deshuesarlas y quitarles los nervios. Era mi primer trabajo importante y lo había aprendido después de observarle muchas horas. Luego empecé a atar las patas –me hice muy hábil con el cordel–, dando previamente un masaje a la carne para que se extendiera por igual. Al principio me costaba, tenía problemas de coordinación, pero acabó siendo algo natural, como si hubieran programado mis dedos.

Cuando Marco hablaba así, me parecía un monstruo. No veía el mismo mundo que yo. Era como ese compañero de colegio muy alto que, debido a su estatura, juega al baloncesto mucho mejor que los demás. Marco tiene una facilidad increíble para sobrevivir en una cocina. En algún momento supo que tenía ese don, pero no se lo dijo a nadie.

–Antes me había dado cuenta de que tenía una memoria fotográfica para los platos, pero no lo comenté con mi chef. Estaba en un trabajo nuevo y me encargaba, por ejemplo, de los entrantes, pero no dejaba de observar y memorizar lo que hacían mis compañeros, así que, cuando me cambiaban de puesto, sabía exactamente lo que debía hacer. Todos pensaban que era un genio.

Puede que el genio de Marco sólo sea una variación exagerada de su «sensibilidad culinaria», pero me ayudó a comprender que yo no había desarrollado esa capacidad visual, probablemente porque soy un hombre de palabras, como la mayoría de la gente, y casi todo lo que he aprendido en la vida ha sido a través del lenguaje. La mayoría de las profesiones metropolitanas están supeditadas al lenguaje; son urbanas, deductivas, dominadas por el pensamiento, la lectura y la abstracción, desde el momento en que uno se despierta, piensa en qué ropa ponerse y lee el parte meteorológico para decidirlo. Hasta entonces, todo lo que sabía de cocina lo había aprendido en los libros. Pero el proceso era muy diferente cuando uno pasaba doce horas en la cocina. Yo no leía; en cierta medida, tampoco pensaba. Observaba e imitaba. El proceso parece acercarse más al modo en que trabaja el cerebro de un niño, no el de un adulto. Era como aprender a lanzar una pelota. Por ejemplo, cómo deshuesar una pierna de cordero. Me parece estar viendo a Memo cortar el hueso del muslo con su cuchillo. O cómo atar un trozo de carne: tengo esa imagen en mi cerebro. Cómo emplear un atomizador de plástico para dibujar en el plato un círculo de puntos verdes (con aceite de oliva), oscuros (con *vincotto)* o de un marrón muy intenso (con una reducción de *porcini).* Cómo saber cuándo están caramelizadas las verduras, que tu hinojo está braseado, que tus dientes de león, aunque parezcan de trapo, están listos. Cómo reconocer que un *branzino* está a punto al oler su piel crujiente. Cómo manejar una sartén para remover sólo lo que está en el borde exterior; los raviolis, por ejemplo, que necesitan cubrirse de mantequilla, pero sólo ligeramente para no romperse. Cómo montar un plato, cómo colocar alimentos asimétricos con sentido de la simetría. Cómo, en definitiva, aprender igual que un niño.

El masoquista que llevo dentro lamenta no haber trabajado nunca en las cocinas de Marco. Él ha seguido su camino. Desde aquella época ha vendido 50 St. James y Drones, quizá después de descubrir que hay más dinero en los bienes inmuebles que en la cocina. Pero al final aprendí algunas cosas (además de esta obviedad: que los chefs están entre las personas más chifladas del mundo). Aprendí cuánto me faltaba por aprender.

11

Me fui a Italia, donde, nada más llegar, probé la pasta casera, y mi vida, de un modo casi imperceptible pero duradero, no volvió a ser la misma.

Estaba haciendo un breve viaje gastronómico por el valle del Po, y, aunque seguía básicamente el itinerario propuesto por Mario, ante la sugerencia de un amigo, me desvié para visitar Zibello, a unas veinte millas de Parma. Era el centro ganadero de Italia. (A cualquier hora, en todas partes, había un penetrante olor a cerdo y unas partículas invisibles de algo que prefería ignorar se pegaban a mi pelo y a mi ropa.) La pasta la preparó Miriam Leonardi, la quinta generación de mujeres de su familia que llevaba la Trattoria La Buca. Miriam, como insistió en que la llamara, seguía el viejo estilo italiano de no-se-corta-una-cebolla-hasta-que-alguien-pide-el-plato; y, cada vez que terminaba algo, se acercaba balanceándose y me preguntaba qué quería a continuación. Acababa de cumplir sesenta y dos años. Llevaba un ajustado gorro blanco de cocinero, más parecido a un pañuelo que a un gorro, y tenía las cejas oscuras y una nariz masculina, grande y ganchuda. Medía poco más de metro cincuenta, era muy voluminosa, y andaba lentamente con las piernas separadas, transmitiendo una seguridad y una calma abrumadoras: al fin y al cabo, llevaba cuarenta y cinco años haciendo aquel recorrido entre la cocina y las mesas.

Mi amigo había mencionado varios platos, además de la pasta: anguilas, ancas de rana, callos y *culatello*, una especialidad local. *Culatello* podría traducirse libremente como «nalgamen», y se hace con los cuartos traseros del cerdo: deshuesados, metidos en una vejiga, curados y colgados dos años en los húmedos sótanos de la vecindad. Como el Ministerio de Agricultura de Estados Unidos no lo considera un método lo bastante moderno, el *culatello* está prohibido en Norteamérica. Al amigo que me recomendó el restaurante de Miriam le gusta tanto que lo importa ilegalmente.

Tomé un plato de este embutido, con virutas de mantequilla por encima. Era de un intenso color marrón rojizo, su carne era blanda y esponjosa –no exageradamente grasienta– y lo cierto es que nunca había probado nada que supiera tanto a cerdo. Más tarde Miriam me invitó a ver su centro de operaciones, una *cantina* justo detrás de la cocina, donde conté cien *culatelli* en hileras de diez, colgados de las vigas y refrigerados únicamente por las brisas del Po. Aspiré profundamente, deseando disfrutar de la poesía de lo que Miriam llamaba el *profumo profondo della mia carne*, el intenso perfume de su carne, y, tras identificar el olor frío y húmedo del animal envejecido y el hedor a amoniaco del moho adherido a las cien vejigas de cerdo, decidí que el perfume sería probablemente un gusto adquirido. Le conté que estaba aprendiendo a curar carnes con Mario Batali (daba la casualidad de que la hija de Miriam, la sexta mujer que llevaría la *trattoria*, había comido en Babbo en un reciente viaje a Nueva York; lo único que no le había gustado eran los callos, que no «olían suficientemente mal»). Miriam pasó el resto de la tarde refiriéndose a Mario como el «famoso chef de Nueva York», muerta de risa. «Seguramente utiliza una cámara frigorífica, es tan espabilado», exclamaba y se reía a carcajadas. «Lo que yo cocino», decía para que no hubiera dudas, «es lo que me enseñó mi abuela. Ella cocinaba lo que le enseñó su abuela. Y ésta lo que le enseñó su abuela. ¿Cree que me interesa un famoso chef de Nueva York?» Pronunciaba «Nueva York» como si le diera mal sabor de boca.

Después comí dos tipos de pasta. Uno era *tortellini*, pequeños y complicados nudos de masa con un misterioso relleno de carne. El otro, unos raviolis gigantescos que sorprendían por su ligereza y suavidad. Jamás había comido nada igual. Estaban aderezados con miel y mantequilla y rellenos de calabaza, así que, cuando mordías uno, experimentabas una inesperada explosión de sabores. La calabaza, asada y mezclada con queso parmesano, era como un pedazo de otoño: el equivalente a despertarse y encontrar que, al otro lado de la ventana, las hojas de los árboles habían cambiado de color. El plato se llamaba *tortelli di zucca* (*zucca* significa «calabaza») y era tan memorable que me incitó a descubrir su origen.

Fuera de Italia, son más frecuentes los raviolis que los *tortelli*, pero ambos términos parecen haberse usado indistintamente durante siglos. En teoría, ravioli es lo que va en el interior (todavía es posible encontrar *ravioli nudi*, raviolis desnudos, que parecen pequeñas bolas de relleno, como si el chef se hubiera quedado ese día sin harina), y *tortelli* es el envoltorio. Los *tortelli* son el diminutivo de *torte* –pequeñas tortas o pasteles–, y la receta de la *torta* es una de las más antiguas de la península italiana. En la Edad Media, esta palabra describía un trozo de masa con

157

algo dentro, seguramente más cerca de una empanada o de un pastel que de una pasta, aunque parece haber tenido ambos significados. Su receta aparece en el *Liber de coquina*, el primer libro de cocina del que se tiene noticia en Italia, escrito a finales del siglo XIII. (Los *tortellini*, la otra pasta de Miriam, son mucho más pequeños –se trata del diminutivo de *tortelli*–, y datan de una época posterior, probablemente de principios del Renacimiento, una especialidad boloñesa. Según la historia más extendida de sus orígenes, los inventó un inteligente panadero copiando el ombligo de una mujer casada con la que tenía una aventura; y lo hizo con tanta verosimilitud que el infortunado marido reconoció a su modelo.)

En esa época, mi investigación fue muy informal y limitada porque, aunque estaba aprendiendo italiano (los sábados por la mañana, asistía regularmente a una clase de dos horas en la Scuola Italiana de Greenwich Village, y conjugaba mis verbos en el metro con fichas de colores), era incapaz de leerlo, y la mayoría de los libros antiguos de cocina italiana no están traducidos al inglés, si exceptuamos uno, posiblemente el más importante, y sin duda el más esclarecedor de todos. (Al igual que la pasta de Miriam, aquello también cambió mi vida de uno de esos modos casi imperceptibles pero duraderos.) El texto estaba escrito en latín e inspirado en un chef del siglo XV, el maestro Martino, y se titulaba *De honesta voluptate et valitudine*, «Sobre los placeres honrados y la buena salud». Lo cierto es que acababa de traducirse al inglés, a pesar de que, desde su aparición en el siglo XV, se había publicado en casi todos los idiomas europeos y se había convertido en uno de los primeros bestsellers internacionales del continente. Había sido también el libro de cocina más influyente durante dos siglos.

El autor no era un chef sino un bibliotecario del Vaticano, un lombardo llamado Platina, un estudioso, un humanista (entre sus libros hay una biografía de los papas, un tratado sobre la guerra y otro sobre la paz, y uno sobre el amor y otro en su contra), y un gran comilón. En 1463, un año después de llegar a Roma, a los cuarenta y un años de edad, el cardenal Ludovico Trevisan, un glotón legendario, le invitó a escapar del caluroso verano de la ciudad para ir a su residencia en las colinas de Albano, al sudeste de Roma. El maestro Martino era el cocinero del cardenal.

El maestro, nacido en las inmediaciones del lago de Como, era también lombardo y, al igual que Platina, acababa de llegar a Roma (desde Milán, donde el chef había cocinado para algunos nobles de la ciudad). Los dos hombres, probablemente de la misma edad, congeniaron enseguida. Para Martino, Platina debió de ser uno de los primeros no chefs que supo apreciar su enorme talento. Para Platina, las recetas del maestro fueron una revelación –el descubrimiento de la cocina como «arte»–, y pasó el verano sin despegarse de Martino, aprendiendo cuanto podía de la nueva disciplina. Aquel método de estudio tan informal es, de hecho, el primer ejemplo conocido de principiante que acompaña a un chef para aprender su técnica.

El libro que escribió Platina son en realidad dos libros. El primero es un tratado humanista sobre la nutrición y una vida sana, escrito con el estilo de la *Historia natural* de Plinio, una serie de párrafos numerados (sobre el sueño, la sal o los higos), que finalizan con algún sabio consejo: que comer cinco almendras antes de beber impiden que uno se emborrache; que tomar un trozo de carne de puerco espín de vez en cuando reduce la enuresis nocturna; o que «los testículos de los animales jóvenes son más sanos que los de los animales viejos», excepto los de gallo, que son muy saludables tenga la edad que tenga el ave, especialmente si se sirven con pezuñas de ternera y especias, al estilo romano. Luego, a mitad de la obra, el estilo de Platina cambia radicalmente. «¡Oh, dioses inmortales!», exclama, en medio de la descripción de una salsa blanca. «¡Qué gran cocinero habéis hecho de mi amigo Martino de Como!» Continúa ensalzando la elocuencia del maestro e insiste en que su cocina nos permite vislumbrar el futuro: un ejemplo de la «escuela culinaria moderna», en la que los ingredientes se toman muy en serio y «se discuten con la mayor vehemencia». El resto del libro está dedicado a las recetas de Martino, escritas con un estilo muy diferente: el del maestro, sospecho. Al rondar por la cocina del chef el suficiente tiempo para robar sus recetas, Platina ilustra también un temprano ejemplo de una práctica moderna (el robo de recetas); y, cuando cuatrocientos sesenta y cuatro años más tarde un historiador culinario estadounidense descubrió en una librería el manuscrito de las recetas de Martino, escritas en italiano del siglo XV, resultó obvio hasta qué punto Platina había plagiado al maestro, desviándose de sus recetas sólo por equivocación (omitiendo un ingrediente esencial, por ejemplo) o para añadir uno de sus comentarios médicos tipo Plinio, como en su adenda a la receta de Martino de las albóndigas de cannabis hervidas *(offa cannabina)*, un plato «del que conviene huir, pues no es nutritivo, inspira cierta repugnancia, produce dolor de estómago e intestinos y estropea la vista». (Hay varias recetas con cannabis, un detalle disonante para el lector moderno, que evoca lo que parecería ser una imagen anacrónica de los fumadores de cannabis del siglo XV merodeando por la biblioteca del Vaticano.)

El maestro Martino, sin duda un chef de mucho talento, tenía también sentido del espectáculo. Cuando prepara su crema pastelera (una salsa blanca, dulce y sustanciosa, hecha con pechuga de capón picada y leche de almendras), aconseja dividirla en dos partes y añadir yema de huevo y azafrán a una ellas, con el fin de servirlas juntas, como una espiral blanca y amarillo brillante. (Leí esto y pensé: Así que, después de todo, la extravagante salsa doble francesa de mantequilla y albahaca de Marco Pierre White es originaria de Italia.) De vez en cuando, los alardes del maestro eran demasiado para Platina. Desprecia sus huevos asados, por ejemplo: «una receta estúpida, una de esas locuras con las que les gusta jugar a los cocineros». (Martino atraviesa cuidadosamente con una aguja la cáscara de un huevo crudo y lo cuelga encima del fuego, girándolo lentamente, como si la aguja fuera un espetón, hasta que el huevo está listo para comer.) También estaba el hecho de que empleara carne para rellenar su torta, algo polémico, francés e imperdonablemente pretencioso: típico, según Platina, de los «gustos corrompidos por el lujo de nuestros contemporáneos», aludiendo a la afición del Renacimiento por las grandes fiestas, y que «nos entregan de tal modo a nuestros gaznates y estómagos» que la gente quiere sus tortas de carne y de «pájaros o cualquier otro ave, y no de verduras. Les repugnan acelgas, calabazas, nabos, chirivías y borrajas, su comida natural».

Aquella quisquillosa digresión me intrigaba. Para Platina, existía un método tradicional de hacer las cosas. La torta y los *tortelli* estaban rellenos de verdura. Era así como se hacían las cosas. Para ser justos con el maestro Martino, casi todas sus recetas eran las establecidas..., me refiero a las establecidas en 1465. Su *torta di zucca*, por ejemplo, se prepara con calabaza rallada, hervida en leche y mezclada con queso parmesano, y un poco de jengibre, canela y azafrán: las especias más comunes en el Renacimiento. Tradicional entonces y tradicional ahora: y eso (sin los condimentos renacentistas) fue lo que Miriam me sirvió en sus *tortelli di zucca*. De hecho, la impresión que me causaron las recetas de Martino –y el inquietante placer que me produjo leerlas– no fue sólo de diferencia (las exóticas especias, la fascinación por el azúcar, la olla colgada encima del fuego porque no había hornos), sino también de abrumadora continuidad. Cuando ahora recuerdo mi estancia en La Buca, comprendo con asombro que de todos los platos que comí allí se pueden encontrar versiones varias en el libro de Platina.

Los callos: aprendí del maestro que el truco es cocinarlos dos veces (también es el truco de Miriam), la primera sin sal (para endurecerlos), y añadirles un hueso de cerdo («Estarán más sabrosos»).

Probé la anguila. (Volví a La Buca por la noche; la gente conducía muchas millas para cenar anguila.) Para el maestro, ésta se asa con espetón o se cuece a fuego lento, sirviéndose luego con vinagre y perejil; y era así como la hacía Miriam.

El maestro y Miriam preparaban del mismo modo las ancas de rana: él las reboza en harina, ella en pan rallado, y ambos las fríen en aceite de oliva. Pero la presentación del maestro es más colorista, pues las sirve con una salsa verde *(salsa viridi)* y polen de hinojo *(ac feniculi floribus)* –el polen de hinojo amarillo verdoso sobre la salsa verde brillante–, lo que no es sino un reflejo de su mayor sentido estético.

–No soy creativa –me dijo Miriam–. Mi trabajo no es ése. Mi trabajo es hacer lo que me han transmitido. Durante diez generaciones (tal vez más, no lo sé, no está documentado) hemos cocinado para gente que no tenía hambre.

Sus antepasados aprendieron las recetas que ella continúa sirviendo en las cocinas medievales de los aristócratas locales. Las primeras cocinas del maestro –las cocinas medievales de los aristócratas de Milán– no estaban muy alejadas en el mapa culinario. ¿Coincidencia?

12

Necesitaba aprender a hacer pasta. Deseaba formar parte de una tradición que ya se hallaba establecida y codificada cuando un chef se trasladó de Milán a Roma en la década de 1460. Además, no entendía cómo algo tan simple (harina, agua, normalmente un huevo, una olla de agua hirviendo) podía ser tan diferente en manos diferentes. Y, al hablar de «pasta», me refería a esa que es suave y hecha a mano, como la de Miriam, y que en Italia llaman *pasta fresca*. La pasta seca, *pastasciutta*, me parecía ahora una comida industrial, algo fabricado por una máquina y muy poco auténtico.

Regresé a Babbo. Había estado tres meses fuera.

–Mario –dije–, me gustaría trabajar en el rincón de la pasta.

–No puedes hacerlo –contestó–. Mírate en un espejo. Físicamente, es imposible. Andas cerca de los cincuenta. Eres demasiado viejo. Deberías tener veinte años. Exige demasiada velocidad; ya no tienes cerebro para ello.

Y ese mismo cerebro, al escuchar sus palabras, se sumió unos instantes en una desesperación shakespeariana, reconociendo los límites de la mortalidad y pasando revista, desalentado, a las muchas cosas de la vida que, por culpa de la edad, habían quedado fuera de sus posibilidades, como las matemáticas superiores o las sutilezas infinitesimales de la biología molecular, hasta que decidió dejarse de tonterías. El problema era cocer alimentos en agua caliente. ¿Podía ser eso muy difícil? Y Mario pareció ablandarse un poco. Aunque eso tampoco significara que estuviese de acuerdo: sus últimas palabras fueron: «Bueno, vale... Pero estás avisado»; lo que no era precisamente un respaldo entusiasta.

Durante mi ausencia, Nick Anderer, el antiguo responsable de la pasta, se había marchado a Italia y acababa de regresar a Nueva York. Yo me encontraba en el comedor cuando Mario y Gina empezaron a hablar de él. Nick se había sentido muy solo y echaba de menos a su novia.

–La ha jodido –dijo Mario–. No se le volverá a presentar otra oportunidad igual. Acaba de echar su futuro por la borda.

–Pero lo ha hecho por amor –señaló Gina.

–¿Por amor? ¿De qué coño estás hablando?

Localicé a Nick, que ahora trabajaba de cocinero durante el día en otro restaurante de Manhattan. («Es increíble», exclamó Mario cuando se lo comenté. «¿Y dices que alguien tan prometedor está preparando almuerzos rápidos?») Nick siempre había querido vivir en Roma y cocinar según la filosofía de los ingredientes frescos frescos del sur de Italia, pero no había ahorrado suficiente dinero para trabajar gratis y no conseguía encontrar un restaurante en toda Roma que le pagara un sueldo. Terminó en Milán, preparando risottos en San Giorgio e il Drago (San Jorge y el dragón). En los seis meses que estuvo allí, se hizo un experto en risottos. («La creencia popular es que no hay que dejar que el arroz se pegue al fondo, pero en realidad es así como se hace un buen risotto. Necesitas el roce del arroz contra la cazuela para que los granos, al estar a punto de quemarse, se deshagan y suelten el almidón. La cuestión es quitarles el almidón.») Pero Milán era una ciudad moderna, fría y lluviosa, y muy solitaria.

Memo se había marchado de Babbo. Restaurant Associates, una de las empresas de *catering* más importantes de Estados Unidos le había ofrecido un trabajo como chef ejecutivo de Naples 45, un restaurante de pizzas y pasta cerca de la Grand Central Terminal, frecuentado sobre todo a mediodía por oficinistas. En Babbo, Memo no se sentía a gusto. Se había aficionado a criticar abiertamente la comida, algo que, en la jerarquía militar de una cocina, era tabú.

–Estos muslos de pintada rellenos –me dijo en una ocasión, sacando uno del horno con sus tenazas, como si fuera la cáscara de una langosta, y arrojándolo sobre la encimera–. Esto no es una cocina de tres estrellas. Es una vergüenza.

(¿Eran realmente tan malos?, pensé en silencio. Estaban deshuesados y rellenos de perejil, cáscara de naranja y pan rallado, algo que sabía porque los había preparado yo.)

–Y eso no es una pizza. Mira qué aspecto... –añadió Memo, señalando la pizza que hacía uno de los chefs.

Mario estaba haciendo pruebas para la pizzería, que ya tenía un local, en el número uno de la Quinta Avenida. Habían fracasado tantos restaurantes en esa dirección que parecía maldita, y Mario y Joe decidieron ponerle el nombre de la calle con que hacía esquina, la calle Octava. *Otto* significa «ocho» en italiano. Pensaban abrir Otto en septiembre; luego, en octubre; luego, en noviembre. Ahora nadie tenía ni idea. No era tan fácil librarse de una maldición.

–No sé lo que es, pero, desde luego, no es una pizza. –Toda la cocina se había quedado en silencio–. Vosotros tenéis la culpa –dijo Memo, súbitamente indignado–. Vosotros, escritores y periodistas..., vosotros, tipos de los medios de comunicación, llenando de alabanzas a Molto Mario. Se lo cree todo. Piensa que cualquier cosa que toca se convierte en oro. ¿No os habéis dado cuenta de que ya no sabe cocinar?

Pero, cuando almorcé con Memo en su nuevo restaurante, me dijo que no le había entendido bien. Claro que había platos decepcionantes, pero Mario era realmente un gran chef.

–Volvería a trabajar con él ahora mismo. Al que no podía soportar era a Andy. Era él quien no sabía cocinar. Dirige bien el restaurante, pero un chef que no sabe cocinar no puede enseñarte a preparar un plato. Eso es inaceptable.

También estaba aquel interminable asunto de la marcha de Andy para abrir un restaurante español. «Cuando se vaya Andy, el puesto es tuyo», le decía Mario. Se suponía que Andy se marchaba, y se marchaba, y se marchaba..., y entonces, inexplicablemente, sólo hablaban de Otto.

El trabajo de Memo como chef ejecutivo estaba muy bien remunerado («Ciento veinte mil dólares al año; más de lo que ganaba Andy, una cantidad que Mario no podía igualar porque es un tacaño»). Pero echaba de menos Babbo.

–Sus defectos son su mayor atractivo; es como un rompecabezas, tan pequeño que todo está al alcance de la mano, tan íntimo que conoces cómo huelen los pedos de todos tus compañeros.

Lloró al marcharse. Ahora comprende que «la seriedad con que Babbo aborda la cocina» es verdaderamente excepcional.

–Aquí no puedo hacer lo que Mario llama platos conceptuales. Un día preparé un plato especial: carne cortada en rodajas muy finas sobre una *caponata*. Ningún cliente lo pidió. ¿Por qué? Nadie sabía lo que era una *caponata*. El día de San Valentín asé langostas en el horno de leña para servirlas con un risotto al limón. Tenía treinta y cinco langostas. No vendí ni una. Ese día no vino nadie. Aunque sea el día de más ajetreo en Nueva York, todo el mundo eligió otro sitio para celebrar una fecha tan señalada. Aquella noche, pelé las langostas. Partí las pinzas con mis dedos. Las treinta y cinco. Quería que me dolieran las manos. Que me sangraran. Después congelé su carne. Ya haría algo con ella más adelante.

Después de la marcha de Memo, Frankie se convirtió en el segundo chef. Tony Liu, el otro chef con más experiencia, se convirtió en su ayudante.

Dominic se había ido. Le habían contratado para dirigir un restaurante italoamericano en el Bronx. («¿No es increíble?», dijo Mario, todavía perplejo. «¿Quién hubiera imaginado que fuera capaz de llevar un restaurante?»)

Mark Barrett, mi maestro en la parrilla, se encargaba ahora de la pasta. Envuelto en vapor ocho horas al día, estaba más delgado. Además, se había operado los ojos, no llevaba gafas, y se había dejado crecer el pelo, que se le rizaba graciosamente con aquella humedad. Había pasado por todos los puestos de la cocina y se podía decir que pisaba fuerte. Cuando una mujer entraba en la cocina –una camarera nueva, por ejemplo, o una desconocida que venía a entregar algo–, se acercaba a ella y le pedía su número de teléfono.

–Hola, soy Mark, ¿estás casada? ¿Te gustaría cenar el jueves conmigo?

Habían dejado de preocuparle las largas horas de trabajo en la cocina. Se había convertido en un habitante natural de la noche neoyorquina, olvidando la luz del día y disfrutando de una ciudad sin tráfico ni muchedumbres, organizada en torno a una matriz de bares y clubs del Lower East Side que cerraban a altas horas de la madrugada.

Mario sugirió que empezara haciendo pasta por las mañanas con Alejandro. (En Babbo, la pasta fresca se hace durante el día, se congela en bolsitas de plástico y se cocina por la noche justo antes de servirse. En mi cabeza, oí la voz de Miriam: «¡Seguro que Mario Batali es tan listo que tiene un congelador!»)

Nuestro primer cometido fue hacer *orecchiette. Orecchiette* es un diminutivo de *orecchio*, que significa «oreja», y dicen que es la pasta más sencilla de preparar. La masa se hace sólo con agua y harina (sémola, menos refinada que la empleada habitualmente) y se enrolla a mano hasta formar un tubo blanco. Luego se corta en pequeños segmentos que se aplastan con el pulgar en un molde de madera con muescas. Al igual que un truco de magia infantil, la pasta cambia de forma al presionarla y, cuando se saca, tiene unas protuberancias por debajo y la forma de una oreja (salvo que sea como la que despegué de mi pulgar el primer día, cuyas protuberancias recordaban a un tablero de tres en raya, pues siempre tenía que repetir todo y, como la segunda vez fui incapaz de alinear bien la masa, la oreja salió gigantesca y deforme, una especie de colgajo más parecido a la oreja del dibujo de un elefante que a una oreja normal; y mis manos estaban tan húmedas y pegajosas por la excitación de estar haciendo pasta, ¡al fin!, que me costó muchísimo quitarme aquel mazacote del dedo). Cuando terminamos, Alejandro le enseñó a Mario algunos ejemplos de lo que yo había hecho –mis *orecchiette* eran más gruesas de lo normal, no estaban lo bastante aplastadas y parecían a punto de sufrir una mutación– para ver si podían servirse aquella noche. Mario las examinó.

–Oh, están bien –exclamó, y soltó una risita que parecía decir: «Bill, es la pasta más sencilla de hacer y, a pesar de eso...»

Con el tiempo, llegué a dominar la técnica del aplastamiento. También descubrí que, después de hacer unas dos mil pequeñas orejas de aquéllas, tu imaginación empieza a volar. Piensas en algo, en todo, en cualquier cosa, en nada. Esos momentos ilustran muy bien lo que algunos llaman el espíritu zen de hacer pasta, que también es una manera de decir que puede ser muy aburrido. Yo estaba bastante entusiasmado durante aquella fase, así que, cuando mi imaginación volaba, no se alejaba mucho del asunto que me ocupaba. ¿Por qué querría alguien comer –me preguntaba– algo que parece una oreja aplastada? De modo que yo analizaba cada *orecchiette* y meditaba profundamente sobre su extraña forma. La única explicación que se me ocurría echaba mano de los ombligos. Tal como sucede con los ombligos, decidí, hay dos tipos de pasta: hacia dentro y hacia fuera. Las que son hacia dentro, como los raviolis y los *tortelli*, están pensadas para sorprender con algo delicioso en su interior: las muerdes y descubres un sabroso relleno que previamente no podías ver. Las que son hacia fuera están pensadas para «retener» algo delicioso que hay en el exterior. A la gente le gusta comer *orecchiette*, decidí, porque las orejas retienen ingeniosamente la salsa, sobre todo en el fondo de sus pequeños lóbulos.

Después de encontrar aquella distinción filosófica tan esclarecedora, pensé que lo que debía hacer a continuación era pasta hacia dentro. Eso era lo que realmente quería hacer. (Los *tortelli di zucca* de Miriam eran de ese tipo.) Había intentado fabricar mi primera tanda en una ocasión –en una cena casera, hacía mucho tiempo, otro fracaso–, lo que quizá explicara mi entusiasmo exagerado.

No sé por qué se me ocurrió que podría hacer pasta fresca; algún libro de cocina debió de hacerme creer que era muy sencillo. Cuando mis amigos llegaron, me encontraron en la cocina –una olla de agua hirviendo empañaba las ventanas y las paredes chorreaban de humedad– suplicando a doce raviolis rellenos de *porcini* que no perdieran su forma. Aquéllos fueron mis primeros esfuerzos, y, cuando los dejé en un escurridor metálico, empezaron a desintegrarse y a desaparecer, desvaneciéndose en el aire húmedo hasta que sólo quedaron unos grumos de setas en los agujeros del colador.

Las pastas hacia dentro de Babbo tenían muchos nombres exóticos, pero ahora me daba cuenta de que todos eran básicamente distintos tipos de ravioli. La versión de Mario de los *tortelli di zucca* de Miriam, por ejemplo (que él rellenaba con otro tipo de calabaza), estaban cortados en círculos y se llamaban *lune*. Otra pasta, rellena de bacalao seco, recibía el nombre de *mezzalune:* el motivo era que estaba doblada en forma de media luna. Había también «cartas de amor», con guisantes dulces y menta, que parecían etiquetas rectangulares de correo aéreo con los bordes zigzagueantes. (El nombre era una variación poética de una pasta llamada *francobolli*, que significaba «sellos».) De hecho, había tantos nombres exóticos y tantas formas extrañas que necesitaba detenerme unos instantes y dejarme llevar un poco por la especulación cultural. Sellos, medias lunas, lunas, ombligos: ¿qué ocurre exactamente? O dicho de otro modo: ¿hay algún otro país que sirva su cocina nacional en forma de pequeños juguetes? ¿Significa eso que los italianos se han divertido siempre con su comida? Cuando preparas *tortelli*, según explica el *Liber de coquina* del siglo XIII –y con tanto regocijo que uno llega a la conclusión de que considerar la comida como un juego es un

171

rasgo antiquísimo de la cocina italiana–, puedes formar con la masa «herraduras, anillos o broches, letras del alfabeto, o cualquier animal que desees». ¿Radica el encanto secreto de la pasta, la comida más confortadora del mundo, en su evocación de la infancia? ¿Debe una comida italiana incluir siempre una versión de las galletitas saladas de animales? La pasta me intimidaba. Estaba rodeada de un misterio que yo no descifraba: los secretos del cuarto de jugar de una nación, una historia demasiado íntima de madonas entrometidas. Y, francamente, si no podía reconocer todas aquellas formas (quiero decir, en realidad..., ¿ombligos?, ¿sellos?), ¿cómo iba a aprender jamás a prepararlas?

Hoy me siento más optimista al respecto, aunque sólo sea porque sospecho que los italianos tampoco las conocen. Aunque hayas crecido comiendo pajaritas, cuerdas de guitarra y plumas, nunca aprendes todas las pastas, porque hay demasiadas –cientos, según Amelia Giarmoleo, la directora del museo nacional de pasta en Roma, el Museo Nazionale delle Paste Alimentari, donde uno puede perderse durante horas mientras contempla maravillado siglos y siglos de comidas de juguete, expuestos como si fueran mariposas de la colección de un entomólogo. Pero existe un vocabulario básico para la pasta –que dominan la mayoría de los italianos– que les permite interpretar todas las variantes con que se tropiezan. («Oh, ya lo tengo, es como un *penne*, pero gigante y con protuberancias.») Y, aunque sólo fuera eso, estaba decidido a aprender el léxico imprescindible.

La salsa que retienen las pastas hacia fuera es una rama de la filosofía completamente diferente. Normalmente se trata de un ragú, y seré muy sincero en este asunto: hasta que empecé a trabajar en Babbo, no sabía realmente lo que era un ragú; sólo conocía los poco apetitosos botes que veía en las baldas del supermercado. No tenía ni idea de que fuera una cuestión tan importante.

Un ragú italiano y un ragú francés son más o menos lo mismo. En cualquier idioma, el proceso supone coger un trozo de carne y, tal como me explicaron en la jerga de la cocina, sacarle la mierda a la muy cabrona. Tanto el término como la técnica, según he descubierto desde entonces, se hallan en el centro de una discusión de siglos entre los defensores de la cocina francesa y los de la cocina italiana para dilucidar «quiénes llegaron antes». La rivalidad, sentida con más intensidad por los italianos, que están convencidos de que los franceses les consideran una tribu de graciosos salvajes, podría resumirse así: en la historia de la cocina europea, la península italiana fue la primera en desarrollar una cocina realmente sofisticada, que se inició con el maestro Martino en el siglo XV. Después, según reivindican los italianos, sus secretos fueron recogidos y trasladados al otro lado de los Alpes por Catalina de Médicis que, en 1533 contrajo matrimonio con el hombre que se convertiría en Enrique II de Francia.

Francia vivió más tarde su propio renacimiento culinario, que culminaría tras la caída del Antiguo Régimen en los impresionantes banquetes de Antonin Carême –*áspics* de lo más sofisticados, salsas que tardaban en hacerse días enteros, postres arquitectónicos–, mientras que los italianos, después de decidir que el fruto del Nuevo Mundo que llamamos tomate no era venenoso y resultaba incluso prometedor como salsa, se sumieron en una crisis culinaria de doscientos cincuenta años, y, traicionando su naturaleza chovinista, empezaron a copiar a los franceses. Todas las construcciones con *alla –risotto alla Milanese, pollo alla cacciatora, bucatini all'amatriciana–* son el equivalente italiano del *à la* francés y surgieron de un nervioso esfuerzo para que sonara muy chic. Otras palabras culinarias también cambiaron, incluyendo *sugo*, que se convirtió en ragú. En 1903, la entonces magnífica cocina francesa fue enciclopédicamente codificada en la *Guide Culinaire* de Auguste Escoffier, que continúa siendo el texto seminal de la cocina «clásica». El texto seminal en Italia, *La scienza in cucina e l'arte di mangiar bene* («La ciencia de la cocina y el arte de comer bien»), escrito al mismo tiempo, eran unas cuantas recetas caseras que había recogido un mercader textil llamado Pellegrino Artusi. Escoffier, basándose en su experiencia como primer chef de los hoteles más elegantes, explica las doscientas formas de hacer una salsa. Artusi, basándose en las cartas de algunas amas de casa de la región, habla de ombligos y de *tortellini*. Los franceses son profesionales, científicos y urbanos. Los italianos, unos aficionados que gustan de improvisar siguiendo unos métodos rústicos transmitidos de generación en generación. Los italianos, podría decirse, seguían jugando con su comida.

Básicamente, un ragú es una ecuación en la que se ven envueltos un sólido (la carne) y un líquido (caldo o vino), además de un fuego lento, hasta llegar a un resultado que no es sólido ni líquido. El ragú más famoso es la boloñesa, aunque no hay un modelo único sino varios. Gianni Valdiserri me confesó mientras estuve en Porretta que, cuando él y Betta se casaron —ella embarazada, con dieciséis años y aún en el colegio—, él estaba preocupado porque, con las prisas, no había probado su ragú. Ese ragú, que ella había aprendido de una tía, se había transmitido de generación en generación en su familia y sería muy diferente del ragú que Gianni había comido desde niño, el de su madre, que era profundo y complejo y parecía llegarle al fondo del alma. Sabía, asimismo, que jamás sería capaz de conseguir que Betta le hiciera otro que no fuera el suyo. Un ragú, dijo, es algo muy personal. Así que imaginad su alegría cuando comió por primera vez el ragú de Betta y descubrió que, sí, era diferente del de su madre..., pero mejor.

Una boloñesa se prepara con un sentido muy medieval de la ostentación y del aderezo. Lleva, como mínimo, dos clases de carne (vaca y cerdo, aunque algunas variantes locales insisten en poner ternera en vez de vaca, *prosciutto* en vez de cerdo, y algunas veces *prosciutto, pancetta,* salchichas y cerdo, amén de capón, pavo o higaditos de pollo), y tres líquidos (leche, vino y caldo), y tomates (si la receta familiar es moderna) o no tomates (si la receta es más antigua que Colón), y nuez moscada, a veces canela, y cualquier otra cosa que la tatarabuela de tu tatarabuela considerara esencial. (La única carne en la boloñesa de Miriam, por ejemplo, son las salchichas, cocinadas a fuego lento con mantequilla y aceite, a las que añade su salsa de tomate casera y un poquito de ajo: sólo un diente, que retira antes de que termine la cocción.) En cualquiera de sus variantes, el resultado es una textura típica de todo ragú: una untuosidad quebradiza, un estado que no es líquido ni sólido, más bien seco, un aderezo más que una salsa, como Mario lo describe, «un condimento», una palabra que utiliza con sus empleados estadounidenses para subrayar que lo que acompaña a una pasta –como el ketchup en un perrito caliente– jamás es más importante que la pasta en sí. (Y otro detalle fundamental: Gianni habla del erotismo que hay en la preparación de un nuevo ragú, que llena la casa con su perfume, como una promesa de un apetito que crecerá hasta ser satisfecho. En realidad, sus palabras fueron que la preparación de un ragú *mi da libidine* –despierta su libido– y, hasta que no come un poco, se pasea por la casa de lo más excitado.)

Según Betta, el ragú a la boloñesa de Babbo no es perfecto, algo que debería saber, pues fue ella quien enseñó a Mario a prepararlo. «¡No tiene *prosciutto!*, me dijo, horrorizada, cuando le pregunté por la cena que ella y Gianni habían tenido allí en su primer viaje a Nueva York, en 1998. Cuando le conté a Mario su crítica, se quedó perplejo: «¡Le bastó comerlo una vez para darse cuenta!» El ragú sin *prosciutto* se sirve con *pappardelle*, unas cintas largas y planas fabricadas «con una máquina» (añadió Betta, todavía más horrorizada). A decir verdad, todo aquello me daba bastante igual cuando, finalmente, me dejaron trabajar en el rincón de la pasta. Lo único que me importaba era que los *pappardelle* («¡Pap!») eran la modalidad más fácil de hacer, aunque sólo fuese porque no había muchas cosas que pudieran salir mal. Ponía dos cucharadas de ragú en una cazuela y añadía agua, algunos tomates crudos y un poco de mantequilla..., eso era todo. Cuando los *pappardelle* estaban hechos, espolvoreaba por encima queso y perejil (al que llamaban «chiff», de *chiffonnade*, porque se había cortado en trocitos diminutos y ligeros como plumas). De hecho, todos los platos con ragú eran bastante sencillos. Los *gnocchi* («¡Buey!») se servían con ragú de buey (un fibroso estofado de vaca), las cartas de amor («¡Amor!») con un ragú de salchichas de cordero, y las *orecchiette* («¡Ork!») con un ragú de salchichas de cerdo y un poco de *rapini*.

Desde el principio, mi nuevo trabajo puso a prueba mi capacidad para asimilar un montón de cosas sin tener que pensar en ellas. Había una chuleta de papel pegada a la pared. Es obvio que al principio todo el mundo necesita una chuleta, algo tranquilizador de descubrir, y, consultando la mía –una hoja de lo que en su día fue un papel amarillo normal convertido en una transparencia grasienta por algún momento de locura con el aceite de oliva–, me tranquilizó saber que mi predecesor había estado tan perdido como yo. Los ingredientes de cada plato estaban escritos con un lápiz desafilado, junto con los más burdos diagramas. Dos círculos concéntricos ilustraban los agujereados *bucatini*, por ejemplo *(buco* significa «agujero»; *bucatini*, «pequeños agujeros»). Un rectángulo largo y plano era *linguine (lingue* significa «lengua»; *linguini*, «pequeñas lenguas»). La *chitarra* era un hilo grueso y áspero, como la cuerda más grave de una guitarra. La mayoría eran aproximaciones fonéticas mal escritas. «Ork» era *orecchiette*, aunque nadie que estuviera en mi lugar habría conocido la palabra *orecchiette*, básicamente porque nunca se utilizaba. Lo que oías era «Ork», y jamás lo veías escrito, porque, a diferencia de lo que ocurría en otros puestos de la cocina, donde los impresos de los pedidos se pinchaban en una balda justo encima de los ojos, el nuestro no tenía ningún sitio donde pegar los trocitos de papel, que se habrían encogido con el vapor antes de caerse. Además, los pedidos llegaban de un modo tan vertiginoso que lo único que podías hacer era guardarlos en tu cabeza, sin que importara el modo en que estuvieran deletreados al meterlos allí.

El problema eran las variaciones. Para rehidratar el ragú de rabo de buey, se añadía agua y media cucharada de tomates crudos –al igual que con la boloñesa–, pero nunca mantequilla. Y aunque al final se espolvoreaba queso y perejil por encima, el perejil eran hojas enteras, no aquellos trocitos diminutos y ligeros como plumas. ¿Por qué? No sabía por qué. Y sigo sin saberlo. Para fastidiarme..., ése era el motivo. Y al ragú de salchicha de cordero que acompañaba las cartas de amor se le añadía un poco de agua y mantequilla, como a la boloñesa, pero sin tomate, aunque luego le echabas el queso, como a todos los demás ragús, y hojas de menta en vez de perejil; después de todo, las cartas de amor iban rellenas de menta y guisantes. Lo que no tenía sentido eran los copos de guindilla roja: se suponía que también tenías que añadirlos. ¿Alguien puede imaginar copos de guindilla en sus cartas de amor?

–Falta guindilla en tus cartas de amor –me dijo Frankie.

Era el día libre de Andy, y Frankie cantaba los pedidos. Había probado el ragú con el dedo cuando estaba ya servido, pero permitió que lo sacaran al comedor de todos modos, porque debía salir con otros tres platos y no había tiempo para prepararlo de nuevo sin retrasar toda la mesa. Pero no estaba satisfecho.

–¿Cómo carajo has podido olvidar la guindilla otra vez?

Me volví hacia Mark.

–¿Que cómo carajo he podido olvidar la guindilla otra vez?

Me miró impasible.

–No sé cómo carajo has podido olvidar la guindilla otra vez.

No era un trabajo fácil. La cocina tiene que funcionar sin contratiempos, y no podían permitirse el lujo de tener a un periodista-turista, encaprichado con la mística de lo que él seguía llamando la *pasta fresca*, a menos que supieran que no iba a cometer errores. La situación podía ser muy tensa.

–¿Te he quemado? –preguntó Frankie una noche mientras salteaba unos cangrejos de cáscara blanda, que se hinchaban con el calor hasta explotar, salpicando agua y aceite hirviendo en las direcciones más imprevisibles.

Y, antes de que yo pudiera formular una ingeniosa respuesta, dijo:

178

—Me alegro. —Y entonces vació el aceite que quedaba con tanta violencia que salpicó el suelo y me salpicó a mí, quemándome de nuevo.

Una pasta rellena no se sirve normalmente con ragú porque la propia pasta es un vehículo para el ragú. (En la dicotomía ombligo, es hacia dentro.) Su aderezo exterior era, por ese motivo, muy sencillo: generalmente, una salsa de mantequilla. Cuando Mario estaba en la cocina, quería pequeñas cantidades de mantequilla en la salsa y decía siempre al tipo de la pasta que empleara menos. Cuando Mario no estaba en la cocina, Andy quería cantidades desmesuradas y decía siempre al tipo de la pasta que empleara más. (Una vez protesté y Mark me obligó a callarme. «Nunca desafíes a la persona que está al mando, sobre todo si se equivoca, o convertirá tu vida en un infierno. Te mandará más cosas de las que puedas hacer. Encontrará defectos en todo. Te obligará a repetir platos que has preparado a la perfección.»)

Una salsa de mantequilla es una emulsión. «Emulsión» era otra palabra que no entendía del todo, aunque sabía lo suficiente para comprender que estaba preparando una cuando, en casa, añadía mantequilla al caldo para hacer una salsa de carne. En los libros de cocina franceses, era un momento muy delicado, y se insistía mucho en que todo estuviera perfecto: el caldo muy caliente, la mantequilla muy fría y cortada en trocitos diminutos, para incorporarlos de uno en uno mientras se batían. El temor era que la emulsión se «cortara» (fuera lo que fuera eso). En un restaurante es diferente: allí haces tantas cosas a la vez, una detrás de otra, que jamás piensas que una de ellas pueda ser más delicada que otra.

Las cosas funcionan así: te piden un plato de *tortelloni* («¡Tort!»). Pones ocho piezas en un cestito y los metes en agua hirviendo. La pasta fresca es menos caprichosa que la seca, y el objetivo de su cocción es diferente: hay que olvidar el famoso «al dente». Lo que se busca es un alimento blando y suave, no uno que ofrezca resistencia a tus dientes. Los *tortelloni* tardan en hacerse unos tres minutos, pero puedes dejarlos mucho más. Para preparar la salsa, coges una cazuela (de la balda encima de tu cabeza), sacas con una cuchara un poco de mantequilla (de un recipiente adosado a la pared) y lo dejas caer en su interior. Como en cualquier otro puesto de la cocina, tu aspiración es no mover nunca los pies. Después vuelcas la cazuela sobre la máquina de cocer pasta y retiras un poco de agua caliente. Esta operación exigía cierta habilidad: meter el extremo de las tenazas en el agua hirviendo y sacarlas con cuidado para que el líquido acabara en la cazuela y no en tu antebrazo; que es donde, en mi caso, solía aterrizar, llenándolo de ampollas, a menos que también fallara. Lo cierto es que alcancé a Mark en más de una ocasión, y le cogí siempre desprevenido.

El siguiente paso es añadir un sabor, una hierba o un cítrico: ralladura de naranja a los *tortelloni* (o cinco hojas de salvia a las *lune*, o cinco cebolletas a las *mezzalune;* algo fuerte, pero sencillo). Coges la cazuela, que tiene un aspecto bastante asqueroso –un pequeño charco de agua turbia, un trozo de mantequilla deshaciéndose, unas ramitas secas y anaranjadas–, la colocas sobre la plancha de asar y remueves su contenido. Echas un vistazo al cestito en el interior de la máquina de cocer pasta: algunos *tortelloni* se han hinchado. Vuelves a la cazuela y la remueves. El contenido ha cambiado. Con el calor y el movimiento, se ha convertido en una sopa amarillo anaranjada (por la mantequilla y la cáscara de naranja). Echas un nuevo vistazo al cestito: los *tortellini* están flotando. Regresas a la cazuela y sigues removiendo (está casi a punto, parecen natillas). Pero llegan tres pedidos más, te ocupas de ellos y, cuando vuelves a la cazuela, exactamente treinta segundos después, el líquido está lleno de vetas: aún es una salsa, pero se ha estropeado, tiene un aspecto horrible, no resulta apetitoso. Se ha cortado. Para arreglarlo, añades un poco más de agua en la cazuela con un movimiento de las tenazas (o tal vez varios, hasta que consigas que ésta llegue a su destino), vuelves a ponerla sobre la plancha y, removiéndolo un poco, las vetas desaparecen como por arte de magia.

Eso es una emulsión: un acuerdo entre dos elementos dispares (agua y mantequilla), conseguido gracias al calor y al movimiento. Si algo falla –por ejemplo, que la salsa empiece a secarse, destruyendo el equilibrio entre la grasa y el líquido–, los elementos dispares se separan y se rompen. A veces, en los momentos de calma, dejaba deliberadamente que mi salsa se estropeara, para ver cómo recuperaba su textura añadiéndole un poco de agua, como si estuviera en unas prácticas de química. En una ocasión, me pillaron sumido en una especie de trance.

Estaba haciendo una salsa de setas que ilustraba dos elementos característicos del rincón de la pasta: cómo utilizar el calor y cómo detenerlo. Como la mayoría de las salsas, se preparaba en dos fases y necesitaba muy pocos ingredientes: setas (rebozuelo atrompetado, aunque valga cualquier seta silvestre), unas hojas de tomillo fresco, una chalota cortada muy fina, un poco de mantequilla. Al principio, el fuego debía estar muy fuerte. Dejabas la cazuela sobre la plancha hasta que estaba echando bombas, hasta que se oscurecía, hasta que parecía a punto de derretirse, y entonces le añadías un chorrito de aceite de oliva –la cazuela empezaba a echar humo– y luego las setas. Después: nada. No removías la cazuela hasta que olías el aroma dulce y a madera ahumada de las setas caramelizándose. Éstas tenían ahora una corteza crujiente y azucarada, que no se había quemado, pero estaba a punto de hacerlo. Añadías entonces la chalota y el tomillo, esperabas a que éstos reaccionaran al intenso calor, y después echabas suficiente agua para detener la cocción: la cazuela silbaba, echaba vapor, y se quedaba en silencio. Aquella era la Primera Fase: desde el fuego más intenso hasta la ausencia del fuego. La Segunda Fase empezaba cuando algún cliente pedía el plato. Volvías a coger la cazuela y preparabas una emulsión: la mantequilla, la rutina de remover y remover hasta que el agua de las setas se convertía en una salsa lo bastante pegajosa para adherirse a la pasta.

Me sumí en aquella especie de trance al final de la Primera Fase, cuando retiré la cazuela de la plancha de asar y espolvoreé el tomillo en ella. ¿Qué puedo decir? Me encantaba ese momento. Por unos instantes, no ocurría nada. Las hojas reposaban sobre el metal caliente de la cazuela, absorbiendo el calor. Entonces, una por una, se hinchaban de un modo casi imperceptible y explotaban, una cadena de explosiones diminutas, como palomitas de maíz. Y cada estallido iba acompañado de una erupción aromática de tomillo. Cerré los ojos y acerqué mi rostro a la cazuela, aspirando los estallidos de las hojas de hierba. No sé cuánto tiempo estuve allí.

–¿Qué coño estás haciendo?

Abrí los ojos. Era Frankie.

–¿Qué coño estás haciendo? –Se encontraba a unas pulgadas de mi rostro. Los demás me miraban fijamente.

–Me gusta el olor del tomillo cuando revienta –respondí tímidamente.

Esperaba desdén o una sarta de blasfemias, que se burlara de mí como mínimo. En lugar de eso, Frankie pareció sorprendido y se quedó sin saber qué decir. Su rostro se dulcificó, me recordó a un perrito.

—Oh, vale —exclamó, finalmente—. Eso está muy bien.

Creo que se sentía un poco violento.

En todos aquellos platos había un ingrediente que es imposible conseguir en casa: el agua de cocer la pasta del restaurante. Al principio de la noche era cristalina —podías ver el fondo reluciente de la máquina de cocer pasta— y muy salada. («Como el mar», decía Mario siempre, y luego nos recordaba que siguiéramos metiendo el dedo en el agua hirviendo, probándola y ajustándola, hasta que trajera a nuestra memoria la primera vez que fuimos a la playa; pero yo jamás supe introducirlo con suficiente velocidad, así que, en vez de rememorar mi niñez, lo único que pensaba era que había vuelto a quemarme el dedo.) En mitad de la noche, el fondo reluciente de la máquina de cocer pasta se desvanecía. Era la fase turbia, unas dos horas antes de que empezara la cenagosa, cuando el agua dejaba de ser agua normal y se convertía en el vehículo cada vez más espeso del almidón soluble: su sonido era desagradable (y su aspecto también), pero había algo maravilloso en ella. Cuando el agua llegaba a ese estado servía para espesar las salsas, ligando los elementos y potenciando el sabor de la propia pasta. Con todo, no había manera de evitar que el agua de la pasta que se cocinaba al final de la noche fuera muy diferente de la que había, por ejemplo, a las seis de la tarde. («Yo jamás pediría un plato de pasta después de las diez», me confesó una vez Elisa.) Y esta diferencia resultaba ostensible cuando finalmente había que limpiar «la perra», nombre que dabas a la máquina de cocer pasta en cuanto te familiarizabas con ella: una tarea que me habían adjudicado, y una muestra de mi posición en la jerarquía.

Más tarde se les escapó que, cuando yo no estaba, me llamaban «el perro de la cocina». Todo un detalle, pensé, mientras reflexionaba sobre la relación entre mi estatus y mis responsabilidades al final de la jornada: el perro de la cocina limpiando la perra de la cocina.

A pesar de eso, era un artilugio muy sencillo. Cuando quitabas los cestitos, sólo había dos cubetas y un enorme quemador de gas. La dificultad estribaba en lo que había en el fondo de las cubetas: normalmente una muestra estratificada de la arqueología del restaurante, compuesta de, por ejemplo, queso de cabra (porque los *tortelloni* siempre soltaban agua), calabaza (ocurría lo mismo con las *lune),* y trocitos de cualquier cosa, incluido marisco (¿de dónde venía nadando?). Además, la máquina estaba caliente..., caliente como un horno. Incluso apagada, seguía calentísima, y el estropajo verde abrasivo que usabas para limpiarla empezaba a echar humo al entrar en contacto con ella, se ablandaba lentamente y acababa cociéndose como un ravioli de plástico. No es que uno se achicharre fregando la perra, el problema es que luego no hay manera de refrescarse. Tienes un calor horrible y has estado asándote durante horas. Yo nunca había pasado tanto calor. Pero la temperatura del cuerpo tarda muchísimo en empezar a descender. A las cuatro de la madrugada, cuando conseguía meterme en la cama, seguía irradiando calor, y mis tripas eran algo carnoso que seguía cocinándose; y mi cerebro parecía obsesionado con que aquélla era mi vida: me había convertido en una salchicha.

¿Por qué la gente no utiliza más el agua de la pasta en sus casas? A veces pensaba que debería embotellarse, porque es imposible conseguir en casa la viscosidad almidonada de un restaurante. Costaría muy poco –al tratarse de unos residuos líquidos–, y el recipiente debería ser muy grande, probablemente de color oscuro, como una botella de vino, pues no sería agradable contemplar a escasa distancia lo que flota en su interior.

Y entonces me entró curiosidad por saber el momento de la historia culinaria estadounidense en que la eficacia se impuso al gusto y, en lugar de utilizar un par de tenazas y sacar los espaguetis directamente de la cazuela, la gente empezó a emplear escurridores (un instrumento diabólico) y a dejar que un «agua» tan rica y espesa se fuera por el desagüe. Este método lo describe la primera edición de *El placer de cocinar*, publicado en 1931, en sus «Reglas para hervir espaguetis, macarrones, *creamettes* y fideos», junto con el todavía más alarmante de coger el escurridor lleno de espaguetis (demasiado blandos, pues han estado una hora en el fuego), o macarrones (fáciles de masticar después de haberlos hervido veinte minutos), o *creamettes* (que, desgraciadamente, ya no se encuentran en el supermercado, pero que antaño fueron un ingrediente esencial sobre unas rebanadas de pan al horno) y lavarlos con agua fría –oh, herejía de las herejías– sólo para asegurarse de que no queda nada pegado a ellos. Hago responsable a la autora de los innumerables platos de espaguetis con fuertes salsas que, como un distintivo de mi propia infancia norteamericana, preparó mi madre, nacida dos años después de que se publicara el libro. Para ser justo con mi madre y con la autora, un plato de espaguetis con salsa de carne será siempre una comida confortadora, aunque, en él, lo de menos sea la pasta. Pero la indiferencia cultural por los fideos contribuyó a que yo no supiera nada de ellos. Y aumentó, asimismo, mis prejuicios sobre la pasta seca, unos prejuicios de los que acabé librándome en un momento de revelación.

Dicho acontecimiento tuvo lugar en una cena improvisada a última hora para los miembros de la cocina; dos cenas, para ser exactos. La primera fue una olla gigantesca de *linguine alle vongole* (con almejas), que Mark estaba preparando para camareros y lavaplatos (cada uno cogía una ración y la tapaba con un cuenco para que no se enfriara, y luego la escondía detrás de un cacharro o debajo de un paño –demasiado ajetreados y ansiosos por acabar el trabajo para comerse la pasta, pero desconfiando demasiado de los demás para dejarla a la vista). La segunda cena la preparé yo, una fuente de berberechos al vapor para el encargado de Babbo y el sommelier: los directivos al mando y con derecho, debido a su categoría, a cenar en una mesa del restaurante.

Tenía curiosidad por saber la diferencia entre berberechos y almejas. Históricamente, los berberechos son más grandes y se encuentran en la zona del Mediterráneo. Las almejas, que proliferan a lo largo de la costa de Nueva Inglaterra, tienden a estar por todas partes. En líneas generales, si no sabes qué molusco es, llámalo almeja. En la práctica, los dos nombres se usan indistintamente; en Babbo, ambos eran sinónimos, porque se trataba del mismo molusco y no venía del Mediterráneo ni de Nueva Inglaterra, sino de Nueva Zelanda, los lunes y los jueves por la mañana. Aquellos «berberechos-almejas» eran pequeños, redondos, color púrpura, y muy apreciados por su uniformidad: ninguna variación en su forma, ninguna variación en su tiempo de cocción, que, con el quemador al máximo, eran exactamente seis minutos, un poco menos que los seis minutos y treinta segundos que necesitaban para cocerse los *linguine* que, dicho sea de paso, no eran *linguine* (que necesitan nueve minutos) sino *linguine fine* (un primo más delgado de cocción más rápida). Para ser sincero, yo odiaba ambos platos de marisco. Su preparación era muy fastidiosa: uno de ellos («¡Ling!») empezaba con ajo, cebollas rojas y copos de pimiento rojo; el otro («¡Berb!»), con ajo, cebollas rojas y rodajas de pimiento verde muy picante. ¿Pimiento verde? ¿Pimiento rojo? ¿Crees que puedes diferenciar su sabor? Uno llevaba mantequilla, el otro no. Uno llevaba vino blanco, el otro salsa de tomate. Uno se remataba con perejil, el otro con albahaca tailandesa. ¿Por qué albahaca tailandesa? ¿Por qué va bien el perejil con los berberechos-almejas de Nueva Zelanda cuando se llaman almejas y se sirven sobre una pasta, pero no cuando se llaman berberechos y se sirven solos en una fuente? Y, en realidad, ¿qué pintaba yo preparando estos últimos? ¿Dónde estaba la pasta? ¿Por qué? ¿Por qué? Ya conoces el motivo.

A esas alturas yo tenía fichas de todos los platos del restaurante y perdí una mañana memorizando las supuestas y, en mi opinión, completamente artificiosas diferencias entre Ling y Berb. No es que tuviera dificultades para recordar cuál era cuál; después de todo, el mismo marisco iba en los dos platos. Mi problema era saber prepararlos instantánea, maquinalmente, tal como exigía el rincón de la pasta. Te encontrabas en un aprieto y te quedabas atrás si cambiabas de mano la sartén (llevaba demasiado tiempo hacerlo); te encontrabas en un aprieto si debías buscar tus tenazas (demasiado tiempo); te encontrabas en un aprieto si tenías que preguntar o pensar o recordar, así que aspirabas a tener todo fijado en la memoria, a un nivel tan profundo –como el lenguaje, el alfabeto o los números– que nunca tuvieras necesidad de pensar. Tampoco entendía, con franqueza, que se pusiera marisco en una pasta. Uno no puede comerse las valvas, ¿verdad? Y comerse el molusco era tan complicado... Se necesitaba un babero, un plato adicional, un lavamanos, servilleta adicional, y también estar más alerta para no clavarte una concha en la boca. Parecía un ejercicio de higiene, como bañarse; en cualquier caso, no una cena.

Me di cuenta de otra cosa aquella noche, y lo hice al observar que, al final de la jornada, la comida tiene más importancia para los empleados que para los clientes que se presentan a última hora. A medianoche, la cocina parecía una especie de zona desmilitarizada, que debería estar cerrada pero seguía funcionando, debido a la insistencia del *maître*, John Mainieri, que a veces admitía clientes después del horario estipulado, motivo por el que los empleados de la cocina le detestaban abiertamente: silbaban cuando aparecía, y coreaban con estruendo unos afectados «¡hola!» (algo que me resultaba muy penoso, pues tenía mucho cariño a John). No es difícil conseguir cenar en un restaurante cuya cocina está cerrando. Pero la próxima vez que intentéis convencer a un *maître* para que os permita hacerlo –inclinándoos miserablemente ante él, pidiéndole disculpas, culpando al tráfico, al gentío, dando muestras del más obsequioso servilismo, con un billete nuevo en la mano–, recordad que los empleados de la cocina saben que estáis allí. Esperan vuestros pedidos agrupados alrededor de la impresora, contando los segundos y maldiciendo vuestra lentitud para decidiros. Hacen conjeturas: ¿será algo ligero, quizá un solo plato? («Voy a pedir esto», dice alguien; y todos los demás gritan que quieren lo mismo.) ¿Podré desaguar la máquina de hacer pasta? ¿Podrá apagar los quemadores el tipo de la parrilla? ¿O los clientes –a los que llegan tarde se les llama simplemente «esos cabrones»– serán tan torpes como pedir un menú degustación de cinco platos? A veces ocurre, y la respuesta de la cocina –un rugido de indignación– es tan estruendosa que todo el mundo debe de oírla en el restaurante. A esas horas la cocina es un lugar muy diferente. A partir de las once, se puede beber cerveza, así que los cocineros llevan bebiendo casi una hora. Los mandos han desaparecido: Andy está en el ordenador del piso de abajo; Frankie, dentro de la despensa refrigerada. Nadie está al frente. La gente que queda está sucia y cansada. El suelo está húmedo y grasiento: ése es el momento en que la puerta de la despensa se abre y alguien se encuentra de pronto en el aire. La máquina de cocer pasta está tan llena de grumos e impurezas que el agua se ha vuelto púrpura y empieza a hacer espuma. ¿Son necesarios más detalles? Lo expresaré de otro modo: ¿Alguien cree que, si su comida es el último pedido llegado a la cocina, puede prepararse con amor?

Pero entonces..., en medio del ajetreo de limpiar, lavar, fregar y secar; de buscar un recipiente de un cuarto de galón (¿por qué nunca hay suficientes recipientes de un cuarto de galón?); del estrépito de una fuente al romperse; de la velocidad con que se retira la comida de un rincón de trabajo, envolviendo y guardando una parte, tirando casi todo, incluidos los ingredientes necesarios para aquel último pedido cuando uno creía haber terminado (perdona, Jack, eso es lo que consigues por llegar tan tarde); de las estúpidas críticas al *maître*, que ha regresado para ver si hay una cena para los empleados; del hambre constante de los lavaplatos (no tienen nada que comer en casa); del frenesí nocturno, ligeramente borroso y etílico, de una cocina a punto de cerrarse, deseosa de acabar, deseosa de marcharse..., en medio de todo eso, entendí el porqué de la pasta con almejas.

Ocurrió lo siguiente: Mark, después de cocer una gran cantidad de *linguine* los seis minutos y treinta segundos reglamentarios, los echó en una cazuela de berberechos-almejas neozelandeses, añadiéndoles descuidadamente aquella agua llena de almidón, un gigantesco montón de pasta sobre varias docenas de moluscos. Removió el contenido de la cazuela, lo lanzó ligeramente al aire, lo removió de nuevo y lo dejó sólo para que hirviera otro medio minuto. (Eso era muy extraño, pensé observándole; no es habitual dejar una cazuela de pasta sobre la plancha de asar.) Luego cogió una cinta y la probó. Me dio otra a mí. No era lo que yo esperaba. Ya no era *linguine* exactamente; había cambiado de color y de textura y se había convertido en otra cosa. Volví a probarlo. Esto, pensé, es el equivalente del pan remojado en salsa de carne. Pero ¿qué era aquella salsa? Miré la cazuela: las conchas de los berberechos-almejas, cerradas escasos minutos antes, se habían abierto con el calor, soltando todo su jugo. Y era eso lo que paladeaba en aquellas cintas de *linguine:* el intenso sabor del océano.

–Lo importante es la salsa, no el trocito gelatinoso de carne que esconde la concha –me explicó Mario más adelante–. ¡A nadie le interesa el trocito gelatinoso de carne!

En casi todos los platos de pasta, lo importante es la pasta, no la salsa (ese *insignificante* condimento): era una lección que me habían repetido hasta la saciedad. Pero allí, en aquella cinta de *linguine*, descubrí un plato donde lo importante no era la pasta ni la salsa; lo importante eran las dos, la interacción entre ambas, un resultado –aquel hallazgo, aquel fideo tan sabroso– evocador de nuestro primer viaje infantil al mar.

Si tienes ganas de hacer *linguine* con almejas según la receta de Babbo, debes entender que el único ingrediente que se pesa es la pasta. (Una ración son cuatro onzas.) Todo lo demás se coge con los dedos, son pellizcos grandes, pequeños o intermedios: no es una gran ayuda, pero, desgraciadamente, ése es el modo en que se fijan las cantidades en un restaurante. (Cuando se prepara un libro de recetas, un catador va a la cocina, coge todos los ingredientes necesarios para hacer un plato y se los lleva para traducirlos a cantidades que la gente pueda reconocer en sus casas. En el mundo de las publicaciones gastronómicas, esos catadores –que tienen unas cocinas muy blancas con hornos cuidadosamente calibrados y básculas informatizadas– son los déspotas de la receta escrita. Pero yo siempre he desconfiado de sus traducciones: o las cantidades son tan grandes en el restaurante original que, al disminuirlas, no son correctas –los jarretes de cordero para treinta y cuatro personas no parecen iguales cuando se hacen para dos; la química es diferente, la salsa menos sustanciosa–, o las raciones del restaurante son tan pequeñas que no parecen exactas cuando se les atribuye una medida específica. Por ejemplo, ¿creéis a pie juntillas el libro de Babbo cuando dice que unos *linguine* con anguilas llevan cuatro dientes de ajo, unos *spaghettini* con langosta, dos, y la *chitarra*, tres? No. Todos llevan lo mismo: un pellizco pequeño. Y ¿qué ocurre con las cebollas rojas, fundamentales en los *spag* con langosta –un pellizco mediano, para vuestra información– y que no se mencionan? ¿No había cebollas rojas el día que apareció el catador?) Lo malo de medir a mano son las manos. Al final de la noche, tus dedos están irremediablemente impregnados de unos aromas embriagadores que no hay manera de eliminar. Te lavas las manos. Las dejas a remojo. Te duchas, vuelves a restregarlas. Al día siguiente, continúan apestando a cebolla, ajo y grasa de cerdo, y, convencido de que cuantos te rodean lo huelen, las llevas en los bolsillos, frotándote histéricamente los dedos uno contra otro, como una obsesiva-compulsiva Lady Macbeth. Por la noche, en la cama, mi mujer y yo tuvimos algunos momentos malos cuando trabajaba en el rincón de la pasta: siempre que una de mis manos tropezaba con su cara, se despertaba muerta de asco.

Mi consejo: ignorar el libro de cocina de Babbo y empezar rehogando pellizcos pequeños de ajo y copos de guindilla, y pellizcos medianos de cebolla y *pancetta* en una cazuela caliente con aceite de oliva. El aceite caliente acelera el proceso de cocción, y, cuando los alimentos se ablandan, lo tiras (sujetando el contenido de la cazuela con unas tenazas) y añades un poco de mantequilla y un chorrito de vino blanco, que detiene la cocción. Ésa es la Fase Primera: te queda una especie de engrudo turbio y mantecoso, pero has agregado dos cosas que nunca verías en Italia: mantequilla (marisco con mantequilla –o cualquier otro producto lácteo– raya en la blasfemia culinaria) y *pancetta*, porque, según Mario, el cerdo y el marisco son una combinación que se repite y se encuentra en muchos otros sitios: en Portugal, en las *amêijoas na cataplana* (almejas con jamón); en España, en una paella (chorizo y vieiras); o en Estados Unidos, en las almejas italoamericanas Casino, aunque ninguno de esos lugares esté en Italia. («Los italianos», dice Mario, «no quieren mezclar su pescado con nada. Hay restaurantes donde ni siquiera le ponen limón por considerarlo excesivo.»)

En la Fase Segunda, echas la pasta en agua hirviendo, coges la cazuela con el engrudo mantecoso y la llenas con un buen puñado de almejas, que cueces con el fuego muy fuerte. El objetivo es hacerlas muy deprisa: empezarán a abrirse a los tres o cuatro minutos, cuando remuevas un poco la cazuela, mezclando el jugo del marisco con la emulsión de vino blanco de consistencia mantecosa. Al cabo de seis minutos y treinta segundos, emplea las tenazas para sacar los fideos y échalos en la cazuela: toda esa agua con almidón que soltará la pasta sigue siendo muy buena; remueve otra vez la cazuela; lanza el contenido ligeramente por los aires; vuelve a removerlo para asegurarte de que la pasta está cubierta de salsa. Si parece seca, agrégale un poco más de agua de la pasta; si tiene demasiado líquido, haz lo contrario. Luego deja que continúe haciéndose más o menos medio minuto, removiendo sin cesar, hasta que la salsa se extienda por el fondo de la cazuela; añádele un chorrito de aceite de oliva y espolvoréalo con perejil: la cena.

Aprendí muchas cosas en el rincón de la pasta, pero no pretendo exagerar mis logros. Nunca conseguí terminar una velada sin haber vivido una experiencia profundamente humillante. Para entonces, pasaba en la cocina cinco días a la semana y, cada vez que se abría el restaurante, pensaba lo mismo: quizá esta noche consiga no joderla. Lo que yo soñaba era dominar ese puesto, probarle a Mario que estaba equivocado, demostrar que era capaz de hacer un trabajo que sólo los veinteañeros podían hacer. Pero nunca lo conseguí. La noche en que finalmente me dejaron solo, fui incapaz de superar la primera hora a pesar de haberlo hecho todo bastante bien. Había muchos pedidos y yo estaba preparando la Fase Primera, amontonando mis fuentes en las baldas que rodeaban la máquina de cocer pasta, llenándolas, apilándolas de dos en dos como me enseñaron cuando hay mucho jaleo, y luego de tres en tres, algo muy práctico en las emergencias. Me movía con rapidez, seguro de mí mismo, y tenía todo listo cuando, al volverme, oí el ruido de muchas fuentes cayendo con estrépito a mis espaldas dentro de la máquina de cocer pasta (¡paf!, ¡paf!, ¡paf!); en la cocina reinó un silencio sepulcral. El temor era que los pegotes de ragú, la mantequilla de trufa, los champiñones caramelizados, el *guanciale* tostado, la salsa de tomate, el marisco, la mantequilla y todos aquellos pellizcos aromáticos de cebolla, ajo y grasa de

193

cerdo hubieran contaminado el agua. Habría que desaguar la máquina, rellenarla de agua y esperar a que hirviera. Se tardaría una hora. Había veintiocho platos de pasta pendientes. Sería el fin de la cocina. Tony Liu, que aquella noche ocupaba el lugar de Andy y cantaba los pedidos, se acercó e inspeccionó el agua, que hervía tenebrosa, miró la balda, observó que sólo se habían caído muchas fuentes, no todas ellas, y dijo que no pasaba nada. ¿Era cierto? Mark se pasó el resto de la noche retirando almejas de los platos en el último segundo «justo antes de que los sirvieran», y casi toda la pasta sabía, inefablemente, igual.

–A la cocina le encanta cuando alguien se equivoca –me dijo Mark después–. «¡Psss..., mira! Se le han caído las fuentes.» Estarán hablando de ti una semana.

Aquel incidente hizo reaccionar a Mark, y a mí se me acabó el tiempo. Él decidió que había llegado el momento de un cambio. Después de tutelarme en dos rincones de la cocina y de soportar pacientemente las pruebas más inverosímiles, se había ganado un apodo del Viejo Testamento. (¿Qué puedo decir? Al final yo era el Perro de la Cocina y él, el santo Job.) Y, aunque sería el siguiente segundo chef, necesitaba un desafío. Mark cumpliría treinta años en primavera –Mario tenía veintinueve cuando dejó su trabajo de Santa Bárbara– y, al igual que a Mario, no le interesaba ascender; lo que quería era ir a Italia. Pidió ayuda a Mario, y éste, nuevamente halagado, encontró el sitio perfecto, un restaurante con una estrella Michelin y fama de tener la mejor pasta casera de la región: Il Sole, en las afueras de Bolonia. O al menos ése fue el lugar donde Mark creyó que iba. «Mario habla tan deprisa», confesó, «que nunca estoy seguro de lo que dice», lo que me pareció una forma admirable de encarar el destino. Mark aún no sabía italiano; lo aprendería trabajando... ¿dónde? ¡Quién sabe! Puede que se quedara dos años, tal vez más. «No volveré a tener esta oportunidad. Quiero quedarme el mayor tiempo posible.»

La marcha de Mark me dio que pensar. Al emular el viaje de Mario, iba a aprender lo que realmente importaba: la pasta fresca hecha a mano. ¿No había sido ése mi objetivo? En su lugar, había entendido algo que antes despreciaba: la *pastasciutta*, ese producto industrial. Agradecía lo que me habían enseñado. Pero también estaba un poco celoso de la aventura de Mark. Todo el mundo lo estaba.

Entretanto, había que formar a la persona que le sustituiría y, como el aprendizaje llevaría semanas (incluso para los cocineros adultos), dejé mi puesto. No había espacio para dos alumnos. Como Mark se marchaba, tenían que contratar a alguien más: la estructura estaba organizada de tal modo que Mark, casi en la cima, sería reemplazado por alguien que empezaría por abajo, en el rincón de los entrantes. (La estructura invisible significaba también que Abby dejaría de ser la novata.) El cocinero nuevo fue Alex Feldman. Yo estaba en Babbo el día en que empezó: no era una menudencia, pues pasaríamos muchas horas con él y nadie le conocía. Y lo cierto es que no era un tipo nada menudo. Medía un metro noventa y cuatro, o al menos eso decía él, pero yo no me lo creía. Parecía más alto o, lo que resultaba más aterrador, probablemente seguía creciendo. (Tenía el típico apetito de los niños cuando crecen. En una de nuestras cenas, se comió doce perritos calientes.) Tenía veintidós años y era nervioso, desgarbado, patoso y olvidadizo. Parecía un personaje de dibujos animados, desmadejado y zanquilargo: Goofy, con sus facciones de perrito. La nariz de Alex, por ejemplo, recordaba a la de un perrito, grande y sin rematar, como si no estuviera formada del todo. Tenía unos pies enormes, semejantes a garras. Llevaba el pelo muy largo y con raya al medio, como un colegial demasiado grande para su edad.

–¿Por qué habrá contratado Mario a alguien tan grande? –preguntó Elisa en voz baja–. Sabe que hay problemas de espacio.

Pero Mario lo había decidido antes de conocerlo, porque, una vez más, Alex había trabajado en Italia. Había pasado un año en Florencia, en Cibreo, un restaurante famoso por su cocina inexorablemente toscana. Yo nunca había oído hablar de Cibreo. En realidad, a excepción de Mario, nadie lo conocía. Pero un par de meses después, todos sabíamos muchas cosas sobre la frescura de su aceite de oliva y cómo les llegaba recién hecho: «no al cabo de días o semanas, sino horas después». (Alex probó el aceite de Babbo y frunció la nariz para mostrar su desaprobación.) O la importancia del *soffritto* de Cibreo, el misterio de las sopas toscanas y cómo, en Cibreo, se pasaban toda la mañana preparándolas. (Nadie en la cocina había oído hablar del *soffritto*, pero, cuando Alex pronunció ese nombre, su voz se convirtió en un susurro reverencial, y todos comprendimos que el *soffritto*, fuese lo que fuese, era algo muy importante.) Alex también compartía con nosotros sus conocimientos de la lengua italiana, y corregía la pronunciación de cualquiera que dijese algo mal. De hecho, Alex solía hablar sobre todo italiano.

–Es posible –exclamó Abby en voz baja– que, con el tiempo, acabemos cogiéndole cariño.

13

Nueva York, 1995. El 15 de mayo, una secretaria ejecutiva de Food Network, una nueva cadena de televisión por cable, encontró un artículo en *The New York Observer* que le pareció interesante para el director de promoción, Jonathan Lynne. Hablaba de un grupo de chefs que frecuentaban un restaurante del Downtown llamado Blue Ribbon. Era un local que cerraba muy tarde (admitía clientes hasta las cuatro o las cinco de la madrugada) y que no admitía reservas, salvo una mesa redonda cerca de la puerta donde cabían entre cinco y diez personas. Batali había descubierto Blue Ribbon poco después de abrir Pó, y a menudo reservaba esa mesa para reunirse con otros chefs amigos los sábados por la noche, cuando terminaban el trabajo. «Del mismo modo que los miembros de la Mesa Redonda del Algonquin se reunían en las décadas de 1920 y 1930 para hablar de sus carreras literarias y sus vidas amorosas, y para desplegar todo su ingenio –escribía Frank DiGiacomo, el autor del artículo del *Observer*–, los integrantes de la mesa redonda del Blue Ribbon comparten sus malas experiencias con clientes difíciles, técnicas culinarias, chismes laborales y, por supuesto, tribulaciones para conseguir que una relación sentimental funcione con su enloquecido horario de trabajo.» En la mitología de Nueva York, en la que ocurren cosas oscuras y misteriosamente creativas a altas horas de la madrugada, hay dos escenarios arquetípicos: la mesa redonda que Dorothy Parker y sus amigos frecuentaban en el famoso hotel del Midtown y el lugar de reunión de los artistas en el Downtown; y la gente siempre está en guardia por si uno de los dos arquetipos se repite. Blue Ribbon, en el Downtown y con una mesa redonda, encarnaba ambos.

Mario, que en aquel entonces tenía treinta y cuatro años y llevaba unos zuecos comprados a una empresa de suministros quirúrgicos y unas bermudas californianas, era descrito como el tipo divertido que mantenía la unidad del grupo (puede que se comporte como un payaso, explicó un chef al periodista, pero le sorprendería..., es increíblemente listo), y su capacidad para llevarse bien con todo el mundo quedaba reflejada en una historia sobre una vez que tuvo que convencer a un policía de San Francisco para que no arrestara a su compañero de borrachera, el escritor Hunter S. Thompson (al que había encontrado casualmente) por apuntar con una pistola a un conductor de tranvía que se negaba a dejarle en la puerta de su casa: aquel día Mario acabó despertándose en el Fairmont Hotel (donde no estaba alojado), con un bañador mojado (el hotel no tenía piscina). Entre los chefs de la mesa redonda –«unos tipos con mucha testosterona», decía Batali para explicar el entusiasmo con que se hablaba del talento del grupo– estaban Tom Valenti y Bobby Flay, el del «rostro-de-niño-endurecido-por-la-calle». Flay había publicado un libro, ganado el premio «Chef Promesa del año» y contratado los servicios de un publicista. «¿Dónde está Bobby esta noche?», preguntó alguien. «No ha podido venir porque el tejado no aguantaba el peso de su helicóptero.»

Me hice una idea de lo que debieron de ser aquellas veladas cuando, siete años después, cené con Mario y unos amigos en la famosa mesa redonda. Fue con motivo de la visita a la ciudad del novelista Jim Harrison, que se define a sí mismo como un «loco de la comida». Batali y Harrison se admiraban mutuamente, y el diálogo entre ambos constituyó la diversión de todos. Para Mario, Harrison era el Homero, el Miguel Ángel, el Lamborghini, el Willie Mays,* la Secretaría General, el Jimi Hendrix de los intelectuales de la comida: «un experto, un cazador, un comedor, un asediador, un bastardo fanático y un bebedor, que no temía enzarzarse en una discusión sobre el tipo de nueces que habría comido una perdiz esa mañana para estar tan deliciosa a mediodía». Harrison, más moderado, describía a Batali como una especie de alma gemela. «Probablemente de otra vida», señaló con su voz ronca y apenas audible de he-visto-tanto-que-me-sorprende-seguir-vivo. Y Mario se apresuró a aclarar: «De otra vida de cerdos.» Los dos son enormes. Juntos, ocupaban gran parte de la mesa –un semicírculo, en realidad–; con aquel tamaño, podrían haber sido los figurantes de una obra de teatro medieval sobre los pecados capitales (los siete).

Trajeron la primera botella mágnum, y Mario recordó a Harrison que habían bebido veintiocho botellas en su último encuentro.

–Había más gente –protestó Harrison, sin ninguna convicción.

–Pero no bebían –corrigió Mario.

* Uno de los jugadores más destacados de la historia del béisbol. *(N. de la T.)*

Pidió casi sin pensar dieciocho entrantes, incluidas dos docenas de ostras que Harrison fue incapaz de tocar, pues acababa de volver de Normandía, donde había puesto en práctica una teoría de Jean-Anthelme Brillat-Savarin, un escritor culinario del siglo XIX, que afirmaba que en otro tiempo los invitados empezaban los banquetes comiendo doce docenas de ostras cada uno (¡ciento cuarenta y cuatro ostras!). Brillat-Savarin había confirmado la verosimilitud de aquella práctica pesando la carne de una ostra y su jugo, que no llegaban a los diez gramos. Por consiguiente, doce docenas rondarían el kilo y medio, o las tres libras. Un kilo y medio de moluscos crudos sin concha parece demasiado, pero a Harrison le convenció aquel razonamiento y una noche empezó la cena con ciento cuarenta y cuatro ostras.

Suspiró. No podía recomendar a nadie la experiencia.

Trajeron una segunda botella mágnum, junto con los primeros platos. Ostras fritas (para compararlas con las crudas); mollejas picantes, un detonador proustiano para Harrison que trajo a su memoria una primera novia, de catorce años; gambas rebozadas; langostinos gigantes a la plancha; costillas con salsa de barbacoa; y un trozo de hueso de vaca que asaban hasta que el tuétano estaba crujiente y servían con una gelatina de rabo de buey.

Trajeron una tercera botella mágnum. Harrison tomó el pulso a Mario («¡Aaah, sigues con vida!») e hizo un brindis. «Por nosotros, Mario.»

–Y que se jodan todos los demás –respondió Mario.

Hacia la medianoche, cuando bebíamos nuestra quinta botella mágnum, el restaurante se llenó de gente y, como no había otro sitio, casi todo el mundo se aglomeró alrededor del bar, que estaba a nuestro lado. Algunos desconocidos –aunque alegres y simpáticos desconocidos– no tardaron en unirse a nosotros (con la sexta botella mágnum), que los acogimos calurosamente, bastante achispados, y encontraron sillas para apretujarse entre nosotros, incluida una prostituta rusa con el pelo muy rubio y un acento incomprensible. Seguimos bebiendo botellas mágnum. Al final, Mario llevó a Harrison a una fiesta que celebraba el rodaje de algo, la prostituta les acompañó con un grupo de centroeuropeas decoloradas, y la velada terminó de madrugada en un karaoke improvisado en el Half King, que acababa de abrir el escritor Sebastian Junger. (Conozco de oídas el final de la noche. Por aquel entonces yo trabajaba en una oficina, seguía levantándome por las mañanas, y me fui temprano a casa, a la una y media.)

Cuando Jonathan Lynne leyó el artículo del *Observer*, pensó: ¡Guau! *Esto* es lo que necesita Food Network. «Era como las bandas musicales que se reunían en Seattle los sábados por la noche. O unos artistas en un bar del Downtown. Una relación muy estrecha entre seres creativos: eso es lo que yo quería que promoviera Food Network, eso es lo que yo quería ver en televisión.» Lynne considera a los chefs «artistas, como los pintores», y habla con pasión de su «originalidad», de su «estética personal». No es ni mucho menos el primer no chef que piensa así de los chefs, y desde que *De re coquinaria* de Apicio fue traducido como *L'arte culinaria,* tanto los italianos como los franceses han descrito lo que hacen los grandes chefs con un sentido metafísico de la hipérbole: no como un puñado de habilidades sino como unos logros parecidos a los de Da Vinci.

Lynne telefoneó a Batali, le preguntó si quería ser una estrella de televisión, y Mario le invitó a comer a su restaurante: *tortelloni* con salvia y mantequilla, servido con endibias, recuerda perfectamente Lynne. (Mario sólo recuerda el entusiasmo desbordante de un desconocido que interrumpió sus preparativos matutinos.) Seis meses después, el 8 de enero de 1996, Food Network emitió por primera vez *Molto Mario*, y al cabo de tres semanas la cola de gente para conseguir una mesa en Pó llegaba hasta Bleecker Street, situada a media manzana.

Los primeros programas, producidos con muy poco dinero (primer plano frente a la cámara, cocinando en un horno eléctrico porque no había gas), eran bastante rudimentarios pero la esencia de su repertorio resultaba extraordinariamente familiar, como si todo lo que Mario hiciera posteriormente hubiera estado desde el principio en su lugar: raviolis de acelgas (de nuevo la receta de su abuela); *cioppino*, la sopa de sobras que se hacía con cualquier cosa; *orecchiette:* Mario fingía estirarlas con el rodillo aunque habían preparado casi todo en una cocina auxiliar donde no sabían lo que hacían, y las *orecchiette* eran tan grandes y deformes que, al echarlas en el agua hirviendo, se hinchaban como juguetes de bañera («¡Oh, cielos», dijo Mario en voz baja, «podría ser la oreja de Mr. Spock»). Pero, en medio de las torpezas previsibles, lo que transmitía sobre todo era el sentimiento apasionado de estar desempeñando una misión. Mario, recién llegado de Italia, había aprendido algo que muy pocos sabían: que la cocina tradicional italiana es muy diferente de lo que creemos –y más sencilla de lo que suponemos–, pero que su simplicidad estaba por aprender, y él nos enseñaría cómo.

Asistí a una serie de ensayos de una versión posterior del programa. Ahora Mario cocinaba para tres amigos, sentados ante él en unos taburetes: un privilegio, obviamente, aunque tenía algunos inconvenientes, por ejemplo el horario. Los invitados eran recogidos a las siete de la mañana y comían su primer plato una hora más tarde, mientras soñaban con otra taza de café. Una mañana, fueron *gnocchi* con sepia braseada. («Después de hacer un pequeño corte con el cuchillo, el hueso sale como la púa de una guitarra, y entonces le quitáis las tripas..., oh, mirad», dijo Mario con los dedos llenos de intestinos manchados de tinta, «esto es exactamente lo que comió ayer.») Había dos platos más, uno detrás de otro, y un cuarto justo después del almuerzo (¿quién necesita almorzar?). Al verlo en televisión, puedes adivinar la hora en que se grabó el programa por la expresión de los invitados: entusiasmo o mal disimulada saciedad. «Venga, muchachos, *buon appetito*», exclama Mario, animándoles a fingir que comen, mientras las cintas de pasta se coagulan en sus platos y el gluten se enfría y adquiere una tonalidad cerosa, pues es la duodécima ración que han tomado esa mañana.

Se espera que los invitados hagan preguntas a su anfitrión cuando el rápido discurso de éste les deje meter baza: ésa es la breve canción que se supone deben entonar a cambio de su desayuno-almuerzo. No es fácil –el programa sólo dura veinticinco minutos, organizados en torno a los tres platos de una comida italiana: *antipasto, pasta* y *secondo;* y tanto las explicaciones como la cocina van a toda velocidad. Se trata en realidad de un monólogo teatral culinario, pronunciado de un modo tan apresurado y con referencias tan variadas e imprevisibles que pocos invitados se atreven a intervenir; y tampoco es fácil seguir en todo momento las palabras de Batali. Además, ¿qué puede uno preguntar que resulte lo bastante interesante?

Por ejemplo, Mario dice de pasada que las sardinas, al tener la piel fina, deben cubrirse con pan rallado cuando se hacen a fuego muy fuerte (y piensas: ¡Vaya!, tiene razón, su piel es muy fina); y entonces, sin que entiendas la conexión, empieza a explicar que el apio es el héroe olvidado de la cocina romana (y te quedas con eso, tratando de recordar la última vez que el tallo de una planta interpretó un papel heroico); después nos da una bola de masa de patata y harina y dice que la enrollemos como el palo de una escoba para hacer *gnocchi*, añadiendo que, cuando lo prepararemos en casa, necesitaremos una patata con almidón, no cerosa («¿Como una patata de Idaho?», el tipo del último taburete consigue meter baza). «Como una patata de Idaho», se apresura a contestar Mario antes de continuar: «Y necesitaréis mezclarla con la misma cantidad de harina» («¿Cuánta harina?», pregunta el mismo tipo, claramente en buena racha), «Bueno, tanta como admita», responde Mario, emulando a su abuela (que, para explicar esas cosas, era muy «auténtica» pero completamente inútil), y luego recoge las torpes muestras de los esfuerzos de todos, las echa en una olla de agua que estaba hirviendo sin que tú lo supieras, y afirma que aquellos grumos estarán hechos *no* cuando suban flotando a la superficie, como casi todo el mundo cree erróneamente (¿eras de ésos?), sino sólo cuando «traten de escapar violentamente de la olla» (después de lo cual todo el mundo se levanta un poco de sus taburetes, esperando vislumbrar qué aspecto tienen los *gnocchi* cuando se comportan como langostas luchando por su supervivencia); y entonces, inexplicablemente, la voz de Mario adopta el tono grave de un barítono y, como el presentador de un combate de boxeo («¡Señoras y caballeros!»), muestra un trozo de parmesano y se refiere a él como «¡el indiscutible rey de los quesos!». (Y empiezas a meditar sobre eso: ¿tendrá razón? ¿Merece el parmesano tan regia distinción?) En realidad, no estaría mal preguntarle por el parmesano, pues han pasado catorce minutos y no has abierto la boca. ¿Cuándo? ¿Qué? Mario está sirviendo los *gnocchi* en un plato cuando interrumpe su discurso para cambiar de personaje. (Vamos, está diciendo tu cerebro, ¡ésta es tu oportunidad!) «En la cocina italiana», recita, comportándose inexplicablemente como Sócrates, «los platos deben parecer caídos de las alas de un poeta» (¡Vaya! ¿Le pregunto sobre *esto*? ¿Qué aspecto tiene la comida cuando la dejan caer desde esa altura?) «y no preparados por nueve franceses maltratados en su infancia.»

Finalmente, hay un descanso (¡uf!) y puedes relajarte un poco, pero Mario, tras el esfuerzo de presentar una versión saludable de sí mismo, deja en libertad lo que ha estado reprimiendo, y se produce un anárquico estallido de procacidad, en la que se ven envueltos toda clase de alimentos: una alcachofa, por ejemplo («Porque me la pone dura»), o carne de cobra («Porque me la pone *todavía más* dura que una alcachofa, *muy* dura, tan dura como el tronco de un árbol», después de lo cual abraza como un oso a dos chicas de la cocina auxiliar y les pide que imaginen hallarse en un círculo después de haber comido cobra, *«tremendamente* satisfechas»). Hay baile, palmadas en los traseros, besos, y cobran un nuevo sentido las colas de caballo («Al menos yo sé qué hacer con la mía, nena») o la camiseta de Mario (cuando una de las ayudantes comete el error de comentar que está demasiado tiesa) o los tomates, que un jefe de plató refresca con una pistola de agua («Tú, mi amor», le dice Mario con voz profunda de dormitorio, «puedes regar mis tomates siempre que quieras»). «¿Por qué no me siento ofendido?», pregunta el jefe de plató. «¿No se le puede demandar?», exclama un invitado. «¿Por qué no se puede emitir *esto*?», quiere saber otro; y entonces se oye la sintonía del programa y, como si le hubieran echado agua fría encima, Mario adopta su personalidad televisiva, sin desviarse de ella hasta el siguiente descanso, cuando tú seguirás sin abrir la boca.

—No dejo de decirle que vaya más despacio –me dijo Jerry Liddell, el director–. Tiene tiempo de sobra.

Yo estaba viendo otros ensayos en la sala de control de Liddell. Podría haber estado produciendo un acontecimiento deportivo: no había segundas tomas, la cámara filmaba directamente.

—Cocinar es una cuestión de transformación –señaló Liddell–. Coges una serie de ingredientes, y éstos se convierten en otra cosa. De eso trata el programa de Mario. Ése es el hilo conductor. Para la mayoría de nosotros, cómo se comportarán un puñado de ingredientes juntos es impredecible. Ni siquiera aquí, en la sala de control, viendo el programa en los monitores, con los menús al lado, sabemos qué ocurrirá a continuación. Ése es el atractivo de un programa en directo como éste: que Mario conoce el resultado y nosotros intentamos seguirle.

Aun así, el efecto de tantas transformaciones, experimentadas a esa velocidad, puede ser mareante. «Es imposible aprender algo, la información te llega tan deprisa que no puedes asimilarla: todo está llevado al límite.»

Pero ¿qué se aprende? Para descubrirlo, grabé nueve meses de programas y vi los vídeos, uno tras otro (una dieta visual semejante a comer doce docenas de ostras, y, como Jim Harrison, tampoco se lo recomendaría a nadie). Había lecciones recurrentes.

—En casa, casi nunca se consiguen sabores tan intensos como en un restaurante –dijo Mario en su primer programa, dorando unos champiñones en una sartén increíblemente caliente–, porque los cocineros caseros no están dispuestos a correr los mismos riesgos que los chefs profesionales, que llevan sus sartenes al límite. Quieren las cosas *más doradas* de lo que jamás estarán en casa, *más oscuras, más calientes.*

Desde entonces ha estado repitiendo esta lección. Por eso deja que el aceite de oliva se caliente hasta echar humo, y escucha una y otra vez la pregunta que más le formulan: «¿Hay que hacerlo así? ¿No se le está quemando?», y que lleva diez años sin responder (el resultado es a menudo una sartén envuelta en llamas, justo antes de algún descanso). Y también está la lección de echar-el-agua-de-cocer-la-pasta-en-la-salsa, junto con la de la-salsa-no-es-más-que-un-condimento (escuchadas en el primer programa y cientos de veces después). Hay muchos tópicos concisos y expresivos («Los calamares: treinta segundos o treinta minutos; entremedias no son más que anillos de goma»). Hay un corte de carne olvidado, la espaldilla, invariablemente de cordero, que, a pesar de su abandono histórico, tiene un lirismo que Mario lleva cantando muchos años.

Cuando iba por la mitad de los vídeos, recordé la primera vez que había visto a Mario en televisión, el 1 de noviembre de 1996, cuando hice una receta que él había preparado en el programa, una *arancina*, una bola de risotto rebozada rellena de salsa de tomate y pescado ahumado. Fui a la página web de Food Network e imprimí la receta, porque casualmente tenía un bacalao negro ahumado en la nevera de casa (y no tenía ni idea de por qué o qué demonios iba a hacer con él). Hice dos enormes *arancine* para la comida del domingo, friéndolas en dos litros de aceite de oliva de mi *delicatessen* local. Posteriormente, en una visita a Porretta Terme, descubrí pequeñas y crujientes *arancine* en los escaparates y comprendí lo que esa palabra significaba. Una *arancia* es una naranja; y una *arancina*, una naranja pequeña, una hermosa descripción de las bolas de arroz de Porretta, del tamaño de las mandarinas. Las mías no habían sido mandarinas ni naranjas.

Podrían haberse labrado y colocado en un porche con una vela en su interior a finales de octubre.*

Este episodio me da ocasión de explicar cómo me metí en este barullo; y no me refiero sólo a ver horas y horas de *Molto Mario* sino a todo el paquete: conocer a Mario, intentar sobrevivir como cocinero, desear aprender sobre la comida de un modo tan directo y algunas veces tan agotador. No soy un profesional de la cocina..., eso es evidente. Hasta ahora, había sido un hombre de letras. De hecho, todo este asunto de Babbo empezó cuando yo era uno de los directores del *New Yorker;* al no encontrar a nadie que escribiera una reseña de Mario, dejaron que me encargara yo, imaginando, con razón, que aprovecharía ese trabajo para colarme en su cocina. Pasé seis meses allí, un tiempo bastante largo para preparar el material de un artículo, y lamenté marcharme. En aquel entonces, no sabía si seguir trabajando en una revista. Había estado a punto de descubrir algo... sobre la comida, sobre mí mismo. También tenía la sensación de ser competente en algo nuevo, quizá lo bastante competente para ocupar, sin que nadie me ayudara, un difícil puesto de la cadena de cocineros; y era algo que quería hacer. (Estaba equivocado..., me faltaba mucho para eso..., pero aún no lo sabía.)

El artículo se publicó, pero continuó obsesionándome la idea de que estaba desperdiciando una oportunidad, hasta que dos meses después dejé mi trabajo y regresé a Babbo. Otros factores influyeron en mi marcha –incluyendo el hecho de haber trabajado como director veintitrés años, demasiado tiempo–, pero el resultado fue el mismo: pasé de estar todo el día sentado a estar todo el día de pie. Quizá fuera un anhelo infantil –eso de querer tra-

* Alusión a las calabazas de la noche de Halloween. *(N. de la T.)*

bajar en una cocina, del mismo modo que otros sueñan con pilotar un avión o ir en la parte trasera de un camión de bomberos–, pero también surgía del convencimiento de que los chefs sabían cosas sobre la comida que no podría enseñarme ningún libro y que yo quería aprender. Era un cocinero desastroso. Mis comidas eran caóticas, desordenadas, nunca estaban a su hora. Pero tenía curiosidad (tal vez eso explicara por qué tenía un bacalao negro en mi nevera).

Las satisfacciones que depara hacer un buen plato son asombrosamente variadas, y sólo una, la menos importante de todas, implica comer lo que uno ha preparado. Además de la vieja cantinela de cocinar-con-amor, los chefs hablan de la felicidad que les depara hacer una comida: no prepararla ni cocinarla sino *hacerla*. Es algo tan elemental que casi nunca se expresa con palabras. Después de mi temporada en el rincón de la pasta, Frankie me pidió que volviera a la parrilla y llegara a dominarla seriamente, porque sería más gratificante: en el rincón de la pasta, dijo, estás preparando la comida de otras personas. Los raviolis, el ragú..., los han hecho de antemano. Sin embargo, en la parrilla, empiezas con ingredientes crudos, los cocinas y montas el plato con tus manos. «Tú haces la comida», señaló. El sentimiento sano y sencillo que describía podría parecerse al que se experimenta al fabricar un mueble o un juguete, o incluso al crear una obra de arte; salvo que eso que has hecho a mano está destinado a ser comido. Descubrí, mientras cocinaba, que me sentía feliz cada vez que hacía un plato que parecía correcto y bien presentado y se lo pasaba a Andy. Si en una noche de mucho trabajo, yo conseguía, por ejemplo, cincuenta platos bien presentados, tenía cincuenta pequeños momentos de felicidad y, al final de la velada, estaba radiante. No son experiencias profundas –lo que se reflexiona es cero–, pero sí suficientemente auténticas, y no se me ocurren muchas más actividades que proporcionen tanto placer en nuestra vida moderna y urbana.

Food Network ha cambiado mucho en una década. Durante su primer año, la cadena tenía seis millones y medio de abonados; en nuestros días, tiene quince veces ese número y es un miembro muy rentable de una sociedad que cotiza en bolsa. Con las nuevas cifras, los ejecutivos no emplean palabras como «chefs», y aún menos «artistas», sino «talentos» y «marcas». Muchas gente considera *Molto Mario* anticuado, un ejemplo del formato «cómo hacerlo: quédate en pie y remueve», según Judy Girard, que fue nombrada directora en el año 2000 y estuvo al frente de la cadena durante sus primeros años de éxito financiero. «El formato se basa en que la información es más interesante que la presentación: un chef detrás de la cocina, como un locutor detrás de su mesa.»

Desde que Mario apareció por primera vez en televisión, se han hecho varias tentativas para extender su «marca», pero los resultados han sido «irregulares», dice Girard. Uno de ellos fue *Mario Mediterráneo;* en realidad, un *Molto Mario* ampliado que incluía el Norte de África, España, Portugal, Grecia y Francia. Pero el programa era demasiado ambicioso –Mario preparando platos regionales franceses era no sólo un error, sino también una inmoralidad– y fue cancelado al cabo de dos temporadas. Más tarde produjeron *Mario come Italia,* un programa culinario itinerante, con un compañero de viaje y un guión. Pero el guión era una versión exagerada de Mario (¿acaso no es suficientemente exuberante el personaje real?), y el papel del amigote que le acompañaba –un tipo gordo en camiseta, al que jamás presentaban– era decir frases que empeza-ban con: «Oye, Mario, no lo entiendo...» *Ciao America* fue el siguiente, y Mario pasó varios meses dando vueltas con un equipo de televisión, buscando restaurantes italoa-mericanos y consiguiendo que los dueños explicaran sus especialidades. Pero Mario nunca había sido un cocinero italoamericano ni un periodista culinario, y, después de trece episodios, este programa también dejó de emitirse.

Entretanto, la programación de la cadena estaba desa-rrollando un estilo propio, y resultaba difícil encajar a Mario en él. «Mario es lo mejor de lo mejor», decía Gi-rard, «y no se puede levantar una cadena únicamente con eso.» Los nuevos programas valoraban más la presentación que el conocimiento y tendían a filmar primeros planos, acercándose de un modo muy íntimo a la comida, como si fueran objetos de satisfacción sexual. La sensación de película porno se acentuaba exagerando algunos efectos, sobre todo los ruidos de freír, quebrar, morder, masticar y tragar. Siempre parecía haber una lengua haciendo pe-queños, húmedos y burbujeantes sonidos. El «talento» (al-guien capaz de atraer diferentes audiencias, generalmente una mujer sin delantal y con una gran sonrisa) tenía que hablar lentamente y utilizar la lengua de forma muy lla-mativa: probando comida con una cuchara, por ejemplo, o chupando un batidor de masa, o limpiándose los labios con ella. Eileen Opatut, una antigua directora de progra-mación me explicó en detalle el objetivo: «Buscamos el tipo de programa que despierte en la gente el deseo de su-birse a la televisión y lamer la pantalla.» (Escuché esto y pensé: ¡Puaj!)

Jonathan Lynne ya no está en Food Network. Se fue por varias razones, incluido el deseo de sus colegas de comprar un programa japonés llamado *El chef de hierro*, un concurso que trata la cocina como si fuera una competición de sumo. («Rechacé ser uno de los ejecutivos estadounidenses responsables de emitir ese programa.») Éste fue comprado tras la marcha de Lynne y se convirtió en el programa de televisión con más audiencia de toda la cadena. Cuando Mario concursó en un *spin-off*,* los ejecutivos de *El chef de hierro* se dieron cuenta de que *finalmente* habían encontrado su lugar: no necesitaba guión, sólo escenario. El estilo, me aseguraron, sigue intacto. Al final, ¿qué sabía Lynne? Era una persona bastante anticuada. No comprendía la televisión norteamericana. Pero era consciente de su poder: aquellas colas de veinte o treinta personas en el exterior de Babbo el sábado por la noche, por ejemplo, aunque el restaurante estuviera completo.

–Eso es gracias a Food Network –me dijo Lynne–. Hablemos con franqueza, si no fuera por Food Network, Mario no sería nadie. Sería un chef trasnochador e interesante pero desconocido del Downtown, con un restaurante local muy frecuentado, pero no un restaurante como Babbo, al que vienen ex profeso los turistas de Chicago o Los Ángeles.

* Programa inspirado en otro anterior. *(N. de la T.)*

14

¿Hay alguna comida más antigua que la polenta? En Italia no –o al menos yo no la he encontrado–, aunque hasta que Colón regresó con un saco de maíz de las Indias Occidentales, la gente llamó polenta a unas gachas que no eran amarillas sino grises. Durante cientos de años, la polenta se hizo normalmente con cebada: un cereal indigesto, fácil de cultivar, indiferente a los rigores del invierno o del verano, marrón como el barro, rico en hidratos de carbono, pobre en proteínas y con el sabor terroso de una hierba madura. Preparada con cebada, la polenta es anterior al arroz y, durante diez milenios, fue el alimento que la gente metía en una olla y removía sobre el fuego hasta la hora de la cena. Algunos italianos reivindican que el plato procede de los etruscos (que sería como afirmar que Merlín sirvió por primera vez *fish and chips* en una mesa redonda: es posible, aunque no probable, que sea verdad, nadie lo sabe porque nadie sabe demasiadas cosas sobre los etruscos, excepto que, según los frescos que decoran sus tumbas, les gustaba comer, beber, bailar y divertirse con el sexo y que siempre se evocan de un modo panteísta como los antepasados de todas las virtudes nacionales consideradas italianas). Los romanos, de un modo más convincente, dicen haber aprendido el plato de los griegos. Plinio, en el siglo I, describe la cebada griega como «el más antiguo de los alimentos» y el ingrediente esencial de un plato que suena muy parecido a..., bueno, a la polenta. ¿Dónde aprendieron los griegos qué hacer con la cebada? Nadie lo sabe, aunque los primeros indicios se remontan al año 8000 antes de Cristo.

La cebada no tiene el gluten del trigo ni la dulzura del maíz, motivos por los que no se emplea en muchas preparaciones modernas, salvo el agua de cebada (una espantosa cerveza azucarada que beben sobre todo en Escocia, cerca de la frontera con Inglaterra), las sopas hippies, el pienso para el ganado, y la cerveza (los fabricantes de cerveza consumen la mayor parte de la cosecha mundial). Pero estaba lleno de curiosidad y decidí preparar un cuenco según una receta de 1570 escrita por Bartolomeo Scappi, el cocinero privado del papa Pío V, e incluida en los seis volúmenes de *Del arte de cocinar*.

Con el tiempo me convertiría en un admirador de Scappi, pero aquélla fue mi primera incursión en un texto del Renacimiento, y no me resultó fácil descifrar lo que decía. El caso es que, tras las luchas previsibles que acabaron con la destrucción de mi inútil diccionario italiano-inglés después de que se deshiciera al chocar contra la pared donde lo arrojé, fui capaz de encontrar y seguir una serie de instrucciones perfectamente lúcidas que me indicaron cómo lavar la cebada cambiándola tres veces de agua, y cómo secarla, cocerla y evitar que se secara antes de estar lista, un estado que Scappi describe como deshacerse. Me serví una buena ración y un vaso de whisky de malta, posiblemente la expresión más lograda del cereal en su larga historia, así que mi comida consistía en cebada en forma líquida y en forma líquida-sólida. Pero ni siquiera el whisky podía disimular que un plato de polenta de cebada es terriblemente insípido. Se puede agregar sal y pimienta, por supuesto, y un chorro de aceite de oliva. Scappi sugiere añadir una cucharada de caldo de capón, tal vez un poco de queso y mantequilla, o azúcar, incluso melón: cualquier cosa para darle un poco de sabor. Era un problema. Tenía la sensación de estar buscando algo apetitoso en un cuenco de escoria comestible. La polenta ha sido tradicionalmente un plato invernal –los cereales pueden almacenarse cuando no crece nada–, pero, después de tomar un plato de su versión con cebada, salí con una sombría imagen histórica de lo que debieron ser enero y febrero para casi toda la humanidad, miserablemente sustentada por un alimento triste y gris, como el cielo de esa estación del año.

Es posible que yo estuviera un poco obsesionado con el asunto de la polenta (y con su historia, las distintas formas de prepararla y su papel en la cultura occidental) y que casi nadie, por lo que sabía, compartiera esa obsesión. Todos tenemos nuestras limitaciones, y, en la cuestión de la polenta, las mías se remontaban a una comida concreta; y, como un químico incapaz de reproducir los resultados de un experimento que hubiera salido bien, no había vuelto a comer nada parecido por mucho que lo intentara. Hasta entonces, no se me había ocurrido que la polenta pudiera tener su interés, porque, hasta entonces, la única que conocía era la instantánea, que se prepara en dos minutos –echar en agua hirviendo, remover, servir–, cuyo sabor casi nadie es capaz de recordar. Por eso me pilló tan desprevenido la auténtica polenta cuando la probé por casualidad en un restaurante italiano de Londres. La chef había comprado el maíz en un molino artesanal del Piamonte, y la polenta que preparó fue una revelación para mí: los granos hinchados después de cocer a fuego lento, pero todavía rugosos, incluso ásperos, contra mi paladar. Por un momento me recordó al risotto. Pero el risotto se cuece en un caldo y lleva por encima queso y mantequilla, y sabe a arroz y a cuanto se le añada. Aquellos granos de maíz crujientes y molidos en molino de piedra tenían únicamente su propio sabor: la esencia más pura y más dulce del maíz. Por unos instantes, vislumbré la dieta europea en el momento en que se produjo un cambio radical. Para una generación, la comida fue gris, como lo había sido siempre desde el inicio de los tiempos; para la siguiente, la comida se volvió dulce, crujiente y dorada.

Hasta ahora, no he conseguido fechar con precisión cuándo se operó este cambio, aunque la primera referencia del maíz como alimento aparece en un tratado de medicina publicado en Roma en 1602, más de un siglo después de que Colón regresara de América. Lo que me interesa es el modo en que los italianos de entonces lo cocinaron. Por ejemplo, a nadie se le ocurrió echar una mazorca en agua hirviendo y comerla al cabo de dos minutos, con mantequilla y sal marina, en compañía de una hamburguesa preparada en la barbacoa una noche de verano. En lugar de eso, pensaron: «¡Qué cosa tan curiosa! ¡Parece una gigantesca espiga de cebada! Vamos a descortezarla, quitarle los granos, secarlos al sol, molerlos hasta que sean harina y cocerlos durante horas.» Después de nueve mil seiscientos años de gachas de cebada, los italianos tenían bastante apego a sus costumbres. Debían de estar, asimismo, desesperados, porque comieron tanto maíz que contrajeron una enfermedad, la pelagra, que tardaron dos siglos en diagnosticar: nadie entendía la correlación entre la glotonería de la polenta y el aspecto posterior de los glotones, cuyos rostros solían arrugarse y desfigurarse de un modo espantoso en invierno, a menos que siguieran comiendo polenta durante el verano; en ese caso, se apergaminaban y morían. (Una dieta demasiado rica en maíz carece de niacina. El maíz, un alimento originario de los indios americanos, se cultivaba a menudo con las judías, un nirvana de niacina.)

Por ese motivo, cuando los italianos hablan hoy en día de la polenta, siguen poniéndose un poco pesados, como la propia preparación del plato, y parece despertarse en ellos el recuerdo de un caldero ennegrecido y un largo cucharón de madera en las manos de una tía en algún lugar del norte (los habitantes del norte son llamados «comedores de polenta», *mangiapolenta*, del mismo modo que los toscanos son comedores de judías y los napolitanos comedores de macarrones, pues en Italia no creen que seas lo que comes sino que eres harina). Siempre mencionan un pasaje de *I promessi sposi (Los novios)* de Alessandro Manzoni, una prueba de que la polenta es algo más que una comida: es el alma de su italianismo. *Los novios* –ambientada en la turbulenta década de 1620 (invasiones, sublevación de un pueblo hambriento, represión de la oligarquía terrateniente) y escrita en la turbulenta década de 1820 (invasiones, sublevación de un pueblo hambriento, represión de la oligarquía terrateniente)– fue la única novela de Manzoni y se considera la máxima expresión de la conciencia nacional: todos los niños la leen en el colegio, y el primer aniversario de la muerte del autor se conmemoró con el *Réquiem* de Verdi. El pasaje de la polenta es una descripción al estilo de *La pequeña Dorrit* de la cena de una familia campesina: el padre arrodillado junto al fuego, vigilando la escasa comida, removiéndola hasta poder servirla en un cuenco de madera de haya (mientras la familia «contempla el plato comunitario con una sombría mirada de rabioso deseo»). El encanto reside en el ritual: la madera de haya, el caldero, el modo descuidado y grumoso en que se sirve; y el pasaje se cita en todas las recetas de polenta que uno lee, aunque generalmente se omite un detalle: que la polenta de Manzoni está hecha de alforfón. (Hacia el año 1500, justo antes de conocer el maíz, los italianos estaban tan hartos de la cebada que molían cualquier cosa parecida a una legumbre que estuviera a su alcance: guisantes verdes, guisantes amarillos, judías, garbanzos y alforfón; y lo llamaban polenta.) De hecho, el alforfón es un anacronismo –la novela transcurre en una época en la que ya se había producido la revolución de la polenta–, pero Manzoni tenía sus razones: la vida de los campesinos era así de terrible, nos dice, incluso la polenta era miserable. Con todo, es curioso que el alforfón casi nunca se mencione. ¿Será tal vez que ese detalle socava la ideología del plato? Después de todo, reconocer que la polenta de un pasaje tan importante para forjar un país es alforfón equivale a admitir que lo que se come ahora es un ingrediente extranjero y que en el corazón del italianismo de todos hay una pequeña porción de Norteamérica.

En cuanto a mí, me traía sin cuidado que el cuenco de polenta de un restaurante fuera americano, italiano o islandés. Fuese lo que fuese, lo comía y me sentía extasiado. Y como les ocurría a muchos de aquellos primeros comedores de polenta, las nubes desaparecían de mi mundo y el sol brillaba en el cielo. No me extraña que aquellos italianos se volvieran locos. Yo me habría vuelto loco. De hecho, me volví un poco loco, y mientras trataba inútilmente de localizar a aquel molinero del Piamonte, conseguí encontrar otros lugares que afirmaban seguir el método tradicional y encargué veinte libras a un mayorista. Recibí un paquete y me puse manos a la obra, siguiendo las instrucciones: cuatro tazas de agua por cada taza de polenta, un poco de sal, remover y remover cuarenta minutos, y ¡basta!: la polenta está lista. Salvo que no lo estaba, o eso creía yo, y, de estarlo, no se parecía nada a lo que yo había comido. Para colmo, después de remover aquello cuarenta minutos, estaba agotado y tenía el resto de la cena sin preparar, temeroso de que si descuidaba la polenta se pegaría al fondo del cazo y se echaría a perder. Me quedaban diecinueve libras y doce onzas.

Tal vez podría hacer pan de maíz, y esa idea provocó una epifanía de estruendosa banalidad: el pan de maíz se hace con lo mismo que la polenta. (Alimento con maíz: la polenta. Alimento con maíz: el pan de maíz. ¿Por qué no se me había ocurrido antes?) El efecto fue milagroso: desmitifiqué la polenta. ¡Ya está! ¡Es comida de blanco pobre! La devoción de un sureño por el maíz, debería explicar, está muy cerca de rivalizar con la de un italiano del norte (el sur de Estados Unidos es uno de los pocos lugares donde también se produjeron grandes brotes de pelagra, si bien con una diferencia crucial: éstos tuvieron lugar en pleno siglo XX, cuando la gente ya sabía qué causaba la enfermedad y, sin embargo, seguía abusando del maíz). Yo nací en Louisiana y crecí en medio de todo aquello. En un momento de nostalgia, también puedo evocar algo esencial para mi identidad: mi abuela, pongamos por caso, encorvada sobre su sartén ennegrecida de hierro fundido, el olor salado de la manteca de cerdo y el olor dulce de los granos de maíz al caramelizarse en ella, y una sucesión de vagos recuerdos bochornosos y encenagados que vienen a probar que el pan de maíz está en el corazón del alma sureña. La polenta, comprendí por fin, era pan de maíz sin levadura. Pero, ni siquiera entonces, conseguía que me saliera. ¿Cómo podía ser tan difícil hacerla?

Tan difícil que Batali no enseñaba a los cocineros caseros a prepararla. En su programa, les recomienda comprar la instantánea, aunque jamás la sirva en su restaurante. (¿Por qué comer plástico si puedes evitarlo?) En realidad, por lo que leía, nadie le explicaba a la gente cómo hacerla. Las instrucciones de la bolsa de nueve kilos que compré, por ejemplo: una mentira. Consulté con otros libros de cocina: más mentiras. Sus recetas eran falsas y no servían para nada. No es tanta agua, tanta polenta y tanto tiempo, sino toda el agua, toda la polenta y todo el tiempo que necesite el plato para estar listo, que jamás son cuarenta minutos sino tres horas.

Lo descubrí una tarde de finales de enero en la cocina de Babbo, casi un año después de mi primer aniversario allí; y el hecho de que descubriera aquello al cabo de tanto tiempo y durante el ajetreo y el bullicio que precede a la apertura del restaurante fue muy instructivo. La cocina, finalmente, estaba dejando de ser un lugar incomprensible. Lo que al principio era una nebulosa de ocupaciones ajenas se había convertido en un montón de tareas específicas, cada una con su principio y su fin, y con un objetivo que guardaba relación con lo que aparecía en los platos de los clientes. Resultaba obvio. Lo que descubrí era algo tan sencillo como que la polenta, durante casi toda su cocción, se deja sola. Eso es todo: un cacharro de cobre abandonado a fuego muy bajo. Escudriñé su interior: la polenta borboteaba lentamente, espesándose más que fermentando, haciendo unas burbujas tan grandes como globos de chicle.

Comprendí al instante lo que esto significaba.

–Entonces, ¿no hay que removerlo todo el tiempo? –grité, sin dirigirme a nadie.

Estaba muy excitado. Si no hay que removerlo todo el tiempo, puedes dejarlo solo. Si no hay que removerlo todo el tiempo, puedes hacer otras cosas. Si no hay que removerlo todo el tiempo, puedes cocerlo durante horas..., ¿qué importa eso si andas cerca?

–¡Guaau! ¡Por fin lo entiendo!

Me volví hacia el tipo de los salteados, Todd Koenigsberg. Hacer la polenta era responsabilidad del tipo de los salteados, y, desde la marcha de Dom, ocupaba ese puesto Todd, un joven de pelo oscuro y rizado, barba oscura y rizada, y cara de niño.

–¡Todd! –exclamé–. La polenta. ¿Es cierto que no hay que removerla todo el tiempo?

Mi animación pareció desconcertarle. (Todavía puedo ver lo que pensaba, pues fue incapaz de disimular su perplejidad mientras intentaba responder, no a mi pregunta sino a la que parecía hacerse él: «Pero ¿qué le pasa a este hombre?»)

–Por supuesto que no –respondió, finalmente; y su tono de voz expresaba que, aunque a mí me gustara hacer el imbécil en la cocina, los demás tenían que ganarse la vida.

A Todd, al parecer, no le causaba una profunda desazón la polenta y era obvio que no estaba en situación de compartir mi entusiasmo. Para él, la polenta era una carga. Para prepararla, había que batirla enérgicamente, como yo había hecho siempre, pero luego, cuando empezaba a hervir, se dejaba mucho tiempo sola con el batidor dentro para que la gente que pasara al lado pudiera removerla, algo en lo que yo no había reparado hasta entonces. La carga gravitaba sobre el hecho de que la polenta no era nunca lo primero que se hacía. Era siempre la séptima u octava cosa. De modo que, si estabas demasiado ajetreado y te olvidabas de ella –si de pronto, a las cuatro y media, te encontrabas diciendo: «¡Oh, mierda, la polenta!»– estabas en un aprieto. No puedes comprimir tres horas de cocción a fuego lento en sesenta minutos. Para las emergencias, había una caja de polenta instantánea escondida en la balda más alta de la despensa, pero emplearla se consideraba un auténtico fracaso. Además, Frankie se ponía furioso; se tomaba esos lapsus como algo personal. «Haces esto para humillarme», decía al que acababa de pillar andando de puntillas como un ladrón, huyendo sigilosamente con una caja de polenta instantánea una hora antes de abrir el restaurante. «Haces esto para dejarme en ridículo. Haces esto porque sabes que perderemos nuestras putas tres estrellas si empezamos a servir puta polenta instantánea, y si perdemos nuestras putas tres estrellas, yo pierdo mi puto trabajo.» Frankie cogía la polenta y llenaba todo de harina, y la mejor táctica era guardar silencio y volverse invisible, pues el ambiente estaría enrarecido el resto de la noche.

Y entonces se me presentó la oportunidad de hacer personalmente la polenta; pero no las veinte raciones que cabían en aquel cacharro de cobre sino doscientas.

La ocasión fue una cena benéfica en Nashville, Tennessee, que, según explicó un invitado, reunía a «los estúpidos viticultores locales y a los estúpidos músicos country de la región para una noche de excesos», tomando algunas de las bebidas más caras del mundo y cenando los platos de un famoso chef llegado en avión con ese propósito junto con su equipo de expertos ayudantes, que aquel año lo formaban Andy, Elisa, Frankie... y yo.

Nunca había estado en una cocina donde preparar comida para cientos de personas fuera lo normal. El área de trabajo era muy grande, pero el espacio para cocinar era pequeño y tenía sólo cuatro aparatos: una plancha de asar en bastante mal estado (las llamas se colaban por una hendidura), un horno y dos artefactos gigantescos: uno parecía un ataúd de acero y el otro una hormigonera. Frankie, que había trabajado en un hotel, me explicó que el ataúd era un artilugio para cocinar, capaz de hervir enormes cantidades de agua en unos segundos. En él se cocería la pasta. La hormigonera, dijo, era un caldero. Lo frotó con la mano. «Aquí haremos la polenta», comentó en voz baja. La visión de aquellas dos máquinas le entusiasmaba: dos juguetes con grandes motores.

Miré a uno y otro lado. El resto del espacio lo ocupaban largas mesas de acero, como si fuera el departamento de registro de una empresa y no una cocina. El reto de hacer una comida para tanta gente, empezaba a comprender, no estaba en preparar los alimentos (cocinar pasta para doscientas personas es bastante complicado pero, en teoría, no difiere de hacerla para dos; sólo necesitas una olla más grande) sino en servirlos en los platos. Esto era un jaleo tan grande que los organizadores habían hecho un llamamiento para conseguir voluntarios, y a mediodía se habían presentado treinta y dos. Todos eran chefs muy competentes, y era obvio que no habían acudido para servir los platos, aunque estuvieran encantados de echar una mano. Había un famoso chef en la ciudad, y deseaban participar de algún modo en lo que cocinara.

Para su decepción, casi todo estaba preparado. Las costillas de vaca eran el plato principal, y Elisa se había pasado haciéndolas una semana. El famoso chef ni siquiera necesitaba estar allí. Apareció una vez, fugazmente, para dejar tres cajones de berros un poco mustios y dio instrucciones a los voluntarios que tenía más cerca para que arrancaran las hojas de los pequeños tallos. Los arrancadores de hojas se agruparon con aire taciturno alrededor de la mesa. La tarea les llevaría cuatro horas, pero al menos tendrían algo que hacer. En algún momento, dos voluntarios fueron enviados a cortar en lonchas algo de *coppa* –que sería el *salumi antipasto*– y se sintieron felices: eso les llevaría dos horas. Pero aún quedaban veintiséis voluntarios. Andy, consciente de su abatimiento, pidió a una tal Margo que cortara un poco de rábano picante (para mezclar con los berros y colocarlo encima de las costillas de vaca); pero ella tuvo problemas con la máquina de cortar, una guillotina de mano llamada *mandolino*, se rebanó torpemente los nudillos –sangre por todos lados–, y fue preciso que alguien la vendara con urgencia, lo que hicieron ocho voluntarios de Nashville (que, a pesar del dolor de Margo, no pudieron disimular su alegría por tener algo en que ocuparse).

De hecho, la polenta era lo único que había que cocinar.

La polenta, cocida lentamente durante tres horas, aumenta casi seis veces su volumen inicial, de modo que, si la preparas para ocho personas, servida con costillas de vaca (o un ave jugosa o cualquier plato principal con una salsa oscura, pues la polenta guarda la misma relación con la carne que los *linguine* con el marisco: su almidón es el vehículo de los sabores del otro alimento), deberías empezar con una taza. Si la preparas para doscientas personas, con diez pintas. La cantidad de agua no tiene importancia, porque añadirás más de lo que merece la pena medir: sólo tienes que estar seguro de que el agua está caliente para no interrumpir la cocción. Aquel día, Frankie llenó la cuarta parte de la hormigonera, añadió la polenta y empezó a remover. La mezcla parecía una sopa de calabaza muy líquida, pero al cabo de unos minutos absorbió todo el agua y pasó de estar demasiado diluida a parecer casi lista, como si ya pudiera comerse (algo nada recomendable, salvo que imagines tu cena como un bocado de un cajón de arena). Añadí más agua; los granos la absorbieron. Añadí más; y siguieron absorbiéndola hasta que poco a poco la polenta empezó a comportarse como si hubiera aplacado su sed. La removí, y seguía lo bastante líquida. La removí: continuaba igual. Podía decirse que había alcanzado un equilibrio, en el que el agua que contenían los granos se asemejaba al líquido en que se cocían: un requisito que deben cumplir las gachas calientes. En esa fase, casi todos los que preparan polenta, en la larga historia del cereal, evocan el cráter de un volcán. Personalmente, jamás he visto el cráter de un volcán, pero no podía ser muy diferente de lo que contemplé en el fondo de aquel barreño caliente y envuelto en vapor: burbujas grandes y pesadas como pelotas de golf que acaban explotando y convirtiéndose en grumos de polenta grandes y pesados que salpicaban mi brazo. «Así que es ésta la sensación que produce la lava», pensé; y entonces reparé en que la polenta se estaba dirigiendo a mí.

Tú no meterías deliberadamente la mano en un volcán activo, ¿verdad?, preguntó.

Por supuesto que no, contesté.

Entonces vete, exclamó. Haz otra cosa. No soy caprichosa como el risotto. Márchate: prepara el resto de la cena.

El día que salimos hacia Nashville, Mario me dijo que llevara una chaqueta que encontraría en el guardarropa. Era una prenda muy elegante: cruzada, con botones de tela, hombros cuadrados y el logotipo del restaurante bordado en el pecho. Frankie me enseñó la suya, con su nombre escrito justo debajo del logotipo, con una letra de lo más florida. Mario se la había regalado al ascenderle a segundo chef, y eso es lo que la chaqueta decía a los entendidos: que «Frank Langello» era un chef.

Los cocineros y los chefs no son lo mismo. En aquel momento yo era un cocinero (trabajaba en la cadena) y respondía ante un chef. Un chef era un jefe. El nombre de un cocinero jamás aparecía en la chaqueta. En los momentos más degradantes, los cocineros perdían sus nombres por completo. «¡Eh, chico de los garbanzos!», Frankie se había aficionado a llamar así a Alex, no sólo cuando los garbanzos le salían mal –a Alex le costó algún tiempo dominarlos– sino todo el tiempo, como si Alex fuera un ser tan despreciable que sólo sirviera para preparar unos garbanzos horribles. «¡Eh, chico de la camisa blanca!», gritó en una ocasión Andy enfurecido, al vislumbrar a un camarero que se entretenía al otro lado de las puertas de vaivén, entre la cocina y el restaurante. (Era también donde estaban los aseos y, desgraciadamente, la camisa blanca no la llevaba un camarero sino un cliente.) Todo el mundo se dirigía a Mario por su graduación. «Sí, Chef. Lo que usted diga, Chef. Ahora mismo, Chef.» El modelo funciona si uno sustituye «Chef» por «General».

Los voluntarios de Nashville también se habían vestido para la ocasión. El chef ejecutivo de Bound'ry –un hombre menudo, con perilla y gafas sin montura– se presentó con un atuendo muy a tono con su elegante carta (una de esas fusiones este-oeste): una chaqueta negra sin cuello y una gorra negra, en plan presidente Mao. Margo, la chef que se había enzarzado en aquella lucha con el *mandolino*, dirigía Margo, uno de esos restaurantes informales que llevan un nombre propio. La acompañaba su segundo chef, y los dos iban vestidos de cantantes de música folk, con pañuelos azules y pantalones muy anchos haciendo juego. El chef *kosher* de Nashville llevaba una gorra de béisbol, una sudadera y su acento de Brooklyn. Había un hombre con un gorro gigantesco de cocinero, ese que siempre se asocia con las cocinas francesas. Se mantenía muy erguido, con un paño blanco recién planchado alrededor del brazo, unos pantalones de raya diplomática y una chaqueta de un algodón muy fino e increíblemente blanco. Los demás parecían evitarlo, aunque es posible que él tampoco quisiera integrarse. Era muy serio.

Mi polenta, mientras tanto, había cambiado: resultaba diferente al tacto (pegajosa) y a la vista (casi brillante). El almidón, principal componente de todos los granos, se descompone a temperaturas elevadas –el maíz, entre ochenta y cien grados–, permitiendo a los gránulos fusionarse con el agua. Por eso tenía que estar caliente el agua que yo añadía al principio: para impedir que la temperatura bajara y retrasara esa fase, la fase de descomposición-fusión. El proceso se denomina «gelatinización», cuando los gránulos se hinchan y se vuelven más viscosos. Yo había empezado removiendo la polenta con un batidor de mango muy largo. Pero, al fusionarse los gránulos del cereal con el agua, la polenta no hacía más que crecer y, subiendo por el batidor, estaba apoderándose del mango.

Añadí un chorro de agua –no mucha (después de todo, la polenta y el agua se llevaban bien en su nueva y feliz relación molecular)– y seguí removiendo. La polenta subió un poco más.

¿Cuándo se detendría?, me preguntaba.

Entonces me asaltó una duda: ¿Se detendría? ¡Qué idea tan estúpida! Claro que se detendría. Pero saber cuándo me serviría de ayuda.

Otro chorro de agua, remover un poco más. Continuó subiendo.

Aquello era un poco alarmante..., no terriblemente alarmante, pero me inquietaba: para remover la polenta, ¿tendría que estar en su interior? ¿Terminaría de cocerla antes de desaparecer y convertirme en esa cosa oscura y carnosa que se serviría con ella? Lo más sensato sería sacar el batidor e irme a dar una vuelta. La polenta ya me había dicho que no necesitaba estar siempre con ella. Pero, con tanta competencia en la cocina, me daba miedo abandonar mi batidor, convencido de que un ambicioso voluntario de Nashville lo cogería y me quitaría mi trabajo. El chef del gorro, por ejemplo. Lo tenía a escasas pulgadas. Le había estado mirando de reojo. Se había independizado de los demás y había cruzado una línea invisible que separaba a los voluntarios de Nashville de la zona donde cocinábamos. Se había acercado muy poco a poco, deteniéndose por si alguien le reprendía cada vez que daba un paso.

–¡Vaaya! –exclamó.

Fingí que no le había oído.

–¡Vaaya! –repitió.

Yo sabía lo que quería: mi batidor. Estaba seguro. Me concentré en mi tarea de remover.

Él suspiró.

–¡Vaaya! –volvió a decir y añadió para dar mayor énfasis a su exclamación–: ¡Po-*len*-ta!

Era una pronunciación inquietantemente italiana. Jamás había escuchado esa palabra con un acento tan fuerte. Le miré de soslayo y vi una bandera italiana cosida en el cuello de su chaqueta blanca y perfectamente planchada. Eso me sorprendió. Había pensado que, con su vestimenta, sería francés. Volví a mirarle y leí en su chaqueta: Alfresco Pasta.

–¡Po-LEN-ta! –repitió, alargando la sílaba del medio y golpeándose el paladar con su «t».

Sí, asentí. Polenta.

–Permítame que me presente. Me llamo Riccardo.

Cogí el batidor con la izquierda, estreché la mano de Riccardo, volví a cambiarlo rápidamente de mano, y seguí removiendo.

–Me llamo Riccardo. Soy de Bolonia. Llevo aquí ocho años.

Así que Riccardo representaba lo auténtico. No sólo era italiano, sino también del norte de Italia, de la Emilia-Romaña, la tierra de la polenta contigua a la Lombardía, la tierra del maestro Martino y Alessandro Manzoni. Riccardo sería probablemente un verdadero *mangiapolenta*, con recuerdos infantiles de madera de haya y una abuela con un largo cucharón. Pero ¿qué hacía en Tennessee un cocinero de Bolonia? No se conoce a mucha gente de Bolonia. La vida allí es demasiado buena para abandonarla. Le observé con recelo. Miraba codiciosamente mi batidor (no había otra palabra para describir el modo en que lo hacía). Me di la vuelta, ligeramente, pensando: no codiciarás mi batidor.

Se acercó. Oía su respiración. Si dice «Po-LEN-ta» una vez más, le pegaré con el batidor.

Apareció Frankie. Tuvo que rodear a Riccardo (que, después de haber conseguido aquel sitio, no estaba dispuesto a abandonarlo). Frankie, estrujado entre los dos, esquivó la mirada de aquel hombre extraño con un *soufflé* en la cabeza, hizo el truco de meter a toda velocidad el dedo en la olla y probó la polenta. Añadió sal.

–No hay nada sencillo –comentó–. Todo necesita hacerse con amor.

–¡Po-LEN-ta! –dijo de nuevo Riccardo, mirando con expectación a Frankie, que se alejó sin detenerse a contestar.

Riccardo se volvió hacia mí. Se quedó observándome.

Seguí removiendo.

Riccardo continuó inmóvil.

No dejé de remover.

–¡Vaaya! –exclamó finalmente–. Dígame una cosa. ¿Es usted de Nueva York?

–Sí –respondí–, soy de Nueva York.

Le miré. ¿Por qué llevaba un paño en el antebrazo?

–Ah, Nueva York –dijo.

Seguí removiendo.

–¿Cómo es Nueva York? –preguntó.

–Nueva York está muy bien –respondí.

–Ah, Nueva York –repitió.

La polenta había subido tanto que yo estaba removiéndola con el extremo del mango. Hice un alto y probé mis nudillos.

–¿Sabe? –dijo Riccardo–. Ignoro por qué vine a Nashville. Intento recordarlo, pero no lo consigo. Debió de existir alguna razón. Yo quería ir a Nueva York. Pero, cuando llegué a este lugar, conocí a una chica. No vine a eso. Pero conocí a una chica. Me enamoré, me casé y ahora soy chef en Alfresco Pasta –señaló, añadiendo tras unos instantes de silencio–: en Nashville.

Y suspiró.

Seguí removiendo, pero, muy a mi pesar, estaba sintiendo algo..., no sé bien qué. ¿Empatía? ¿Lástima? ¿Cómo podía sentir lástima? Acababa de encontrar a aquel desconocido con un pastel en la cabeza, lo que confirmaba una vez más que los cocineros están entre las personas más extrañas del planeta, y él quería quitarme mi batidor y contarme la historia de su vida.

–Nashville es muy bonito –señalé.

–Podría haber sido un chef en Nueva York.

Se quedó mucho tiempo sin decir nada, reflexionando, con la mirada fija en la olla de polenta que yo removía.

—En vez de eso, soy un chef en Nashville –añadió melancólicamente–. El amor. *Amore.*

—*Amore* –asentí.

Entretanto, la polenta estaba adquiriendo una nueva textura, su tercera metamorfosis. Al principio había tenido la consistencia de una sopa y mucha sed. Una hora después, era brillante y abizcochada y estaba despegándose por los lados: para muchos, una señal de que la polenta estaba lista. Pero cociéndola más tiempo, una hora, incluso dos horas más –removiendo de vez en cuando y añadiendo agua caliente siempre que era necesario–, se concentraban los sabores. En realidad, la polenta se caramelizaba ligeramente al hacerse en su propia lava líquida, como un horno de barro natural que extrajera la dulzura del maíz, y ahora se encontraba en esa fase: en el fondo de la olla, se estaba formando una costra muy fina con los gránulos que se tostaban sobre la ardiente superficie. Raspé esa corteza con mi batidor y la mezclé con el resto. Tenía la elasticidad de una masa. Y aquel cambio también se podía oler. La pasta se comporta de un modo muy parecido, y es fácil reconocer su olor cuando está lista. Mario lo llama «soltar el gluten» y recuerda que en Italia, al pasar por delante de las ventanas abiertas, a mediodía, sabía que estaban sirviendo la comida cuando le llegaba el olor de algo sustancioso y rico en gluten, al igual que una nube de masa perfumada.

Lamí la polenta que había en mis nudillos: sabía bien. Estaba hecha.

Frankie y yo vertimos el contenido de la hormigonera en unos envases de metal y los metimos en agua caliente, en una «mesa de vapor»; en ese momento, apareció Mario. Eran las seis en punto y los voluntarios, apiñados aún al otro lado de la línea invisible, parecían relajados, salvo un Riccardo de lo más taciturno que no se había movido y se las arreglaba para estar erguido y alicaído al mismo tiempo.

Faltaba una hora para la cena y urgían muchas cosas. Mario escribió el plan de trabajo y lo pegó en la pared. («Siete en punto: colocar la *coppa* en los platos. Siete y cuarto: servirla. Siete y media: empezar con la pasta. Ocho menos veinte: colocarla en los platos y servirla.») Frankie estaba muy preocupado porque la plancha de asar no funcionaba: habían puesto encima una lata de mantequilla y no se había derretido.

Mario echó un vistazo: no estaba en su sitio. «La plancha está caliente», insistió, y escupió en ella para demostrarlo. (¡Caramba! ¿Acababa de escupir en la plancha de asar? Me acerqué: su saliva chisporroteaba.) Era un gesto teatral –su público pareció quedarse sin aliento– realizado sin duda porque Mario, al llegar deprisa y corriendo, sin estar preparado para la clase de cocina que le esperaba, comprendió súbitamente que estaba en escena. Más tarde, cuando alñó la ensalada de berros, cogió una botella de aceite de oliva y, sujetándola muy por encima de su cabeza, lanzó un espectacular chorro en forma de arco, como uno de esos guías alpinos que escancian matarratas de una bota de piel de cabra; y su público, embelesado, sin querer perderse el menor detalle –incluso los voluntarios, que estaban tomando notas, dejaron de garabatear–, contuvo la respiración. Pero ¿escupir en la plancha de asar? Es cierto que normalmente los alimentos no se cocinan directamente sobre ella, aunque en Babbo hicieran allí los puerros y la panceta. Pero era una porquería. Quizá fuera más difícil de lo que imaginábamos ser un famoso chef..., quizá la expectación que despiertas continuamente en la gente que te rodea, esos desconocidos, tu público, sea demasiado para un vulgar mortal. (Recordé una historia que Mario me contó sobre la primera vez que le reconocieron en la calle; dos tipos que le habían visto en televisión le pararon con el clásico: «Eh, tío, ¡guau!, juraría que es el cocinero de la tele», y cuando Mario, halagado, les dio amablemente las gracias, parecieron tan decepcionados –«¡menudo chasco!»– que ahora viaja con un repertorio de chistes para poder representar siempre su papel.) En cualquier caso, los voluntarios parecían felices: Mario Batali estaba allí; escupía; escanciaba aceite de oliva; era un ser fuera de lo normal.

La mantequilla se derritió y todo fue sobre ruedas, sin histrionismos ni rabietas. Los platos fueron saliendo a toda velocidad, gracias a los voluntarios, que los montaban rápidamente, apiñados alrededor de una larga mesa. Mario me pidió que los revisara antes de salir, limpiando los bordes con un trapo húmedo, y lo cierto es que me sorprendí a mí mismo. Los voluntarios llenaban demasiado los platos, una tentación muy comprensible: demasiado perejil, demasiada ralladura de naranja, demasiado parmesano. Los condimentos son para acompañar la comida, no para hacerle la competencia. Uno de los tópicos de Babbo.

–Vuelve a montarlo –dije en tono imperioso.

–No –exclamé–. ¡Mal! Es un desastre. ¡Hazlo de nuevo! Apareció otro voluntario.

–¡Maldita sea! Demasiada comida. Otra vez. ¡Repítelo! Y luego otro.

–Pero ¡qué demonios! ¿Cuántas jodidas veces tengo que decir las mismas jodidas cosas?

(¿Acababa de decir lo que creía? ¿Había un gritón escondido en mi interior?)

Después de la cena, la fiesta continuó –demasiada

adrenalina para irnos a la cama– y se bebió mucho vino. Tengo un recuerdo borroso, como cuando se bucea con los ojos abiertos, de Mario preparando huevos revueltos en la cocina de alguien muy rico. (¿Cómo hemos llegado aquí, cómo nos iremos y cómo vamos a cocinar mañana por la noche..., esto, bueno..., esta noche, en realidad?) Para la mayoría de nosotros, la velada terminó a las cinco de la mañana –en el taxi que nos llevó de vuelta al hotel, los ronquidos de Mario eran falstaffianos–, pero no para Frankie que, habiendo entablado amistad con una de las folklóricas voluntarias vestidas informalmente de azul, siguió por su cuenta y no regresó hasta las siete, un cuarto de hora antes de que saliéramos para el aeropuerto. «Tienes buen aspecto», dijo Mario, sentado ya en el avión, cuando vio aparecer a Frankie zigzagueando por el pasillo. Frankie no tenía buen aspecto. De hecho, tenía un aspecto horrible: pálido, sudoroso, sin afeitar, con la piel húmeda y pegajosa, oliendo a una larga noche de Nashville, con todo el carisma de un pulmón hecho polvo, envuelto en toda clase de prendas negras, con una de esas chaquetas cortas y con botones de estilo militar, gafas de sol, y un pañuelo azul mojado alrededor de la frente. Aterrizamos en Newark, nos fuimos directamente a Babbo y conseguimos hacer nuestro trabajo, aunque Andy olvidara algunas veces cantar un pedido y Frankie, en los momentos más tranquilos, se hiciera un ovillo en el suelo húmedo y grasiento para echar un sueñecito.

Me sorprendió la cantidad de cosas que aprendí en aquel viaje, además de mi seminario sobre la polenta y de un nuevo ejemplo de la capacidad de nuestro cuerpo para amoldarse a los excesos. («Oh, vamos, chicos», dijo Mario cuando nos acercábamos a Manhattan, tratando de animar a aquellos fardos hundidos en el asiento, «el organismo

humano es increíblemente fuerte; siempre se recupera.»)
No creo que yo hubiera reparado en lo poco que logran
cocinar la mayoría de los cocineros, y en cuánto deben esperar hasta que se les presenta la oportunidad de hacerlo.
Riccardo, el tipo de Bolonia, me recordó a Alex, nuestro
compañero de Babbo; tal vez porque Riccardo, un italiano
en Estados Unidos, era un reflejo de Alex, que había sido
un estadounidense en Italia. El año que Alex había pasado
allí había sido crucial, y aún hablaba de él. Lo que jamás
contaba, hasta que se lo pregunté, era que nunca había cocinado. Se había pasado un año cortando zanahorias, cebollas y apio. «Siempre era el último mono. Fue una lección
de humildad. Pensé que, si me mataba a trabajar, me as-
cenderían. No fue así.» Las zanahorias, las cebollas y el
apio bien cortados son importantes: cocinados lentamente
en aceite de oliva resultan ser la base del *soffritto* y de las sopas toscanas («perfeccioné mi técnica de cortar zanahorias»). Alex nunca hizo *soffritto* ni sopas. Más tarde, cuando
le contrataron en Babbo, le dijeron que tampoco cocinaría:
empezaría, como todo el mundo, con los platos fríos, preparando entrantes. Después de algunos meses, si quedaba
algún puesto libre y Andy estaba de acuerdo, pasaría un
período de prueba en el rincón de los salteados. En aquella
época, yo estaba en mi fase obsesiva de hacer pasta fresca y
trabajaba por las mañanas con Alejandro. Por ese motivo,
yo era para Alex «uno de los latinos», y me encontraba en
la parte inferior del proverbial tótem. Al cabo de dos semanas, regresé a la parrilla, tal como me recomendó Frankie.

  –¿Te importaría decirme por qué estás en la parrilla?
–Alex había pasado tres años en una escuela de cocina y
un año en Italia, había trabajado en un restaurante de tres
estrellas y aún no cocinaba–. ¿Te importaría decirme qué
has hecho para saltar por encima de mí?

—Alex —susurré—. No soy un cocinero. ¡Chist! Soy un espía.

El viaje a Nashville también me enseñó lo que sabía, y me sorprendió ver lo mucho que era. No había tenido ocasión de evaluarlo. Como todos los demás, había estado encerrado en una asfixiante cocina sin ventanas, trabajando en compañía de la misma gente durante más de un año. ¿Llevando aquella extraña vida? Sí, aquella vida también era la mía. En primavera, me uní a Mario cuando fue chef invitado en una gala celebrada en la James Beard House.* Uno de sus chefs no apareció y yo acabé cocinando un montón de cosas, incluida la pasta, para cuarenta personas. Pero era algo que ya había hecho antes, y la presión no era mayor que la que se experimentaba en los momentos más agobiantes de Babbo. Al día siguiente recibí un mensaje electrónico de Mario: «Gracias por tu ayuda de ayer. Eres realmente útil.» Llevaba casi un año y medio trabajando con él. Jamás me había dado las gracias. Mi papel de aprendiz cuya presencia era tolerada en la cocina implicaba que fuera yo quien expresara gratitud. Que me dieran las gracias..., eso, para mí, fue increíble.

* James Beard (1903-1985), famoso chef y escritor culinario, está considerado el padre de la gastronomía estadounidense. *(N. de la T.)*

15

Otto ya no estaba en el número uno de la Quinta Avenida, pero, a pesar de cambiar su nombre, el lugar pareció seguir bajo una maldición. Cuando el restaurante abrió en enero de 2003, ésta afloró de nuevo y se ensañó con el producto que era el alma de la empresa: la pizza. Los primeros experimentos nos habían desconcertado a todos en la cocina de Babbo; luego empezaron a desconcertar a los clientes de Otto. («Las pizzas no vienen con manual de instrucciones», dijo el jefe de los camareros a sus subordinados la segunda semana. «Si alguien os pide una explicación, llamad al encargado.») Para Mario continuaron siendo pizzas a la plancha, cocinadas sobre una plancha de asar y no en un horno de leña. «No, no son italianas, son mi versión de las italianas. Son las que preparo para mis niños», Benno y Leo, los dos hijos de Mario, «y les encantan.» Eso significaba que si a sus niños les gustaban, tendrían que gustarle al resto del mundo. Pero el resto del mundo no estaba tan seguro de ello.

–Estoy intranquilo –decía Joe–. Las pizzas me parecen incomibles. Mi madre opina lo mismo. Caen como una piedra en el estómago.

Había toda clase de quejas. Eran demasiado esponjosas. Estaban medio crudas. No estaban crujientes. No se podían cortar con el cuchillo. Joe estaba ojo avizor: «De repente todo el mundo es un puto especialista en pizzas.»

—¡Ya lo tengo! —dijo Mario una tarde—. No hay que calentar los platos. Tienen que estar fríos.

Pero los platos no eran la solución.

—¡Ya lo tengo! —exclamó Mario al cabo de una semana—. Hay demasiado gluten. El secreto es un veinte por ciento más de levadura y amasarlo sólo tres minutos.

Pero el resultado sabía a pan crudo —al probar una en el bar, Joe hizo un gesto inequívoco de repugnancia— y las quejas continuaron.

—¡Ya lo tengo! —dijo Mario, dos semanas después—. Necesita harina de repostería. Esa harina tradicional que vale para todo. ¿Cómo no se me ha ocurrido antes?

Pero no era la harina de repostería. De hecho, al cabo de pocos días, Mario abandonó la harina de repostería y empezó a utilizar «00», una harina refinada de Italia especial para hacer pasta.

—Por la noche me dedico a estudiar mi McGee —comentó, refiriéndose al libro de Harold McGee sobre la ciencia de la cocina.

Otto llevaba abierto casi dos meses. Parecía increíble que siguiera experimentando con la receta.

—Sé todo lo que hay que saber sobre el gluten. La solución son cincuenta libras de harina (mitad de repostería, mitad «00» italiana) y sólo una cucharada grande de aceite de oliva, tres de azúcar, y dejarlo reposar tres horas.

Me impresionaba que Mario compartiera tantos detalles conmigo —que el ingrediente decisivo fuera una cucharada de aceite de oliva en cincuenta libras de harina, por ejemplo—, y que estuviera convencido de que yo entendía lo que me contaba. No era así, pero daba igual, porque aquella receta tampoco era la solución.

—¡Ya está! ¡Por fin lo tengo! —exclamó una mañana en que lo encontré sentado en el bar—. Es una masa mitad harina, mitad sudor. —Estaba agotado—. Ayer me zampé treinta libras de harina. Me he dado una ducha de vapor esta mañana y he escupido una barra de pan. Tengo que olvidarme de esta historia. Estoy haciendo quinientas pizzas al día. ¿Son buenas? ¿Son malas? ¿Cómo voy a saberlo? Estoy escuchando a demasiada gente. Estoy dándole demasiadas vueltas. No puedo empezar a dudar de mí a estas alturas. Tengo que seguir mi instinto.

Pero, aunque la receta de la pizza no estuviera clara, el lugar tenía mucho éxito. Tom Adamson, un barman de Babbo, consiguió el último parte de la noche de un colega que trabajaba en Otto y nos pasó los datos a las once, al traer las jarras de cerveza a la cocina: ochocientos cubiertos esa noche, novecientos veintitrés al día siguiente.

—No son números de restaurante —dijo—. Podrían ser de un acontecimiento deportivo.

Otto tenía casi cuatro veces más clientes que Babbo. En nuestra cocina, aquellas noticias resultaban inquietantes. ¿Había dejado Babbo de ser la estrella? Para Andy, resultaban también desmoralizadoras.

—Otto —comentó Elisa— está enloqueciendo poco a poco a Andy.

—¿Qué vamos a hacer con Andy? —preguntó Joe a Mario, un día que almorcé con ellos a primeros de marzo.

Por aquel entonces nadie tenía ni idea de qué llevaban las pizzas, pero daba igual. La gente se las comía, Otto era un éxito, y Mario y Joe podían dedicarse a otras cosas. Joe estaba en Babbo por las noches; Mario, no; había estado rodando un programa de Food Network sobre las pizzas Stromboli. Joe era consciente de que tenían un problema.

—¿Le has pedido que actúe como si fuera el dueño? —inquirió Mario.

Andy, sin disimular su enojo, estaba de un humor de perros y acababa de despedir a un camarero sin motivo.

—¿Cómo puedo pedirle que actúe como si fuera el dueño cuando no lo es?

Joe se estaba refiriendo al escurridizo restaurante español. El acuerdo siempre había sido que Joe, Mario y Andy serían copropietarios. Pero en realidad el acuerdo no estaba en vigor porque dicho restaurante no existía. Existía Otto.

—Se ha vuelto una persona *muy* difícil —prosiguió Joe.

—Eso me sorprende. Frankie me había dicho que Andy estaba mucho mejor..., que controlaba su mal genio.

—Bueno, Frankie se equivoca. Andy no está mejor. Está peor.

Andy era distinto a los demás. Era muy culto y se expresaba con enorme corrección. En sus días libres iba al cine, a inauguraciones de exposiciones, al teatro. Yo le consideraba el único adulto de la cocina. No gritaba ni le gustaban los cotilleos. Era muy inteligente. Como expedidor, tenía en la cabeza cada mesa, lo que tardaría cada cliente en acabar, y el tiempo que necesitarían en la cocina para preparar el siguiente plato, pues era fundamental que nadie tuviera que esperar. Era el responsable de decenas de miles de dólares de negocio adicional, porque sabía reducir los gastos al mínimo.

—Me comporto como si fuera el dueño —confesó Andy—. No sé qué demonios me pasa.

Pero había algo difícil de percibir. Andy hablaba muy deprisa, algunas veces demasiado deprisa, y en su veloz discurso se adivinaba cierto desequilibrio, el destello de una psique cayendo vertiginosamente por una pendiente. Su voz podía ser muy chillona.

—¡Oh, cómo odiaba aquella voz! —exclamó Elisa, recordando la época en que trabajaba por las noches—. Siempre parecía a punto de quedarse afónico.

—Andy está de mal humor —dijo Frankie al oído de todo el mundo, justo antes de empezar a servir la cena de Fin de Año.

¿Cómo podía saberlo Frankie? Miré a Andy. Era cierto. Algo andaba mal: cierta furia, cierto estrés autodestructivo. Y entonces empezó a salir a la luz, pero nunca de forma directa y siempre en el trabajo. Por ejemplo, ibas de cabeza y Andy te mandaba seis pedidos más.

Espera, tío, pensabas. ¿No ves que no doy abasto?

Y en cuanto asimilabas lo que decía, y corrías a coger los alimentos, a condimentarlos, a prepararlos, Andy te lanzaba otros cuatro pedidos. Si esta vez decías algo (aunque sólo fuera un enfático *«¿Qué?»),* Andy añadía otros dos pedidos y («¡Por qué no?») otros dos, y después («¡Qué demonios!») cuatro menús degustación. ¿Por qué? Porque podía. Porque estaba rabioso por dentro: por lo abrumadoras que eran sus obligaciones, por lo que tenía que hacer todas las noches —sin interrupción, con problemas constantes, todos los días durante cinco años— en el restaurante de Mario, y por el hecho de que éste no tuviera que estar allí porque tenía a Andy. Y luego, como si obedeciera los dictados de algún impulso autodestructivo, volvía a casa y se quedaba hasta las tres de la mañana leyendo sobre la cocina española, ideando platos para un restaurante inexistente.

Jamás habría un restaurante español. Yo estaba convencido. Cuando terminamos de almorzar —y después de que Joe aceptara hablar otra vez con Andy—, Joe preguntó a Mario si quería dar una vuelta en coche. Quería enseñarle un lugar bastante cerca del Meatpacking District.*

Un cuarto de hora después estábamos delante de él, un edificio enorme y vacío, y Joe nos explicaba detalladamente una fantasía suya.

–¿Qué tal un restaurante de quinientas plazas –dijo–, con grandes escaleras y un servicio de aparcamiento y una tienda de tabaco al lado?

–Para Joe eso es el colmo de la elegancia: un servicio de aparcamiento –comentó Mario.

Joe hizo caso omiso.

–Echemos el resto para demostrar a Nueva York que puedes tener un restaurante italiano de cuatro estrellas.

Dejando que sus ideas fluyeran libremente, añadió:

–No, pensándolo bien, no debería ser italiano sino italoamericano. –Aquello era una vuelta a sus raíces, un homenaje a la cocina de Lidia, su madre.

Yo estaba siendo testigo de uno de los aspectos creativos de montar un restaurante –algo estimulante– y, antes de que transcurrieran seis meses, Joe tenía un contrato de alquiler y había contactado con un arquitecto para que convirtiera en realidad lo que él había soñado aquel día en la calle. El lugar tendría un nombre italiano, Del Posto. *Posto* era «sitio» en italiano. Desde luego, no era la traducción del «restaurante español de Andy».

Mario había creído estar al corriente de lo que ocurría en la cocina de Babbo, a pesar de no estar presente, porque confiaba en Frankie como espía. Frankie era su espía de Andy: por eso se sorprendió cuando Joe le dijo que había problemas. (En realidad había muchos espías. «No se

---

lo digas a Elisa», me dijo un día Gina, «pero Mario me ha pedido que la vigile.») Pero Frankie jamás criticaba a nadie a sus espaldas. Cara a cara era diferente; cara a cara, era la persona más franca y directa del mundo.

Frankie era el joven más maduro que he conocido. Aún no había cumplido treinta años, pero podía haber tenido cincuenta. O tal vez representaba su edad, pero de otra época: como una versión más joven del abuelo de alguien. Había nacido en Filadelfia –en el sur de «Fili» (también cincuenta años por detrás del resto del mundo)– y era amable y perspicaz, y un cocinero muy rápido, con los reflejos de alguien que sabía desenvolverse en la vida: todo en él era muy masculino a la antigua usanza, salvo sus largas pestañas y una marca de nacimiento en la mejilla, como uno de esos lunares que tenían las mujeres cuando los lunares estaban de moda. Se hallaba muy unido a su familia y a menudo volvía a casa en sus días libres: la madre era dueña de un inmueble (alquilado a una peluquería); el padre, jubilado y con más de setenta años, conducía un camión. Acompañé a Frankie en una de sus visitas: los típicos filetes con queso de Filadelfia, pizzas Stromboli, pechugas de pollo, un mercado callejero italoamericano, edificios de ladrillo, casi todos de dos pisos, evocadores de los cuadros de Edward Hopper y de la película *Rocky*. Dimos una vuelta en coche, y me enseñaron «la caperuza», la iglesia donde Frankie había conseguido su primer trabajo: ayudar a preparar la comida de los sacerdotes de la parroquia; el edificio de su madre, que algún día espera heredar y convertir en un restaurante («Nada demasiado elegante, sólo buena comida; lo dirigiré con mi hermana y su marido»); su calle, donde todos los meses de septiembre empujaba un carrito con un exprimidor de tomates de casa en casa. El exprimidor era uno de esos molinillos con manivela que los italianos aún emplean para pelar y quitar las simientes del tomate antes de hacer una salsa. En el barrio de Frankie, lo llamaban «el moje». En septiembre, todas las mujeres compraban tomates al por mayor.

Frankie pretendía estudiar en una facultad local («No sé..., contabilidad, por ejemplo»), pero los libros no eran lo suyo, y un día llegó a casa y encontró sobre la mesa cuatro folletos de escuelas de cocina. Los había encargado su madre. Cuatro años después, consiguió su primer trabajo serio: en Le Cirque, entonces un restaurante de cuatro estrellas, cuando el primer chef era el camboyano Sottha Khunn, formado en París. Al principio, como era de esperar, no le dejaron cocinar nada.

–Pasé los tres primeros meses preparando los entrantes, igual que Alex ahora. Hice cualquier cosa que me mandara Sottha Khunn. Siempre era: «Sí, Chef. Lo que usted diga, Chef. Ahora mismo, Chef.» Era cocina francesa, así que yo era su perro. Bueno, si era eso lo que quería, no importaba. Al cabo de tres meses, Khunn me dijo que observara al tipo de la parrilla. Nada de cocinar, limitarme a observar. Entonces un día me colocó en la cadena de cocineros..., pero no en la parrilla, en el rincón del pescado. El tipo del pescado no había aparecido. Nadie me había enseñado. «No hay tiempo para hacerlo», me dijo Khunn.

Fue un desastre. Frankie se puso nervioso y todo salió mal; al final de la noche, caído en desgracia, fue enviado a casa: a partir de ese día, trabajaría por las mañanas.

Sottha Khunn era muy gritón.

–Si pedía algo, se lo dabas. Si lo quería de otro modo, lo hacías. Jamás ponías en duda nada, jamás discutías, porque tenías claro que, si empezaba a gritar, serías un desgraciado toda la noche. Acabaría mandándote a casa o despidiéndote. –Khunn era, asimismo, un perfeccionista y, para

Frankie, una fuente de inspiración–. Aprendí más aquellos tres meses en Le Cirque que en mis tres años de escuela de cocina. Fui a una escuela de cocina para poder trabajar con alguien como Khunn.

El hecho de aprender con un gritón, ¿fue la causa de que Frankie llegara a ser otro? Porque, al asumir más y más responsabilidades en Babbo, pareció convertirse en eso: en el gritón de la cocina.

Casi todos los gritos eran para Alex, aunque éste admita que algunas veces los merecía. Seguía trabajando en el rincón de los entrantes, pero estaba tan agobiado como los demás. Había trece aperitivos, todos ellos bastante sofisticados, y reconocía que no siempre estaba listo cuando llegaban los clientes: una confesión terrible. Eso significa que no está todo preparado cuando empiezan los pedidos, y estos llegan muy deprisa.

Si Alex no tenía todo a punto, se quedaba atrás. («No estaba acostumbrado a aquel trajín..., hacía trescientos o cuatrocientos aperitivos cada noche..., y no tenía tiempo ni para extender el brazo y coger un vaso de agua.») Si una mesa pedía un plato de pasta y un entrante, por ejemplo, cuando la pasta estaba cocida, lista para servir, empezando a enfriarse, Alex seguía enredado con sus judías.

–¡Vamos, Alex! –gritó un día Frankie–. ¿Sabes lo que quiere decir *mise en place?*

Alex, como era típico en él, no entendió la finalidad de su pregunta –estaba tan concentrado que no se había dado cuenta de que la gente estaba esperando– y respondió literalmente. Pensaba que Frankie le pedía ayuda para traducir una expresión francesa. Se detuvo y empezó a meditar sobre la frase, conjugando el verbo, y estaba a punto de decirle su significado cuando Frankie le interrumpió.

–¡No seas idiota! ¡Quiere decir tener tu mierda en su sitio a tiempo!

Alex pareció anonadado.

–Algunas veces –le dijo a Frankie– das la información de un modo que no me parece nada adecuado, y pienso que podrías ser un poco menos ordinario.

La cosa empeoró. Frankie empezó a cronometrar los platos de Alex. Devolvía otros. A las ensaladas les faltaba altura. *«¡Repítelo!»* No tenían suficientes guisantes. *«¡Repítelo!»* No había limpiado el plato. *«¡Repítelo!»* El romero no era lo bastante fino. Las judías estaban demasiado hechas. Había olvidado la *pancetta*.

–Estaba siempre hinchándome las pelotas –me dijo Alex–. Me convertí en su perro. Me eligió para putearme.

Pero esto no era cierto.

–¡Soy un cabrón, soy un cabrón, soy un cabrón! –repetía Frankie–. Tengo que serlo para no perder nuestras tres estrellas. No quiero amigos.

Se metía con Mario Garland. Garland era el tipo que había sustituido a Mark Barrett en el rincón de la pasta. Pero sus platos quedaban demasiado líquidos. («Cometí el error de ser amable con él», me dijo Frankie. «Creyó que, en vez de su jefe, era un colega.») Se metía con Holly porque no dejaba de llevarle la contraria. «A su pato le faltaba color (lo que significaba que la cazuela no estaba lo bastante caliente para dorar el pato como debía) y le dije: "Tienes que dorarlo más", y ella empeñada en darme una explicación. Lo que quiero es escuchar: "Sí, Frank, ahora mismo, Frank, lo que tú digas, Frank."» Dondequiera que mirase, Frankie veía algo que no le gustaba. «Hay cien maneras de cocinar un ingrediente. Estoy aquí para asegurar que se hace al modo de Mario.» El problema era que Mario no estaba en la cocina. «Le he dicho que aparezca de vez en cuando. Necesito que la gente vea que yo sigo sus instrucciones. No me hacen caso.»

Frankie no sabía mandar; era muy sociable por naturaleza y podía ser un amigo, un confidente, un bromista (montando las claras de huevo a punto de nieve y simulando que las echaba por dentro del cuello del lavaplatos) y, al cabo de unos instantes, una persona terriblemente grosera. Cuando llegaba a mediodía, yo escudriñaba su rostro para ver qué Frankie tendríamos. Creaba un ambiente de trabajo muy peculiar, aunque nunca fuera aburrido. Es posible que yo me divirtiera más que los demás porque no tenía tanto que perder. Me daban igual las críticas, estaba allí para aprender, y aceptaba mi estatus servil. «Sí, Frankie», decía siempre.

–¿Tengo razón, Bill? –gritaba él para que lo oyera toda la cocina.

–Sí, Frankie.

–¿Tengo siempre razón?

–Sí, Frankie.

–¿Es posible que me equivoque alguna vez?

–No, Frankie.

Entonces sonreía.

Pero también me llegaría el turno.

Esto ocurrió una noche en que andábamos escasos de personal. Abby se había tomado seis días libres. Llevaba algún tiempo dando vueltas a la idea de someterse a una operación de cirugía estética. Sus dudas se habían convertido en un extraño tema de conversación –¿debería hacerlo?, ¿no debería hacerlo?–, pero no más extraño que otras confidencias que se hacían en la cocina: la vida sexual de Holly, por ejemplo, o los esfuerzos de Garland para dejar embarazada a su mujer (entonces en curso y realizados a diario). Cuando se pasan tantas horas juntos, no hay secretos. Y entonces Abby decidió definitivamente hacerlo.

Esperábamos que volviera el lunes siguiente. Yo trabajaba con ella en la parrilla, dividiéndonos las tareas, como había hecho con Mark. Al principio, yo cocinaba la carne y ella se ocupaba de los *contorni*, pero, con el tiempo, empecé a preparar los *contorni* y a servir los platos, aunque Abby estuviera cerca por si tenía algún problema. El domingo llamó por teléfono. Habían surgido complicaciones. Necesitaba un día más. ¿Quién podía sustituirla?

Yo estaba deseando que llegara ese momento. Era el 17 de marzo, quince meses después de mi primer día en la cocina. ¿Estaba preparado? Sí y no. Sí, porque sabía casi todo lo que tenía que saber. No, porque únicamente sabía casi todo.

Sólo los preparativos eran tan complicados que jamás los dominabas hasta que no tenías más remedio. (Mejor dicho, eran tan complicados que jamás los dominé hasta que no tuve más remedio.) Tenía un plano de mi rincón de trabajo que acababa de aprender de memoria. La carne y el pescado estaban debajo de la encimera. Eso estaba bajo control. El problema era lo que había en la parte superior: las pequeñas fuentes de *contorni* y algunos aderezos. Había treinta y tres ingredientes diferentes, y casi todos tenían que prepararse antes de que se abriera el restaurante, incluyendo cebollas rojas (guisadas con jugo de remolacha y vinagre de vino tinto), salsifí (braseada con sambuca), y *farotta* (guisada con puré de remolacha). Había seis atomizadores diferentes, dos vinagres balsámicos, dos aceites de oliva, y *vino santo*, *vino cotto*, y *saba*, además de las coles de Bruselas, el hinojo braseado y el paté de conejo..., y ¡maldita sea! Hoy en día examino aquel plano y me asombra haber tenido todo aquello en la cabeza.

Estaba muy nervioso y empecé, como era típico, cortándome el dedo. Estaba preparando las alcachofas de Jerusalén, esos bulbos nudosos e increíblemente feos que parecen excrementos, pero que, después de cortarse muy finos y freírse en aceite bien caliente, tienen un sabor a tierra que parece gustar a algunos. A Mario, supongo. (Algunas veces, al componer esos platos, pienso: ¿cómo demonios se le ocurrió que esta combinación sería una buena idea?) Cuando las alcachofas empezaban a dorarse, se añadían setas *shiitake* y un chorro de vinagre, y al final un manojo de perejil: era el lecho de verduras de las chuletas de cordero. Pero sólo resultaba comestible si las alcachofas de Jerusalén se cortaban muy finas –de un grosor que sólo puede conseguir una máquina de cortar carne, esa cuchilla redonda que vemos en las charcuterías girando a toda velocidad. La cuchilla es grande; las alcachofas, pequeñas y resbaladizas. Se oyó un chirrido. Pegué mi salto de siempre. Todo el mundo se quedó helado. Tony Liu se inclinó para ver si encontraba mi dedo obstruyendo la cuchilla.

–No, no –exclamé–. Sólo la uña y la yema.

Hice lo rutinario: desinfectante, gasas y una tirita de goma, que puse sobre un dedo índice más corto que antes.

No fue un buen comienzo, iba retrasado con mis preparativos. En realidad, todo el mundo andaba como yo y había una gran presión en el ambiente..., un tipo de presión desagradable, agobiante. Elisa se quedó más tiempo de lo normal y, con las prisas, dejó caer un recipiente de berberechos, que se esparcieron por el suelo como si fueran canicas. Frankie murmuró algo. «¡Vete a la mierda, Frankie!», exclamó ella. Estaba de lo más irritable. Y Frankie también. ¿Era yo el culpable de su irritación? Estaba tardando demasiado en cortar el romero, dijo Frankie. Estaba tardando demasiado en preparar el tomillo.

Tony Liu se unió a él. «Tienes que moverte más deprisa. Hay que preparar muchas cosas. Eres demasiado lento.»

Empezaron a llegar clientes y, durante las dos primeras horas, inspeccionaron todos mis trozos de carne.

Vale. Me están poniendo a prueba. Tranquilo. Sabes hacerlo.

Alguien pidió chuletas de cordero, medio hechas. Las preparé, compuse el plato y, cuando me disponía a dejarlo en el paso, Frankie me detuvo, desmontó el plato y presionó con el dedo todas las chuletas. No dijo nada: no me miró, nada. Un trozo de lomo alto, poco hecho, y cuatro personas se apiñaron a su alrededor en cuanto lo saqué del fuego, pinchándolo con una varilla y llevándose ésta a los labios para juzgar si estaba en su punto. Un solomillo de cerdo; hicieron lo mismo: desmontar todo el plato. La carne estaba bien. Pude ver la decepción de Frankie. «Ármalo de nuevo», dijo.

Tony Liu vio mi mano.

—Quítate el plástico.

—Me he cortado el dedo —le recordé.

—Quítatelo. No se puede cocinar así. Tienes que tocar la carne.

Me quité la tirita y tiré las gasas. Durante un rato, intenté usar los demás dedos, pero no servían para dar aquel toque rápido. Tenía que usar demasiado el corazón y me lo quemaba, y entonces no podía interpretar lo que me decía; así que me rendí. Apreté con el índice una chuleta de cordero que había en la parrilla, metiendo la herida en la carne. La herida se abrió. La chuleta tenía sal y resplandecía con la manteca caliente. Sentí el escozor de la sal y la quemazón de la manteca. Bueno, ése era el método. Me volví para enjuagarme la mano en el espumoso barreño de plástico, pero el agua estaba negra, excepto la superficie, que estaba brillante. Vacilé, pero acabé metiendo la mano.

Frankie estaba a dos pasos de mí.

—Esta noche no tienes a Abby para protegerte. Me tienes a mí. Estamos solos.

Cogió dos lonchas de la *pancetta* que yo estaba asando en la plancha. Tenían un cordel alrededor.

—Nosotros no servimos cordeles —dijo.

Yo lo sabía. Aquella *pancetta* no había sido enrollada bien y se estaba rompiendo, algo que Tony había observado al sacarla de la despensa: me había pedido que la cocinara con el cordel y se lo quitara antes de servirla. Empecé a decírselo, pero mis explicaciones le parecieron irritantes.

—Sí, Frankie —dije.

Quitó el cordel y me lo arrojó a la cara.

—Estás entre adultos. Tienes que arreglártelas solo.

Llené una sartén de zumo de naranja, lo reduje, añadí un poco mantequilla y eché el hinojo. El hinojo va con el *branzino*.

Frankie cogió la sartén.

—¿Te parece suficiente hinojo? —preguntó.

Creí que iba a arrojarme la sartén. Me preparé para el ataque. Frankie no se movió. Miré el hinojo. Había dos trozos, ambos del tamaño de un tercio de bulbo. No sabía qué decir.

—¿Estarías contento si alguien te pusiera tan poco hinojo en el plato?

Lo miré de nuevo. Vale, tal vez aquel bulbo fuera un poco pequeño.

—¡No hay suficiente, carajo! —exclamó Frankie—. Hazlo otra vez.

Cogió los trozos de hinojo caliente con los dedos y me los lanzó a la cara. No tuvo buena puntería. Aterrizaron en la bandeja donde tenía la carne, y la salpicaron de zumo de naranja y mantequilla. Cogí los bulbos, los agité, limpié la carne y empecé de nuevo.

251

–Esta noche estás entre adultos. No puedes eludir tu responsabilidad.

Andy pidió un conejo.

Era uno de los platos preferidos, porque era el más complicado. El conejo se prepara de tres maneras –salteado, a la plancha y confitado– y se sirve sobre un lecho de achicoria amarga. Se hace en distintas etapas, así que varias personas han de trabajar en equipo. Durante el día, un miembro de la cocina auxiliar asa las patas delanteras y traseras. Justo antes de abrir el restaurante, yo las doro en una cazuela caliente, añado rodajas finas de pastinaca (que se caramelizan enseguida), un chorro de *vino santo* (que estalla en llamas), *pancetta* y caldo de conejo (un ingrediente francés muy radical, todavía no sé por qué se tolera). Después guardo la sartén hasta que sea necesaria. El trozo que se asa en la parrilla es el lomo. Y el *confit* es un paté, que se extiende en un pan tostado similar al *crostino* y se coloca en la parte superior del plato, de un modo muy arquitectónico.

Se necesitan dos personas para montar el plato, Frankie y yo.

Yo había colocado varias sartenes salteadas en su balda antes de que llegaran los clientes. Cogí una y la puse sobre la plancha de asar. Coloqué un lomo en la parrilla y saqué otra sartén para la achicoria amarga. Cuando el lomo estaba casi hecho, dejé una rebanada de pan en la encimera para que Frankie la tostara. Mientras se tostaba, saqué el paté. En cualquier caso, ésa era la rutina.

Cogí otra rebanada de pan.

Frankie la aplastó.

Aquello me resultó incomprensible. ¿Le pasaba algo al pan? Miré a Frankie. Estaba furioso.

–Dame otra.

Retiré el pan aplastado, limpié las migas y cogí otra rebanada.

Frankie la aplastó.

Aquel pedazo era idéntico al anterior. No entendía nada.

—Dame otra.

Quité los restos del pan y saqué otra rebanada. Frankie la aplastó. Le miré. ¿Qué coño estás haciendo? Parecía totalmente enloquecido, como si en su cabeza se estuviera produciendo algún espeluznante fenómeno químico. Busqué a Andy, pero se había dado la vuelta. Aquello también era extraño. ¿No estaba esperando el plato que éramos incapaces de terminar porque Frankie destrozaba las rebanadas antes de tostarlas?

—Dame otra.

Cogí otra rebanada, exactamente igual que las tres anteriores. Frankie la cogió, y montamos el plato y lo pusimos en el paso.

Fue una noche muy larga. Hubo más contratiempos. Andy pidió un *branzino* en algún momento, pero yo no le oí (¿era posible que no le hubiera oído?) y no lo preparé. Más tarde ocurrió lo mismo con unas chuletas de cordero. ¿Tampoco me había enterado de aquello? Miré fijamente a Andy. Su rostro siguió impasible.

Quizá pasaron más cosas. Aquella noche todo se volvió borroso. Cuando John Mainieri entró en la cocina y dijo: «¡Todos servidos!», sentí un gran alivio. Era temprano, sólo las once en punto. Llevaba allí desde la una. Estaba empapado. Tenía el uniforme de cocinero completamente pegado a mi espalda; se había derretido. Cuando conseguí hacer pis, era de un color amarillo brillante. Estaba deshidratado. Había empezado la noche con tan altas expectativas... Volví a casa, coloqué una silla delante de la ventana, miré hacia fuera y me quedé allí hasta el amanecer.

Al día siguiente, fui a trabajar..., quizá con un paso marcadamente menos dinámico de lo habitual. Era la encarnación de la lentitud. Todo en mí parecía funcionar muy despacio. Mis pensamientos parecían atascados en una especie de melaza cerebral. Era como si corriera dentro del agua. Se me había ocurrido una carrera: podría ser la mascota del movimiento pro cocina lenta.

Abby había vuelto, pero no debería haberlo hecho. Estaba pálida y muy frágil, y no podía levantar los brazos. No se puede cocinar si no puedes mover los brazos. La cocina tenía un verdadero problema. El día anterior, Tony Liu había acudido en su día libre por si ocurría algo. Pero aquel día no había ningún refuerzo. Abby era consciente de que no debería haber ido; también sabía que la esperaban. El lema de la cocina: nadie se pone enfermo. (Hasta que trabajé en Babbo, siempre me pregunté por qué tanta gente de Nueva York caía súbitamente enferma en invierno. ¿Era el metro y la exposición a los microbios de tanta gente apelotonada? ¿O era sencillamente que en Nueva York casi nadie cocina en casa y la gente prefiere echar mano de las cocinas profesionales?)

De nuevo la misma pregunta. ¿Estaba preparado?

Sí. Y sí.

Organicé mi rincón de trabajo. Vi lo que faltaba. Cociné y doré el hinojo. Corté el romero... muy deprisa: pam, pam, pam. Saqué el tomillo. Preparé seis sartenes de salteado para conejo. Y, cuanto más hacía, más suelto me sentía, como un atleta que calentara sus músculos. La pesadez de mi cabeza desapareció. Mis movimientos se hicieron más fluidos. Terminaba una tarea y sabía qué debía hacer a continuación y lo que necesitaría hacer cuando aquello estuviera listo. Llegaron los primeros clientes. Estaba preparado. Adquirí un ritmo. Veía la cocina con otros ojos. Parecía ser consciente de todo. ¿Era aquello adrenalina? ¿Era la clarividencia que dimana del agotamiento? Era incapaz de explicar por qué me sentía tan bien, especialmente después de haberme sentido tan mal. Sabía en qué momento estaban los preparativos de todo el mundo. Podía ver todas las etiquetas y los artículos escritos en ellas. Estaba trabajando con Frankie, pero de algún modo, no sé cómo, sabía también lo que él iba a hacer antes de que lo hiciera, y cuándo necesitaba algo antes de que lo pidiera. «Bill, necesito el...», y fuera lo que fuera (cebollas rojas, coles, un trozo de pan), yo lo tenía. Estaba cocinando: rápida, dura, eficazmente. Era la noche de trabajo más gratificante de mi vida.

Cuando todo terminó, me senté en el bar. Tenía que tranquilizarme. Le pedí a Tom una cerveza. Frankie apareció y se sentó en un taburete a mi lado. Quería darme las gracias.

–Lo has hecho muy bien. No dejes que nadie te diga lo contrario. Nos has salvado el pellejo.

Acabé mi cerveza. De acuerdo. Lo había hecho muy bien. Me gustaba eso.

Fabricante de pasta

Mis conocimientos sobre la gastronomía napolitana aumentaron después de asistir a una cena que resultó ser un concurso de comedores de espaguetis. Esta clase de competiciones han sido muy normales en la vida social, y en los últimos tiempos se han visto restablecidas y elevadas casi a rango de culto como consecuencia de la reaparición en el mercado negro de las materias primas necesarias.

Participantes: hombres graves y acaudalados, incluido un antiguo *vicequestore*,* un director de la Banca di Roma, y varios abogados de prestigio; ninguna mujer. Las raciones de espaguetis se pesaban en una balanza antes de servirse en los platos. El método de ataque era el clásico implantado, según dicen, por Fernando IV, quien se encargó de aplicarlo ante un público extasiado en su palco de la Ópera de Nápoles. El tenedor se alzaba en el aire y los espaguetis quedaban colgando hasta caer dentro de la boca abierta, con la cabeza echada hacia atrás. Advertí que los mejores concursantes no trataban de masticar los espaguetis, sino que parecían retenerlos en la garganta que, una vez llena, vaciaban con una violenta convulsión

* Alto mando policial. *(N. de la T.)*

de la nuez de Adán (a veces sus rostros enrojecían al hacerlo). Ganador: un médico de sesenta y cinco años que comió cuatro gigantescos platos que pesaban 1,4 kilogramos, y al que todos aplaudieron y vitorearon. Después de agradecer jubiloso la ovación, salió de la estancia para vomitar.

NORMAN LEWIS,
Nápoles, 44

16

Lo que ahora me preocupaba era en qué momento de la larga historia culinaria de la península italiana los cocineros habían empezado a poner huevo en la masa de la pasta. ¿Era una inquietud razonable? Por supuesto que no. Pero yo seguía dándole vueltas. Y eso me planteaba otras cuestiones, incluso la posibilidad de que la palabra «pasta» fuera equívoca, por no decir completamente errónea. Tradicionalmente, existen dos versiones, la seca y la fresca, ¿no es así? La seca, como los *linguine*, se llama *pastasciutta*, y la fresca, como los *tortellini* de Miriam, *pasta fresca*. Pero ahora estoy convencido de que se parecen mucho menos de lo que la gente cree y que sólo una casualidad lingüística las convierte en lo mismo. Se hacen con distinta clase de trigo (la seca lleva trigo siciliano, uno de los más ricos en proteínas; la fresca, harina para pan, de un grano con más almidón), se aderezan de diferentes maneras (la primera con aceite de oliva, de un árbol; la segunda con mantequilla, de una vaca), y vienen de dos culturas muy dispares: la pasta seca apareció en Sicilia a principios del siglo XII (casi doscientos años antes de que Marco Polo volviera de visitar a los chinos, trayendo probablemente *su* versión), y había sido introducida por los mercaderes árabes, que desconocían la fresca, aunque ésta llevara comiéndose casi doscientos años en forma de *lasagna* para nosotros, *laganum* para los romanos, y *laganon* para los griegos.

La confusión surge del hecho de que, hasta la segunda mitad del siglo XX, «pasta» no era una palabra que se usara realmente en la cocina (casi nunca se encuentra en los libros de cocina antiguos) sino un término que englobaba cualquier alimento, dulce o salado, que se hiciera con masa. (Aparece en un libro de contabilidad de Cagliari, en 1351, y lo emplean unos agentes marítimos sardos para distinguir los cajones de fideos secos de otras mercancías que llenaban sus muelles: pescado en salazón, ruedas de queso, vino, ovejas, botes de azafrán, y esa cosa apilada contra el muro..., sí, esa cosa que se hace con masa, esa pasta que hay que colocar allí.)

En lugar de pasta seca, estaban los macarrones. *Ésta* fue la palabra empleada por la gente casi quinientos años para referirse no sólo a los tubos alargados sino a cualquier modelo de *pastasciutta;* ésta nació en Sicilia y se extendió luego a Cerdeña y a Nápoles, llegando en barco desde Génova hasta los principales puertos de Europa. Thomas Jefferson la comió en Francia y le gustó tanto que envió un montón de baúles a Estados Unidos. (Veintiséis años después, su pedido anual fueron cincuenta libras, lo suficiente para doscientas cincuenta comidas. Duplicó esa cantidad en 1817, más cincuenta libras adicionales para su nieto, y volvió a duplicarla al año siguiente: después de aficionarse a ella, todo le parecía, como a tantos de nosotros, poco.)

Los macarrones siempre han sido un gran negocio; la pasta fresca nunca podría serlo. La pasta fresca era típica del norte de Italia, y normalmente la hacían las mujeres en sus casas o en sus pequeñas cocinas, no en las fábricas, y, debido a su naturaleza perecedera, era imposible exportarla. La vendían, por ese motivo, las personas que acababan de hacerla –desde principios del siglo XIV, los *lasagnari*, fabricantes de lasaña, porque la *lasagna* era el nombre genérico de todo lo que ahora consideramos pasta fresca: una masa extendida con el rodillo hasta formar una lámina *(una sfoglia)* que se cortaba, enroscaba, rellenaba, y con la que se hacían todos esos juguetes que los italianos llaman comida. Desde la época de los griegos y los romanos, la *lasagna* era una mezcla de harina y agua, amasada para que las extraordinarias proteínas del trigo se unieran a las moléculas de agua y produjeran esa combinación que da elasticidad a la harina y que llamamos gluten..., el misterio imperecedero de la comida europea. Y, desde la época de los griegos y los romanos, no hubo huevo en la masa ¿hasta cuándo?

No hay huevo en la receta del *Liber de coquina*, escrito por un autor anónimo a finales del siglo XIII, que habla de una lámina de pasta fermentada (una masa casi fermentada mezclada con alguna sobra sin cocinar). La lámina se extiende con el rodillo hasta ser lo más fina posible, *più sottile che puoi*, y se corta en cuadrados no más grandes que la longitud de un dedo, que se cuecen y sirven con queso y especias, probablemente canela y nuez moscada: una simple pasta que me recordó el viaje que hicimos Joe Bastianich y yo a Porretta Terme, donde Betta hizo un plato muy parecido llamado *quadrini*, «cuadraditos», aderezado con mantequilla y parmesano.

No hay huevo en la versión toscana del *Liber de coquina*, escrito a finales del siglo XIV. El autor anónimo *(anonimo Toscano)* habla de una harina blanca de buena calidad *(farina buona, bianca)* –de ésas suaves y esponjosas, con mucho almidón– y recomienda acompañarla con queso o *lardo*. No hay huevo en la posterior versión veneciana (escrita por otro autor sospechosamente anónimo, *anonimo Veneciano)*.

Sigue sin haber huevo en el siglo XV: no parece haberlo en la pasta que hace el maestro Martino, aunque menciona las claras, lo que es un gran adelanto. Las emplea en sus macarrones sicilianos, para endurecer los fideos, pero no sugiere hacer nada con las yemas sobrantes. Ello resulta bastante desconcertante porque al maestro le encantaban los huevos (escalfados en vino dulce, a la plancha, cocidos a fuego lento, en diferentes moldes, hervidos en leche, con aceite o a las brasas) y recomienda utilizar uno para ligar los ingredientes con que se rellenan los raviolis. Lo que no dice es que se añada otro en la masa de los propios raviolis.

Estaba obsesionado con el tema, así que cogí impulsivamente un avión, en el último minuto, y me fui a Italia. El motivo, por supuesto, era la pasta *una vez más*. No quiero subestimar la importancia del tiempo que pasé en Babbo en el rincón de la pasta –lo recordaré el resto de mi vida, aunque sólo sea por lo que ahora sé de *linguine* y marisco–, pero estaba muy lejos de entender el meollo del asunto. Después de todo, estaba aprendiendo a hacer un plato antiquísimo y extremadamente local de la Italia rural en una cocina de la ciudad de Nueva York donde todo eran prisas y ajetreo. Ni siquiera me enseñaba un italiano, sino otros cocineros que habían aprendido de otros cocineros que habían aprendido de Mario, quien (¡finalmente!) había aprendido de un italiano. Y la pasta se hacía en una máquina, aunque siempre dijeran que lo mejor era extenderla a mano sobre una tabla de madera con un *matterello*, uno de esos rodillos italianos con los extremos redondeados para que la lámina de masa sea cuadrada; y el resultado, hecho *con* madera y *sobre* madera, tenía supuestamente aquella textura de lengua de gato de la que siempre hablaba Mario, como los raviolis de su abuela o los *tortelli* de Miriam. Eso era lo que yo seguía anhelando hacer y, después de todo aquel tiempo, aún no sabía cómo. Así que ¿por qué no preguntárselo a la propia Miriam?

Llamé por teléfono. Miriam, dije, quiero trabajar contigo.

—*Certo* —me respondió—. Llámame cuando estés en Italia y vente una tarde.

Aquello era complicado. No estaba pensando en una tarde cuando pasara casualmente por la *zona,* sino en un par de semanas. En un mes. O en más tiempo: algo planificado, con un alojamiento y toda la parafernalia de un aprendizaje.

Ella fue presa del pánico.

—¿Qué estás diciendo? ¿Un mes? Jamás he dejado entrar a nadie en mi cocina..., *jamás.* —Hizo un ruido muy extraño, como si le costara respirar—. No sé qué decir. ¿Estás loco?

Parecía muy enfadada.

El plan no salió bien, pero una semana después me surgió otra oportunidad. La ocasión fue una visita a Nueva York de Valeria Piccini, la chef de Da Caino, para muchos el mejor restaurante de Italia, situado en Montemerano, un pueblo en una colina de la Maremma, la zona sur de la Toscana pegada al mar. Alain Ducasse, el chef francés más famoso de la época, había pedido a Valeria que acudiera como chef invitada a su restaurante de Nueva York. Yo quería conocerla y conseguí asistir a la cena.

Para Valeria, la noche fue un verdadero desastre. La cocina no tenía lo que necesitaba. Había demasiada gente

263

–sin corazón y *demasiado* eficiente–, estaba obligada a hacer comida que no había tocado («Necesito tocar todo») y los platos eran tan impersonales que le resultaba insoportable mirarlos («Tenía que cerrar los ojos»). La pasta fue una catástrofe, declaró, apareciendo al final de la cena, al borde de las lágrimas. Pidió perdón a los italianos (que asintieron con mirada de complicidad, sin haber sido conscientes de que pasara nada; yo había devorado mi plato encantado, sin pensar) y se desplomó en una silla a mi lado. No entendía por qué había salido mal. Había hecho la masa como siempre, explicaba (a mí, al techo, a nadie): tanto huevo, tanta harina, pero había quedado horrible. Lo tiró. Tal vez había olvidado algo. La hizo de nuevo: tanto huevo, tanta harina, pero volvió a quedar horrible. «Yo estaba desconcertada. ¿Cómo podía ser?» Entonces empezaron a llegar los pedidos. «Quiero irme a la cama. Quiero volver a mi hotel y esconderme. Estoy tan avergonzada.» Guardó silencio, angustiada. Físicamente, se parecía a Miriam: nariz masculina y ganchuda; rostro ancho; gorro blanco de cocinero; aunque más joven (cuarenta y cinco años, en lugar de los sesenta y dos de Miriam). Al igual que su compatriota, sólo había trabajado en una cocina (la suya), en un restaurante (el suyo), y en su pueblo natal. Recuerdo que pensé: en Nueva York no se conoce a gente así.

–¿Habrá sido la harina? –exclamó en voz baja–. La gente me dijo que trajera la mía. Yo contesté: «Pero ¿qué decís? Es el mejor restaurante de Nueva York.» ¿Los huevos? La gente me dijo que trajera huevos. «Confiad en mí», respondí. «Estoy segura de que en América tienen gallinas.»

Escuché su triste monólogo completamente fascinado. (En realidad, esto no es del todo cierto, lo escuché con uno de mis oídos sin entender nada; con el otro escuchaba la traducción de Jessica, que habla muy bien italiano.) El monólogo me confirmaba todo lo que había pensado sobre la pasta. Era tan sencillo y, al mismo tiempo, tan complicado hacerla. Unos ingredientes muy simples (harina, huevo) y un proceso muy simple (hacer una masa) y, sin embargo, ni siquiera en las manos de una gran chef, estaba asegurado su éxito, y sin que ella supiera por qué.

—¡Déjeme trabajar con usted! —exclamé en inglés.

Me miró sin comprender.

—¡Déjeme trabajar con usted! —repetí. Estaba excitadísimo—. ¡Puedo ir a Italia mañana mismo!

Mis palabras la dejaron perpleja, y pude ver cuánto le costaba asimilarlas. Tal vez mi desatado entusiasmo norteamericano no fuera una forma estratégica de abordarla. De hecho, en cuanto comprendió mi petición, vi que estaba muy lejos de compartir mi entusiasmo. Se irguió de repente, y pareció recordar dónde estaba (cuando pienso en lo que debí de parecerle: un desconocido con una inexplicable capacidad para entusiasmarse con unos platos fallidos).

—Oh —dijo cautelosamente en inglés—, ¿quiere hacer prácticas?

—¡Sí! —exclamé—. ¡Sí! ¡Sí!

—Me temo que sería muy difícil de organizar.

Así que el plan tampoco funcionó. ¿Por qué? No entendía por qué. ¿Por qué no le gustaban los estadounidenses? ¿Por qué no le gustaba yo? ¿Porque era una italiana gruñona y xenófoba de las montañas que desconfiaba de los extranjeros? O ¿tal vez no quería compartir sus secretos sobre la pasta? *Ése* era obviamente el motivo, aunque, como reconocí algún tiempo después, quizá existieran otras razones.

La clave está en la palabra «prácticas». Hay demasiada gente que quiere hacer prácticas en las cocinas italianas, y cualquier chef tiene una lista de personas que desean convertirse en sus esclavos. Aunque parezca una situación ideal –¿por qué pagar un sueldo cuando tienes mano de obra gratis?–, es un verdadero problema. Casi todos los esclavos son japoneses, pero hay prácticamente de todas las nacionalidades excepto de la francesa. Ser un esclavo causa tanto furor que necesitas toda clase de permisos para convertirte en uno: hay una normativa para esclavos, visados de esclavos, un protocolo, y un sello de esclavo en el pasaporte que sólo logras dirigiéndote a las autoridades italianas de inmigración con el respaldo de un «contrato» firmado con un restaurante que se compromete a no pagarte el trabajo que ha aceptado que tú le hagas. (Es un momento muy peculiar en la historia de las relaciones laborales culinarias.) De hecho, descubrí que Mark Barrett –en muchos sentidos, mi intrépido modelo en este asunto– había estado fuera de la ley. El hecho de no haber tenido uno de esos visados no-me-pagues-soy-tu-esclavo significaba que el restaurante donde hacía prácticas no podía explotarle. Mark se las había arreglado para trabajar sin paga durante cuatro semanas antes de que finalmente le dijeran que se volviera a casa. Sus amigos neoyorquinos aún no estaban preparados para darle la bienvenida. Según dijo uno, «todavía estábamos recuperándonos de todos los festejos» que celebraron para despedirle. («¡Caray!», exclamó Mario. «Supongo que las cosas han cambiado desde que trabajé allí.»)

Un día me encontraba sentado entre Mario y Mark. Mark se sentía muy desdichado tratando de imaginar cómo burlar una ley que no comprendía, y regresar a Italia y trabajar sin sueldo, cuando Mario tuvo una idea.

–¿Por qué no trabajas para Gianni y Betta? –dijo–. Gianni conoce a todo el mundo, solucionará lo del visado.

Sólo tienes que trabajar para él unos meses y luego, a cambio, te encontrará un lugar donde puedas quedarte años.

Mark se quedó reflexionando sobre ello. Es posible que Gianni solucionara lo del visado. Pero cuando Mario había trabajado con Gianni y con Betta, éstos tenían La Volta, un restaurante serio y ambicioso. Ahora tenían una pizzería. ¿Por qué iba a viajar Mark a Italia para trabajar en una pizzería?

–¿Por qué? –respondió Mario, con verdadero asombro–. Porque es una pizzería donde sirven pizzas *y* pasta, y es Betta quien hace la pasta.

Y ése era el motivo de que estuviera en Porretta. Y también de que me interesara tanto por el huevo, porque, en mi primera mañana, mientras observaba a Betta preparar la masa, comprendí que un huevo era el ingrediente más importante de la pasta moderna, siempre que fuera un huevo de *mucha* calidad, lo que era evidente (o no) en el momento en que se cascaba. Si la clara estaba líquida, sabías que el huevo procedía de una gallina de granja avícola, encerrada siempre en una jaula, y que sería difícil trabajar la pasta, pues quedaría pegajosa, como le ocurrió a Betta una noche en que Gianni se durmió después de haber bebido demasiado vino en la comida y, al encontrar cerrada la tienda buena, tuvo que conducir hasta el pueblo vecino y comprar una docena de huevos en el *cattivo alimentarii*, el horrible colmado que no tenía más que productos masificados. Las yemas también servían de ayuda. Las de la tienda horrible eran de un amarillo muy pálido, como las que hemos batido casi todos en nuestras vidas urbanas. Pero una yema como es debido tiene otro color y, en Italia, se sigue llamando *il rosso*, la parte roja, algo que tiene su origen en la época en que se comían huevos en primavera y verano, la estación de los huevos, y éstos eran siempre de gallinas alimentadas con grano, medio salvajes, que no sólo corrían libremente sino que se sentían dueñas del lugar, y que producían unas yemas más rojas que amarillas, una brillante intensidad primaria que aún puedes ver si tienes la suerte de conseguir los huevos no en un supermercado sino en un *mercato* local o en una pequeña granja.

La receta de la pasta de Betta era un huevo por cada *etto* de harina normal. Un *etto* son cien gramos, una de esas medidas italianas universales que pueden traducirse como «entre mediano y más bien grande». No se añade agua porque debería de haber suficiente líquido en el huevo *(si* encuentras uno bueno). No se necesita ningún intensificador de sabor porque todo el sabor que necesitas está también en el huevo *(si* encuentras uno bueno). En Babbo, Mario compensaba su incapacidad para encontrar un proveedor fiable de pequeños y auténticos huevos semisalvajes de granja triplicando el número de yemas: por cada libra de harina (llamémoslo cuatro *etti),* emplea tres huevos y ocho yemas, además de sal, unas gotas de aceite de oliva y un poco de agua. (Esta receta no es la que uno encuentra en el libro de cocina de Babbo y, hasta este mismo instante, era uno de sus secretos.) ¿Era la pasta de Mario, con el triple de huevos, mejor que la de Betta? No, era diferente, y las dos son muy buenas. Pero la que recuerdo es la de Betta: un huevo, un *etto.* También me gustaba la simplicidad de una receta que dependía por completo de la bondad de un ingrediente: un *buen* huevo, un *etto.*

Me di tanta prisa en ir a Porretta porque quería llegar antes de que la clase se llenara demasiado. No sé por qué me precipité tanto. Betta no tenía ninguna prisa. Cuando llegó Mark, unos diez días después, Betta accedió finalmente a que tocara la masa: me dejó amasarla. Hasta entonces, me había limitado a mirar.

–Mirar es bueno –decía–. Así fue como aprendí de niña: mirando a mis tías horas y horas. –Aquello era una lección familiar, pero ¿cuánto tiempo más tendría yo que estar mirando?–. Cuando Mario estuvo con nosotros, no le interesaba mirar. Quería hacer pasta enseguida. Todas las mañanas preguntaba: «¿Puedo hacer la pasta hoy? ¿Puedo? ¿Puedo? ¿Puedo?»

Y resoplaba de indignación, como si quisiera dar a entender que era imposible hacer pasta sin memorizar las manos de las mujeres que llevaban décadas fabricándola.

Yo resoplé también, sólo para quedar bien con ella, hasta que recordé por qué estaba allí. (Sus palabras confirmaron mis sospechas de que existía una conspiración: ellos realmente no quieren que sepamos cómo se hace.)

Incluso así, amasar tenía su interés. Era algo que no se hacía en Babbo, pues allí había una máquina que mezclaba la masa durante «cuarenta y cinco minutos», se jactó un día Mario ante mí, mucho más tiempo que en ningún otro lugar, «para conseguir más gluten» (una metáfora que parecía considerar las proteínas de gluten como caracoles de jardín que aparecían cuando uno no miraba). En realidad, aunque Mario lo ignorara, la masa sólo se mezclaba diez minutos, tiempo más que suficiente, y Alejandro me miró como si estuviera loco cuando le pregunté si no necesitaría otra media hora.

Para mí, solamente amasar a mano habría justificado el viaje a Italia: aplastar la masa con todo mi peso, doblarla por la mitad, aplastarla de nuevo, calentarla ligeramente con la temperatura de mi piel, extenderla cada vez que repetía la acción. Los panaderos conocen esos momentos y hablan con entusiasmo de la sensualidad de su tacto. Poco a poco la masa se vuelve brillante y más flexible, elástica, justo al aumentar las proteínas del trigo, y después de unos minutos puedes oler cómo se forma el gluten, un perfume evocadoramente aromático. En un arrebato poético, trajo a mi memoria un horno que yacía en el fondo de mis recuerdos. Durante muchos siglos, el pan y la pasta se habían hecho con agua. Ahora los fabricantes de pasta empleaban huevo en su lugar. Y a mí me obsesionaba la pregunta: ¿desde cuándo?

Estaba convencido de haber descubierto la primera receta en Bartolomeo Scappi. Había consultado por primera vez la *Opera* de Scappi para ver las preparaciones de polenta anteriores al maíz y, habiendo conseguido una edición facsímil del texto de 1570, no podía dejar de mirar una página por aquí, otra página por allá, luchando con la florida escritura del siglo XVI, hasta que finalmente empecé a disfrutar de lo que parecía un destello sin intermediarios de la cocina renacentista. Scappi, orgulloso y un poco engreído —en su retrato de la portada parece un Platón con buen apetito—, incluye minuciosas explicaciones de sus grandes banquetes, y yo pasaba horas leyendo aquellos menús, como el de un almuerzo de un 28 de octubre: no había ninguna indicación sobre el año, y se apuntaba con ironía que era como cualquier *pranzo* otoñal, el de aquel año, el del año anterior, un aburrimiento, la clase de almuerzo que se preparaba todos los 28 de octubre. Según Scappi, la comida era un poco de todo, *di graso e di magro*, grasa y magro, desenfreno y moderación, y consistía en ocho platos, 1.347 recetas en total. Algunas eran bastante rústicas: jamones cocidos en vino, por ejemplo, o almejas a la plancha. Pero la mayoría eran bastante sofisticadas, como las albóndigas de pechugas de capón servidas con una gelatina de pata de ternera; o los pichones, deshuesados y rellenos de crestas de gallo y carrillada de cerdo; o algo llamado *sommata dissalata*, un manjar agridulce –diferentes trozos de carne en salmuera dentro de un estómago tan grande como una pelota de playa–, asado con un espetón y servido con azúcar y limón. Había ciento sesenta pajaritos a la plancha *(ortolani* en italiano; *ortolans* en francés: el plato preparado por Marco Pierre White en los lejanos días del pub), doscientas ranas fritas, ocho pavos reales, y un número indeterminado de pavos, pintadas, patos salvajes, faisanes, ocas, palomas, tordos, perdices, alondras y cualquier cosa que volara. Sólo a unos pocos comensales, admite el flemático Scappi, pareció preocuparles la comida.

No tardé en leer a Scappi para que me instruyera, sobre todo en cosas así: temas familiares, como las aves de caza con frutos (faisanes rellenos de ciruelas, manzanas silvestres, tuétano y nueces), o lo crudo con lo cocido, o lo crudo con lo curado, como una terrina de cerdo que Scappi envuelve en lonchas de *prosciutto*. Sus *tortellini* estaban rellenos de ternera y capón: bovino y ave, una pareja muy poco moderna y que yo asociaba con las carnes que uno encuentra en un ragú a la boloñesa. El relleno de unos raviolis combinaba remolacha y espinacas, el de otros, guisantes y tres clases de queso; y era *ese* tipo de cosas lo que me gustaba aprender, que se podía añadir *ricotta, parmigiano* y *pecorino* a los guisantes veraniegos y rellenar una pasta con esa mezcla. Pero, cuando encontré las instrucciones de Scappi para hacer la masa que revestía esos rellenos, me sentí muy decepcionado. Aparte del chorrito de agua, la mantequilla y el azúcar, se trataba de la típica receta de doscientos años sin huevo.

En otros platos suyos encontramos huevos. Hay una yema en los *gnocchi* de Scappi. Vuelve a aparecer en sus macarrones romanos (unos fideos gruesos enrollados a mano que tardan media hora en cocerse). Pero el momento crucial está en una sopa de *tagliatelle*. La receta es sencilla: dos libras de harina, la omnipresente agua caliente *(aqua tepida)*, y, ¡escuchad!, tres huevos. No se especifica la cantidad de agua, pero es fácil de calcular. Scappi emplea medidas medievales, y dos libras *francesas* de harina –una libra entonces eran doce onzas– equivalen a unos setecientos gramos. Scappi les añade tres huevos: ¿tres huevos para setecientos gramos de harina? Probé la mezcla en casa. Para conseguir el punto adecuado, se necesita el agua suficiente para contrarrestar el huevo y probablemente un poco más. El líquido empleado para hacer la masa, por lo tanto, no era todo agua o todo huevo, sino una mezcla de los dos en cantidades muy parecidas. Los huevos no habían reemplazado al agua, pero, por primera vez en la historia de la pasta, había un equilibrio entre ambos. Cerré mi libro. No había descubierto la eclosión del huevo, pero tenía que estar cerca. Como dicen al jugar al «Veo, veo», estaba a punto de quemarme.

Entonces tuve una idea: escribiría a la directora del museo de la pasta en Roma, Amelia Giarmoleo. Ella lo sabría. Habíamos estado en contacto en el pasado, y me maldije por no haberle escrito antes.

«Gentile Signora Amelia Giarmoleo», empecé a escribir en un correo electrónico titulado *«Domanda urgente»* (pregunta urgente). ¿Cuándo reemplazó el huevo al agua en la masa de la pasta? Le resumí todos mis hallazgos: nada en el siglo XIV, un poco de clara de huevo en el XV, y luego, hacia finales del XVI, aquel instante tan cercano al huevo de Scappi. ¿En qué momento la pasta fue todo huevo? ¿Quién inventó esto?

Su respuesta llegó tres días después. La signora Giarmoleo no lo sabía. Preguntó a sus colegas. Tampoco lo sabían. No tenía ni idea de quién había empleado un huevo por primera vez.

¿No lo sabía? Es la directora del museo de la pasta. ¿Cómo es posible que no lo supiera? Y ¿por qué no decía: «No lo sé, pero voy a investigarlo»? ¿Podía recibir una pregunta de esta envergadura y dejarla a un lado porque no tenía una respuesta a mano? No podía entenderlo: ¿cómo puedes dirigir un museo de la pasta y no interesarte por la primera vez que ésta incorporó el huevo?

Cuando por fin me dejaron extender la masa con el rodillo, la rompí.

–¡Ah! –Betta se rió a carcajadas–. ¡Has hecho un Mario! *(Hai fatto un Mario!)*

Hacer un Mario era romper la *sfoglia*, la lámina rectangular que acabas formando con la masa.

–Cuando Mario estaba aquí –explicó Betta–, tenía tanta prisa por aprender a hacer la pasta que siempre la rompía –Betta me relevó, presionando la masa rota con los dedos índice y pulgar, y volviendo a extender la zona dañada con su *matterello*–. Mario –agregó sin disimular su orgullo– no era demasiado bueno con la pasta.

–No creo que Mario estuviera de acuerdo –me dijo Mark en voz baja.

Mark estaba ahora conmigo en la cocina, después de haber conseguido su visado de esclavo. Tal como había pronosticado Mario, Gianni conocía a no sé quién que conocía a no sé quién que debía un favor a alguien. Como Mark iba a pasar una larga temporada en Italia, me dejó dar las primeras clases de pasta yo solo. Me había dado tres semanas a mí mismo. Me quedaba una.

La segunda vez que pude acercarme a la pasta, me dejaron a solas con ella unos minutos, enroscando una lámina alrededor del *matterello* como un rollo de gelatina y extendiéndola de nuevo, hacia delante y hacia atrás, una y otra vez, algo que yo siempre había considerado un truco de chef repostero y que jamás creí que yo pudiera poner en práctica. En mi limitada experiencia con la masa, nunca había logrado que me saliera ningún truco. Generalmente, la masa se pegaba a mis manos, a la tabla de madera, al rodillo, a sí misma. Pero ahí estaba yo, enrollando la masa alrededor de un *matterello* y extendiéndola de nuevo. Creo que jamás había disfrutado tanto. Estaba tan emocionado –haciendo un vídeo imaginario de mí mismo, enrollando y desenrollando, decidido a no romper la *sfoglia*, evitando a toda costa hacer un Mario– que no me di cuenta de que Betta había cruzado los brazos sobre el pecho en un gesto de desaprobación.

–Pareces una anciana –exclamó, golpeándome en el hombro–. ¿Por qué actúas como una anciana? No tienes brazos de anciana. Nunca aprenderás a hacer pasta si la extiendes como una anciana.

Suspiró, cogió el *matterello* y atacó la pasta con resolución, hasta que estuvo tan fina que podías ver debajo la tabla de madera. Se echó para atrás y señaló la lámina.

–¿Ves?

–Sí –contesté, y le hice una promesa: no actuaría como una anciana.

Para entonces yo sabía qué debía hacer –había mirado suficientemente a Betta para comprender los rudimentos–, pero seguía con problemas a la hora de ponerlos en práctica. La idea era extender la masa hasta que fuera lo más fina posible y, una vez conseguido esto, reducir aún más su grosor. De hecho, la idea era que *nunca* conseguirías que fuera lo bastante fina, una perspectiva desalentadora, como un problema matemático en el que estuviera implicado el infinito, y dejabas de extenderla sólo cuando no podías hacer más. Toda aquella empresa, en cuanto dejabas de ser una anciana, se convertía en algo increíblemente físico, y yo acababa de lo más sudoroso. Había otras preocupaciones, como hacer un Mario al final y estropearlo todo. Después de mucho jadear y resoplar, la masa, incluso la mía, se volvía bastante fina (lo que quería), pero también muy quebradiza (lo que no quería), y, cuando la masa se rompe tan fina, es imposible ligarla, y hay que tirar el trozo roto si éste es pequeño porque, si es grande, hay que tirarlo todo.

–Nunca conseguiré que sea suficientemente fina –confesé a Betta. Estaba tratando de ser ingenioso–. ¡Aire! –declamé–. ¿Por qué tomarse tantas molestias para hacer aire?

El concepto era que Betta quería una pasta tan fina que su única consistencia fuera el aire, pero la frase que deseaba decir no fue la que pronuncié. No sé lo que dije. Por aquel entonces acababa de finalizar el curso de italiano que impartía la Scuola Italiana en Greenwich Village, pero mi dominio de la lengua era bastante precario, y aquélla era una de mis primeras conversaciones sin que estuviera mi mujer al lado para rescatarme. ¿Cómo pude pensar que mi italiano era lo bastante bueno para gastar bromas?

Betta me miró sin comprender. Luego empezó a reírse a carcajadas y se volvió hacia Mark.

–*Che pazzo dialogo!* –exclamó. ¡Qué comentario tan loco!–. De su boca puede salir cualquier cosa...

Pero Mark no tenía ni idea de lo que decía Betta, que era, por supuesto, que no tenía ni idea de lo que *yo* decía.

–*Che?* –dijo–. *Cosa?* Algunas veces –añadió en voz baja dirigiéndose a mí– no tengo ni idea de lo que dice Betta.

Éramos un trío muy curioso. Pasábamos el día juntos alrededor de la tabla de pasta de Betta. Era grande y cuadrada –cada lado medía más de un metro–, estaba hecha a mano con piezas de marquetería y diseñada, supongo, para producir aquella sensación granulada en la boca. Debajo había una barra de madera. Era como un ancla: encajaba en el canto de una mesa para impedir que la tabla resbalara. Y se empleaba también disimuladamente para evitar que la masa se moviera. Ése era uno de los secretos del fabricante de pasta y la lección más importante que aprendí de Betta. El truco estaba en el empleo estratégico de tu barriga: al dejar que el final de la masa cayera sobre el borde de la tabla –sólo unos cinco centímetros–, acababas apoyado en ella mientras la extendías con el rodillo, aplastándola y manteniéndola en el mismo sitio. Era una gran ayuda. Al menos, ésa era la teoría. En la práctica, se trataba de una astuta maniobra que yo no conseguía dominar. El problema era mi tripa, que, sometida a una ambiciosa educación culinaria –se habían depositado en su interior numerosos platos pedagógicos de pasta, lo que yo consideraba un programa de seminarios estomacales–, se había vuelto un poco difícil de manejar. O yo no estaba acostumbrado a usarla para cocinar. Al principio, estropeaba mucha pasta. En realidad, la mayoría se caía al suelo, pues me apoyaba con tanta fuerza en ella tratando de conseguir aquella finura imposible que acababa partiéndose con el borde de la tabla.

No se necesita una tabla de ese tipo. Scappi no la utilizaba. Hacía su pasta en una mesa muy larga, pero en la operación intervenían dos personas. Una extendía la masa, dejando que el final de la lámina cayera un poco por el borde de la mesa, el truco de Betta, y la otra la sujetaba desde el otro lado, estirándola todavía más. Tampoco se necesita un *matterello*, aunque estoy encantado de tener uno, y lo bastante grande para usarlo dos personas al mismo tiempo, que es como tocar el piano a cuatro manos. Lo compré un sábado en el mercadillo de Porretta cuando volví el verano siguiente (la pasta, según Betta, se puede aprender únicamente por etapas), en una mañana memorable por su ambiente cargado de humedad. Por la tarde se desencadenó una furiosa tormenta de cinco horas que obligó a suspender una *festa* organizada por Gianni para inaugurar la temporada veraniega de la pizzería, con música en vivo, barbacoa en el exterior y cientos de comensales dispuestos a pagar. Días de preparativos en balde, que confirmaron a Betta la inestabilidad de su vida y reafirmaron su convencimiento de que, en esa parte de Italia, nada está realmente bajo tu control. (Su historia, supe después, era una agotadora montaña rusa de buena y mala suerte. Incluso la moderna prosperidad de Porretta –la fabricación de piezas de aviones en un terreno escarpado e inhóspito, un regalo inesperado– se debía al capricho de un dictador, y había desaparecido tan inesperadamente como había llegado, como una deuda contraída con el demonio.) Los Apeninos, decía Betta, te enseñan el «fatalismo de las montañas».

A veces me asaltaba la sensación de que mucha gente había aprendido todo aquello antes que yo: un sentimiento nada desagradable, muy parecido a dar una vuelta por un paisaje desconocido y descubrir un panorama de gran belleza llenando el horizonte. Uno se sentía increíblemente pequeño. Cuando Betta me enseñó a hacer *tagliatelle*, la pasta fresca más sencilla –dejas que la lámina se seque unos minutos, y luego la extiendes como un rollo de papel de cocina y la cortas con un cuchillo (*tagliatelle* significa «trocitos cortados»), sacudiendo la pasta para que salgan

277

las cintas como si fueran cabellos dorados en un truco de magia–, me di cuenta de que utilizaba casi las mismas palabras que Scappi. «Deja que la masa se seque, pero no demasiado», dijo Betta, *si asciuga ma non troppo.* («La lámina estará seca, pero no demasiado», escribe Scappi, *sarà asciutto però non troppo.)* La gente ¿se había ido pasando las instrucciones, palabra por palabra, durante quinientos años? Algunas veces parecía haber tantos fantasmas asomándose por encima de los hombros de Betta... Un día dijo que le gustaría enseñarme a hacer *tortellini* –la pasta más famosa de la región–, pero se abstuvo de hacerlo.

–Se lo contarás a Mario. Él no aprendió a hacerlos cuando estuvo aquí.

–No, no, no –contesté con regocijante ironía–. Por supuesto que no se lo contaré a Mario. ¿Por qué iba a hacerlo?

–Se lo contarás. Estoy segura de que lo harás.

No sabía qué decir. Miré a Betta muy serio. Ella no bromeaba.

Al día siguiente, Betta seguía teniendo los *tortellini* en su cabeza. Le recordaban a la Navidad, comentó. Es la época en que se hacen, y deben cocerse en un caldo muy claro de pollo, no en agua hirviendo como una pasta normal. Ella siempre asociará los *tortellini* con su niñez. Fue la primera pasta que vio preparar.

Betta es de Vergato, un pueblo sobre una colina, a veinte millas, a mitad de camino entre Porretta y Bolonia, y creció en una familia con cinco mujeres: su madre y sus cuatro tías. Todos los meses de diciembre se reunían alrededor de una mesa de cocina y hacían la pasta, un encuentro divertido y ruidoso: bromas, cotilleos, mucha alegría, historias, el olor de la comida, el fuego de la chimenea, todos los dedos ocupados. Los *tortellini*, según Betta, siempre se hacían en grupo (no estaba preparada para la soledad de una cocina de restaurante) y, siendo niña, le pareció un honor que aquellas mujeres tan mayores y tan sabias le dejaran formar parte de su círculo. Tenía doce años, y los *tortellini* que preparó fueron su primera pasta hecha a mano: toda una proeza. Son unas piezas de escultura alimenticia muy complejas y con distintas capas fuertemente unidas, una hazaña que Betta asoció con las grandes cosas: la ciudad (Bolonia), la región (su zona, la comida como una bandera de independencia), y convertirse en una adulta. «Aprender a hacer pasta era aprender a ser mujer y adulta.» Siempre que hace *tortellini*, se acuerda de sus tías: de las lecciones que ellas le enseñaron (una tía se preciaba de hacer una pasta tan fina que no podía comerse con tenedor porque se colaba entre los dientes de éste) o de sus recetas (otra hacía unos *tagliatelle* tan sumamente delicados que se cocían al rozar el agua caliente: «Echarlos y sacarlos, ya están listos»), pero suelen ser imágenes muy fugaces. La mesa de Navidad, el sonido de las risas, sus rostros. Ellas ya no están.

–No creo que Mario sea consciente de todo lo que le dimos. Sólo se pueden aprender estas cosas aquí, de la gente que lleva haciéndolas toda la vida. ¿Entiendes? Eso fue lo que le dimos a Mario. Algo que no podía encontrar en ningún otro sitio.

Betta estaba muy pensativa.

–Tal vez mañana te enseñe a hacer *tortellini*.

Porretta no era el sitio más lógico para aprender a hacer la pasta más difícil de la región. La ciudad nunca ha sido conocida por su comida, y sólo hay unas pocas referencias históricas al respecto. Hay una oscura mención en la autobiografía de Casanova, fechada en la década de 1790, cuando, acompañado de una belleza florentina y huyendo de la madre de ella, se detuvo en las inmediaciones y, después de despertar a un posadero pasada la medianoche para que le proporcionara comida y bebida, se sintió tan ahíto de macarrones que fue incapaz de hacer el amor. El efecto secundario no fue tratado en una colección de relatos culinarios escritos hacia la misma época por el doctor Luca Zeneroli. Su *Selección de historias médicas relacionadas con las aguas termales de Porretta*, de 1771 –los relatos culinarios son el apéndice– parecen ser el único texto culinario que ha sobrevivido en la milenaria historia de la ciudad. Goethe debió de pasar por allí al cruzar los Apeninos por la Porrettana, pero parece haber hecho el periplo con el estómago vacío. George Eliot, viajando en dirección contraria hacia Bolonia (Porretta siempre ha sido un lugar de paso) tampoco se detuvo a comer.

El problema es la crudeza del invierno. Algunos animales pueden sobrevivir a él si tienen un lugar adecuado donde refugiarse. Me enseñaron el ejemplo de uno, una cabaña de piedras labradas a mano con un tejado de paja y una puerta de madera maciza, donde me presentaron a un cerdo extraordinariamente feo y de tamaño gigantesco. (La gente sólo podía hacer conjeturas sobre su peso: ¿mil kilos? ¿Mil quinientos?) El cerdo era un verraco –aunque no parecía uno sino varios, encajados uno detrás de otro como un tren de mercancías– y llevaba varios años siendo el responsable, aunque fuera indirectamente, de casi todo el *prosciutto* de la región. Incluso así, no tenía ni idea de que esa especie pudiera ser tan grande y tan fea. Aparte de los cerdos, no había mucho más. Toda la tierra era un bosque frondoso, demasiado frío para las aceitunas y las uvas, y el único cultivo local era el heno, que crecía en los escasos claros.

Pero había carniceros, un clan orgulloso. Una noche

me encontré sentado en una mesa, bajo un cielo cálido y estrellado, con media docena de ellos. Fue con motivo de la *festa* aplazada de Gianni. El buen tiempo había llegado finalmente, y se habían presentado quinientas personas: la primera noche templada de lo que sería el verano más caluroso en quinientos años. (Con aquellos días de calor ininterrumpido, la pizzería de Gianni consiguió por fin obtener beneficios, aunque aquel inesperado tesoro suscitó las dudas sobre un negocio que dependía de un modo tan absoluto del caprichoso clima de las montañas.) Los carniceros habían asado la carne en la parrilla; Gianni y Betta habían preparado las pizzas; Mark y yo habíamos cocido la pasta; y era medianoche, y estábamos agotados –felizmente agotados después de alimentar a un montón de gente– y disfrutando de una improvisada cena familiar de carne y vino tinto alrededor de una mesa junto al fuego de la barbacoa.

Sentía curiosidad por conocer la historia culinaria invisible de la región. Quería saber en qué se distinguía la comida de allí de la que tenían en cualquier otro rincón de Italia, y mis compañeros de mesa estuvieron de acuerdo en que allí les gustaba salir a buscarla: estaba en los bosques.

La gente odia comprar verduras, confesó un carnicero, porque están muy caras y no son de aquí.

Y era cierto. Una trufa blanca, que en otro lugar costaría cientos de dólares, parecía más fácil de conseguir que algo fresco y verde. Lo que se podía encontrar en el bosque era gratis y todo el mundo llevaba en la cabeza una agenda con los alimentos de cada día. Mayo significaba espárragos salvajes, rúcola y alcachofas. Junio, lechuga salvaje y ortigas. Julio, cerezas y fresas silvestres. Agosto, bayas del bosque. Septiembre, setas.

–Pero demasiadas setas –dijo una mujer–. Todos los días... setas, setas, setas. –En septiembre su hijo sale por las tardes y vuelve con cincuenta libras de setas–. ¿Qué puedo hacer con tantas setas?

Las cocina, las seca y las congela, hasta que «¡Basta!», las tira a la basura.

Octubre era el mes del jabalí.

–Hay miles en estos bosques.

–Miles, no –exclamé.

–Sí –respondieron todos al unísono–. Miles. Y palomas, y ciervos e incluso lobos.

Y, al escucharles mencionar los lobos, contemplé la noche y observé las crestas zigzagueantes de las montañas, tan irregulares como los dientes rotos de un viejo peine, y el negro bosque recortándose sobre la luz estrellada de un cielo azul oscuro de verano; y pensé en todo lo que había allí, y sentí un temor muy primario –como el que me inspiraban de niño algunos cuentos de los hermanos Grimm– y un gran consuelo, igualmente primario, por estar allí junto al fuego, rodeado de tanta gente.

Ellos siguieron con su calendario, hasta llegar a las castañas (noviembre), que les hicieron suspirar. Las castañas eran un problema. Nadie podía comerlas.

–Ésta no es una comunidad rica –explicó un carnicero–, y hemos crecido comiendo toda clase de platos con castañas. Para nosotros, significan pobreza. Ya no podemos comerlas. Hay recetas que desaparecerán a menos que se las contemos a alguien enseguida, pero, de momento, nadie puede acercarse a ellas.

Hacia el final del calendario (el mes más cruel era marzo, no había nada), aprendí algo nuevo sobre la pasta de Betta: su importancia. Tenía otro valor que la pasta en la vida de Miriam, por ejemplo, o de Valeria. Para ellas, la pasta era una tradición culinaria con la que habían crecido, un rasgo de su cultura, de su identidad. Para Betta, era una tradición a la que ella deseaba pertenecer. Vivía en las montañas, donde siempre tenías presente que casi todo escapaba a tu control. Aquel año, ni siquiera las seguras y superabundantes setas —el sabor de Porretta, había decidido finalmente yo— hicieron acto de presencia. La tierra estaba demasiado seca. Dadi, el dueño de un colmado —que atendía a los italianos que iban a pasar el día y esperaban volver a casa con bolsas de setas salvajes—, las importaba de Suecia. Para Betta, la pasta era algo crucial en la percepción que tenía de sí misma.

—Mario —decía— es muy famoso, yo no. Mario es rico, yo no. Pero él nunca fue muy bueno haciendo pasta. Nunca fue tan bueno como yo. Yo soy buena, muy buena.

Al día siguiente Betta estaba en la cocina cuando Mark y yo llegamos. Estaba decidida: ese día nos enseñaría a hacer *tortellini*, aunque, antes de empezar, renovó sus condiciones.

Las entendí. No se lo contaría a Mario.

—¿Me lo prometes?

Mark y yo nos miramos. (No dijimos nada, pero nos leímos el pensamiento: esto, coincidimos los dos, es muy extraño.)

Se lo prometí.

—De acuerdo —exclamó Betta; parecía muy seria—. Éste es el relleno. Hay cuatro tipos de carne: cerdo, pollo, *prosciutto* y mortadela. —Las medidas estaban en *etti*—. Empezáis con dos *etti* de cerdo picado.

—¿Algún trozo especial? —pregunté.

—Paletilla o cuarto trasero —respondió, señalando su hombro y su trasero, esa costumbre de los cocineros de señalar el corte en cuestión como si hubiera salido de su propio cuerpo–. Una pieza magra.

Repetí la cantidad y lo anoté en un cuaderno. Dos *etti* son alrededor de ocho onzas.

–Y más o menos la mitad de pollo. La pechuga. Picada también. Guisáis las dos carnes juntas en una cazuela con mantequilla.

Escribí una fórmula: *Maiale + pollo = padella + burro.* Cerdo + pollo = cazuela + mantequilla.

–Lo siguiente: los embutidos. Medio *etto*, o cincuenta gramos, de *prosciutto* y mortadela. También tenéis que picarlos.

Cincuenta gramos son unas dos onzas. El *prosciutto* se encuentra en cualquier rincón de Italia, pero el más exquisito es el del valle del Po, el corazón de la Emilia-Romaña. La mortadela –una *mousse* de grasa de cerdo con una envoltura– es otra especialidad asociada con Bolonia (de ahí que en inglés se llame *baloney* o *boloney,** el vil nombre de una versión envilecida). Ésos eran los sabores de la zona; y no los encontrarás en un preparado toscano, aunque la Toscana esté tan cerca que puedas verla desde la ventana de la cocina.

–Después echáis el *prosciutto* y la mortadela picados también en la cazuela, y lo dejáis a fuego lento. Es necesario que los sabores se mezclen. –En total, había aproximadamente medio kilo de carne–. Hay que dejarlo enfriar, añadir dos huevos, un poco de parmesano...

–¿Cuánto?

–Lo suficiente para espesarlo. Y un poco de ralladura de nuez moscada...

–¿Cuánto?

* En castellano, «sandeces, tonterías». *(N. de la T.)*

284

–Una pizca. –Betta juntó los dedos–. Lo mezcláis todo con las manos. Ése es el relleno.

El resultado –una especie de arena granulada antes de añadir los huevos, el queso y la nuez moscada; una especie de pasta dentífrica blanda y gris después– no tenía buena pinta, pero, puesto que iría dentro de un pedacito de masa, su aspecto era irrelevante. Su olor, sin embargo, era muy intenso. ¿Por qué olía así? ¿Era la carne boloñesa? ¿La mezcla de lo curado y lo crudo? Metí la cabeza en un cuenco y pensé: Ingredientes para cubrir una pizza, ponche de huevo* y una barbacoa el Cuatro de Julio. Todas mis vacaciones condensadas. Y seguí elucubrando: Es un olor desconocido. No procedía de las montañas, no tenía la humedad y el color terroso de hongos que yo asociaba con ellas. Era diferente. Apetitoso, por supuesto, e invernal, y, de algún modo, tremendamente característico. Era consciente de que se trataba de un sabor que no encontraría en ningún otro lugar del mundo. Un perfume medieval urbano, concluí. Me gustaba pensar que aquélla era la fragancia de una cocina boloñesa, que un antepasado de Betta aprendió y después pasó de generación en generación hasta llegar a sus tías de Vergato.

Betta se negó a enseñarme el siguiente paso –preparar la complicada ingeniería de pasta que recubría su relleno– hasta que aceptara otra condición. Tendría que volver a finales de verano, mi tercer viaje. Era una prueba, decidí, para ver si mantenía mi promesa y no le contaba a Mario la receta: si pasaba suficiente tiempo y no tenía noticias de que sus *tortellini* estaban en la carta de Babbo, asumiría que no había peligro.

* En Estados Unidos, bebida típicamente navideña. (*N. de la T.*)

Si eres un chico, el mayor obstáculo que encuentras para hacer *tortellini*, según descubrí (porque, naturalmente, regresé a Porretta), son tus dedos, que, por desgracia, tienen que ser de niña..., pero no de una niña cualquiera, sino de una niña del país de los elfos.

Los dedos deben ser pequeños porque toda la actividad la desarrolla el más diminuto, el meñique (en el caso de Betta, la diminuta punta de sus increíblemente diminutos meñiques), donde colocas un cuadradito minúsculo de pasta. Entonces metes en él la mayor cantidad de relleno posible y lo doblas, uniendo las dos esquinas para formar un triángulo abultado pero muy pequeño. Después pliegas hacia delante la parte superior del triángulo, como si se inclinara para expresar agradecimiento, y luego (el paso crucial) tiras de los otros dos ángulos, como si quisieras inmovilizar la cabeza que se inclina con una llave de judo. Entonces presionas para formar un anillo. Cuando das la vuelta a la pasta, te asombra ver lo que has creado: un ombligo. (¿Qué puedo decir? Es increíblemente erótico.)

Se tarda *mucho* tiempo en hacer cada *tortellino* infinitesimal y, durante aquel delicado proceso, tuve siempre los nervios de punta, con la estúpida esperanza de no destrozar a los muy cabrones. (Destrocé a muchos de ellos.) Y, dado el poco tiempo que se tarda en comer esos pequeños hijos de puta del tamaño de un cacahuete, es fácil hacerse una idea de lo que son: comida de duendes hecha por unas personas con mucho tiempo en sus diminutas manos. Y sin embargo, precisamente por eso, es una comida de duendes que está para chuparse los dedos. La cueces a fuego lento en un caldo muy claro, apagas la llama y dejas que repose un poco en la cazuela, con el típico «toma y daca» de toda buena pasta, absorbiendo los sabores del caldo y soltando el almidón, hasta que está tierna y sabrosa y puede servirse con la dulce fragancia de la Navidad.

La verdad es que Betta tenía razón. Aprendes a hacer pasta estando al lado de gente que ha pasado toda su vida haciéndola y observándoles trabajar. Parece simple, y lo es, pero, como es característico en la cocina italiana, se trata de una simplicidad que tienes que aprender. Mi consejo es que vayáis allí. Convertid a Betta en una estrella. Ya va siendo hora. Tendréis que aguantar Porretta, un lugar muy auténtico porque nadie se acuerda de él, con ese genio temperamental de los que se sienten abandonados (no se os ocurra pensar que conseguiréis cambio para el parquímetro) y alojaros en un hotel excesivamente caro sin cuarto de baño, con agua de vez en cuando (a veces caliente), paredes de plástico (aunque sean del color de la madera), ninguna ventana (¿acaso creéis que hay una bonita vista?), y un teléfono disfuncional que sólo parece tener línea desde el domingo a mediodía hasta el lunes por la mañana. Y entonces, una vez instalados, ¡ay!, bajad por la hondonada del valle, escuchando el río Reno y, cerca del antiguo acueducto (donde ahora hay una alcantarilla, podréis olerlo), buscad con cuidado un letrero pintado a mano, prácticamente ilegible y probablemente en el suelo. En él se lee «Capannina». Habrá una flecha. Seguidla y, al cabo de media milla, en un recodo del río, en una península de la Emilia-Romaña rodeada por la Toscana, encontraréis la pizzería. Betta suele llegar hacia las cuatro. Buena suerte.

Después de marcharme de Porretta, me convertí en un estudioso de los *tortellini*. Tenía curiosidad por ver si descubría la receta de Betta en algún otro lugar. No fue así. Pero no puedo decir que haya mucha diferencia entre su receta y las otras veinticinco que encontré. Desde el siglo XVI, el relleno de esa pequeña pasta doblada ha llevado un ave (capón, pollo o pavo), un trozo de cerdo, una carne curada (o un hueso con tuétano y carne curada), queso (casi siempre parmesano), y de vez en cuando alguna hierba. Y, desde siempre, se ha cocido en caldo o con crema *(panna)*. Pero las cantidades de esos ingredientes varían de una receta a otra, aunque sea mínimamente, y esas variaciones son las que se pasan de generación de generación, siempre como un celoso secreto, con todas las familias convencidas de que su receta es la única definitiva. Las discusiones sobre lo que constituía un auténtico *tortellino* eran tan apasionadas que, en 1971, se celebró un congreso, *La Dotta Confraternita del Tortellino* –la Docta Confederación del Tortellino–, para determinar de una vez para siempre cuál era la receta correcta. Ésta se publicó con bastante solemnidad tres años después, el 7 de diciembre de 1974, y luego se guardó bajo llave en un sótano de la *Camera di Commercio* de Bolonia. Hoy en día se puede encontrar en los sitios web de varias instituciones agrícolas o de carácter oficial, precedidas de las debidas advertencias sobre los peligros de no seguir exactamente las instrucciones; pero todo aquel esfuerzo carece de sentido. La Docta Confederación no puede darte la verdadera receta porque ésta no existe, y seguir buscándola o probar todas las variaciones hasta convencerte a ti mismo de que has encontrado la definitiva es perder la ideología intrínseca del plato. No existe una receta única; existe sólo la que te han confiado a ti.

–No debes contárselo a Mario –me repitió Betta–. Es un regalo para ti.

Yo respeté las condiciones de su contrato y no le pasé la receta a Mario, aunque sabía que no la necesitaba y que aquella exigencia le habría desconcertado y entristecido.

¿Habría captado el resentimiento que llevaba implícito? Gianni y Betta llevan mucho tiempo acostumbrados a que no se reconozcan sus méritos. Son montañeses. No son fáciles las condiciones en que trabajan. En su opinión, acogieron a un hombre que no sabía cocinar (probablemente porque para ellos sólo se podía cocinar de una manera) y le enseñaron todos sus secretos. Cuando regresó a América, se hizo rico y famoso contando que su «segunda familia» en las montañas le había enseñado todo. Pero Mario no había ido allí para aprender la cocina de la región y reproducirla fielmente como si fuera un libro de texto. De pronto me encontré pensando en el delta del Mississippi y en las visitas de los estudiosos que desean aprender el triste lirismo de una música que aún puede escucharse en los bares de carretera de la zona. Mario siempre cocina de un modo muy personal, no se limita a hacer una pizza o unos gruesos *linguine alle vongole* o *carbonara* con huevo crudo por encima, enfoca la cocina como si fuera un espectáculo: el despliegue de *contorni* de pesadilla que había en el rincón de la parrilla, las salsas secretas, los ingredientes que jamás revelaba en la carta, los atomizadores de almíbares, ácidos y zumos: igual que un músico.

En cuanto a mí, había ido en busca del libro de texto y estaba encantado de tenerlo. Los *tortellini* de Betta están ahora en mi cabeza y en mis manos. Sigo su fórmula con la masa: un huevo por cada *etto* de harina, añadiendo otra yema si la mezcla no resulta lo bastante líquida. He aprendido a extender una lámina hasta que veo las vetas de la madera que hay debajo. Dejo secar la masa si preparo *tagliatelle;* la mantengo húmeda si son *tortellini*. Hago una pequeña remesa, extiendo una lámina, hago otra remesa...; el ritmo de la pasta, repitiendo siempre el movimiento anterior. Mi mente se queda en blanco. Me concentro únicamente en la tarea. ¿Estará la masa demasiado pegajosa? ¿Se romperá? La lámina que tengo entre los dedos ¿tendrá la textura adecuada? Pero a menudo me pregunto qué pensaría Betta, y me parece estar de nuevo en aquel valle con las crestas de las montañas como los dientes de un viejo peine, y los lobos nocturnos y el sentimiento constante de que el mundo es infinitamente más grande que yo; y en mi cabeza bullen los recuerdos de unas tías y de una mesa redonda y de unas risas que ya no pueden oírse, y me embarga un sentimiento de pérdida. Y llego a la conclusión de que un efecto secundario de esa clase de comida, transmitida de generación en generación, a menudo en condiciones muy difíciles, es que terminas pensando en los muertos, que la propia materia que te sustenta sabe en cierto modo a mortalidad.

¿Y el huevo?

No había tirado la toalla, aunque parecía obvio que la receta esencial que había cambiado la naturaleza de la pasta probablemente no existía. Después de todo, la escritura tiene más posibilidades de sobrevivir que un trozo de comida (sería tan horrible encontrar un plato de *tagliatelle* con ragú de hace quinientos años...), y los chefs rara vez son escritores; si el acontecimiento ocurrió cuando no había ningún escritorzuelo en la cocina, es normal que el descubrimiento pasara desapercibido.

Pero seguí buscando, incluso tras mi desalentadora consulta con el museo de la pasta. Después de la *Opera* de Scappi en 1570, el siguiente libro famoso de cocina era *Il Trinciante* de Vincenzo Cervio, escrito en 1581. Un *trinciante* es un trinchador, una persona muy importante en los banquetes renacentistas, y el libro de Cervio —en realidad, la primera autobiografía de un carnicero— versa sobre la carne, e incluye un consejo muy útil para la castración, dilucidando algunas cuestiones como qué animales la necesitan y qué animales no (odiaríais equivocaros de especie). Pero Cervio, un amante de la carne, no menciona los huevos. Continué por orden cronológico. En 1638, estaba *Pratica e scalcaria* de Antonio Frugoli. *Scalcaria* significa ser un *scalco*, el jefe de cocina de una gran mansión. Como no había restaurantes, un *scalco* era el equivalente de nuestro famoso chef, y los siglos XVI y XVII están llenos de autobiografías de *scalcos*, a los que gustaba darse mucho bombo, como ocurre con Frugoli, para que sus banquetes parecieran los mejores. Seguían otros libros: *Las tres tesis* de Mattia Giegher, que incluía lecciones sobre cómo doblar las servilletas (1639); Bartolomeo Stefani (1662), el cocinero jefe de la corte española en Venecia. Yo me consideraba un detective culinario, recogiendo sospechosos para poder descartarlos. Eh, tú, ¿qué haces con ese huevo?

Escribí a algunos eruditos. Massimo Montanari, profesor de la Universidad de Bolonia y una autoridad en cocina medieval, comprendió mi pregunta y su importancia. Estuvo de acuerdo en que el momento del huevo fue esencial en la historia de la pasta –incluso me enseñó un término para describir su función, hidratar la harina *(idratare la farina)*, el proceso mediante el que el líquido de los huevos ocupa el lugar del agua–, pero no sabía cuándo había ocurrido por primera vez. En su opinión, no habría sido un momento sino varios: su uso habría ido aumentando poco a poco, desde la Edad Media, cuando los huevos se utilizaban por el sabor, hasta la época moderna, en que también se empleaban por el líquido.

Pero ¿cuándo?

Era incapaz de formular una conjetura. Consultó con un colega, un especialista en pasta: nada.

Entonces lo encontré: una primera receta con huevo. Era bastante tarde, a finales del siglo XVII, en *Lo scalco alla moderna* de Antonio Latini, otro de aquellos *scalcos*. La receta, titulada «Cómo hacer macarrones, lasaña y *gnocchetti* de forma exquisita», se atribuía al chef Meluzza Comasca (una concesión muy típica; en Italia no hay recetas originales, sólo descubrimientos). Comasca, según un comentarista, fue una creación retórica, y reconozco que es bastante inquietante que su nombre no aparezca en ningún otro lugar de la historia culinaria. Lo único que sabemos de él son las palabras que le dedica Latini en su introducción: que, tras dejarnos esa nueva receta de pasta, murió prematuramente debido a la picadura de un insecto –un mosquito de la malaria, imagino, aunque la frase *(morì di pontura*, como se escribía en el siglo XVII) traiga a nuestra imaginación a un hombre gordo con delantal muriendo de tanto rascarse–, y que sus innovaciones en la masa alcanzaron tanta fama que se escribieron en un epitafio sobre su tumba. No se menciona el lugar donde Comasca fue enterrado, pero la referencia al insecto hace pensar en la Maremma, el tramo de la costa toscana conocido por sus picaduras mortales, y no lejos de Da Caino, el restaurante de Valeria Piccini (a diferencia de Comasca, una chef que se irá testarudamente a la tumba antes de compartir sus recetas de pasta conmigo).

La receta explica sobre todo el proceso: el esfuerzo agotador de hacer la pasta *(un poco di fatica)*, cómo la extiendes hasta formar una lámina de unos seis dedos de longitud (todo en función de las manos) y luego continúas extendiéndola hasta alcanzar la finura necesaria. La receta en sí era muy simple: cuatro huevos mezclados con unos seis *etti* de harina (proporciones no exactamente iguales a las de Betta, pero bastante parecidas), más un pellizco de sal y, es cierto, un poco de agua, pero sólo un chorrito. Los huevos desempeñan el principal papel hidratante y, hasta ahora, nunca se había reconocido dicha función en la cocina italiana.

¿Por qué descubrí lo que otros no habían encontrado? Pensé en lo que había hecho mal, incluyendo la posibilidad de que mi pregunta sobre el huevo fuese tan absurda que nadie más se la formulara. Pero tal vez la explicación radique en que mi descubrimiento se ve eclipsado por otro más radical: no lo que pones *en* tu pasta sino *sobre* ella. *Lo scalco alla moderna* incluye la primera receta de salsa de tomate. Hasta ese momento, ningún italiano había comido tomates. Esa misma receta –media docena de tomates, pelados después de dejarlos en la parrilla y de quitarles la parte carbonizada (que hace salir el azúcar del fruto), cebollas rojas, guindilla, vinagre de vino tinto, una primera expresión de nuestro familiar sabor agridulce– es lo que convenció a los desconfiados habitantes de la península italiana de que aquel sospechosamente brillante fruto americano que se emplea como una verdura no les envenenaría. ¿Pudo haber algo más importante? Esas dos recetas juntas, el huevo en la masa y la salsa que la recubre, han estado en el corazón de la pasta desde su publicación hasta nuestros días. En la historia de la cocina, no se me ocurren otras dos innovaciones que, a pesar de su aparente modestia, hayan tenido consecuencias más duraderas.

Lo scalco alla moderna de Latini es el libro más elegantemente escrito sobre cocina desde que un extravagante humanista pasó unas vacaciones de verano deambulando por la cocina de un cardenal y describiendo lo que veía. A pesar de lo elemental que es mi italiano, incluso yo puedo apreciar que Latini es un estilista, con una poderosa voz y un gran talento para la escritura. Hasta 1992, año en que se descubrió un manuscrito de Latini, no se sabía nada de este autor, un chef magnífico aunque prácticamente desconocido de finales del Renacimiento, un humanista culinario que ejercería una influencia extraordinaria sobre lo que comerían los italianos los siguientes cuatro siglos.

Lo que revela el manuscrito encontrado es que su autor no fue Latini. Latini casi no sabía escribir. De hecho, su ortografía es tan penosa que se ha llegado a pensar que era disléxico. El estilista debió de ser un amigo. Latini era analfabeto, un golfillo de la calle que se inventó a sí mismo en la cocina. Su historia nos recuerda a Marco Pierre White o a tantos otros que entraron en la cocina como una cosa y salieron de ella convertidos en algo completamente diferente. Latini perdió a su familia a los cinco años (Marco perdió a su madre a los siete). Se trasladó a Roma para ganarse la vida (Marco llegó a Harrogate a la misma edad) y, después de llamar a muchas puertas, encontró trabajo en la casa de un cardenal, donde aprendió a ser un *trinciante* (un carnicero, el logro de Marco, a la misma edad) y luego un cocinero, ascendiendo de categoría hasta que, a los veintiocho años, se convirtió en un *scalco*, el mayor honor dentro de una cocina (Marco ganó sus tres estrellas Michelin más o menos a la misma edad). Latini está considerado el último autor del renacimiento de la cocina italiana *(la gloriosa tradizione gastronomica italiana)*, y resulta muy tentador hablar de una relación entre el modo en que acaba esa época y el modo en que comenzó, casi tres siglos antes, con Platina copiando las recetas del maestro Martino. Al principio, hubo un escritor; el fantasma era el chef. Al final, hubo un chef; el fantasma era el escritor. Al principio, es un humanista quien toma algo prestado de un artesano, temiendo que el asunto no sea suficientemente serio. Al final, el artesano inventado a sí mismo se inventa como humanista, firmemente convencido de que su asunto está lleno de nobleza.

Después de Latini, termina la época gloriosa de la gastronomía, como si no quedara nada más por hacer: Italia ya tenía sus platos, su cocina, su filosofía. Dos décadas más tarde, se agotó el libro de Latini. Sus obras, que habían estado a la venta casi un siglo, se volvieron imposibles de conseguir. Las recetas de Platina del maestro Martino se leían en Francia, pero en Italia no se encontraban. Durante los dos siglos siguientes, no se publicó ningún libro de cocina importante. El Renacimiento había llegado a su fin, al igual que su espíritu de aventura: ese espíritu, al parecer, se guardó como un genio evanescente y acabó desapareciendo en las alforjas de una recua de caballos que cruzó los Alpes. Ahora comprendo por qué los italianos creen que Catalina de Médicis se llevó los secretos de la cocina italiana con ella. ¿Cómo explicar si no una pérdida tan definitiva?

Un día telefoneé a Miriam. No estaba contento con nuestra última conversación, y es posible que también quisiera cierto reconocimiento por lo que había aprendido. Como mínimo, pensaba que debía aceptar la oferta que me había hecho de dejarme entrar en su cocina un día o dos. Un día o dos me irían bien para refinar mi técnica.

Ella se alegró de tener noticias mías. Le conté mis planes y le pregunté si seguía en pie su invitación.

–*Certo* –dijo–. Llámame la próxima vez que vengas a Italia.

A esas alturas yo estaba familiarizado con el informal nunca-te-comprometas. Llamaría la próxima vez que fuera allí. Pero Miriam tenía curiosidad.

–¿Qué crees que puedo enseñarte? –preguntó, repitiendo su lema–: No soy una cocinera creativa.

Solté mi estribillo: los misterios de la pasta fresca, el trabajo de la madera sobre la madera, el esquivo «saber cómo» conseguir la textura.

–¿De qué demonios estás hablando? –dijo–. Tengo los brazos cansados. Mis viejos brazos ya no pueden hacer esas cosas.

Añadió también que era imposible conseguir una *pastina*.

Aquella palabra era nueva para mí.

Una *pastina*, explicó, es una mujer del pueblo que haga pasta. Ése era su trabajo diario: extender las láminas.

–Nunca tenía problemas para conseguir una. Ya nadie quiere hacer esas cosas. Todo el mundo está demasiado ocupado. La vida moderna. Ahora utilizo una máquina. Preparo la masa y la corto a mano. Pero utilizo la máquina para extender las láminas.

¿Una máquina? Miriam, mi romántica defensora de la cocina tradicional, una discípula del maestro Martino, una descendiente de Scappi, una estudiosa de Latini..., ¿*esa* Miriam emplea una máquina? Casi no podía hablar.

–*Certo* –respondió–. La pasta es excelente. Lo importante son los huevos. Los míos son los mejores de la región. Son unos huevos muy buenos, muy buenos.

–Sí –coincidí con ella–. El huevo es muy importante.

17

Llegó un momento en que los síntomas del problema «¿Qué-vamos-a-hacer-con-Andy?» eran tan imposibles de ignorar que yo estaba convencido de que acabarían despidiéndolo. Él no facilitaba las cosas. Para Andy, la única solución seguía siendo que alguien invirtiera dinero en su negocio, el escurridizo restaurante ibérico, una empresa que se empecinaba en creer factible. Incluso yo me preguntaba por qué Mario y Joe tendrían que financiar aquello. Su herencia era italiana. Pero Andy insistía, sin decir nunca explícitamente que se lo debían, aunque pensara manifiestamente que así era. Tal vez fuera aquel trabajo tan agotador el que le había hecho concebir esperanzas, decidí; no se puede cocinar en nombre de otro, sometido a esa clase de presión, por mucho tiempo: la disciplina, el estrés, una voz que no es la tuya diciendo: «¿Qué tal un poco de cítrico o de salado para poner en marcha las glándulas salivares?»

A veces me preguntaba si Mario no sería una gran carga en la vida de Andy, si el día más importante de su vida no habría sido también el más execrable, aquella noche lejana en que entró en una cocina y descubrió a un hombre realizando prodigios en los fogones con frutas acarameladas y *foie gras*, y tomó la decisión de convertirse en chef. Durante casi diecisiete años, aquel mago había sido su jefe, desde la época de Pó, donde Andy era el suplente de Mario y los dos llevaban la cocina: treinta y seis cubiertos, una cola de gente esperando en la calle, ciento cincuenta clientes por noche. Tres años después, cuando Mario se asoció con Joe Bastianich y abrieron Babbo, Andy le siguió y llevaba cinco años siendo el chef ejecutivo. En aquellos momentos, Mario tenía una segunda vida.

–Mario es como un chip en mi cerebro –decía Andy–. No podría eliminarlo aunque quisiera.

Andy llevaba cinco años sin cocinar, la justificación que había aducido Memo para marcharse, convencido de que Andy no lo hacía porque no sabía, y ¿cómo iba a acatar Memo las órdenes de alguien que no sabía cocinar? Una calumnia muy bien vertida, pues nadie tenía ni idea de cómo cocinaba Andy, muy pocos le habían visto hacerlo.

–Pasé cinco años –me dijo Andy– sirviendo pasta en los platos y llamando a gritos a los camareros. Al quinto año, me sentía como un pavo que nadie hubiera sacado del horno. Estaba seco y demasiado hecho.

Acompañé a Mario y a Joe (que ahora presumían emocionados del indudable éxito de Otto) a visitar un posible local para el restaurante ibérico, que ellos consideraban «el siguiente gran negocio» en potencia, un monstruo vacío de dos pisos en el West Village, con un patio, un jardín en la azotea, y cabida para cientos de personas (si una pizzería gigante funcionaba, ¿por qué no iba a hacerlo un gigantesco restaurante español?). Los dos empresarios novatos hicieron sus números de forma poco ortodoxa; el resultado –que ascendía a más de dos millones de dólares antes de encargar los primeros ingredientes– da una idea del precio asignado a la lealtad de Andy. Más tarde, en la cocina de Babbo, le conté nuestra expedición. No le habían pedido que fuera con ellos. Andy tenía curiosidad, pero se mostraba reacio a exteriorizarlo porque eso traicionaba la impotencia de su situación. Parecía angustiado.

–No puede ser de ese tamaño –murmuró finalmente–. Sería un desastre, una especie de cervecería con paellas.

Y entonces Andy encontró lo que quería: un local pequeño, recién abandonado, barato para ser Nueva York (el alquiler eran ocho mil dólares mensuales, en lugar de veinte mil), cerca del mercado de frutas y verduras de Union Square, en una esquina de Irving Place, una calle de sólo seis manzanas donde había vivido el escritor Washington Irving. Asomándose por una ventana y descubriendo un suelo de cerámica milagrosamente apropiado por su aire español, Andy se dio cuenta de que sabía lo que quería aunque no hubiera sido capaz de explicarlo.

Andy descubrió la comida en España: fue allí donde comprendió por primera vez que una cultura (su historia, sus costumbres, su forma de ser) puede manifestarse no sólo en la pintura, la música o la arquitectura, sino también en su cocina. Yo sabía que Andy había vivido en España de adolescente; pero hasta entonces no había caído en la cuenta de que su estancia había coincidido con la de Mario. Armandino, como ejecutivo de la Boeing, había vivido en un piso de Madrid; los padres de Andy, en una colonia de artistas en la Costa Brava. (Su madre era bailarina de claqué; su padre pintaba vaqueros y puestas de sol en el oeste.) Barcelona era la Porretta de Andy y, año tras año, regresaba allí, especialmente a sus tascas, cada vez más enamorado de su sencillez y de su falta de pretensiones, un recordatorio de por qué era cocinero. En uno de esos viajes, en plena luna de miel, descubrió Cal Pep. (La mujer de Andy, Patty Collins, una antigua cocinera de Babbo, estaba esperando su primer hijo; una pareja feliz e ilusionada, pero que nos recuerda la vida social de los chefs: *por supuesto* Andy conoció a su mujer en la cocina del restaurante, y *por supuesto* su luna de miel fue un viaje de exploración culinaria.) En otro viaje descubrió el Bar Pinotxo.

El Bar Pinotxo es el modelo de restaurante para Andy. Está en la Boquería, el mercado de Barcelona, y Andy lo descubrió haciendo la compra para su madre, pues era el único de la familia que hablaba español. El lugar podría considerarse un «restaurante de mercado», cuya filosofía gira en torno a los alimentos frescos: los ingredientes sólo proceden de los puestos cercanos, la cocina es abierta, se atiende en la barra, está lleno de gente, no hay carta, y, cuando finalmente consigues que el chef te haga caso, le señalas lo que quieres, lo prepara y te lo comes.

–El encanto –decía Andy– es su honestidad. Nada de magia, nada de trucos, nada de secretos. Buenos ingredientes, apenas manipulados. Cuando hablo de ello, todavía se me pone la carne de gallina.

Al contrario de lo que ocurre en la mayoría de los restaurantes, la comida de Cal Pep y del Bar Pinotxo no se prepara de antemano; está siempre a la vista y se hace de tres maneras: *a la plancha,** frita o en una cazuela. Las navajas se abren cuando las pide un cliente y, después de añadirles un chorrito de aceite de oliva, sal y pimienta, se cocinan treinta segundos en la plancha, y se sirven con un poco de ajo crudo. Las *croquetas,*** unas bolas de bacalao salado, se fríen. Los calamarines se echan en una cazuela

* En el original, en castellano. *(N. de la T.)*
** También en castellano. *(N. de la T.)*

muy caliente y se hinchan como globos, soltando una acuosidad de océano que remueves, reduces y sigues removiendo; muy al final, agregas un puñado de habitas finas para absorber el líquido: otro jugo de mar con almidón, un alimento fundamental de nuestro planeta. Ésa sería la base de su menú, explicó Andy.

–Tío –dijo Mario, después de acompañarle a Barcelona–, has encontrado un filón.

Pero ¿era cierto?

Cuando regresaron a Nueva York, Joe inspeccionó el local de Andy: «Este sitio es jodidamente pequeño.» No sabía cómo Andy iba a ganar dinero; no cabían los clientes suficientes para que fuera un negocio; y Andy, presa del pánico, dibujó un plano en una servilleta demostrando que cabían cuarenta y dos personas. «¡Siete más que en Pó!», siempre que no hubiera nadie en pie, que la gente esperara en otro sitio (tal vez en el café vacío que había al lado; quizá pudiese alquilarse también), que la zona del bar estuviera vacía (de lo contrario, las cenas serían un caos), y que se encargaran mesas con un cajón debajo para guardar los vasos de agua (y evitar que los tiraran). Andy hizo los cálculos: incluso ganando nueve mil dólares al día (doscientos más que en Pó), podría quebrar. Es decir, si el restaurante se llenaba todos los días, saldría adelante. ¿Era realista?

Y eso suscitaba el siguiente temor: ¿sabía cocinar Andy?

Me invitaron a formar parte del equipo de degustadores que lo averiguarían. Aparecieron ocho personas (Mario, Joe, algunos amigos) para comer el primer menú que Andy hacía en su vida.

Andy estaba hecho polvo. «Tengo los nervios de punta.» Llevaba años preparando el menú de Mario. Ahora estaba cocinando el suyo. «¿Qué pasa si es una mierda? ¿Qué pasa si preparo todos estos platos y no viene nadie?» Estaba previsto que el restaurante costara doscientos mil dólares, y Andy, para asegurarse una participación del veinte por ciento, había pedido un préstamo a sus tíos Doris y Floyd. No dormía bien. Había adelgazado, casi cuarenta libras. Cojeaba: se había puesto a gatas para fregar el suelo con un ácido y, sin darse cuenta, se había quemado el tejido muscular de las rodillas. Además, su mujer estaba a punto de dar a luz. Habían pasado casi dos décadas desde aquella noche en Santa Bárbara, y todo el esfuerzo posterior –los cuatro años en el CIA, el aprendizaje, las prácticas, el largo período en la sombra– se concentraba en aquel momento.

Andy me mostró después las notas que Mario había escrito aquel día, comentando uno por uno todos los platos y puntuándolos del uno al diez, una visión fugaz de dos chefs comunicándose en clave. Las crestas de gallo (las primeras que comía en mi vida: su textura es increíblemente blanda) tuvieron un diez sobre diez, pero Mario sugirió añadirles un chorrito de aceite de oliva y servirlas en un plato a temperatura ambiente. (Cuando leí aquella nota, pensé: ¡Crestas de gallo! ¡En un plato a temperatura ambiente! ¿Por qué no se me habrá ocurrido?) Las *croquetas* de bacalao: «Perfectas.» El alioli de naranja que ideó Andy para acompañarlas: «Perfecto.» Las codornices: «¡Perfectas, perfectas!» (un diez subrayado dos veces). El rabo de buey: casi perfecto, pero «asegúrate de quitar la grasa de la cazuela antes de recalentarlo». (Y Andy miró la nota y dijo: «Qué estúpido soy, sabía que debía quitar la grasa..., ¿qué diablos me pasa?», y yo asentí sabiamente con la cabeza y pensé: ¿De qué estará hablando?) Los calamares: «Casi perfectos, pero quedarían mejor con ralladura de limón y perejil por encima.» Las chuletas de cordero: perfectas, pero iban seguidas de la palabra «debajo», que era la abreviatura de Mario para poner en la base del plato una salsa secreta (en Babbo, el disimulado yogur con guindilla picante y pimiento rojo que jamás se mencionaba en la carta) que se mezclara con los jugos de la carne: un truco, lejos del espíritu «y-ahora-sin-manos» que buscaba Andy y probablemente una de esas cosas picantes, dulces y saladas que excitaban las glándulas salivares. Andy ignoraría esta sugerencia; no estaba dispuesto a poner nada debajo de *sus* chuletas de cordero: no era el estilo de *su* restaurante, ahora era *su* propio chef y, si no quería saber nada de glándulas salivares, estaba en *su* derecho.

El informe de Joe fue más conciso. «Su cocina ha atravesado el puto techo.»

Estábamos en la barra, con la plancha de asar, las cazuelas y la freidora delante de nosotros, y todos los ingredientes a la vista. La cocina, diminuta, estaba llena de humo, y el restaurante parecía abarrotado con menos de doce personas. Comimos todos los platos del menú, treinta diferentes, y estaba todo tan delicioso que repetimos de algunos. Al terminar, abandonamos nuestros taburetes y nos sentamos en un rincón del restaurante, rodeados de ventanales de cristal, con el edificio dieciochesco de piedra rojiza donde había vivido Washington Irving enfrente, las aceras llenas de gente, y la ciudad envuelta en la oscuridad. Alguien abrió una botella mágnum. En aquellos instantes, no deseé encontrarme en ningún otro lugar. Andy llamaría a su restaurante Casa Mono. Ahora era un chef.

18

¿Qué sería de Babbo sin Andy? Lo que sucediera a continuación pondría a prueba, como mínimo, la práctica generalizada del chef omnipotente: que un éxito como el de Mario (o Marco Pierre White o Alain Ducasse) puede crear un restaurante tan a su imagen que ellos no necesitan estar allí. Esta práctica había sido posible con Andy en la cocina, pero Andy creía tener el sistema operativo de Mario implantado en el cerebro, como en una historia de ciencia ficción. ¿Tendría el mismo chip su sucesor?

Memo, que había sido el claro heredero, ya no era un contendiente: al marcharse, había renunciado a ser tenido en cuenta. Pero no era feliz.

—La próxima vez que veas a Mario —me pidió—, dile que te he preguntado por él. ¿Me harás ese favor?

Su trabajo en Naples 45 no había mejorado. Para volver más cálido el ambiente y convencer a la gente de que alargara sus sobremesas, en vez de beber una cerveza, comer un trozo de pizza y salir corriendo para coger el tren a casa, quiso poner algunas velas (permiso denegado). Intentó preparar platos especiales de temporada (permiso denegado) o cambiar la carta (permiso denegado). Le comunicaron que el restaurante perdía dinero, así que propuso reducir los gastos generales (propuesta denegada). Algún acreedor –eso era nuevo, que Memo hablara de acreedores– tenía un negocio de pasta, y dieron instrucciones a Memo para que cocinara con esa marca. («Bueno, era más o menos potable.») Algún acreedor conseguía a buen precio chuletones de Kansas de doce onzas, y dijeron a Memo que ésa sería la carne del restaurante. «Y eso sí que no tenía pase», comentó (añadiendo sin más explicaciones: «sobornos»). Algún acreedor tenía una oferta de langostas; cerveza europea... Un día Memo recibió la visita de Peter Wyss, uno de los vicepresidentes de Restaurant Associates.

–¿Te parece que esto funciona? –le preguntó.

Cuando Memo, un tipo enorme, recordaba aquel diálogo, aumentaba de tamaño, se inflaba a causa de la indignación –tal como ocurrió, estoy seguro, mientras la conversación tuvo lugar–, y repetía la pregunta furiosa, irónicamente, haciendo inflexiones donde no debía. O donde sí debía si su propósito era comunicar al señor Wyss que era un hombrecillo que no sabía una mierda de cocina; algo que podía ser cierto o no, pero que no es el tipo de mensaje que conviene transmitir a un jefe. «¿Que si ME parece que ESTO funciona?» Memo bramaba y seguía detallando los motivos por los que ESTO NO funcionaba ni para él ni para el restaurante. El señor Wyss pensaba que el restaurante estaba muy bien como estaba y Memo se quedó sin trabajo. Quizá, pensó, fuera el momento de volver a uno de esos restaurantes de cuatro estrellas dirigidos por un «francés gilipollas» –Thomas Keller, el chef de la French Laundry de California iba a abrir un restaurante– y Memo llamó a Mario para pedirle consejo, preguntándose si le parecería una buena idea, pero éste nunca le devolvió la llamada.

–Probablemente estaría fuera –comentó Memo.

Memo tenía treinta años.

–Tengo tiempo –decía; se necesitan años para ser un buen chef–. Lo que me gustaría realmente es un pequeño restaurante, de treinta o cuarenta cubiertos, y preparar la comida de mi infancia..., un Pó mexicano.

En esto, Memo se parecía a los demás chefs de Babbo, irremediablemente enamorados del mito del pequeño restaurante de barrio, el idealizado Pó, una imagen muy tentadora de lo que año tras año anhelaban realizar... el día que tuvieran dinero y encontraran un socio. Memo tenía ya un nombre que rimaba con Pó. Se le había ocurrido años antes, cuando se marchó de Le Cirque. «*Ajo*», decía. Una palabra española. «Me vino a la cabeza a las tres de la madrugada, en el autobús de Harlem, volviendo a casa. *Ajo*. Muy corto. Muy íntimo.»

Tony Liu tampoco era un contendiente para el puesto de Andy. Frankie y él eran los dos segundos chefs, pero Frankie llevaba más tiempo. Sin embargo, Tony opinaba que ninguno de los dos estaba cualificado para ese cargo y debían contratar a alguien del exterior.

–Frankie es muy bueno con la comida, pero un desastre con la gente. Estoy completamente en contra de su elección, Mario lo sabe.

Tony era la persona más equilibrada de la cocina: ecuánime, comedido, jamás cogía un berrinche. Su objeción parecía deberse al carácter de Frankie. Además, ¿qué ocurriría si Mario ignoraba su consejo? ¿Dimitiría? Pero Tony se había convertido, asimismo, en el portavoz informal de la cocina y consideraba su responsabilidad expresar la posición de sus compañeros. Los demás pensaban que era el único adulto sensato, y todo el mundo le había llamado en alguna ocasión para que lidiara discretamente en la despensa con el cada vez más arbitrario Frankie.

—Lo llamaban el «Factor F» –explicaba Tony–. Y yo siempre estaba en medio. Frankie empezaba con sus invectivas. Siempre eran muy personales. Y la víctima me pedía ayuda. Durante algún tiempo, traté de hablar con Frankie, pero esa clase de conversaciones no se pueden tener muchas veces. Y a Frankie no le gusta hablar.

Holly era la más perjudicada. Desde su llegada, había pasado por todos los puestos y era una cocinera competente, pero tenía continuos roces con Frankie.

—Estaba siempre metiéndose con Holly –decía Tony–. No sé por qué. Tal vez Frankie tuviera un mal día y sólo fuera eso, pero tenía demasiados días malos. Era muy ofensivo, y Holly tenía un límite, y luego quería discutir las cosas. Frankie se negaba: durante el trabajo no, ni después, ni nunca.

Una de las peculiaridades del «Factor F» era, al parecer, el silencio. «Era un comportamiento de niño de cinco años. ¡No! No pienso hablar contigo, No, no, no, no, no.» Según Tony, la cocina estaba degenerando peligrosamente.

—Gina estaba en un extremo y Elisa en el otro, ¿cómo iba a poner a Frankie en medio? No era una buena idea. Había tan mal ambiente..., tantos cambios de humor, tantas rabietas. Yo tenía ganas de gritarles a todos, a Gina, a Elisa, a Frankie: «Eh, chicos, ¿acaso no sabéis comportaros como adultos?»

¿Sabía Mario lo que ocurría en la cocina cuando no estaba? «Mario sabe exactamente lo que no quiere saber», aseguraba Tony.

Lo que sí sabía es que Frankie era un cocinero asombroso, excepcional. Nadie era tan rápido ni tan intuitivo como él. Me parecía apasionante observarlo. No era cerebral, como Andy. Jamás se le habría ocurrido la idea del chip. Frankie no pensaba ni hablaba: el lenguaje era una carga, un obstáculo para ir deprisa. Para él, cocinar era una proeza física: tenía memorizados los platos de Mario y su preparación. Lo llevaba en sus músculos. ¿Qué más necesitaba saber Mario? Además, no conocía al Frankie que tenían que aguantar en la cocina porque éste nunca era esa persona delante de él. Cuando Mario estaba cerca, Frankie cambiaba. Se inclinaba hacia delante, encorvando los hombros, o agachaba la cabeza, hundiendo la barbilla en la clavícula, sin mirar a los ojos, respetuoso, reforzando con su actitud el estatus de la persona que se hallaba al mando.

–Frankie es nuestro hombre –le dio por decir a Joe, y Frankie fue debidamente nombrado chef ejecutivo.

Garland fue el primero en irse. Me encontré con él un día hacia las cuatro de la tarde, la hora del crepúsculo en las cocinas. Es entonces cuando hacen un alto los restaurantes de la ciudad, todos al mismo tiempo. Cuando me enteré de esto, empecé a ver Nueva York con otros ojos, una ciudad de restaurantes que cerraban, un turno que cedía su lugar a otro, la pausa entre los preparativos y la llegada de los clientes, los dos equipos de cocineros relajándose juntos, reunidos sin ceremonias con sus pañuelos sudorosos y sus batas sucias para comer alrededor de la mejor mesa de la casa, o junto a la puerta de servicio, o en una pequeña veranda, fumando un cigarrillo o contemplando la luz del crepúsculo antes de volver al espacio caluroso y cerrado donde pasarían las diez horas siguientes. Garland estaba apoyado en la pared de un nuevo restaurante mexicano cerca de Union Square, cuyo propietario era un antiguo jefe: había recibido esa oferta de trabajo justo cuando Frankie relevó a Andy.

–No me fui sólo por culpa de Frankie..., éste es un buen trabajo; me habría ido de todos modos.

Garland estaba muy contento y, según afirmó Gina, como todo el mundo que se marcha de Babbo, había perdido enseguida veinte libras. «No hay mucha mantequilla en la comida mexicana.»

Holly fue la siguiente. Hizo las maletas y se fue a Italia. Había ahorrado un poco de dinero y quería cocinar con italianos y recordar por qué había elegido esa profesión.

Después llegó el turno de Alex. Había durado once meses. Al marcharse antes de que transcurriera un año, se quedaría sin referencias de Mario. Alex conocía esa norma, aunque se preguntaba abiertamente qué habría escrito éste en sus informes: según Alex, Mario no había entrado en la cocina mientras él trabajaba allí. (En realidad, sí lo había hecho, pero Alex estaba demasiado nervioso para darse cuenta.) Pero Alex, un optimista por naturaleza, consideraba muy positiva su experiencia en Babbo, incluyendo su relación con Frankie.

–Por ejemplo, Frankie me ha enseñado un nuevo modo de preparar los espaguetis a la carbonara –decía alegremente–. Haces el *guanciale* con una salsa y clara de huevo, y, una vez servido en el plato, le añades las yemas crudas. Frank puede ser un gran tipo, ahí tienes la muestra...: a pesar de lo ocupado que está, encontró tiempo para enseñarme a hacer esos carbonara, aunque fuera a gritos.

Incluso los gritos le parecieron instructivos.

–Cuando Frankie me insultaba, lo hacía siempre por un motivo. Intentaba convertirme en un cocinero mejor. Además, sus insultos me ayudaron a comprender qué clase de persona no quería ser. Cuando me nombren segundo chef, sé que no voy a comportarme como él. Y es algo que debo agradecerle. –Hizo una pausa, calibrando el alcance de su influencia–. Hemos tenido nuestras diferencias, pero Frankie es ahora mi mejor amigo.

Tony se marchó. «No quería ser un miembro de la cocina de Frankie.» Le contrataron para llevar un nuevo restaurante en el West Village, de cincuenta plazas («no mucho más grande que Pó», fue la descripción de Tony, como era previsible), llamado August (nadie sabía por qué), especializado en comida europea: una idea ambigua, pero el lugar perfecto para Tony. Había cocinado platos franceses, españoles e italianos. Ahora podría aprender algunos belgas, incluso alemanes. La carta, cuando fui a comer, era una especie de mezcla para burócratas de la Unión Europea: un poco de todo para todo el mundo (un plato de chucrut con otro que llevaba chorizo), pero la comida era buena porque Tony era un buen cocinero. Cuando Holly volvió de Italia, Tony le pidió que fuera su segundo chef. «Prefiero trabajar con mujeres. Tienen más controlada su testosterona.»

Cuando Abby se fue (no quedarían mujeres en el turno de noche), la evacuación fue completa: se había marchado un cocinero de cada puesto de la cadena. En los cinco años de historia del restaurante, nunca se había producido una desbandada así. La situación era crítica, y contrataron a un nuevo segundo chef... muy deprisa, sin consultar a Frankie: un error porque Frankie se negaba a trabajar con él.

–Estoy preocupado por Frank –me dijo Memo–. Se siente tan desgraciado... Está tan enfadado... Se avecina una buena.

No sabía a qué se refería. Y no lo descubrí hasta mucho después, porque yo tenía mis propios demonios y debía abandonar Nueva York para enfrentarme a ellos.

Aprendiz

Hacia la época de Tiberio, vivió un hombre llamado Aspicio, inmensamente rico y amante de los lujos, que ha dado el nombre de «aspicianas» a varias tartas de queso. Residía principalmente en Minturno, una ciudad de la Campania, y gastaba muchos dracmas en su estómago, sobre todo en cangrejos de río extremadamente caros, una especialidad de la región, donde eran más grandes que los de Esmirna o incluso Alejandría. Al oír que los cangrejos de África eran también exquisitos, se aprestó a navegar allí, zarpando aquel mismo día. La travesía fue difícil y los padecimientos de Aspicio, terribles. Antes de alcanzar la costa, los pescadores locales se acercaron en sus botes para ofrecerle los cangrejos más extraordinarios (la noticia de su llegada había levantado gran revuelo entre los africanos). Pero, cuando Aspicio vio aquellos ejemplares, preguntó si no los había mejores y, al escuchar su negativa, recordó los de Minturno y, sin desembarcar, dio la vuelta a su nave y regresó a Italia.

ATENEO,
siglo III d. C.

19

Había llegado a la conclusión de que necesitaba volver a Italia y estar allí lo que tenía que estar: un largo período. En realidad, no sabía cuánto: una temporada, dos o más (de todos modos, ¿cuánto dura una temporada?), lo suficiente para frenar una idea que me obsesionaba: que jamás se me volvería a presentar una oportunidad semejante. Mark Barrett conocía ese sentimiento: por ese motivo, después de terminar su aprendizaje con Gianni y Betta (su *primer* período), empezó a recorrer en zigzag la península, siguiendo los pasos de Mario, de restaurante en restaurante (Bolonia, Florencia, Calabria), dispuesto a aprender cuanto pudiera. Mark quería pasar varios años en el extranjero. Yo no podía (¿o sí podía?), pero lo que sabía es que debía regresar a Italia por algún tiempo, el que fuera, o me arrepentiría de ello el resto de mi vida. Estaba muy nervioso. Había experimentado una sensación muy parecida el año anterior, antes de dejar mi trabajo y ocupar un puesto de cocinero en Babbo. Al volver a sentirme así, intenté convencer a mi mujer de que lo que ella realmente deseaba era despedirse también de su trabajo (Jessica era una redactora muy bien pagada de una revista de Manhattan) y acompañarme a un pueblo italiano sobre una colina donde no conoceríamos a nadie y donde yo trabajaría muchas horas sin cobrar... *si* tenía la suerte de que alguien me contratara, y *si* conseguía ocupar un puesto donde pudiera aprender algo. (No quería ir a Italia para perfeccionar mi técnica de cortar zanahorias.)

Jessica tomó en consideración mi propuesta.

–¿No acabamos de estar en Italia? –preguntó.

–Bueno, sí, es cierto, tienes razón. Acabamos de estar en Italia.

–Y ¿no has aprendido a hacer *tortellini?*

–Bueno, sí, eso también es cierto.

Pero los *tortellini* sólo eran un plato, y yo estaba convencido de que había unos secretos culinarios –una actitud, un toque, eso que Mario decía siempre que sólo se podía aprender «allí»– que yo necesitaba descubrir. Por eso teníamos que volver.

Jessica trató de asimilar aquello. (Fue un momento difícil en nuestro matrimonio.)

–Y, exactamente, ¿quién va a enseñarte esos secretos?

Así que le hablé de Dario Cecchini: estaba seguro de que era la persona para la que debía trabajar. Él no me conocía, y yo no tenía ni idea de si me aceptaría como aprendiz. Pero existían ya tantos vínculos entre nosotros..., ¡tenía que contratarme! Cuando el padre de Mario, Armandino Batali, dejó su trabajo en la Boeing y decidió aprender el modo en que los italianos preparaban la carne, recibió sus primeras lecciones en la carnicería de Dario. Telefoneé a Armandino y le pregunté por qué. Porque Dario era el carnicero más respetado de toda Italia, me contestó, y porque su tienda no era sólo una carnicería sino un museo de la cocina toscana: carne cruda y fiambres, cortes de vaca Chianti con ragús y salsas y cerdo curado: una universidad de la zona.

También Elisa me había hablado de Dario. En verano, daba un curso de cocina de una semana de duración en las inmediaciones y siempre visitaba a Dario en busca de inspiración. (Tenía una foto de él en su rincón de la cocina de Babbo.)

Y la escritora culinaria Faith Willinger había descubierto el polen de hinojo en la carnicería de Dario, aquella planta que la norteamericana escondía en su maleta para cruzar el Atlántico, y con la que luego espolvoreaban los *tortelloni* de Mario. En uno de sus viajes a Estados Unidos –la fiesta del veinticinco aniversario de Chez Panisse–, Willinger se trajo al carnicero con ella, una visita que recogió el *International Herald Tribune* en un artículo que yo, casualmente, había arrancado y guardado: describía a Cecchini como el carnicero más famoso del mundo.

Llamé por teléfono. Señor Cecchini, dije, soy un amigo de Mario Batali.

–*Accidenti!* –exclamó (que al parecer significa algo así como «¡Diantre!», pero ¿qué sabía yo?).

–Mario, como sabe, es hijo de Armandino –dije, leyendo las frases que había preparado. (Los teléfonos italianos me horrorizan y llevaba toda la mañana ensayando mis preguntas.)

–*Accidenti!*

–También es amigo de Faith Willinger.

–*Accidenti!*

–Y me gustaría aprender a ser un carnicero toscano.

–*Accidenti! Vieni! Pronto! Ora!* –¡Venga! ¡Corriendo! ¡Ya!

Entonces Dario pasó el teléfono a una mujer que resultó ser su esposa, Ann Marie, y que, afortunadamente, era norteamericana y me confirmó que le había entendido bien. Y allí estaba yo una semana después, en domingo, recorriendo la transitada Chiantigiana, la carretera de montaña que atraviesa toda la región de Chianti, desde Florencia hasta Siena, y pasa por el centro de Panzano, sintiendo lo mismo que la primera vez que había entrado en la cocina de Babbo: que sería una persona diferente cuando completara mi estancia allí, aunque no sabía cómo.

La carnicería de Dario, la *macelleria*, estaba en una calle muy empinada al lado de la oficina de correos. De hecho, eran dos tiendas juntas. La que estaba más abajo parecía un salón muy familiar (o, para ser más exactos, el salón de una familia que vivía con sus animales). Había una mesa con sillas, una librería, un busto de Dante y una fuente de cerámica (como esas donde beben agua las vacas). Había, asimismo, un amenazador conjunto de estacas negras (titulado «Bienvenido a la Toscana») y una representación en cartón piedra de algo..., de unas personas, descubrí, de tamaño natural, desapareciendo entre las llamas del infierno. La tienda que estaba en la parte superior, con el género expuesto, resultaba inaccesible. Había tanta gente en el interior, en la entrada, en la acera, repartida por la calle... ¿Cuántas personas? ¿Cien? ¿Más? Estaban sudorosas y excitadas. Me puse de puntillas. Alguien tenía en el hombro una cámara de televisión. Había focos que se encendían y se apagaban. Podía oír con claridad una música coral de lo que me pareció el *Réquiem* de Mozart. (¿Por qué un réquiem? Aunque, pensándolo bien, es una carnicería: ¿por qué no un réquiem?)

Me abrí paso a empujones. Todo el mundo parecía tener un vaso de vino tinto en una mano y comer unos pegotes de nata blanca y espumosa con la otra.

–*Lardo* –dijo un hombre, ofreciéndome un poco. *Lardo crudo*. Sin curar. Embadurnaba sus mejillas, como si fuera pasta de dientes.

Seguí avanzando. Un hombre trajeado balanceaba un *fiasco* de vino tinto; tenía un tapón de paja, como una de esas botellas que ves en los peores restaurantes y nunca aprendes a beber. Intentó servirme un vaso, pero falló y el vino acabó en mis zapatos. Aún no eran las once de la mañana, pero reinaba en el ambiente una borrachera vigorosa, estridente: la olías, te daba codazos y se reía ásperamente en tus narices. Detrás de una vitrina llena de carne, *salumi* y salchichas estaba el carnicero, sobre una tarima, dominando toda la habitación, haciendo caso omiso de la gente que tenía debajo; unos vociferaban y le pedían de todo: encargos, cambio, autógrafos. Él los ignoraba. También bebía vino..., y bastante, al parecer. Esbozaba una media sonrisa de felicidad. La música sonaba muy fuerte –«*Dies irae, dies illa!*» (¡Día de la ira, día del Juicio Final!), y todo el mundo gritaba para que le oyeran. En una mano, Cecchini sujetaba un cuchillo brillante y dentado, más parecido a un sable militar que a una herramienta de carnicero. Era un hombre alto, de más de metro ochenta. En aquel momento pensé que llegaría al metro noventa y cinco, pero era la tarima lo que le daba aquella estatura de personaje de cómic, como si fuera un troglodita de una viñeta. (*«Solvet saeclum in favilla!»* «¡El mundo reducido a cenizas!») Sus manos eran gigantescas. Posiblemente las más grandes que había visto en mi vida. No guardaban ninguna proporción con el resto de su cuerpo. Parecían medir la mitad de sus brazos. Los dedos eran igualmente largos, como extremidades. Llevaba unos zuecos y unos calcetines rosas, un pañuelo rosa atado al cuello y una camisa rosa de algodón, muy ajustada, tan pequeña para sus hombros anchos y robustos que parecía jorobado. Tenía el pelo cortado al rape, sobre todo por los lados, y las cejas espesas, la nariz enorme y los labios gruesos. Un rostro de facciones grandes. Y tenía cuarenta y muchos años, la misma edad que yo.

Pensé: Así que éste es Dario Cecchini, y él se dio cuenta de que le observaba. Apagó la música y pidió silencio. Todo el mundo se calló.

–*Nel mezzo del cammin di nostra vita* –bramó–, *mi ritrovai per una selva oscura, ché la diritta via era smarrita.*

Incluso yo reconocí las primeras líneas del *Inferno* de Dante. «En mitad del camino de la vida, me hallé en medio de una selva oscura, después de dar mi senda por perdida.»* En mitad del camino de mi vida, desde luego. ¿Era allí donde me encontraba? ¿Perdido en la carretera hacia el Infierno?

Empezó a llover, y se aglomeró más gente en el interior, tratando de escapar del agua a empujones. Dario prosiguió. O tal vez se había embarcado en algo nuevo. Fuera lo que fuese, lo recitaba con entusiasmo. Tenía los ojos rojos y venosos y las pupilas dilatadas. Reparé en ello porque bajó de un salto de la plataforma, me agarró por los hombros y, a escasas pulgadas de mi rostro, me salpicó con la saliva espumosa de sus versos. Parecía declamar pareados rimados, con voz cantarina. Gritaba uno; susurraba el siguiente. Se agachaba, como si quisiera coger desprevenido a su público. Y luego se levantaba bruscamente, como si fuese a anunciar algo. Abría los ojos; los cerraba. Agitaba el dedo; juntaba las manos como si rezara. Jamás he presenciado una lectura más melodramática. (Ahora había alguien tocando el violín.) Parecía pedir luz de gas y sombreros de copa victorianos: seguro que las lecturas de Dickens habían sido muy parecidas. Francamente, resultaba ridículo. Pero todos estaban encantados y, cuando Da-

* Traducción de Abilio Echevarría. *(N. de la T.)*

318

rio terminó y volvió de un salto a la tarima, el público, empujado por una euforia muy metabólica (la bebida, la grasa cruda, el calor, el espacio cerrado, el privilegio de estar en él), prorrumpió en fuertes y vodevilescos aplausos, que Dario agradeció agitando una mano en el aire. Quitó el CD de Mozart, subió el volumen y puso una canción italiana con ritmo de salsa.

–*Festa!* –gritó, girando y girando hasta el final del podio–. *Festa! Festa! Festa!* –Se dio la vuelta y regresó al otro lado–. *Festa! Festa! Festa! Festa!*

Yo tenía que presentarme a trabajar a la mañana siguiente a las ocho en punto.

20

El lunes por la mañana, Panzano era diferente. El domingo, el pueblo tenía el dinamismo de sus visitantes y quizá un poco de ese aire pintoresco que la gente deseaba encontrar allí. El lunes era un lugar remoto, silencioso y bastante feo.

Tenía novecientos habitantes. Había, según me enteré luego, dos carnicerías, dos cafés, dos bares, cuatro colmados familiares o *alimentari*, dos restaurantes, dos hoteles y (algo extraño) tres panaderías. También descubrí que, con unas ofertas tan meticulosamente divididas, el hecho de comprar, por ejemplo, café o una barra de pan revelaba muchas cosas de tu carácter, probablemente tus ideas políticas, y quién sabe si tu actitud con respecto a la vida de ultratumba. El vino entraba en una categoría completamente diferente, pues no había dos viñateros sino dieciocho, y pedir un vaso en un bar podía convertirse en una delicada proeza social. Había también, como correspondía, dos pueblos: el antiguo y el moderno.

El antiguo era una mezcla de viejas edificaciones y reproducciones de éstas: las ruinas de un castillo (los arcos de entrada), una muralla medieval, una iglesia del siglo XII reconstruida en el siglo XX (tanto ésta como el castillo habían sido destruidos aproximadamente cada cien años desde el siglo XII), un mal alcantarillado, unos vecinos ruidosos y ninguna intimidad. Era la típica fortificación feudal construida en lo alto de una colina durante las largas guerras entre sieneses y florentinos, tanto para defender como para servir de refugio a los campesinos que trabajaban la tierra. Podías ver cómo esa tierra, que seguía más o menos igual que en cualquier otra época de la historia de Panzano, se extendía formando una serie de pequeños valles en forma de cuenco: más parecidos a tinas gigantescas que a los clásicos barrancos esculpidos por el río. El panorama era muy hermoso y serenaba el ánimo. Me sorprendió que tuviese tantos árboles y fuera aún tan salvaje. Casi todo el terreno cultivado eran vides: su proliferación representaba el único cambio significativo que se había producido en el paisaje en los últimos quinientos años. Estábamos a principios de abril y los viñedos eran largos surcos de tierra oscura, una mapa matemático de tocones negros y nudosos con apretados puños de diminutas hojas verdes a punto de abrirse, como una mano.

La parte nueva del pueblo tenía paredes de estuco prácticamente lisas: el pragmatismo de la posguerra. Como tantas otras poblaciones de las colinas, Panzano había sido ocupada por los nazis, que habían incendiado los edificios cerca de la carretera principal al batirse en retirada. La conflagración había destrozado algunas estructuras que tenían siglos de antigüedad, incluyendo la Antica Macelleria Cecchini que llevaba ocho generaciones en el mismo lugar, dirigida siempre por el primogénito varón de la familia Cecchini. En el piso de arriba, en una habitación abandonada justo encima de la *macelleria*, pude hacerme una idea de lo que fuera el viejo edificio: las paredes de piedra y los suelos continúan intactos, y fue allí donde el abuelo de Dario, del que éste heredó el nombre, albergó a veintidós miembros de su familia, protegiéndolos en tiempos difíciles. Durante la guerra, vendía carne a los partisanos, que subían a la montaña antes del amanecer; dos horas después, a las ocho en punto, aparecían los fascistas. En Chianti, no tardé en descubrir, nadie puede prescindir de la carne.

Aquella mañana, todo el mundo parecía histérico en la *macelleria*. Era «día de producción». Eso lo sabría después; en aquellos momentos, lo único que comprendía era que tenía que quitarme de en medio y no molestar a la gente que se movía a toda prisa. En la parte trasera, había una pequeña cocina: un horno, un mostrador de mármol y un tajo de carnicero, donde trabajaba un hombre mayor. Los demás le llamaban *Il Maestro*, el maestro, y se dirigían a él con ferviente respeto. Siempre terminaban las frases con ese tratamiento. Por ejemplo: ¿Cómo está hoy, maestro?

–¿Quiere tomar un café, maestro?

–¿Puedo retirar estas sobras, maestro?

Hacia las once, el maestro comía algo, un trozo de pan («la barra del maestro», hecha en un horno de leña y comprada por alguien de camino al trabajo) con aceite de oliva y espolvoreado con sal.

–¿Quiere que se lo prepare, maestro?

–¿Ha terminado, maestro?

–¿Le quito el plato, maestro?

Sólo dos personas podían usar un cuchillo: Dario y el maestro. Dario manejaba el suyo en la parte delantera, a la vista de los clientes. El maestro, en la parte trasera, guardaba el suyo en un cajón bajo el tajo de carnicero. El maestro tenía sesenta y dos años, y vestía su propia bata blanca (los demás iban uniformados: un delantal del medioevo hasta el suelo donde se leía: «Antica Macelleria Cecchini»). Vivía en el valle vecino, cerca de su hijo Enrico, que era dueño de mil olivos y fabricaba un aceite intenso y oloroso, muy difícil de conseguir, fundamentalmente porque Dario lo compraba casi todo. El maestro tenía el pelo canoso, un rostro fino y surcado de expresivas arrugas, cejas negras, orejas grandes y una nariz prominente y masculina.

–Mira esa cara –me dijo un amigo del maestro algún tiempo después, cuando mi italiano era lo suficientemente bueno para seguir las bromas que gastaban–. ¿No te parece el rostro de un etrusco? ¿No lo has visto antes en los frescos que decoran sus tumbas? Es tan antiguo como esas colinas.

El maestro era un hombre pausado (de una forma anticuada y masculina) y comedido (de una forma anticuada y masculina) y hablaba con lo que a veces parecía una gravedad exagerada, juntando sus largos dedos como un signo de puntuación. Sus dedos eran enormes. Aunque pareciera increíble, las manos del maestro eran más grandes que las de Dario. Sus manos eran tan grandes que me ponían nervioso. (¿Por qué eran tan pequeñas las mías?, me preguntaba con frecuencia al final de un largo día, mirándolas fijamente cuando volvía andando a casa. Ahora me doy cuenta de que no son tan pequeñas. En el mundo normal, podrían considerarse incluso grandes. La última vez que necesité un par de guantes, eso es lo que compré: la talla grande. Aun así, no dejé de examinar mis manos mientras estuve en la carnicería: me parecían tan gordinflonas, los dedos tan gruesos y pequeños, el conjunto tan defectuoso. Quizá sea eso lo que necesitas para hacer ese trabajo: unas manos gigantescas. Si no te crecen animales de los bosques al final de los antebrazos, dedícate a la repostería.)

Ann Marie trabajaba antes en la *macelleria*, pero en aquella época sólo iba los domingos. Ese día había tanto jaleo que cualquier persona relacionada con Dario (incluso mi mujer, con el tiempo, cada vez que entraba a decir hola) acababa poniéndose un delantal, sirviendo vino, extendiendo *lardo* en el pan y distribuyendo cualquier cosa con carne que hubiera hecho Dario para que degustaran los clientes. Uno de esos domingos, Dario había pedido a Ann Marie que se casara con él, bajando de su podio, sacando un anillo enorme y arrodillándose delante de todo el mundo, entre aplausos, risotadas y fotografías. Habían pasado algunos años desde entonces y, aunque la pareja no se había casado en realidad –«Me dio gato por liebre»–, ella se consideraba la mujer del carnicero. Ann Marie medía un metro setenta pero, al lado de Dario, parecía esquelética y muy menuda. Tenía un pelo indomable y color cobrizo brillante, tan tieso como una escoba, una tez pálida y pecosa, la risa escandalosa de Phyllis Diller,* y una ironía incontenible. Llevaba botas camperas rojas, joyas azul turquesa y un algo verde brillante... en algún lugar: un estudio pelirrojo con algún color en conflicto. Venía del mundo de la moda; su primer trabajo había sido preparar el vestuario de la película *Flashdance*, y Banana Republic la había enviado a Italia, donde había decidido quedarse. Había diseñado el logotipo antilogotipo de Dario, sus etiquetas y su tarjeta (que se abre por la mitad y muestra una vívida estampa de un trozo de carne cruda en sus gigantescas manos).

Podía decirse que la tienda la llevaban Carlo y Teresa, un matrimonio. Habían tenido una camisería de caballe-

---

* Famosa cómica estadounidense, nacida en 1917. *(N. de la T.)*

ros en Florencia hasta que los hombres empezaron a llevar camisetas y su negocio se fue al garete, y ahora, según decían, «pasaban estrecheces». Seguían teniendo un piso en Florencia, pero en Panzano cuidaban de una viuda, a cambio de comida y alojamiento en su granja. Carlo llevaba las cuentas y se ocupaba de los envíos. Tenía cincuenta y cinco años, un bigote oscuro y un carácter sombrío; un hombre que merecía mucho más: un hombre duro con un corazón tierno y herido. Dario me contó que, después de quebrar su empresa, había pasado un año sin decir una palabra. Ahora hablaba –de hecho, cada tres o cuatro días también sonríe–, pero yo tenía problemas con su acento. La manera de hablar de los florentinos es muy exagerada. Suavizan mucho la «c»: casa es «hasa». Pero en las colinas toscanas esa «casa» no es una silenciosa «hasa», sino una vibrante fricativa «JA-JA-JA-JAAAAsa», más animal que humana. Ni siquiera hoy en día pregunto a la ligera a Carlo, pues me da miedo no entender su respuesta.

Teresa, su mujer, se encargaba de la cocina: de todos los productos que se cocinaban y preparaban, y que representaban más de la mitad de la actividad. Yo aún no entendía lo que eran: gelatinas, salsas, terrinas, alubias, que se vendían en paquetes o sacándolas a cucharadas de un bol. Nada de lo que uno espera encontrar en una carnicería típica. Más tarde me enteraría de que casi todo era tan excepcional que no se encontraba en ninguna otra carnicería.

Teresa era bajita, con caderas redondeadas, muy femenina, siempre a régimen (preparaba las ensaladas para nuestras comidas de las dos en punto, el único momento en que veíamos verduras frescas), cambiaba constantemente su color de pelo, y rebosaba de alegría. Tarareaba una canción, rompía a cantarla, se reía de cualquier tontería y, como el mundo le parecía maravillosamente absurdo, se reía a todas horas, a menos que se riera demasiado y entonces lloraba. Era como la luz del día para la oscuridad de su marido. Al igual que Carlo, carecía de experiencia en una cocina profesional, aunque ahora estuviera dirigiendo una. En eso, se parecía a todos los demás. Muchas personas tenían pequeños empleos en la carnicería de Dario (donde la experiencia previa no sólo no era necesaria sino despreciada), aunque sólo fuera ir a las diez y leer los periódicos y los artículos más interesantes sobre la «toscanidad», o a las once para preparar el café (dos empleos, dos personas diferentes). Para ser contratado, necesitabas una desgracia y ser capaz de correr a toda velocidad. La desgracia podía ser la quiebra (como Teresa y Carlo), un marido enfermo (como Lucia, que lavaba los delantales), problemas con el visado (como Rashid, que llegó una mañana de Marruecos sin pasaporte), algún pequeño problema con la ley, una madre moribunda, un padre con cáncer, un progenitor violento, un ambiente incestuoso, una disfunción mental, un defecto del habla, una discapacidad para andar, una columna vertebral en mal estado, o simplemente algún tic de conducta socialmente excéntrica y reprobable.

–Los toscanos –me contó Dario más tarde– sienten un gran cariño por los locos; no sabría explicar por qué.

Ser capaz de correr era necesario porque, fuera cual fuera tu tarea, eso es lo que hacías: obedecer a toda velocidad cuando Dario te pedía algo.

«¡Ri-ccaaar-DO!», gritaba Dario todo el día. Pronunciaba los nombres de tal modo que la sílaba central se alargaba impacientemente y la última llevaba una carga de irritabilidad. «¡Ri-ccaaar-DO!» Y Riccardo aparecía, sin resuello, con la misma pinta de aprendiz de carnicero que yo había imaginado: gordo y rollizo, con mejillas sonrosadas, pelo moreno sobre los ojos y aspecto de tener catorce años. (Tenía veintiuno.) «¡Fi-nal-meeen-TE!», exclamaba Dario, volviendo a alargar esa sílaba central y escupiendo la última. (¡Fi-nal-meeen-TE!)

A menudo, Dario sólo pedía ingredientes. «Pi-mieeen-TA», gritaba, y todo el mundo se afanaba en la cocina por encontrar la pimienta y molerla a mano. En la *macelleria* sólo había tres máquinas, y tenías la sensación de que las habían comprado a regañadientes y después de darle muchas vueltas. «¡A-JO!», decía Dario a nadie en particular, pero de forma estruendosa porque al mismo tiempo estaba interpretando una ópera de Puccini a voz en grito; y alguien cogía ajo de una cesta, lo pelaba y se lo llevaba corriendo. «*¡Boh!*», exclamaba Dario, un gruñido toscano para mostrar su asombro de que no hubieras adivinado que lo necesitaba antes de pedirlo, y luego lo picaba en un molinillo de manivela que habían fijado en el mostrador.

Yo trataba de ser útil, siguiendo el consejo que me habían dado en Babbo para trabajar en una cocina nueva: vuélvete invisible y sé útil, y acabarán ofreciéndote la oportunidad de hacer más. Barría suelos, fregaba cacharros, arrancaba cientos de hojas de romero de sus tallos. Después de un par de días, sabía lo suficiente para moler la pimienta cuando Dario la pedía. Al tercer día, preparé pimientos rojos para una gelatina dulce y picante llamada *mostarda*. Los pimientos se cocían con azúcar, guindilla y gelatina y, después de verme anotar la receta, a Carlo le inquietó que yo pudiera «robar» el secreto más lucrativo de la tienda. Un día me llevó a un lado, como un hombre de negocios que tratara de participar nuevamente en el juego, y me dijo —con su fuerte acento toscano— que quizá conviniera montar juntos una empresa cuando regresara a Nueva York: «Estados Unidos es un país enorme.» Para entonces yo había preparado dos mil quinientos pimientos (cada caja contenía cincuenta, algo que yo sabía bien porque llevaba la cuenta con desesperación), cortando en cuatro trozos cada fruto en forma de campana, quitándole meticulosamente la parte blanca y retirando las semillas. No pensaba robar la receta. No he vuelto a comer un pimiento desde entonces.

Volví a casa aquella noche con las manos teñidas de rojo, preguntándome: ¿Dónde estoy? Aquel lugar era famoso por su *bistecca fiorentina*, el legendario bistec florentino. Se habían escrito poemas sobre él, poemas que Dario recitaba algunas veces. Cada *bistecca* pesaba unas cinco libras, tenía un grosor de entre doce y quince centímetros y costaba unos ciento veinticinco dólares. Pero apenas se vendían. Estuve cuatro días en la carnicería antes de que alguien se llevara realmente uno. La primera mañana que trabajé allí, se rechazaron tres pedidos sin que yo entendiera el motivo, salvo que, a Dario, no le habían gustado los clientes. Luego, en vez de vender carne, cerraron prácticamente la *macelleria* para preparar galones de gelatina de pimiento.

Era como regresar a la cocina auxiliar de Elisa, aunque en una versión más extravagante, firme y decidida. Todos los días hacíamos algo nuevo. Después de la gelatina de pimiento, hicimos una terrina llamada *pasticcio rustico*. De hecho, era muy, muy rústica. No podía imaginar que alguien quisiera comer aquello (ni el maestro ni Teresa tuvieron el valor suficiente para probarlo), salvo que fuera muy pobre *y* no tuviese nevera *y* padeciera alucinaciones por culpa del hambre. El ingrediente principal era un cerdo muy viejo macerado en su propia sangre, dentro de una bolsa de plástico precintada. Cuando abrías ésta, apestaba de tal modo que creías recibir una fuerte bofetada de hediondas moléculas. El olor era tan espantoso (*«Mal'odore!»*, gritaba Teresa) que Dario se daba la vuelta para encender corriendo el extractor de aire: era muy desagradable para los clientes de la carnicería. Empezamos nuestras malolientes terrinas por la mañana, las cocinamos por la tarde, y las enfriamos a lo largo de la noche. Al día siguiente preparamos la sal. Cogíamos bolsas de ese condimento, las mezclábamos con hierbas secas y las pasábamos por un molinillo para hacer un popurrí de hierbas llamado *Profumo del Chianti.* El resultado era verdaderamente aromático y evocador de un campamento de verano donde estuve a los ocho años, y, después de molerlo muy fino, era suave y esponjoso y parecido a la nieve. Pero cinco de nosotros pasamos las seis horas siguientes echando aquella sal esponjosa en diminutos tarros de una onza y media. ¿Acaso no se habían inventado las máquinas para hacer esa clase de cosas?

Lo que yo quería en realidad era familiarizarme con la carne. Todavía no alcanzaba a comprender la cultura que rodeaba a una carnicería toscana. No había ido a Panzano para aprenderla porque jamás había oído hablar de ella. Lo cierto es que había ido porque quería preparar la comida como los italianos y, a decir verdad, cualquier lugar me habría servido porque todos hubieran sido muy diferentes de lo que yo conocía. Pero estaba allí y, casualmente, me interesaba cómo convertir un animal en alimento.

Existe una bibliografía bastante extensa para los que no comen carne. Pero apenas se han publicado cosas para los que sí la comen, probablemente porque éstos casi nunca sienten la necesidad de justificar lo que hacen. Tengo la sospecha de que la mayoría de los comedores de carne se han preguntado en algún momento por qué comen carne, pero han sido capaces de responder a su pregunta sin ponerse demasiado filosóficos. Como carne porque me gusta y nunca me he propuesto dejarlo: fin del autoexamen. He sido feliz como carnívoro –para mí, comer carne es algo natural (en mi opinión, se pueden defender ambas teorías sobre lo que «es natural» de forma bastante convincente)–, aunque soy consciente de que gran parte de la carne que he comido no se ha producido de manera natural y probablemente ha sido tratada como si no fuera carne (las hormonas, los antibióticos, el brutal resultado de criar a los animales confinados), como una unidad de producción, un artículo reproducible en una industria masificada. Pero me frustraba no poder saber más de ese negocio. El mundo de la carne era tan incognoscible que me parecía muy difícil llegar a tener una visión real del modo en que el animal se convertía en comida, a menos que me comprara uno, lo llevara a casa y dispusiera de él a mi gusto. Había unas nociones elementales que yo no tenía y, ahora que estaba en una carnicería, esperaba adquirirlas.

Quería que me enseñaran a descuartizar las reses para aprovechar su carne. Pero también me obsesionaba la historia de Alex, que había pasado un año cortando hortalizas en una cocina florentina. ¿Tenía yo mejores perspectivas cuando sólo se permitía a dos personas manejar un cuchillo? Y, para colmo, estaban las extenuantes tareas diarias, hacer gelatina de pimiento y llenar de sal unos tarros diminutos.

Sufrí algunos contratiempos. Me di golpes. Me corté. Me caí: estaba tan concentrado en mi trabajo, pelando ajos como si fuera miope, que no me di cuenta de que había un pesado cajón con carne de vaca junto a mi pie hasta que tropecé con él y salí volando. Teresa levantó la vista, y se quedó perpleja al contemplar a aquel corpulento estadounidense en el aire. Cuando aterricé (en la carne, con peladuras de ajo por todas partes), se tapó la boca con el puño para no desternillarse de risa, al menos hasta tener la seguridad de que no me había pasado nada; y, después, eso fue lo que hizo: desternillarse de risa. Luego empezó a llorar.

Me abrí la cabeza. Estaba limpiando la máquina que se empleaba para picar la carne. Era como un instrumento de tortura, de la altura de un hombre, lleno de ángulos metálicos, y con pegotes de nervios y músculos obstruyendo sus orificios. Debía de estar en una postura muy poco natural, intentando limpiar aquello con el brazo extendido aunque necesitara acercarme más para quitar la pasta sanguinolenta, cuando me di con algo en la frente y me hice una brecha. Fue tan inesperado que no supe con qué me había golpeado. Sentí hasta dónde llegaba la herida: era profunda. Un minuto después, me volvió a ocurrir lo mismo. Me di en el *mismo* punto de la frente con el *mismo* objeto afilado, fuese lo que fuese, abriéndome la herida anterior. Tuve que sentarme; mi rostro estaba cubierto de sangre.

Echaba de menos Babbo: sus reglas y saber cómo trabajar dentro de ellas, la adrenalina de las horas en que estaba abierto el restaurante, el reconocimiento que me había ganado. Volvía a empezar de cero. Entonces me quemé.

Estaba haciendo una olla de ragú *alla Medici*, llamado así en honor de la familia renacentista florentina cuya cocina, según Dario, representaba la cima de la cocina italiana.

La carne era vaca que no se había vendido y había alcanzado o sobrepasado la fecha de caducidad: cruda, marinada, incluso cocinada, cualquier cosa que hubiera a mano. Se pasaba por la picadora y se dejaba caer en una olla de más de un metro de altura. Las verduras, los sospechosos habituales —cebollas rojas, zanahorias, apio, ajo—, se pasaban también por la picadora, una larga columna de engrudo de brillantes colores. Me dieron una espumadera de metro y medio de longitud, como una pala, con el borde muy plano para raspar el fondo. Pusieron un quemador muy grande en el suelo para que yo pudiera estar de pie por encima de la olla. Tenía que remover su contenido durante ocho horas.

De hecho, sólo fueron seis, pues hubo un descanso de dos horas para tomar el almuerzo, una pasta con una salsa improvisada que llevaba aceite de oliva, ajo y los primeros tomates cherry de la temporada, durante el que Dario empezó de pronto a recitar el final de la *Divina Comedia*. No tengo ni idea de por qué. Algo relacionado con la comida. Los tomates, tal vez. Como eran rojos, le recordaron al infierno y él se lanzó. Todo el mundo hizo un alto y le escuchó en respetuoso silencio, hasta que fue evidente que continuaría un buen rato. Carlo puso su cara de no-puedo-creer-que-vuelva-a-hacerlo-mientras-almorzamos y los demás reanudaron sus conversaciones, terminaron su comida, recogieron los platos, los fregaron –Dario seguía recitando– y volvieron a sus tareas. Yo no tuve esa libertad porque no controlaba la situación. Aún no me había dado cuenta de que era como un problema de fontanería. «¡Maldita sea, ya está el retrete estropeado otra vez!» «¡Maldita sea, ya está Dario con el último canto!» Además sentía que no tenía escapatoria porque, todo sudoroso y con expresión febril, Dario parecía dirigirse a mí. Cuando acabó, invocando a un amor que movía el sol y las demás estrellas, se puso en pie, cogió una botella de whisky del armario, se la echó al coleto, y se colocó en su tarima, temblando visiblemente, con las manos en el mostrador, dejándome ver únicamente su espalda. Se dio la vuelta. Estaba llorando.

–Toda la pasión, todos los sentimientos de furor o angustia, todos los pensamientos, están condensados en esas líneas –dijo.

Asentí con la cabeza. Estoy seguro de que tenía razón. Pero yo tenía cosas que hacer. Estaba preparando mi primer ragú. ¿No había ido a Italia para que un italiano me enseñara a hacer ragú? Regresé alegremente a mi olla, encendí el quemador de nuevo y seguí removiendo. La carne, después de cocerla tanto tiempo, tenía aspecto de grava sucia. Al final apareció Dario. Se había recuperado de su recitación de Dante y venía a inspeccionar mi trabajo. Añadió un poco de tomate, no mucho, más bien el líquido del tomate que la salsa, oscureciendo su color marrón terroso. Seguí removiendo la carne, empujando constantemente una parte hacia un lado, dejando al descubierto el fondo ardiente de la olla y volviendo a taparlo. Con cada movimiento, la carne silbaba y el vapor envolvía mi rostro. Tenía muchísimo calor: la rutina de la camiseta-empapada y el-sudor-deslizándose-por-mi-cara-cuello-brazos. Me acordé de Marco Pierre White («Todos los tipos grandes sazonan la comida con su sudor..., se puede saborear»), y me pregunté si realmente el sudor sería un condimento secreto de las cocinas, porque sabía muy bien dónde estaba cayendo el mío, aunque se convirtiera en vapor en el instante del impacto.

Tenía varias preocupaciones. Una de ellas era que, al remover la carne, pudiera empujar sin querer demasiado la olla –que chocaba continuamente contra mi rodilla–, volcándola y echando a perder horas de concienzudo trabajo. (Sería algo típico en mí, ¿verdad? Me acerqué un poco más al ragú.) Otra preocupación era que mi delantal, que llegaba hasta el suelo, se prendiera fuego. Ensayé en mi imaginación la posible escena. El delantal iba atado a la cintura con un cordón. Para quitármelo, tenía que deshacer el nudo. Así que eso era lo primero: deshacer el nudo. De lo contrario, correría peligro. Me imaginé envuelto en llamas, incapaz de desatarme el delantal, y Dario abalanzándose sobre mí, heroico y decidido, agarrándome con sus gigantescas manos, tirándome al suelo y pisoteando el fuego. (No quería que me pisotearan.)

Hacia las cinco de la tarde, Teresa echó un vistazo a la olla. «Dario, *è pronto*», está listo. Dario se acercó, cogió un poco de ragú con la espumadera y lo agitó, como un buscador de oro con su batea.

–Se supone que debe ser como arena –explicó; lo probó–. *Boh!* –Le pasó la espumadera a Teresa.

Ella lo probó –«*Boh!*»– y le pasó la espumadera a Carlo.

Carlo la probó. «*Boh!*»

Riccardo la probó. «*Boh!*»

El maestro la probó. «*Boh!*»

«¡Qué demonios!», pensé yo, y probé también un poco. Todo el mundo me miró. «*Boh!*», exclamé finalmente. (¿Qué otra cosa podía decir?)

Dario lo probó de nuevo. «*Perfetto!*», declaró. Miré fijamente la olla, tantas horas de remover y remover aquella arena sucia y pegajosa.

–*Pepe!* –gritó Dario al techo.

La pimienta apareció.

–*Sale!*

La sal apareció.

–*Limone!*

Y allí tenía un cuenco de ralladura de limón. Canela, cilantro, nuez moscada, clavo. Me interesaba que lo sazonaran después de cocinarlo. Y me interesaban los condimentos en sí, aquella recopilación de los Médicis. Jamás podrían encontrarse en un ragú tradicional. No se parecía nada al boloñés, aunque tuviera la misma consistencia. (¿Son todas las recetas de Dario meras polémicas disfrazadas de comida? «No tenemos ni idea de dónde salen estas cosas», me contó Teresa en una ocasión. «Dario se va a casa, lee un viejo libro, y ya tiene otro plato.») Me incliné para impregnarme de aquella nueva fragancia aromática, que era como reunir en un complejo olor la Navidad, la Semana Santa y las setas del otoño. Entonces Dario pidió a voz en grito el *vino santo:* dos botellas enteras.

Dejé de sonreír. ¡Oh, no! Después de todos mis esfuerzos para librarme del líquido. ¿Tendré que conseguir de nuevo que eso se evapore? Dario echó el vino en el ragú y yo lo miré incrédulo. Estaba muy caldoso. Y, tal como temía, me dijeron que continuara removiendo. Estaba agotado. De pronto me vi ardiendo.

Las llamas empezaron en el dobladillo y, a los dos segundos, devoraban todo el delantal. ¡Madre mía! Como en las películas... (Es grasa animal, pensé: ¡Por supuesto! ¡Soy grasa animal!) Aunque hubiera estado esperándolo, el fuego se extendió antes de que pudiera darme cuenta y envolvió mi delantal. Era, bastante lógicamente, un círculo de llamas: muy parecido al *Inferno.* Pero yo sabía lo que debía hacer. Obviamente, Dario también. ¿De dónde salió? Yo fui derecho a la cintura, *veloz,* y cogí el extremo del cordón para deshacer el nudo..., un simple lazo, un pequeño tirón. Pero Dario, con heroica precipitación, fue también directamente al cordón. Yo estaba mucho más relajado, quizá porque llevaba ensayando un simulacro de incendio toda la tarde. Dario, sin embargo, estaba tan obsesionado con desatar el nudo de mi delantal que no se percató de que yo había llegado antes y me arrebató el cordón que ya tenía en las manos. (¿Cómo decir: «Eh, Dario, podrías quitarme de encima tus gigantescas zarpas»?) Forcejeamos. Mis manos iban por un lado, las suyas por otro, hasta que volví a coger el cordón, menos mal. Pero Dario tenía agarrado el nudo. ¿Cómo iba a deshacerlo con sus manazas encima? Con todo, entre sus esfuerzos y los míos, el nudo acabó desatándose. Me arrancaron el delantal y lo tiraron violentamente al suelo: Dario se apresuró a pisotearlo.

Más tarde aquella noche, en un estado de ánimo más bien metafísico, recibí la visita del señor Sentido Común, del que no sabía nada desde hacía algún tiempo. Se dirigió a mí: ¿Por qué quieres ser un carnicero? ¿No te atiende estupendamente Benny, en el West Village? Y esa manía del idioma, ¿qué tiene de malo el inglés? Y ¿por qué se te ha antojado aprender a cocinar? ¡A tu edad!

Un importante avance fue la *soppressata*. Teresa me pidió que la ayudase. Era el trabajo del día siguiente.

Por lo que sabía, la *soppressata* es carne y grasa de cerdo embutido en un trozo de intestino –como el salami, pero más sustancioso, más grueso, más grande– y cada zona tiene su propia versión. La de Dario es una *sopressata de' Medici*, tal como se escribía en el siglo XVI, porque los ingredientes ahora tan familiares de los Médicis –clavo, canela, nuez moscada, ralladura de cítrico y vino dulce– se agregaban al relleno sumamente gelatinoso de cerdo. La fascinación por los Médicis era un tema cotidiano. Conocía algunos elementos de la historia: después de que Catalina de Médicis abandonara Italia en 1533 para convertirse en la futura reina de Francia, no sólo inició una revolución culinaria en ese país, sino que también desveló todos los secretos culinarios italianos. Había viajado cargada de lechugas, perejil y alcachofas (conocidos en Italia, desconocidos en Francia) y, entre sus criados, había camareros, carniceros y chefs reposteros, de tal modo que, cuando se instaló en el país galo, llevó masas, cremas, profiteroles, verduras y hierbas a una población que jamás había visto esas cosas, y la mejor cocina del renacimiento, y una gran seriedad para acercarse a las viandas, además de un utensilio imperecedero, el tenedor (un invento italiano, ¿de qué otro modo podría comerse la pasta?). En los círculos culinarios más eruditos, se burlan de los italianos que siguen creyendo en esta teoría: existen el Ratón Pérez, las alfombras voladoras y... Dario, por supuesto, no tenía la menor duda. Comprendí esto un día que le vi emplear chalotas en una de sus recetas:

–¿Chalotas? –exclamé, mostrándome exageradamente perplejo–. Pero, Dario, ¿no son francesas?

Fue una pregunta maliciosa. Dario era muy sensible a cualquier insinuación de que su comida fuera veladamente gala.

–¡No! –rugió–. ¡No! ¡No! ¡No! –según él, las chalotas eran otro alimento que los italianos habían enseñado a los franceses–. ¿Cuánto tiempo llevas aquí? *Boudin blanc* –dijo, refiriéndose a las salchichas blancas francesas–. *Boudin noir! La crème caramel! Le soufflé! La crépinette!* –estaba gritando–. *Le pâté! La mayonnaise! I salumi..., la charcuterie! Canard à l'orange!* ¡Esos platos no *nacieron* en Francia! ¡*Llegaron* a Francia! *Tutta la cucina e arrivata!* Hasta Catalina de Médicis, no existía la gran cocina francesa.

El rostro de Dario se había puesto rojo. Pensé en confesarle la verdad: «¡Sólo estaba bromeando, Dario!» Pero no tuve ocasión. Estaba desatado. Citó platos alemanes, platos vieneses... «¿La *Sachertorte?* ¡Es de Sicilia!» Platos argentinos. *Chimichurri...* Los asados... «¿De dónde diablos crees que han salido?» Tal vez hubiera bebido demasiado vino en la comida, porque luego declaró que «casi todas las recetas del mundo –*tutta la cultura della cucina è nata nel Mediterráneo*– proceden del Mediterráneo, y la mayoría de *éstas* de la Toscana».

Le miré sin comprender, tratando de asimilar que los toscanos, en última instancia, eran los padres de la gastronomía mundial.

(El caso es que tal vez tuviera razón. Me había sorprendido ver la cantidad de platos que yo creía franceses y que formaban parte del menú toscano más tradicional; por ejemplo, las crêpes, *crespelle* en italiano, o los pasteles que llamaban *sformato*.)

Aquella mañana, la *soppressata* recordó a Dario la estancia de Armandino en la carnicería. El padre de Mario había grabado todo lo que le enseñaban con la cámara de vídeo para poder reproducirlo al regresar a Seattle. Pero, como Armandino no hablaba italiano, Faith Willinger había sido su traductora; Mario les había presentado. Un día en que se reunieron para fabricar *soppressata*, Armandino se subió a un taburete para filmar, justo por encima del hombro de Dario, mientras Willinger explicaba el proceso en inglés. Dario se sintió de pronto muy alterado. Hacer *soppressata* es cosa de tres y, para Dario, esas tres personas habían sido siempre su padre, su madre y su abuela. Ahora estaban muertos y aquello fue demasiado: le acosaron tantos recuerdos que Dario se puso de lo más sentimental.

–¡Se necesitan tres personas para hacer *soppressata!* ¡Es demasiado para una sola!

Y ordenó a Armandino que se bajara del taburete, y le dijo a Faith que se callara, que se ensuciara y ayudase.

En aquella ocasión yo era la tercera persona, al unirme a Teresa y el maestro. Primero me pidieron que pesara la carne, una cazuela llena con las sobras del cerdo: doscientas libras de jarretes, cabezas, uñas, tetas, lenguas y otras partes deformes que fui incapaz de identificar. Después de añadir los condimentos renacentistas, lo dejamos hervir lentamente hasta que se convirtió en una especie de fango gris y muy espeso, momento en que apagamos el fuego y lo dejamos enfriar, aunque muy poco tiempo. Los trocitos de hueso están llenos de gelatina y se solidifican como el cemento si alcanzan la temperatura ambiente.

Empezamos. Teresa llenaba una taza con la mezcla grumosa y la vaciaba en lo que parecía una bolsa de lona, como un tosco calcetín, y después me lo pasaba. Yo le daba un par de golpecitos, dejando que la mezcla se asentara, y limpiaba los lados –un pringue que se filtraba por el tejido–, lo cerraba y se lo entregaba al maestro, que lo cogía con fuerza por el extremo superior, envolviendo con su gigantesca mano mi pequeña manaza. Luego ataba un cordel alrededor de aquel bulto, a toda velocidad, como si fuera un paquete para la oficina de correos.

Fijamos un ritmo. Teresa, yo, el maestro.

En algún momento, Teresa empezó a tararear. Tarareaba tanto que casi nunca me percataba de que lo hacía: era un alegre sonido de fondo. Pero el maestro sí se percató, y se unió a ella silbando. La melodía era «O Sole Mio».

Los tres continuamos con nuestro trabajo. Teresa llenaba una bolsa, yo le daba golpecitos, el maestro la ataba. Entretanto, Teresa tarareaba y el maestro silbaba. Entonces llegaron al final de la canción. El maestro carraspeó.

No, pensé. No se atreverá.

«*Che bella çosa*», cantó. Era una impresionante voz de barítono. «*Na jurnata 'e sole.*» Qué hermoso es pasar un día bajo el sol. No creo que hubiera escuchado antes la letra. Me sorprendió que alguien la conociera. Aunque, si alguien la sabía, probablemente sería él, ¿no? (Después de todo, es italiano.)

Teresa replicó. «*N'aria serena*», cantó. Tenía una voz de *mezzosoprano* bastante aceptable, y me impresionó que ella también conociera la letra. Llenó otra bolsa y me la pasó cantando: «*doppo a na tempesta*». En la calma que sigue a la tempestad.

Era una escena muy tierna. El problema era la canción, y el verdadero problema para mí era que había vivido en Gran Bretaña, donde una versión que destrozaba el tema era la música del anuncio televisivo de un helado industrial que simulaba ser italiano y se llamaba *cornetto:* Venecia, góndolas y un tipo con boina cantando «Sólo un *cornetto* más» con el estribillo de «O Sole Mio». Me costaba mucho reconciliar esas dos versiones: por un lado, «sólo un *cornetto* más», aceptado públicamente como una broma; por otro, aquel pueblo italiano en las colinas, la fabricación de la *soppressata* siguiendo una receta renacentista, rodeado de gente que cantaba aquel hito de la música *kitsch* con entusiasmo. Y se sabían la letra. Y no era ninguna broma.

–*Pe' ll'aria fresca* –continuó el maestro–, *pare già na festa.*

–*Che bella cosa na jurnata 'e sole* –contestó Teresa, y dejó su bolsa a un lado.

El maestro siguió su ejemplo y respiró hondo. Se preparaban para las notas altas del famoso estribillo.

(No, me encontré diciendo en voz baja, por favor, no lo hagáis. ¿No os da vergüenza? Por favor, deteneos.)

Pero no se detuvieron. Echaron la cabeza hacia atrás, proyectaron sus voces hacia el techo y gritaron: «*O sole mio*», cantaron al unísono, «*sta 'nfronte a te! O sole, 'o sole mio...*»

(Sentí tanta vergüenza ajena. ¿Acaso no sabían que era el anuncio de un helado?)

Cuando terminaron, se quedaron en silencio. Teresa fue la primera en hablar.

–*Bravo*, maestro –dijo, enjugándose una lágrima.

–*Brava*, Teresa –respondió él, carraspeando.

340

El estribillo seguía en mi cabeza cuando regresé andando a casa aquella noche. ¿Quién iba a creer lo que había presenciado? Nadie. Estoy seguro de que yo tampoco lo habría creído si no hubiera tenido pruebas palpables. Llevaba restos de *soppressata* por todas partes, y dos dedos pegados; tendría que frotar bastante para liberarlos. (¿No deberíais pensar en lo que tiene que pasar vuestro estómago para digerir esa pasta?) También había pisado algún trozo, lo que no era de extrañar, pues, al pasarnos las bolsas, habíamos puesto el suelo perdido de *soppressata*. Podía oírlo: un ruido similar al de una ventosa cuando apoyaba el talón en el pavimento e intentaba volver a despegarlo. Mientras tanto, el estribillo continuaba. De hecho, iba tarareándolo. Podía ser *kitsch*. Podía ser el anuncio de un helado. Pero tenía que reconocer una cosa: era muy pegadizo. Además, era incapaz de recordar otro trabajo en el que la gente cantara. Me gustaba que lo hicieran. Me gustaba estar allí, preparando aquella extraña comida.

21

Dario Cecchini nació el 10 de septiembre de 1955 en la casa que había enfrente de la carnicería, el lugar donde ahora Carlo lleva la contabilidad y Lucia lava y tiende todas las mañanas los largos delantales sucios del día anterior. El padre de Dario, Tulio, del que todavía se habla en Panzano con mucho cariño (a menudo con palabras que le comparan favorablemente con su más histriónico hijo), tenía fama de ser un hombre encantador, atlético y muy atractivo para las mujeres –lo que preocupaba a su padre, que, en su lecho de muerte, le pidió que olvidara sus conquistas y sentara la cabeza. Cásate con Angelina, le ordenó, una joven del pueblo; y, tras decir estas palabras, el padre murió y el hijo, siguiendo el imperativo del lecho de muerte, se casó enseguida con Angelina. Cuando Dario habla de su padre, recuerda a un profesor, alguien que a menudo le enseñaba a mirar: una apreciación estética, una comprensión de la pintura, y un modo orgullosamente posesivo de ver el Renacimiento, como si sus mayores logros fueran indiscutiblemente toscanos. Esa filosofía pareció cultivarse en clases informales, mientras el padre y el hijo visitaban juntos los museos, con comentarios así: «¿Ves esa estatua de David?

¿Ves ese cuadro de la Última Cena? Son toscanos. Los hicimos nosotros.» Lo que el padre no enseñó al hijo fue su oficio.

Dario no quería ser carnicero y estaba decidido a ser el primer Cecchini que no lo fuera en seiscientos años. Quería, asimismo, ser el primero en acabar el bachillerato y matricularse en Ciencias Veterinarias en la Universidad de Pisa. «Deseaba curar animales, no matarlos.» Pero, cuando estaba en segundo curso, su hermana Marina le llamó por teléfono: su padre tenía un cáncer, y muy avanzado. Dario fue convocado al hospital, donde su padre moribundo le confesó que había cometido un gran error: no le había enseñado el oficio de carnicero. Pensaba que tendría tiempo de hacerlo. «Ve a ver al maestro», dijo su padre. «He hablado con él. Te enseñará cómo reconocer la mejor carne.» Y, después de decir esto, el padre murió.

Dario tenía veinte años. Siguiendo el imperativo del lecho de muerte, dejó sus estudios. Había, además, un imperativo económico: con la muerte del padre, la familia, o lo que quedaba de ella (una abuela, una hermana; la madre de Dario había muerto cuando él tenía once años), no tenía dinero. Un día de 1976, Dario visitó al maestro y le pidió ayuda, y éste aceptó prestársela.

El pueblo al que Dario regresó ya no era el mismo en el que había crecido. Sólo quedaban ancianos, recuerda; todos los demás se marchaban (*fuggendo*, huyendo como de la peste). Los clientes de su padre habían vivido en los alrededores: *contadini*, arrendatarios y pequeños terratenientes, que hacían un tipo de agricultura llamada *agricoltura promiscua*, una mezcla promiscua: tenían vides, pastos y olivos, hacían vino y aceite, criaban ganado, y cultivaban trigo y vegetales. La vaca de la región era una raza blanca llamada *chianina*, un animal de trabajo caracterizado por su altura (descuella sobre el ganado convencional), su tamaño (los terneros de seis meses pueden pesar más de mil quinientas libras) y su fuerza. Las vacas *chianine* llevaban allí un tiempo inmemorial *(da sempre,* desde siempre), y era imposible cultivar aquel terreno accidentado sin ellas, normalmente de dos en dos, uncidas juntas a un yugo de madera en forma de «m» para que se ajustara a sus gruesos cuellos. Las *chianine* más viejas, el toro provisional, y algunos de los terneros (los *vitelli* que excedían de las pequeñas necesidades de granjero) se vendían en un mercado semanal de ganado en Greve, a unas cinco millas de Panzano, bajando la colina. La *chianina* era muy apreciada por su intensa «carnosidad»: un sabor único y complejo que se desprende de unos músculos muy trabajados, a veces correosos, casi nunca grasos, no muy diferentes a los de un animal salvaje. Tradicionalmente, la *bistecca fiorentina* es un corte de la *chianina.* Pero aquella agricultura heterogénea estaba desapareciendo.

En 1956, habían sufrido una devastadora helada primaveral, la peor en doscientos años, que había acabado con casi todos los olivos, incluyendo algunos que tenían cientos de años y parecían capaces de sobrevivir a cualquier adversidad. Y la muerte de los árboles, tan ligados a la zona que habían llegado a ser un símbolo o una bandera –que representaba la permanencia y la durabilidad–, pareció matar algo en el espíritu de la gente que los cultivaba. Cayó otra helada el primer invierno que Dario regresó a Panzano, lo bastante dura para acabar con las nuevas plantaciones. Los granjeros querían marcharse. Muchos abandonaban sus hogares: ¿quién quiere una casa de piedra con suelo de tierra, sin agua corriente, rodeada de acres de vegetación asolada? Se dieron otros factores (todo el mundo en Panzano tiene una lista), incluyendo el intento fallido de un gobierno intervencionista por ayudar (demasiado poco, demasiado tarde), seguido de un intento igualmente fallido de quitarse de en medio; la llegada de los supermercados; la omnipresencia de la refrigeración, de las carreteras asfaltadas, de las agencias de viaje o de la televisión; la cultura de la electricidad (ojalá *eso* no se hubiera producido). En resumen, por una u otra razón (llamémoslo «la llegada tardía del siglo XX»), se encontraron al final de una larga era de la Toscana rural. En 1976, nadie quería ser granjero. El año en que Dario emprendió su carrera de carnicero, Chianti estaba desierto.

Una tarde en que la carnicería estaba cerrada, mi mujer y yo fuimos a la casa de Dario y Ann Marie, Il Greppo, un edificio de piedra muy parecido a aquellas granjas abandonadas en la década de 1970. Para llegar, seguías subiendo la pendiente de la calle de la carnicería, en dirección a la parte más agreste de Chianti. A ambos lados, había un valle. Hacia Greve, el paisaje era rocoso, cubierto de vegetación, y con rebaños de ovejas. Al otro lado, se veía uno de aquellos valles en forma de cuenco, una formación geográfica muy especial que el sol iluminaba a todas horas del día y se llamaba *la conca d'oro*, la concha de oro: un valle en forma de concha, dorado por el sol. En las fotografías de la década de 1960, hay vacas blancas, espigas de trigo de gran altura, olivos, porquerizas, algunas vides. Ahora sólo se ven vides, extendiéndose con disciplina neoclásica, una hilera tras otra, una estética simétrica de verdor primaveral, con las hojas nuevas finalmente abiertas tras la llegada del buen tiempo. Apenas quedan pequeñas granjas, pues casi todo el valle pertenece a dos familias de viñateros.

Alceo di Napoli, un príncipe napolitano, fue la cabeza de una de ellas hasta 1991. (Gran parte de Chianti está en manos de gente con títulos nobiliarios.) La familia de Alceo ha vivido en el Castello dei Rampolla, el castillo en la zona más alejada del valle, desde el siglo XVIII. Las historias de Alceo hablan de un hombre decidido y nada estúpido, de franqueza hiriente e inteligencia mundana, un patriarca directo y carismático. Dario lo describe, y con verdadera admiración, como el «gilipollas de los gilipollas» –*testa di cazzo*–, «el más gilipollas de los gilipollas. *Il Maestro* de los gilipollas. Siempre entablando pleitos, siempre peleándose. Era magnífico: *molto bravo!*». Durante las terribles heladas y el período que siguió a éstas, que los locales llaman «la gran migración», Alceo vivía en Brasil. Cuando regresó a sus abandonadas tierras, arrancó todo y plantó vides. Produjo su primera botella de vino en 1975. Alceo acabó haciendo uno de los vinos más prestigiosos de la región, pero, después de su muerte en 1991, la familia tuvo problemas para dirigir los viñedos sin él. Uno de los hijos de Alceo, Marco, con fama de ser el más inteligente, había sido un joven alocado y caprichoso, un niño rico rebelde que había muerto antes que su padre al estrellar su helicóptero contra una montaña. Matteo, el segundo hijo, asumió el mando, pero invirtió demasiado dinero, llevó mal las finanzas y desapareció tras un escándalo por evasión de impuestos. Era como si la familia fuera incapaz de producir un vino que siguiera los estándares fijados por el padre (que parecía seguir rondando el castillo, como un severo fantasma). Lucca, el tercer hijo, se hizo cargo del negocio, y Maurizia, la hija, le ayudó. Desde el año 2000, el vino vuelve a ser excelente. Su embotellado de más éxito –y que, según Maurizia, podría haber hecho su padre– se llama Vigna d'Alceo, viña de Alceo.

Los Manetti eran la otra familia del valle –dirigida hasta hacía poco por Dino Manetti–, una antigua familia florentina que ha estado fabricando baldosas de terracota desde el Renacimiento en la cercana Impruneta. Las propiedades de los Manetti en Panzano, que compró el padre en 1968, incluyen un viejo *borgo* entero, un pequeño pueblo: varias familias vivían apiñadas alrededor de un gran patio, con una cantina del siglo IX (una mezcla de cocina, despensa y bodega) y unos establos para las *chianine*. En el *borgo* existía la costumbre de compartir las tareas domésticas, incluyendo la fabricación del pan en un horno de leña los sábados por la mañana; y sólo se hacía ese día porque muchos creen que el pan toscano, que no lleva sal, mejora al endurecerse (lo que podría ser cierto, aunque sólo sea porque no sabe a nada recién hecho). Conocí al último *contadino* que había vivido en el *borgo* (en Panzano, acabas conociendo a todo el mundo), Beppe: un hombre enorme, de setenta años aunque pareciera mucho mayor, sin dientes delanteros, con una buena barriga y unos tirantes para sujetar los pantalones, pelo largo y despeinado, y mirada de loco. Era fácil encontrarlo a última hora de la tarde en la plaza donde se reunían los más ancianos. En su época, Beppe había sido el hombre del ganado, y había cuidado de todas las *chianine* necesarias para plantaciones y cosechas. Tal como exigían las tradiciones rurales, su actitud había sido de lo más protectora: cuando los animales se convierten en una parte tan importante de tu vida, los cuidas con tanto mimo como si fueran miembros de la familia: aunque pienses comértelos a la hora de cenar, o tal vez precisamente por eso.

Cuando Dino Manetti adquirió el *borgo*, había vides por todas partes, pero también estaban abandonadas, y, al igual que su vecino, las arrancó y plantó otras nuevas. Fueron cuatro años de lucha; ésta concluyó, asimismo, en 1975. Nunca conocí a Dino Manetti; murió unas semanas antes de que yo llegara, pero incluso yo, en mi ignorancia, pude sentir lo que representaba su pérdida. Todo el mundo lo adoraba, era algo así como el alcalde extraoficial de Panzano, un romántico que había llegado a Chianti, dicen que decía, para descubrir sus raíces. Su hijo Giovanni, de cuarenta años, parecía continuar los esfuerzos de su padre cavando aún más profundo para encontrarlas. Tres meses después de la muerte de su padre, Giovanni empezó a excavar el viejo *borgo*. El horno de leña acababa de aparecer bajo un suelo moderno. Desde lo alto de la colina podías ver a los hombres demoliendo habitaciones, las nuevas divisiones, las reconstrucciones *ad hoc:* como un yacimiento arqueológico.

Il Greppo era una casa de piedra de tres pisos sobre un barranco escarpado, a la que se llegaba siguiendo una milla por la cresta de las colinas. Dario la compró en 1980, cuando llevaba cinco años en la carnicería. Había sido un período muy solitario. Poco antes estaba disfrutando de la vida de estudiante, algo nuevo, divertido y muy prometedor. «Había descubierto el cine.» (No hay películas en un pueblo toscano sobre las colinas.) «Salía con chicas, leía libros, iba a exposiciones, le invitaban a fiestas. Y tuvo que abandonar todo eso para trabajar en una carnicería de Panzano. Fue como ir a África. África no me habría resultado tan duro.» Vivía en la casa familiar, y todas las mañanas hacía el mismo recorrido (pisaba *«la stessa terra!»)* que su padre, y su abuelo, y su bisabuelo. La piedra que Dario empleaba para afilar sus cuchillos había sido de su padre. Y lo mismo ocurría con el mostrador donde preparaba la carne. Se cortaba a menudo. ¿Incompetencia o miedo? Las dos cosas, decía, un terror debilitante. Sus antebrazos estaban llenos de cicatrices. Los cuchillos le aterraban. «Al principio, sólo veía el filo y destrozaba la carne. Me hacía unas heridas espantosas.» Necesitaba que funcionara aquella nueva vida por toda clase de razones que era incapaz de entender. Tenía prisa. Quería hacer todo rápidamente, con urgencia, aunque fuera un ignorante. El maestro le aconsejaba que no corriera tanto. «No puedes hacer un trabajo tradicional con la celeridad de la vida moderna. Un trabajo tradicional debe ajustarse a un ritmo tradicional. Necesitas tranquilidad. Aunque estés muy atareado, no debes perder la calma.»

El padre Giovanni, un monje de ochenta y dos años, habló a Dario de Il Greppo. El monje era especialista en sánscrito, poeta, profesor de lenguas muertas, alquimista, y el otro mentor de Dario. Dario no había recibido una educación religiosa. («Un verdadero toscano no puede creer en Cristo, porque un verdadero toscano sólo cree en la libertad.») Pero su padre solía llevarle a visitar monasterios e iglesias. («Quería que experimentara los espacios llenos de paz.») El padre Giovanni parecía comprender a Dario, y éste habla abiertamente de su necesidad de figuras masculinas –*figuri maschili*– que le enseñaran a ser un hombre tras la muerte de su padre: como el maestro y el padre Giovanni. El padre Giovanni inició a Dario en la cocina del Renacimiento italiano, las obras de la «Gloriosa Tradición» que incluían a Martino, Scappi y Latini. «El padre Giovanni me ayudó a controlar mis pasiones. Me dijo que necesitaba un lugar donde estar solo.» Dario compró Il Greppo porque el monje vivía en la casa vecina. «No le veía mucho, pero me tranquilizaba saber que andaba cerca.»

Dario señaló una ruina en la ladera de enfrente, cuatro piedras cubiertas de musgo y arbustos. Había sido, según me explicó, el castillo ancestral de Guido Cavalcanti, el impetuoso y temerario padre de la poesía amorosa italiana y el primer defensor del *dolce stil nuovo* (el dulce estilo nuevo). Cavalcanti había muerto allí en 1300, durante su exilio de Florencia. En la carnicería, bastaba decir «*Donna me prega*» –mujer, pregúntame–, las primeras líneas del famoso poema de amor de Cavalcanti, y varias personas recitaban el resto de los versos al unísono. Cavalcanti había sido el mejor amigo de Dante y, cuando Dario mencionaba a los dos hombres, asociaba su recuerdo a un pasaje y empezaba a declamar el *Inferno*, concretamente el canto X, donde Dante encuentra al padre del poeta en el infierno, el no-demasiado-feliz Cavalcante Cavalcanti.

La casa de Dario era como un museo abandonado. Aparte del piso de arriba –donde Ann Marie le había convencido de que instalara un cuarto de baño en condiciones–, todo seguía prácticamente igual que al irse sus anteriores habitantes. La planta baja databa del siglo XII, y estaba casi toda ocupada por una cocina con una chimenea abierta. Dario la llamaba *il forno*, que hoy en día significa «horno», y en muchos sentidos se asemejaba más a un horno que a una chimenea. Era espaciosa y accesible: una fuente gigantesca de calor, un lugar donde cocinar y calentarse. Dario se tranquilizó. «No quiero cambiar nada. Vengo aquí porque me encanta cómo huele. Algunas veces lo único que hago es sentarme en esa esquina y oler.» Intenté comprender la historia de aquella vieja y mohosa habitación, pero no pude evitar que mi mente encontrara absurdas algunas de las cosas que me rodeaban: ¿de veras son tan diabólicos el agua corriente, el gas y la electricidad? Y, sin embargo, mientras escudriñaba el silencio, me vi obligado a reconocer que había una fuerza extraña e inquietante en aquella estancia. Atravesé la chimenea –cenizas grises sobre un suelo de barro– y me asomé a los dormitorios contiguos. Eran pequeños, apenas cabía en ellos una cama. Las ventanas tenían las celosías metálicas originales. Durante los meses de calor, dejaban entrar la brisa y los olores veraniegos de animales, frutos y aceitunas. En invierno, sus postigos no habrían impedido el paso del frío, y todo el mundo se habría agrupado alrededor del *forno*. Me quedé en la entrada de una de las habitaciones, imaginando, ensimismado, las escenas que tantas veces se habrían repetido en aquella casa. La gente había hecho el amor, sudado durante el embarazo, dado a luz, cuidado de sus hijos, enfermado, muerto, mientras un fuego ardía en el hogar. La siguiente generación había hecho lo mismo, y el fuego había seguido crepitando. Y las siguientes generaciones, durante mil años.

Estaba oscureciendo. Salí a un porche de piedra para contemplar las ruinas de lo que antaño fue el hogar de Cavalcanti. No pude verlas. Incluso con buena luz, había que saber dónde estaban para localizarlas; su silueta destacaba sobre un tono verde más luminoso, pero, ahora que se había puesto el sol, ésta parecía haberse desvanecido. Era tarde y estábamos hambrientos. Dario propuso ir a cenar, tal vez en el cercano pueblo de Lamole.

22

En el restaurante, normalmente vacío en esa época del año, se celebraba aquella noche una fiesta de cumpleaños. Cuando entramos, estaban conduciendo a una pareja de edad avanzada a un pequeño escenario para darle su primera lección de karaoke. Su propietario, el trabajador, anglo-alemán-franco-parlante-de-treinta-y-tres-años Filippo Masini (que, con su hermano, acababa de hacerse cargo del negocio tras la jubilación del padre), sabía que debería decirnos que nos fuéramos. Nos saludó efusivamente, presa del pánico, como si acabara de entrar el alcalde sin previo aviso.

–*Eccolo!* –exclamó Filippo–. Dario Cecchini. ¡Qué *alegría* verlo! ¡Sea usted *muy* bienvenido! Qué afortunado soy. ¡Tener al gran Dario en mi humilde Restaro di Lamole!

Pero, salvo sus palabras, todo en él reflejaba lo *mal* que le venía la aparición de Dario (¿cómo puedes decir, por ejemplo, que te alegras de ver a alguien sin sonreír?) y lo inoportuna que era, en realidad, su llegada.

–Sólo quiero una *bistecca*, poquísimo hecha –dijo Dario, cuando Filippo nos sentó lo más lejos posible de la fiesta de cumpleaños–. A los carniceros nos gusta cruda

—me explicó—. A los carniceros nos gusta el tejido tibio de un animal recién sacrificado, su sabor a sangre. ¡Dadme sangre! —rugió a la habitación y fingió masticar, moviendo exageradamente los dientes con la boca muy abierta.

Filippo, junto a la mesa, tratando de explicarse aquello, empezó a dar muestras de inquietud. Aquel número de Mario era todo un reto: ¿Qué tal es tu *bistecca*, Filippo? Todos los restaurantes toscanos tienen *bistecca* en su carta, pero ninguno de la zona ofrecía carne de Dario: era demasiado cara y, en cierto modo, demasiado ideológica. La carta de Filippo señalaba que la suya era de Gabriella, una carnicera de Greve.

El vino fue el primer desastre. Filippo estaba muy orgulloso de su lista de varias páginas, en la que no faltaba ninguna marca conocida de la Toscana. Se la entregó a Dario: una carta enorme que Dario cogió, levantó por encima de su cabeza y arrojó al suelo como si le diera asco. Fue algo completamente inesperado. Miré a Dario en busca de una explicación, pero él tenía los ojos clavados en Filippo, con expresión de odio.

—Ya sabes que no quiero estos vinos.

Filippo estaba desconcertado.

—Danos un vino tinto que no hayan destrozado —dijo Dario.

Filippo mencionó una marca, tartamudeando.

—¡No! —Dario había llamado la atención de una de las mesas familiares—. Ya sabes que no quiero un vino hecho con madera. Quiero un vino *de verdad*. Un vino *sencillo*. Un vino de la zona.

Filippo mencionó otro nombre, un tinto muy barato del pueblo.

Dario gruñó, un sonido cargado de impaciencia, algo entre un eructo y una exhalación involuntaria, como si le hubieran golpeado con fuerza en la espalda. Era la versión toscana del «¡Quia!». Filippo desapareció para traer una botella, de lo más agobiado, tratando de dilucidar el mejor modo de manejar a aquel cliente tan arbitrario.

La discusión del vino estaba relacionada con otra parcela de la historia reciente de Panzano y con otra controversia de Dario. En la época en que los Alceo y los Dino arrancaban las vides abandonadas y las raíces marchitas de sucesivos fracasos agrícolas, unos pocos terratenientes locales intentaron hacer vino al estilo francés. Y tuvieron tanto éxito que otros los imitaron. Por alguna obstinación malsana de la lógica cultural, los nuevos vinos no se llamaron Super Franceses, sino Super Toscanos. El Vigna d'Alceo, por ejemplo, se hacía con cabernet sauvignon, la principal variedad de uva de la región de Burdeos, que, hasta 1975, nunca se había plantado en Chianti. Los vinos de Dino Manetti se hacían con sangiovese, una uva toscana, pero el vino se añejaba en barricas, pequeños toneles de roble, algo muy francés, aunque (según Dario) fuera como marinar tu vino en un árbol.

La carta del restaurante fue el segundo desastre. En líneas generales, era muy regional, lo que equivalía a decir que era muy «marrón». Hay un dicho en Italia, *brutto ma buono*, feo pero bueno, que celebra el aspecto desigual de la comida hecha a mano. En la Toscana, la frase podría ser *brutto e marrone*, feo y marrón. El *crostini* de la zona, por ejemplo, que no deja ni un milímetro sin untar de paté de hígado de pollo, era un plato marrón. La *pappa al pomodoro*, otra receta local –pan duro (del soso e insípido tan típico de la Toscana, así que tenía que estar realmente duro) cocinado con restos de tomates excesivamente maduros–, acababa degenerando en una papilla color marrón oscuro: marrón o marrón oscuro. Las numerosas variedades de alubias locales: marrones. (Dario me llevó una vez a un banquete de once platos en honor de las famosas alubias de Sorana: alubias con cabeza de ternera, alubias con huevas de atún, alubias con *porchetta*, alubias con gambas, una *torta* de alubias: un festejo de tres horas de marrón sobre marrón, que terminó con *biscotti* y un vaso de *vino santo*, otra variante del amarronado marrón.) La *soppressata*, las salchichas, la famosa *fiorentina*: todo marrón, sin apenas una mota de color. ¿Y aquel aderezo de perejil picado? Una abyecta intromisión italoamericana. Había una pasta local llamada *pici*, en forma de gigantescas lombrices, muy similar a una pasta etrusca, aunque era un misterio que no hubiese desaparecido con el resto de esa civilización: resultaba incomible si la hervías menos de veinte minutos. Pero era al menos masticable si la dejabas en el fuego hasta que adquiría un color que reconozco tiraba más al gris que al marrón, aunque tenían la costumbre de aderezarla con el ragú local, que era muy marrón: un plato marrón-y-beige. ¿Las verduras de la zona? Alcachofas marrón-verdosas, aceitunas marrón-verdosas, y setas *porcini* (marrón-marrón). Si la Toscana era responsable de una parte importante de la mejor cocina del mundo, debía de ser de la sección marrón. Filippo tenía todos esos platos toscanos en su carta, impresos, naturalmente, en papel marrón. Y, además, tenía un *carpaccio* de oca. El *carpaccio*, un modo de conservar la carne secándola al aire, no era en realidad una receta toscana; y las ocas tampoco eran muy locales. No podía decirse que hubiera demasiadas en Chianti. De hecho, no había ninguna.

Cuando Filippo regresó con nuestro vino –sacando pecho, con paso decidido y arrogante–, Dario había descubierto el plato de oca y miraba a Filippo como si estuviera a punto de darle un soponcio. (Pobre Filippo, pensé, mientras descorchaba la botella. No tenía ni idea de lo que le esperaba.) La mirada de Dario, que Filippo rehuía, era penetrante y estaba llena de furia.

–En nombre de mis testículos, ¿qué hace este plato en la carta? –preguntó finalmente en voz baja, tratando de dominarse.

Filippo miró a Dario como si no pasara nada.

–¿De qué cojones habla? *(Che cazzo dici?)* –respondió suavemente, continuando la retahíla de metáforas de genitales que tanto utilizan los varones toscanos en sus conversaciones.

–Tú, gruesa cabeza de pene –gritó Dario–. ¿Por qué tienes *esto* en tu carta? –Señaló el *carpaccio* de oca–. *Carpaccio di oca?!!!*

Dario dijo esta última palabra alargando la «o» (empezó muy bajito y fue alzando cada vez más la voz) y pronunciando el sonido «ca» como si estuviera escupiendo el almuerzo.

–¿Oca? –repitió.

–Oh, Dario, está en la carta todos los años –respondió Filippo.

Y, a pesar de sus esfuerzos para fingir que todo iba bien, no pudo abstenerse de mirar por encima de su hombro, por si el grupo que celebraba el cumpleaños estaba presenciando aquella humillación. (Lo cierto es que ese grupo tenía otros entretenimientos: la pareja de edad hacía toda clase de gorgoritos con algo que sonaba como los Beach Boys en italiano.)

–¿Oca? –repitió Dario–. ¡Oooooooohhhh-KA!

–Los clientes habituales esperan encontrarla –insistió Filippo; su restaurante aparecía en una guía de senderismo inglesa y tenía su clientela–. Se sentirían decepcionados si no pudieran pedir sus platos favoritos.

—¡Su plato favorito de oooooooohhhh-KA! —Dario no salía de su asombro.

—Tal vez quiera probar un poco, Dario —le ofreció Filippo—. Es delicioso.

—Filippo, ese plato es de Friuli. Friuli está en el norte. Cerca de Croacia. —Dario habría podido dirigirse a un niño de cinco años—. ¿Qué es esto? ¿Disneylandia? No hay ocas en la Toscana. Desde aquí disfrutas de una buena panorámica. ¿Cuántas ocas has visto esta noche? ¿Cuántas ocas has visto en tu puñetera vida? Esto son florituras. Como fusión. Fusión de florituras toscanas. —Y arrojó la carta al suelo—. ¡OoooooooOOO-KA!

Filippo recogió la carta y la dejó de nuevo sobre la mesa.

—Dario, por favor —susurró.

Dario volvió a tirarla al suelo.

Filippo la recogió una vez más. Era un momento muy delicado y que necesitaba de mucha mano izquierda. Había recibido amablemente al alcalde en su restaurante, y éste quería pegarle.

—Dario, Dario, Dario —dijo en tono de súplica, y dio un golpecito con la carta en la cabeza de Dario, un toque cariñoso.

Esperando una respuesta mucho más agresiva, Dario se encogió, y Filippo, aprovechando su oportunidad le dio otro golpecito, y luego otro... más fuerte. Y entonces, perdiendo ligeramente el dominio de sí mismo, empezó a pegarle tan fuerte y tan rápido que Dario tuvo que levantar los brazos para repeler los ataques de la carta.

Se había conseguido una tregua: Filippo, de algún modo, al golpear irracionalmente a Dario en la cabeza, le había convencido de lo irracional que estaba siendo su conducta. Todo el mundo se relajó —dejamos de contener el aliento— y Filippo logró finalmente tomar nota de lo que pensábamos comer: dos kilos y medio de *bistecca* de Gabriella, dijo Dario, «muy poco hecha..., para que pueda saborear la sangre».

Aliviado, Filippo continuó con el ritual de anotar nuestro pedido, como si estuviera atendiendo a una mesa normal.

–¿Un poco de *antipasto*, quizá? –preguntó, con aire profesional.

–¡No! –contestó Dario, con aire de Dario–. ¿Como qué? *Carpaccio di'oca?* No.

–¿Un *primo?* –insistió Filippo, muy decidido.

–¡No!

–Tal vez una ensalada, algo verde...

–¡No!

–Oh, vamos, Dario –exclamó Ann Marie; era la primera vez que intervenía–. Pidamos unas espinacas.

–¡No!

–¿Dario?

–¡No!

–Dario, me gustaría tomar espinacas.

–Muy bien. Espinacas. Y pan.

Filippo cerró de golpe su libreta y se marchó a la cocina. Dario vio una botella negra en la mesa. Ése fue el tercer desastre.

–No puedo creerlo –dijo, desenroscando el tapón y vertiendo un poco de líquido en su mano.

Lo probó. Era vinagre balsámico de Módena, en la Emilia-Romaña, a unas cien millas de distancia.

–¡Filip-PO! –gritó Dario, acentuando la última sílaba de aquel modo tan irritante, como si estuviera en su carnicería.

Filippo se detuvo en seco –estaba a punto de entrar en la cocina– y se dio lentamente la vuelta. Dario cerró los ojos, extendió el brazo hacia un lado de la mesa con el vinagre en la mano, y volcó la botella derramando su contenido en el suelo.

Durante todo aquel tiempo, Annie, que ya había peleado por un plato de espinacas, no dijo nada.

–¿Qué podía decir? –me explicó después–. ¿Pedirle que dejara de hacer el gilipollas? Se comporta así casi siempre que salimos. ¿Todos esos gritos al dueño? Es tan horrible que odio ir a los restaurantes.

En efecto, Dario se había convertido en un policía de la comida, imponiendo la ley del no cambio. Trataba de detener el paso del tiempo. Había crecido en una región donde la gente había dejado de seguir las viejas tradiciones, y estaba decidido a impedir que éstas se perdieran por completo. (Desde el punto de vista histórico, los amantes de detener el tiempo han contabilizado más fracasos que éxitos, aunque se luzcan en ese juego sentimental de hacer-todo-lo-que-está-mal-por-un-buen-motivo.) Para Dario, las viejas tradiciones llevaban implícito el reconocimiento de que la cultura de un lugar estaba en la lengua, el arte *y* la comida: tal vez su más directa expresión, porque las costumbres culinarias surgen de la propia tierra. ¿Qué es la comida toscana, exactamente? Se lo había preguntado a Dario en su casa y él me había respondido algo muy vago; ante mi insistencia, había acabado diciendo que la verdadera comida toscana era la evocada por la fragancia única de la tierra húmeda en *aquellos* instantes; y había señalado el exterior, que seguía mojado después de una tormenta de última hora de la tarde, y donde la hierba brillaba ahora bajo el sol. «El olor de esta tierra después de la lluvia», dijo. (Lo que no resultó en el fondo muy esclarecedor: ¿acaso la comida toscana es barro?)

El último desastre fue la carne. Llegó un filetón de doce centímetros de grosor en un charco de sangre. Dario empezó a cortarlo con la navaja que lleva en el bolsillo y a repartir los trozos entre todos, hasta que, lleno de impaciencia, arrancó un pedazo directamente de la fuente, lo pinchó con la navaja, y se lo metió en la boca a toda prisa, volviendo a masticar furiosamente como al principio de la noche.

—La carne —señaló, después de respirar hondo— no es buena.

Siguió masticando y pinchó otro trozo.

—No. No es carne de primera calidad.

Era la primera vez que comía uno de los filetones de Gabriella. Gabriella es una de las pocas mujeres carniceras (hija, nieta, bisnieta, etcétera, de una familia de carniceros), y tiene su tienda en la plaza de Greve. Allí era donde se celebraba el mercado de ganado, lo que explicaba el peculiar diseño de la plaza, que no era cuadrada y se estrechaba por dos lados. Las *chianine* llegaban por la parte de arriba —se exhibían, ganaban un premio, se vendían— y salían por la parte de abajo, donde, después de tanta gloria pública, las sacrificaban para el consumo. La plaza se encuentra ahora llena de turistas, los principales clientes de Gabriella. Ella tiene sesenta y tantos años; lleva el pelo extrañamente teñido (más fresa que limón), gafas muy gruesas, y un uniforme de carnicero muy parecido a un pijama. La última vez que estuvimos en su tienda, tenía un pollo al que había sacado los menudillos en una tabla de madera —había empezado a limpiarlo y se había olvidado de él— y estaba dando de comer en la boca carne de salchicha cruda a unos escrupulosos bávaros, vociferando en italoalemán. (*«Molto gut!»*)

Dario pinchó otro trozo.

—Con la lengua... —me dijo—. Quiero que te toques el paladar. ¿Lo notas? Tiene una capa de cera.

Seguí sus instrucciones, y era cierto: tenía una película de grasa. Me pregunté si habría reparado en ello sin que él me lo dijera. Continué frotando la lengua contra el paladar. Quería memorizar aquella sensación resbaladiza y algo más..., ¿exactamente qué? ¿Un sabor?... Y de pronto me vi a mí mismo comiendo de niño. Era un recuerdo desconcertante que crecía incontrolable: yo en la mesa de la cocina, de niño, con mi padre a la derecha y mi madre, enfrente. ¿De dónde salía aquella imagen? Seguí frotando la lengua contra el paladar. Era eso..., aquel residuo, lo que había despertado mi memoria: comía un filete que había comprado mi madre en un supermercado de las afueras y que tenía la misma textura grasosa. Se trataba de una ocasión especial. Es posible que fuera mi primer filete, y mi padre debió de sentirse muy espléndido para comprarlo. Comí la *bistecca* y pensé: ¿Es *eso?*

Dario mordió otro trozo, masticó, se detuvo. Sus carrillos se inflaron un poco, como si alguien los empujara desde dentro: estaba tratando de identificar el origen de la empalagosa pegajosidad de la carne. «El paladar nunca debería tener esa película de cera», reflexionó. «Esa grasa traiciona lo que ha comido el animal: un grano barato para engordarlo.» (Y *eso* es lo que yo estaba recordando de mi primer filete: el toque peculiar de la carne de vaca norteamericana engordada con cereales.) Dario cogió otro pedazo. Seguía comiendo con la misma voracidad. «Esta carne caerá como una piedra en tu estómago.» Tomó otro trozo, sólo para tener la seguridad de que caería como una piedra en su estómago. «El secreto de la carne está en su grasa», prosiguió. «Cuando la grasa es buena, puedes comer dos kilos sin sentirte lleno. Pero con ésta, te sentirás lleno aunque no lo estés. Notarás su peso toda la noche. Aquí», dijo, señalando con un gesto la parte superior del estómago. «Como una piedra.» Gruñía y comía, gruñía y comía, hasta que terminó la fuente.

Eran más de las doce y había llegado el momento de volver a casa.

En el aparcamiento, Dario se dirigió a mí con gran solemnidad:

–Un carnicero nunca duerme. Un carnicero trabaja con la carne de día y juega con la carne de noche. Un verdadero carnicero es un discípulo de la carnalidad.

Era un juego de palabras. La palabra «carne» tiene dos significados.* Carne, carnalidad, sexo, carne, piel, cena, pecado, y la palabra de Dios o, en el caso de Dario, recitador de Dante, del demonio: era un torrente constante de asociaciones.

–Ahora eres un miembro de la confederación carnal de carniceros –prosiguió Dario–. Estás aprendiendo a trabajar la carne como un carnicero. Ahora tienes que hacer el amor como un carnicero. Durante el resto de la noche, deberás consumar los actos más oscuros de carnalidad, una carnalidad de carnicero. Y luego te levantarás antes del amanecer, oliendo a carnalidad, y descargarás la carne del camión como un carnicero.

Yo no sabía qué decir. Mi jefe me estaba diciendo que, para cumplir con mi trabajo, tenía que ir a casa y practicar el sexo. Aquél había sido un día muy largo de carnalidades. Y faltaban pocas horas para que llegara el camión de la carne. Era bastante improbable que yo tuviera aguante para más carnalidad *y* para hacer el amor con mi mujer como un carnicero *y* para presentarme en el trabajo antes del amanecer sin haber pegado ojo. Quizá mi constitución no fuera lo bastante fuerte para aquella vida, después de todo. Pero ¿sabéis?, hice lo que pude. No quería defraudar a mi gremio.

* «Carne» en italiano (al igual que en castellano) tiene dos traducciones en inglés: *meat* y *flesh*. (*N. de la T.*)

23

Cuando Darío mencionó mi pertenencia al gremio, estaba aludiendo a ciertos progresos recientes en la carnicería. Yo le había convencido de que podía hacer salchichas, me habían confiado los pedidos de una semana, y me había defendido bastante bien.

Según Darío, jamás había visto a nadie que dominara el arte de hacer salchichas con tanta rapidez.

–Eres un carnicero nato –me dijo–. Seguro que ha habido carniceros en tu familia. Lo llevas en la sangre.

Fue algo muy agradable de escuchar y, desde entonces, me convertí oficialmente en un aprendiz de carnicero, aunque fuera muy escéptico sobre el papel desempeñado por mi sangre familiar. Darío nunca se tomó en serio el tiempo que había pasado en Babbo. Pero, para entonces, yo llevaba algún tiempo trabajando en una cocina profesional, y –aunque no tuviese corazón para decírselo a Darío, porque me gustaba más su teoría de «llevarlo-en-la-sangre»– había hecho un curso de un día para aprender a hacer salchichas en la Universidad de Nueva York. Estoy de acuerdo: NYU no era una carnicería toscana (y era horrible volver a mi trabajo diario apestando a grasa de cerdo), pero aprendí algunas nociones básicas.

Da lo mismo, me habían ascendido de nivel y, a la mañana siguiente, cuando terminamos de descargar la carne, Dario me pasó su cuchillo y, consciente de la seriedad de la ocasión, me entregó un guante metálico para protegerme de los cortes, el mismo que había utilizado él veinticinco años antes al empezar su carrera de carnicero. (Era gigantesco. Podría haber metido mi cabeza en su interior –se acercaba más a una cota de malla que a un guante–, era imposible que yo pudiera llevar aquello.) Mi tarea, bajo la supervisión del maestro, era deshuesar los cerdos con los que prepararían la *arista*. *Arista* es una palabra griega que significa «lo mejor» y, según la leyenda local, es un plato que se sirvió por primera vez en 1439, en una cumbre de paz celebrada en Florencia entre las Iglesias católica romana y ortodoxa griega: a los prelados griegos les gustó tanto que, al terminar, entonaron: «*Arista, arista, arista*» en prueba de agradecimiento. ¿Existía ese cántico? Más tarde descubrí que la palabra *arista* aparecía publicada por primera vez en 1400, en una historia de Franco Sacchetti, que, adelantándose casi cuarenta años al banquete, disminuye la fuerza poética del espontáneo estallido grecoitaliano. Sea cual sea su origen, la *arista* se encuentra con frecuencia en los menús toscanos. Según mi experiencia, no hay dos iguales, aunque normalmente se trate del mejor corte del cerdo, lo que los italianos llaman algunas veces el *carré* (porque es el equivalente del *carré* de cordero), relleno de una mezcla de hierbas.

La *arista* de Dario no emplea un único corte sino casi medio cerdo, el torso, que se deshuesa y enrolla con abundantes hierbas y condimentos: ajo, tomillo, polen de hinojo, pimienta, romero y sal marina muy fina. La idea es ir aumentando las cantidades que se añaden, de modo que, al llegar a la pimienta, la carne queda recubierta de un grueso manto negro; éste se vuelve verde con el romero, y, al agregar finalmente la sal, parece una reproducción de una avalancha de nieve. Luego se asa cuatro horas a fuego muy fuerte, y se saca del horno entre ruidosos chisporroteos, con la grasa derretida borboteando en la fuente, desprendiendo un acre y brumoso humo negro, con un aspecto brillante y bastante hermoso (marrón, por supuesto). Cuando cortas la carne, obtienes trozos muy variados: el *carré*, que recuerda a un filete muy tierno de ternera; el estómago, puro tocino con vetas de magro; y todo lo que hay en medio. Pero es un plato perturbador, que dispara los botones gustativos en muchas direcciones –la misma tajada puede estar tierna y quemada, salada y caramelizada, grasa y magra, y ser una explosión de hinojo y de romero–, y no puede comerse en grandes cantidades. Tras unos cuantos bocados, tu boca se cansa de tantos embates sensoriales.

Eso era lo que yo iba a preparar y, a las seis y cuarto de la mañana, estaba ante dos mitades de cerdo cortadas longitudinalmente, cuchillo en mano, sin guante metálico, dispuesto a empezar. El maestro me enseñaría cómo deshuesar una mitad; yo haría la otra. Cogió mi cuchillo, y me dio las primeras instrucciones: *«Guarda!»* (¡Mira!). «Haz esto» *(così)*. «Y eso» *(così)*. «Corta éstas *(«tagliale»)*, de una en una. Separa la carne de la espina dorsal, y *basta!»*

Me pasó el cuchillo.

–Bien –dije, y ensayé el procedimiento con una serie de movimientos de kung-fu–. Hago esto. Y eso. Corto éstas de una en una. Y *basta*.

(No decía más que tonterías, por supuesto, no tenía ni idea de qué hablaba.)

Así que primero hice *esto*. «Esto» suponía separar un lado de la espina dorsal, poniendo al animal de costado

—una operación ardua y ligeramente escurridiza— para que la espina quedara en la parte superior. ¿Por qué? Ni idea. Pero el maestro dijo que lo hiciera así. Por consiguiente, yo lo hice.

En segundo lugar, hice *eso*. «Eso» parecía entresacar una pieza rectangular de carne, pegada a lo que debía de haber sido el hombro del cerdito. (¿Hombro? ¿Cuello? ¿Cabeza? Aquel asunto de especular con lo que había hecho cada parte del animal era muy extraño. Si pensaba demasiado en ello, tenía miedo de marearme o, algo peor, desmoralizarme y volverme vegetariano. Si desechaba la idea y me resistía a relacionar el animal que tenía en las manos con sus parientes vivos, aquellos que correteaban por las granjas, me faltaría una visión global. Mi solución era pensar en el trabajo de carnicero como si fuera el de mecánico de coches. Esto era el eje. Eso, el eje de transmisión. Era una visión honesta, pero no demasiado íntima —desmitificaba el animal, pero lo trataba con respeto—, y ayudó a que cobrara sentido el hecho de que yo estuviera allí despiezándolo. Ahora que lo pienso jamás he tenido ni idea de cómo funcionaba un coche.)

Luego corté *éstas*. «Éstas» eran las costillas. Para sacar una costilla, separabas un lado con el filo del cuchillo, sin alejarte del hueso, consciente en todo momento de que cada gramo de tejido era carne y la carne nunca podía desperdiciarse. Si levantabas la vista cuando alguien entraba en la carnicería, por ejemplo, y el cuchillo se desviaba y estropeaba un trozo, te hacían sentirte realmente mal. (No se trataba del dinero perdido; era que habías desaprovechado un animal: la crianza, la alimentación, la limpieza, los cuidados, el engorde, el sacrificio, el transporte, y ahora el despiece...; después de ese largo y disciplinado proceso, habías perdido la concentración —*Cazzo!* ¡Idiota!— ¡y no se podía aprovechar todo el animal! ¿Cómo has podido hacerlo? *Non va bene!)* Más tarde separabas el otro lado de la costilla, y volvías a pegarte tanto a la espina dorsal que tu cuchillo dejaba al descubierto la blancura del hueso. Lo que hacías era liberar la costilla para poder tirar de ella mientras cortabas el tejido que había debajo: tirar y cortar, tirar y cortar.

Finalmente, dejé limpia la espina dorsal. Fue la primera vez que me enseñaron a «no emplear» un cuchillo de carnicero. Utilicé los dedos en su lugar –siguiendo la fibra muscular– y mucha solemnidad: por eso había que colocar al animal de costado, comprendí, para que, entre incisiones, golpes y tirones, la espina se desprendiera de forma natural. Y luego: *basta!* Miré mi reloj. Eran las ocho en punto. Había tardado una hora y cuarenta y cinco minutos en despiezar medio cerdo. Tenía que hacer doce más.

El maestro vino a inspeccionar mi trabajo.

–¿Ves esa parte? –dijo, acercándose.

–¿Esta parte? –pregunté, señalando el trozo rosado y carnoso en forma de rectángulo.

–Sí –respondió–. Esa parte. Es la mejor del animal.

–Esta parte –repetí, para mostrar que lo había entendido.

Me daba cuenta de lo importante que era aquel diálogo. Me estaba instruyendo en el arte de la carnicería nada menos que el mismísimo maestro.

–Exactamente –dijo–. Esa parte. Es muy buena.

–Debe de ser el *carré* –añadí, pronunciando esa palabra con mi mejor acento francés. No presumía de nada; sólo quería que viese que había preparado un poco el asunto.

–¡Bravo! –exclamó–. Es cierto. Algunas personas lo conocen con el nombre francés.

–Gracias –dije.

–En italiano se llama *lonza*.

Repetí la palabra y di nuevamente las gracias al maestro.

–También es la parte más tierna –prosiguió.

–Entiendo.

–Y también es muy apreciada y, por ese motivo, muy cara. Y la has cortado por la mitad.

–Oh, mierda –exclamé en mi idioma–. ¿He hecho eso? ¡Joder! –Y recordando que estaba en Italia, añadí en italiano–. Ha sido un error, ¿verdad?

–En realidad, sí, un gran error. Esa pieza de ahí –dijo, señalando los dos trozos– es fundamental para preparar la *arista*. ¿Lo comprendes? *(Hai capito?)* Pero la has cortado por la mitad. *Non va bene*.

–No volveré a hacerlo –afirmé, tratando de sonar convincente.

–¡Bravo! –contestó, y reanudó su trabajo, algo relacionado con un gigantesco muslo.

Al día siguiente, el 10 de marzo, volví a Nueva York. Tenía un compromiso. Mi mujer y yo habíamos pasado casi un mes en Panzano. Pero me habían aceptado como aprendiz. Me estaba enseñando el oficio el propio maestro. ¿Cómo iba a dejarlo ahora?

24

Estaba en casa y necesitaba un cerdo.

Mi amigo Paul tenía un puesto llamado Violet Hill Farm en el mercado del barrio y vendía pollos, conejos y cerdos. Los cerdos de Paul eran lechones. Yo no quería un lechón. Quería un verdadero cerdo: uno grande. Quería poner en práctica lo que había aprendido en Italia.

¿Podía conseguirme Paul un cerdo?

Bueno, sí, posiblemente. Su vecino criaba unas puercas grandes y sanas y, si le encargaba una viva, no necesitaría ningún certificado del Ministerio de Agricultura. Eso –el hecho de que un animal pasara de los pastos al plato saltándose ese departamento ministerial– se consideraba algo bueno. La lógica rural de la cría de animales puede parecer contradictoria y podría resumirse así: cualquier asunto en el que está implicado un organismo del Gobierno es una intervención y se considera nocivo, aunque ese organismo se haya establecido para impedir que enfermes y mueras, algo que, en principio, debería juzgarse bueno. En Panzano, por ejemplo, un colmado tenía un negocio bajo-el-mostrador de *uova proibiti*, huevos ilegales, porque eran de las gallinas de la abuela y no los había inspeccionado ningún oficial de la Unión Europea. Yo los compré y eran excelentes, aunque no sé si el encanto residía en su sabor o en el hecho de que sus cáscaras no hubieran sido mancilladas por un sucio sello burocrático.

En mi caso, no era necesaria una inspección del Ministerio de Agricultura, porque estaba comprando un cerdo vivo al vecino de Paul –de hecho, comprando una mascota–, más que uno muerto al carnicero. Pero, cuando Jessica y yo fuimos a recoger al animal, éste estaba definitivamente muerto, envuelto en un plástico transparente y desplomado en el asiento trasero del coche de Paul: un cerdo de tamaño mediano, de unos cien kilos, al que no le faltaba de nada: con pezuñas, patas, rabito, cabeza, y (en el interior de la cavidad, según dijo Paul) pulmones, corazón e hígado.

El reto era llevarlo hasta nuestro piso. El plástico transparente garantizaba que todos los transeúntes supieran lo que había comprado. No era el típico paquete de una tienda neoyorquina. Tampoco era la típica bolsa con la compra del mercado, y mucha gente me miraba como si yo fuera un ser depravado. Mi capacidad para aguantar aquello tenía un límite, y estuve tentado de apoyar nuestro cerdo contra el puesto de grama orgánica («¿Le importa que lo dejemos aquí mientras hacemos la compra?»). Pero había una mujer que, con los brazos cruzados sobre el pecho, me miraba con franca desaprobación.

Yo tenía una moto. Los coches tienen prohibido el acceso a ese mercado y, si no hubiera tenido una moto, no sé qué habría hecho. ¿Echarme el animal al hombro y volver andando a casa? ¿Parar un taxi? Fue un alivio poder amarrar mi compra en el portaequipajes de la moto, con las pezuñas colgando a ambos lados de la rueda delantera, un par de orejas justo debajo del manillar, y mi mujer en el asiento trasero. Los tres, en un equilibrio precario, regresamos lentamente a casa. Aparqué en la puerta de nuestro edificio, descargué mi mercancía con dificultad y me dirigí tambaleándome hasta la entrada, meciendo el animal en mis brazos, y preguntándome: ¿habrá alguna ley que prohíba esto? ¿Me permitirán entrar en el vestíbulo?

El portero, Gary Miro, un orgulloso italoamericano, me saludó con el entusiasmo de un hombre que supiera apreciar la carne y nos metimos en el ascensor. Pero, antes de iniciar el ascenso, se nos presentó un problema con la vestimenta informal de sábado por la mañana de un banquero de Wall Street que había entrado en el edificio detrás de nosotros.

—Gary, ¿no sería mejor que no subiera nadie más?

Yo estaba pasando verdaderos apuros, cien kilos era el peso de un hombre corpulento. Y, además, con tanto movimiento, la sangre se estaba acumulando en un pliegue del plástico.

Era un cálido día de verano en un pequeño ascensor. Estaban el portero y el banquero de Wall Street y, justo detrás, mi mujer y yo con el cerdo. El banquero de Wall Street se dio la vuelta. No sé por qué. Tal vez oliera algo, aunque el olor no era tan malo como cabía esperar. Vio lo que tenía en los brazos. Sus ojos hicieron un rápido inventario de los detalles que se veían claramente bajo el plástico, y, cuando se abrió la puerta, salió a una velocidad muy poco común.

—¿Han oído el ruido que ha hecho? —preguntó el portero, con el sádico regocijo de un amante de la carne.

Lo había oído, y estaba consternado. Me había sentido incómodo en el mercado. Y ahora mi vecino había estado a punto de vomitar.

Deposité mi cerdo en la mesa de la cocina y preparé

todo. Vacié el frigorífico y limpié las encimeras. Afilé mi nuevo cuchillo para deshuesar: corto, fino y resistente. (El maestro se había reído de uno largo y flexible que había llevado de Nueva York: *Che cazzo fai con questo?* ¿Qué demonios vas a hacer con esto?) Luego pensé en las dificultades para llevar un cerdo a casa. No había querido molestar a mi vecino. Apenas le conocía, pero imaginaba, y más tarde pude confirmar, que no era vegetariano. Una de esas pequeñas ironías de la vida. Mi cerdo sólo era una forma más primaria de lo que él llevaba años comiendo. Eso confirmaba lo que ya sabía pero me resistía a admitir: que la gente no quiere saber realmente lo que es la carne. Para mi vecino (y mis amigos, y también para mí, durante casi toda mi vida), la carne no era carne: era una abstracción. La gente no piensa en un animal cuando emplea esa palabra; piensa en algo comestible. («Lo que quiero esta noche es ¡una hamburguesa de queso!»)

No trataba de hacer proselitismo. La carne nunca había sido una causa para mí. No era ningún militante como Dario, que expulsaba a los vegetarianos de su carnicería y los mandaba al infierno. En mi opinión, los vegetarianos están entre las pocas personas que piensan en la carne; al menos, saben lo que es. Lo único que pretendía era que la gente supiera lo que comía. Después de todo, en el mercado, se oyen discusiones sobre fertilizantes, tierras orgánicas y cuánta libertad necesita un pollo para considerarse de corral. ¿No sería lógico que también quisiéramos saber qué es nuestra carne? Y eso era lo que creía estar haciendo. Había llevado a casa un animal recién sacrificado, más sano, fresco y mejor alimentado que los que vendían en las carnicerías, y, al despiezarlo, esperaba redescubrir el método tradicional de conseguir comida. Sentía que sólo podía ser algo positivo. Pero estaba seguro de que me criticarían por ello.

Me metí en faena.

Empecé cortando un arco alrededor de las caderas para separar las patas traseras: los *prosciutti*. En italiano, un *prosciutto* es tanto la extremidad como su preparación, el sabroso jamón curado en sal que se ve colgado en los techos de las charcuterías. No pensaba curar aquéllos –un largo ritual que, como el *culatello* de Miriam, se realiza normalmente en enero– sino preparar el «cerdo veraniego de Dario». Dario había aprendido la receta de un viejo *contadino*, que, a su vez, la había aprendido de su padre en el lecho de muerte. El padre le había encargado que pasara la receta a alguien de la carnicería Cecchini: no a Dario, que no debía de haber nacido, sino probablemente a su padre. El *contadino* no estaba seguro de por qué había tardado tanto en hacerlo, aparte del hecho de que casi nunca iba a Panzano y de que no sabía conducir. Pero estaba encantado de haber satisfecho el deseo de su padre y de haber dejado en buenas manos una antigua receta de Chianti, evitando así que desapareciera.

La receta era en realidad una forma muy sofisticada de incinerar un trozo de carne (y cuanto hubiera en él) sin que ardiese como una antorcha. Primero partías las patas por lo que Marco Pierre White llama «las almohadillas». El maestro me había explicado detalladamente todo el proceso y había inventado un mapa, si podía llamarse así, siguiendo cada músculo, empleando la gravedad y los dedos para encontrar las junturas nudosas. El resultado era un barreño lleno de trozos de cerdo, más o menos una docena.

El siguiente paso era ponerlos en salmuera. Para hacerlo, echabas una bolsa de sal en un balde, añadías agua y lo removías hasta que la sal estaba medio disuelta. Al cabo de un par de días, sacabas los trozos, los ponías en una cazuela con vino blanco, los cocías unas pocas horas, y dejabas que se enfriaran a lo largo de la noche. Por la mañana estaban hechos y podías guardarlos en aceite de oliva. Los trozos, medio curados en salmuera, sazonados con vino y sumergidos en aceite de oliva, se conservaban durante un año.

Ahora comprendo que el método se había ideado para aprovechar el cerdo que el *contadino* no había logrado vender en los meses de calor. Por lo general, sólo se matan cerdos en verano cuando tienen algún problema, y Dario había dejado escapar en cierta ocasión que el *contadino* utilizaba esa receta con sus cerdos enfermos, que no es la clase de información que un carnicero comparte abiertamente con sus clientes: ¡Eh!, prueba esto, un poco del cerdo enfermo que he machacado. El caso es que dio igual lo que dijera o no Dario, pues, durante años, nadie lo compró. ¿Quién quiere grasa (cerdo) sumergida en grasa (aceite)? Pero la carne era en realidad magro, con la textura del pescado, y en un instante de clarividencia comercial empezó a llamarlo *tonna* (atún) *del Chianti*. Ahora es el producto más popular de la tienda. En 2001, la Unión Europea le concedió la denominación de origen y, al hacerlo, ordenó que la receta se conservara como monumento a la cultura toscana. Me gusta tomarlo con alubias, perejil, limón y aceite de oliva..., como el atún.

El segundo día de mi cerdo, ataqué la parte delantera, quitándole las patas y deshuesándolas. Aquellos trozos eran los héroes olvidados de Mario, duros, teóricamente insípidos y muy apropiados para brasearlos a fuego muy lento (mejor dicho, buenos *únicamente* para brasearlos a fuego muy lento), aunque yo fuera a emplearlos para hacer salchichas.

Cuando las preparaba en la carnicería, la gente se comía a menudo la carne cruda directamente del bol mientras yo las hacía, algo que a mí –no sé, podéis llamarme anticuado– me daba cien patadas. Pero ilustraba una actitud con respecto a la buena carne, si tienes la suerte de conseguirla: déjala tranquila. La *macelleria* seguía la receta (si podía llamarse así, todo se hacía bastante a ojo) de tres partes de carne por una de grasa –el sustancioso tocino de la parte superior del animal–, picadas juntas, con ajo, pimienta y sal: eso era todo. Lo mezclabas hasta que se convertía en un pegote rosáceo y emulsionado, que luego metías en un bote que parecía una bala gigante. En un extremo de éste había un pitorro: y era allí donde ajustabas la envoltura, seis metros de intestinos de cerdo, en los que introducías la mezcla de carne. Encajar los intestinos en el pitorro, una tarea bastante parecida a colocar un preservativo tan largo como una serpiente africana, exigía un movimiento de mano mundialmente famoso y, ¡ay!, todos hacían los previsibles chistes toscanos a mi costa (momento en el que yo tendía a caer en un estado de ánimo freudiano, al tiempo que me maravillaba en silencio del modo en que el humor retrata una cultura).

Las salchichas toscanas son más pequeñas que sus primas norteamericanas, y todas ellas se delimitan con un cordel, cuyos extremos anudas: lazada y nudo, lazada y nudo, con un ritmo simétricamente ondulante y estéticamente cautivador. En la carnicería, preparaba las salchichas en el sótano, y algunos clientes venían a mirarme. «¡Aanda!», decían, «de modo que es así como se hacen.» Un hombre cuchicheaba: «Así las hacía mi abuelo.» Los visitantes algunas veces querían conversar, un momento muy delicado (¿cómo iba a decir algo? Cualquier cosa que saliera de mi boca destrozaría mi imagen), al que yo sobrevivía reduciendo al mínimo mis respuestas.

–*Salsicce?* –preguntaba siempre alguien, de manera innecesaria.

–*Sì* –respondía yo enérgicamente, en lo que creía una imitación de la cadencia cantarina de Panzano, recogiendo todas las notas que los locales parecían meter en una palabra monosílaba como «*sì*».

–*Di maiale?* (¿de cerdo?) –Querían saber a continuación, con obstinación tautológica.

–*Sì* –contestaba de nuevo, impacientemente esta vez para que comprendieran que estaba muy ocupado.

Cierta vez me vi en un aprieto.

–¿Qué hierbas emplea? –inquirió un visitante.

Me entró el pánico. Era el tipo de pregunta que yo evitaba.

–*Sì* –respondí inexplicablemente.

No podía soportar que se diera cuenta de que le habían engañado: el romanticismo, la historia, la integridad de todo aquel proceso artesano se esfumarían al descubrir que quien hacía las salchichas era estadounidense.

Mi cerdo ya no tenía patas, pero quedaba un corte justo entre las paletas que yo esperaba cenar el tercer día. Era la carne encerrada entre las cuatro primeras costillas, el «ojo» de las chuletas. En italiano se llama *coppa* o *capocollo: capo* quiere decir «cabeza» y *collo*, «cuello»; el *capocollo* empieza en la parte superior del cuello. Una vez curado y madurado, se convierte en el *salumi* magro que sirvieron en la cena de Nashville. La receta se consideraba boloñesa, así que rara vez se encontraba en la Toscana, donde la *coppa* se vende normalmente fresca, no curada, y cortada en chuletas. Cuando se asa la pieza entera, se llama de otro modo: una *rosticiana*, la mejor comida de la casa. Cociné una sin quitarle el hueso, treinta cinco minutos en un horno bien caliente, y contemplé lo breve que podía ser el trayecto entre el muy crudo y el en-su-punto.

El cuarto día hice *arista*. Corté el torso en dos, deshuesé las dos mitades siguiendo las instrucciones del maestro, y añadí los ingredientes en el orden que decía Dario: ajo, tomillo, polen de hinojo (que había escondido en mi maleta; todo el mundo se lo llevaba clandestinamente, ¿por qué no iba a hacerlo yo?), el manto negro de pimienta, el manto verde de romero, y el alud de sal. Lo enrollé como si fuera un tronco gigante de Navidad, hice unas incisiones en la piel para que soltara la grasa, lo até, y lo cociné hasta que empezó a chisporrotear y a desprender un humo negro.

El quinto día hice ragú: suficiente para doscientas personas. El cerdo estaba resultando un trabajo de lo más puñetero.*

El sexto día hice «cabeza de jabalí», cociendo la cabeza hasta que los trozos de carne se desprendieron y quedaron atrapados en su propia gelatina.

El séptimo día contemplé los pulmones, tentado de hacer una receta del libro de Aspicio, que recomendaba dejarlos en leche toda la noche, rellenando cada cavidad con dos huevos y un poco de miel (si lo piensas, ¿qué puede haber más sencillo?), cerrándolas de nuevo y cociéndolas el tiempo necesario, con los pulmones flotando como juguetes en una piscina. No dice cuánto tardan en hacerse, pero decidí que la ventaja de tener dos era que, si el primero quedaba crudo, dejaría el segundo más tiempo. Al final, no cociné los pulmones. Fue muy duro tirarlos a la basura. Me pareció un desperdicio tan grande..., ¿para qué comprar un cerdo entero si vas a desaprovechar los pulmones? Pero llevaba mucho tiempo trabajando en aquel cerdo. Era el séptimo día. Necesitaba descansar.

* Juego de palabras entre *pig*, «cerdo», y *a pig of work*, «un trabajo puñetero». *(N. de la T.)*

Nos dio para muchas comidas y cenas. Según mis cálculos, aquel cerdo que compré en el mercado generó cuatrocientos cincuenta platos de comida que salieron por menos de cincuenta centavos cada uno. Pero la lección más importante no fue lo barato que resultaba, sino su variedad y abundancia: de acuerdo, lo reconozco, es posible que fuera sobreabundancia, porque mi mujer y yo no tardamos en descubrir que no podíamos más de cerdo. Habíamos comido desde el morro (que iba en las salchichas) hasta el rabo (que había añadido al ragú). Estábamos hartos de comer cerdo. Necesitaba desesperadamente volver a Italia. Había llegado la hora de familiarizarme con las vacas.

Carnicero toscano

Es importante que los niños tomen sus decisiones sobre lo que quieren o no comer, ya sea por razones morales o porque no les gusta. Tendría que ser nuestra responsabilidad como padres estar seguros de que cuentan con la información necesaria. No debemos transmitirles nuestras fobias alimenticias. Siempre he explicado a nuestros hijos, por ejemplo, que, cuando comen carne, están en realidad comiéndose una vaca. No hay nada malo en ello, siempre que el animal haya tenido una vida buena y saludable, y se haya sacrificado con humanidad. La calidad de la carne está directamente relacionada con la calidad de vida del animal. Después de todo, la evolución nos ha diseñado para ser carnívoros no sólo en la forma de comer, sino también en la de procesar la comida.

Desgraciadamente, las guerras de precios en los supermercados han ocasionado el abaratamiento de los productos, incluida la carne. Si nos detuviéramos a reflexionar: ¿cómo es posible? La tierra, los bienes inmuebles y los salarios han ido subiendo. La inflación sigue ahí. ¿Cómo pueden entonces bajar los precios de la carne y las aves?

HESTON BLUMENTHAL,
Cocinar en familia

25

El maestro me saludó la mañana de mi regreso.

–Así que has vuelto para reanudar tu aprendizaje de los muslos.

Por supuesto que había vuelto. ¿Cómo no iba a hacerlo?

Dario, cosa extraña, estaba esperándome. ¿Por qué había tardado tanto?, me preguntó.

¿Cómo lo sabía?

Me respondió contándome la historia de un hombre de Nueva Jersey. Había ido a San Gimignano, el famoso pueblo de las torres a una hora de Panzano, para aprender a hacer pan. Al final de su estancia, hizo las maletas y se fue al aeropuerto de Pisa para volver a Estados Unidos. Pero fue incapaz de marcharse. Fue incapaz de bajar por la rampa que conducía al avión. De modo que rompió su billete.

–Lleva veintidós años aquí. Es un gran panadero –dijo Dario en aquel tono imperioso de está-hablando-Dios–. Tú también puedes romper el billete.

(Mi mujer dio un respingo a mi lado: sabía que ni siquiera tenía billete de vuelta.)

Sin que yo fuera realmente consciente de ello, mi papel había cambiado. Al empezar aquella historia –lo que consideraba mi incursión en los bajos fondos de la cocina profesional–, yo había sido un visitante. Había sido un turista, y, como muchos turistas, había podido meterme de lleno en aquel viaje, un tanto alocadamente, porque sabía que algún día llegaría a su fin. En Babbo, parecía soportar los insultos mejor que mis compañeros porque aquélla no era mi vida. Y ahora me preguntaba: ¿llevaba demasiado tiempo? Mario dijo en una ocasión que, para aprender bien los platos de un restaurante, tenías que pasar un año en él y cocinar en todas las estaciones, y yo pensé: puedo hacerlo. Así que me quedé en Babbo desde enero de 2002 hasta marzo de 2003 (salvo los días en que tuve que faltar por mi trabajo de oficina, cuando lo tenía). Mario dijo que, si querías dominar la cocina italiana, tenías que aprender el idioma y trabajar en Italia, y yo pensé: También puedo hacerlo. Pero eso, al parecer, no fue suficiente, porque se me metió en la cabeza seguir una miniversión de la educación culinaria de Mario: conocer-al-hombre-conociendo-a-sus-maestros. Por eso pasé algún tiempo con Marco Pierre White (el primer profesor de Mario) y algunas semanas con Betta y Gianni (los profesores de pasta de Mario). Y, aunque Mario no había trabajado nunca para Dario Cecchini, sí lo había hecho su padre: no era lo mismo, pero se aproximaba bastante.

Y entonces di el salto. Ya no era alguien que observara desde el exterior. Dejé de ser un escritor que relataba sus experiencias en la cocina. Era un miembro de ésta. El salto resultaba obvio para las personas que me rodeaban –mi sufrida mujer había detectado en mí los rasgos típicos de un obsesivo (manías, falta de perspectiva, incapacidad para reconocer límites)–, pero aquello no había sido tan evidente para mí, ni siquiera cuando me desperté en Nueva York con el firme propósito de regresar a Panzano. ¿Necesitaba volver? Por supuesto que no. Pero no podía olvidar el aforismo tantas veces repetido cuando Mario criticaba a Nick por haber sentido tanta añoranza en Milán: es posible que uno no vuelva a tener jamás la oportunidad de aprender tanto. Dario Cecchini me había confiado el filo de un cuchillo. Había pedido al maestro, su *propio* maestro, que me enseñara. ¿Cómo iba a dejarlo?

De modo que sí, maestro, había vuelto para reanudar mi aprendizaje de los muslos.

El muslo pertenecía a una vaca, y llegar a dominarlo era una credencial básica para convertirse en un carnicero toscano. El último día de mi primera estancia, justo antes de regresar a Nueva York, había intentado despiezar uno con el maestro a mi lado, pero había hecho un desaguisado. Daba lo mismo: el maestro, siempre paciente, había supuesto que teníamos semanas de instrucción por delante. No le había comentado que debía volver a los Estados Unidos, y se quedó realmente perplejo cuando le di la noticia.

–¿De qué estás hablando? ¿Cómo puedes irte justo ahora? Tienes que volver a intentar lo del muslo... –Y había movido la cabeza desconcertado.

Sentí como si hubiera actuado de mala fe: *simulando* ser un carnicero toscano –siendo, en realidad, un turista– había engañado al maestro para que me enseñara a despiezar un muslo.

Me puse un delantal, volví a mi trabajo y viví una escena que ahora me parece simbólica. Una familia japonesa entró en la carnicería, agrupada en torno a su angloparlante y entusiasta madre. («Oh, Dios mío, ¿es ése Dario Cecchini? ¿Es auténtico Chianti lo que hay en mi vaso?») Sacaron muchas fotos. Bajaron al sótano y me fotografiaron con el cuchillo en la mano y mi delantal hasta el suelo lleno de sangre. El salto era completo. Ya no era un turista. Era una atracción.

Aunque había aprendido cosas muy diferentes en mi primer ciclo educativo, el cerdo había sido mi especialidad. Ahora, en un segundo ciclo en el que tendría que aplicarme más (era como si fuera a graduarme en una escuela de carnicería), me enseñarían lo que era una vaca. El cerdo era fácil; la vaca, compleja. El cerdo era muy italiano; muchísima gente lo conoce. Pero pocos conocen la vaca. La vaca era toscana, y conocer la vaca estaba en el corazón de lo que significaba ser de Panzano.

Giovanni Manetti me había explicado esto cuando mi mujer y yo fuimos a visitarlo. Queríamos ver cómo fabricaba el vino en la enorme finca Fontodi, en la *conca d'oro*, acres y acres de vides entonces cargadas de frutos grandes y morados, pero su hermana pequeña, Giovanna (una conocida de mi mujer, que, como necesitaba hacer algo durante el día, había trabado amistad con los novecientos habitantes de Panzano), nos había advertido de antemano que probablemente aprovecharía nuestra visita para presumir de sus vacas. Había comprado éstas, cuatro jóvenes *chianine* muy blancas que todos llamaban «las niñas», obedeciendo a un impulso (Giovanni seguía en pleno ataque de descubrir-mis-raíces-de-Chianti) y las tenía en un corral al fondo del valle. Para los italianos, ninguna imagen resulta tan evocadora de Chianti como una *chianina*. La palabra «chianti» parece encerrada en su interior. Todos los clichés de la región están en ese animal: toda su autenticidad de terrenos escarpados, casas de piedra, filetes de vaca y campesinos. Desgraciadamente, ya no se ven. De hecho, las únicas que vi fueron las de Giovanni, que, al intentar criar a sus niñas, estaba haciendo una labor muy importante («Ya sé que estoy loco, todo el mundo en Panzano se ríe de mí»): rescatar el patrimonio de Chianti de los turistas, de las carreteras asfaltadas y de la electricidad, y volver a introducir la famosa vaca que antaño trabajaba aquella tierra.

–Tienen una constitución muy delicada –señaló Giovanni, contemplando el corral con la frente apoyada en un listón de madera–. Dicen que enseguida se acatarran.

Las miré. No parecían nada frágiles. Eran gigantescas; con mucho, las vacas más grandes que había visto en mi vida.

–¡Fijaos en las patas! *(«Ecco le gambe!»)* Tan largas, tan gráciles, tan hermosas... La verdad es que parecen modelos de pasarela –exclamó suspirando.

Las observé. No parecían en absoluto modelos de pasarela. Parecían vacas. Es cierto que eran unas vacas extrañas. Muy blancas y muy altas. También eran más flacas que una vaca normal, y no tan anchas. La mayoría de las vacas son redondas, básicamente. Aquéllas –si torcías la vista para abarcarlas con la mirada– eran rectangulares: no demasiado de través, pero más (mucho más) de arriba abajo.

Entonces vislumbré la tradicional *bistecca* florentina en sus formas: la altura, la estrecha espina dorsal. No sé por qué me ocurría aquello: debía de ser un síntoma del tiempo que había pasado en una carnicería. Pero, una vez que veía un corte en un animal, era incapaz de ver otra cosa. Una *fiorentina* tiene aspecto de triángulo: semejante al *T-bone*,* pero gigantesca y geométricamente más definida. Para conseguir una, comprendí, había que partir la espina dorsal (las vacas llegan divididas en dos a la carnicería), que se convertía en la parte inferior del chuletón; de hecho, la base del triángulo. La carne estaba en los dos músculos pegados a ella: el lomo (igual al que tenemos a ambos lados de nuestra columna) y el solomillo, más pe-

* Chuleta de vacuno con el hueso en forma de T. *(N. de la T.)*

queño y en la parte de abajo. La típica *bistecca fiorentina* era algo bastante hermoso.

Se me ocurrió comentar en voz alta que los chuletones de las niñas serían auténticas obras de arte. Giovanni se estremeció visiblemente.

—No nos comeremos estos animales. Pretendo aparearlas.

La idea era que, si Giovanni cedía también a sus deseos de comprar un toro (y, cuando le pinchabas un poco, admitía que tenía puesto el ojo en un joven semental), aquellas cuatro bellezas serían reproductoras. La primera generación de crías serían, asimismo, reproductoras, hasta que la vacada llegara a ser lo bastante grande para sacrificar algunos animales y vender su carne.

Giovanni se quedó mirando sus *chianine*. Lo curioso de Giovanni es que, en casi todo, era el típico hombre de mundo. Dentro de los círculos viñateros, era una celebridad: agudo, inteligente, se llevaba bien con los periodistas y se sentía cómodo en un negocio donde la imagen era vital. Atractivo, de pelo oscuro y facciones clásicas, impecablemente vestido, abrumadoramente atento, tenía una serie de inquietudes narcisistas muy normales: le preocupaba su peso, por ejemplo (innecesariamente); no dejaba de toquetearse el pelo; y, de haber vivido en una ciudad, habría sido socio de un gimnasio. No era fácil imaginárselo enamorado de una vaca.

—Si eres toscano, adoras la carne de vaca —explicaba—. Todo el mundo la aprecia muchísimo, sabe dónde encontrarla y tiene un carnicero que es como un miembro de la familia.

Jamás encontrarías unos *tortellini* entre las recetas de la familia Manetti; en vez de eso, encontrarías un montón de información sobre lo que puede hacerse con los diferentes cortes: carrilleras, lengua, paleta, estómago, pecho, cadera, rabo..., aunque el trozo más preciado fuera siempre la *bistecca*. «Para nosotros, la *bistecca* es un alimento espiritual», decía Gianni. «Es uno de los tres elementos», los otros eran el pan toscano y un vino tinto hecho con la uva sangiovese del lugar, «que, combinados, constituyen una experiencia casi mística.» (Pan malo, buen vino y un estupendo chuletón: una comida feliz, y todos los restaurantes de Chianti ofrecen su versión; no sirven muchas legumbres, desde luego, pero ya tenía asumido que a los toscanos no les gusta la verdura, y que ninguno de ellos ha crecido con unos padres que le obligaran a comerse lo verde; era obvio que sus madres les decían: «Cómete lo marrón».)* «La carne de vaca está en comunión con nuestras almas. No sé explicarlo de otro modo. Se encuentra en nuestro ADN, este anhelo..., esta necesidad..., de carne. Es lo que nos hace toscanos.»

Era una visión muy apasionada –la carne como alimento espiritual toscano–, pero estaba dispuesto a aceptarla aunque hubiera acometido mi propia investigación, inspirada en el inteligente análisis de un historiador medieval llamado Giovanni Rebora. Se basaba en el hecho evidente, aunque casi nunca reconocido, de que, hasta hacía muy poco, siempre había habido carne en abundancia: de que en el largo período de la historia de la humanidad anterior a la goma, el plástico y el empleo del freón como refrigerante, la carne se consumía en unas cantidades que a nosotros nos parecen excesivas. Y también era barata. La carne era tan fácil de conseguir porque, en los días anteriores al plástico, las granjas de animales eran esenciales para muchas otras cosas

* Juego de palabras entre *green* («verde»), *greens* («verduras») y *brown* («marrón»). *(N. de la T.)*

además de la alimentación: para el cuero de cinturones, botas, yelmos, y demás arreos imprescindibles para los numerosos ejércitos europeos. Esas otras necesidades –la lana para la industria textil inglesa, por ejemplo, o la piel de cabra para los viñateros españoles– podían ser, en determinados momentos, las «predominantes»: si tenías que enfrentarte a los austríacos una vez más, y tu ejército necesitaba urgentemente sillas de montar, y estabas dispuesto a pagar lo que fuera para conseguir el cuero, no tardaría en haber un montón de carne por ahí. Este análisis se conoce como «la teoría alimenticia de la demanda predominante». Me gustaba porque daba sentido a algo que no parecía limitarse a ser una coincidencia local: el hecho de que Florencia, capital histórica de la fabricación europea del cuero, se encontrara sólo a veinte millas de Panzano, centro histórico de la vaca italiana. Incluso en nuestros días, las guías turísticas florentinas animan a los turistas a comprar unos zapatos de cuero por la mañana y a tomar un chuletón florentino para almorzar, sin que nadie sea consciente de la relación entre ambos. Ahora la comprendía. Según la teoría alimenticia de la demanda predominante, una vaca *chianina* habría sido apreciada por muchas cosas, incluyendo su fuerza, una ayuda extraordinaria para los granjeros de aquel paisaje montañoso, y precisamente aquello en que creía Giovanni las volvía tan hermosas: al ser muy altas, eran una de las razas que más cuero proporcionaba.

Me quedé mirando a Giovanni y ensayé mentalmente el mejor modo de contarle mi teoría. Pero fui incapaz. No se le dice a un romántico que todo tiene una explicación económica, y menos cuando el romántico es tu anfitrión. Además, es muy probable que el romántico tuviera razón: quizá no fuera todo una cuestión económica. Quizá lo económico fuera una metáfora, un modo pseudocientífico de explicar algo mucho más misterioso, aquello tan oscuro y profundo que Giovanni llamaba el alma toscana. Tal vez, si tomábamos en cuenta todos los factores, la teoría económica estuviera totalmente equivocada. Así que preferí no mencionarla. De hecho, la abandoné. Le di las gracias a Giovanni y le dije que me había ayudado a entender Chianti mucho mejor.

El maestro empezó con los nombres.

–Oh, esto –exclamó manifiestamente encantado– es muy apreciado.

Y de algún lugar del muslo sacó un pequeño trozo de unos veinte centímetros de largo, con los extremos más afilados. Yo estaba a su lado, pero no vi de dónde lo extraía y volví a mirar en el interior del muslo para localizar el lugar exacto. No lo conseguí, por supuesto. Yo había imaginado que la vaca sería una especie de puzzle al que faltaría visiblemente una pieza. (Lo cierto es que sigo suponiendo lo mismo, y no tengo ni idea de por qué no logré encontrar el hueco, aparte del hecho de que todo fuera enorme y muy complicado y quizá algo espeluznante.)

El maestro me mostró la pieza. No tenía grasa ni tejido conjuntivo, y sus vetas recordaban a un trozo de madera. La toqué. Era muy blanda. Si no hubiera sabido su procedencia, habría pensado que era solomillo; pero éste nunca se encuentra en una pata.

–Es uno de mis cortes favoritos –dijo el maestro–. Se llama el *campanello*.

Repetí la palabra y la escribí en mi cuaderno.

–Es muy tierno. Tan tierno que puede comerse crudo, con limón y aceite de oliva. Pero –añadió el maestro, amonestándome con su largo dedo– el aceite de oliva tiene que ser muy bueno. ¿Entiendes? El aceite de oliva es fundamental.

Parecía a punto de cantar las demás excelencias del *campanello* cuando se detuvo, sonrió de oreja a oreja, y sacó otra pieza.

–Aah, pero esto también es muy especial...

Era un trozo más grande. Lo arregló. Era un cilindro rosado de cincuenta centímetros de longitud, también un único músculo, de textura muy uniforme.

–Se llama el *girello*. Se pueden hacer muchas cosas con él. No es tan tierno..., su tejido es más compacto, pero sigue siendo muy bueno. –Se quedó mirando la carne, feliz–. Aquí en Chianti, el *girello* se cocina en aceite de oliva, con trocitos de ajo clavados, y se sirve poco hecho y con guisantes. En Umbría, se come con habas.

Y, por el modo en que describía aquellas diferencias –rotundas, categóricas–, comprendí que, si estaba en Panzano, jamás comería un *girello* con habas.

El maestro volvió a la pierna, dando una serie de pequeños golpes rítmicos con el cuchillo, y sacó otra pieza, la más grande hasta entonces.

–La *sottofesa* –dijo.

Fesa significa «cuadril» y *sotto*, «debajo». Era el corte que había debajo del cuadril. Era un músculo voluminoso y muy trabajado, como cualquiera esperaría. El trasero de una vaca es algo enorme.

–Algunos carniceros lo cortan y venden las tajadas como filetes. –El maestro mostró su desaprobación moviendo la cabeza–. *Non va bene*. Es demasiado duro. –Para el maestro, hacer pasar un trozo de trasero de vaca por un filete era un asunto muy turbio–. Prefiero brasearlo con aceite de oliva, tomates y romero. Se llama *stracotto*.

Cotto quiere decir «cocido» y *stra* intensifica la acción; de hecho, las instrucciones para hacer un estofado.

Aquella noche regresé a casa con tres palabras nuevas:

campanello, girello y *sottofesa:* una pieza muy tierna, una pieza menos tierna y una pieza que no era tierna en absoluto. En realidad, eso no es cierto. Regresé a casa con unas treinta palabras nuevas, pero esas tres eran las únicas que comprendía y deseaba seguir investigando.

No las encontré en mi diccionario de italiano-inglés. Luego hojeé *El arte de comer bien*, de Artusi, donde sólo me tropecé con un ejemplo de *girello*. A la mañana siguiente, en la carnicería, consulté otros textos, incluidas algunas traducciones. Volví a toparme únicamente con el *girello*, y, cada vez que hablaban de él, parecía algo diferente. En una edición norteamericana del Artusi, lo describían como el «cuadril». En otro libro, era la «tapa». En un tercero, el «redondo». Eran cortes del garrón trasero de la vaca, pero no coincidían con la pieza que el maestro había tenido en la mano. En lugar de eso, eran trozos con diferentes partes que debían asarse lentamente para resultar comestibles. El corte del maestro era muy simple, y se cocinaba uniforme y rápidamente.

El descubrimiento me condujo a una modesta epifanía. Hasta entonces, había creído que existía un léxico universal para los términos relacionados con la carne (después de todo, una pierna es una pierna es una pierna), que, al igual que ocurre con otras parcelas del lenguaje, podía traducirse de un país a otro. La creencia, comprendí, había sido alentada por esos esquemas que encontramos, por ejemplo, en los libros de cocina y que nos muestran las diferentes partes de una vaca en Francia, Gran Bretaña o Estados Unidos. Aquellas primeras lecciones del maestro me enseñaron que una vaca no podía conocerse así. Un día en que quise cerciorarme de cómo se escribía una palabra, consulté una enciclopedia de cocina italiana de Dario y descubrí (en la entrada de *bovino)* no tres o cuatro esquemas sino páginas y páginas de ellos, treinta en total, ninguno en francés o inglés, todos en italiano; correspondían a las distintas regiones, y cada uno era diferente: no había dos cortes iguales, y muy pocos términos coincidían. El esquema toscano producía vértigo. Era como si todos y cada uno de los tejidos estuvieran identificados. El muslo era un laberinto, como el mapa de una ciudad medieval impenetrable, con más nombres de los que cabían en aquella representación de una pierna en dos dimensiones. Comprendí por qué no había traducciones claras de *girello, campanello* o *sottofesa:* porque, fuera de Italia, no existen. Fuera de la Toscana, rara vez existen. Recordé cómo había buscado lo que eran las costillas de vaca y cuánto me había extrañado que los términos empleados por mi carnicero en Nueva York fueran tan diferentes de los de un carnicero en Edimburgo o París. Pero lo había entendido a medias: cada país –y en Italia, cada región y, algunas veces, cada ciudad– tenía su propia manera de despiezar un animal para convertirlo en un plato de comida. Por fin lo estaba entendiendo: no existe un lenguaje cárnico universal; *ningún* término resulta traducible.

Aquello me dio que pensar. ¿Quién iba a comprender jamás de qué estaba hablando?

El maestro me enseñó casi todo de manera indirecta. Lo aprendí estando a su lado: como el olor de la buena carne, que, aunque apenas huele, despierta en uno el deseo de comerla incluso cruda. Con frecuencia, cogía uno de los cortes del maestro, alguna de sus piezas favoritas, y me lo llevaba a la nariz. Como sabía que los animales se habían alimentado de hierba, esperaba un olor parecido al de un campo de fútbol con el césped recién cortado y, en vez de eso, me encontraba pensando en un rosbif: una memez (semejante a preguntarse a qué huele una flor y decidir: «¡Sí, eso es! ¡Huele como una flor!»), pero la asociación era tan explícitamente apetitosa... La carne cruda buena trae a la imaginación un buen plato de carne asada. El color era también muy revelador: más rosado que rojo (otra memez, lo que quiero decir es que era un color saludable). Muy pocas veces los animales habían estado enfermos o heridos. Uno tenía una paleta rota; otro un nervio pillado; otro, desgraciadamente, no se había sacrificado en condiciones. En esos casos, la carne era más roja que rosada: un reflejo de la adrenalina o del malestar.

Según Dario, lo más valioso que le había enseñado el maestro era saber juzgar la carne: ése era el don del maestro, su capacidad para distinguir lo que era bueno. Como es natural, yo también quería un poco de ese don y, de manera informal, solía llevar trozos de carne al maestro para que me diera su opinión, muestras que me llevaba en bolsitas de los restaurantes o de otros carniceros. Al maestro le molestaba esa costumbre, pero siempre resultaba esclarecedora. «Es muy difícil evaluar la carne cocinada», decía y, a pesar de sus protestas, masticaba pensativo lo que yo le daba. «Cuando está cruda», añadía quejumbroso, «sabes mucho más sobre el animal. Puedes decir dónde se ha criado, qué ha comido y qué clase de vida ha llevado.» Suspiraba –la carne cocinada le ponía de mal humor– y luego emitía su veredicto: esto era de una vaca francesa, o de una vaca demasiado vieja, o de un animal que había crecido con una alimentación muy limitada, probablemente grano.

Un día le llevé una muestra de la que tenía la certeza de que era excelente: media *bistecca* de *chianina*. Había disfrutado de la otra mitad la noche anterior. La desenvolví solemnemente y se la pasé al maestro. La masticó durante un rato. Estaba muy concentrado y parecía analizar la textura de la carne frotando sus fibras contra el paladar. Entonces supo lo que era.

—Ayer te engañaron. No es una *chianina*. —Masticó un poco más—. Pero no es malo. Es de una vaca de la Maremma, de esas que pastan cerca de la playa y llaman *maremmana*.

Al igual que la *chianina*, la *maremmana* era una vaca muy blanca, pero menos alta y menos temperamental: un animal robusto con grandes cuernos, como los que se ven en las películas de vaqueros. Había visto pequeños rebaños de ellas vagando por las colinas cercanas al mar.

Manejar con destreza el cuchillo era el siguiente paso. Había aprendido algo en Babbo, pero las técnicas que el maestro me enseñaba eran muy diferentes: se acercaban más a una rama de la metafísica.

El corte filosóficamente más interesante era el llamado «de punta», que suponía manejar el cuchillo como si fuera un pequeño pincel: sin el filo, sólo con la punta. Se utilizaba para separar los músculos más grandes. Pasabas «el pincel» por la juntura que había entre ellos, rasgando ligerísimamente una película transparente y casi líquida que mantenía los músculos unidos. Después, sin ningún esfuerzo, casi milagrosamente, éstos se despegaban. Al menos, ésa era la idea.

—Suavemente —decía el maestro, asomándose por encima de mi hombro—. El cuchillo debe estar libre en tu mano, déjalo suelto, para que pueda descubrir las vetas de la carne. —Se había convertido en el maestro zen de lo afilado—. Con elegancia —añadía—, el cuchillo debe sentirse cómodo. Es *él* quien hace el trabajo, no *tú*. Tu mano ha desaparecido en el cuchillo.

–¡De acuerdo! –contestaba yo, y repetía sus instrucciones–: Mi mano ha desaparecido.

Y luego pensaba: «¿De qué me sirve esto? Mi mano no se ha ido a ningún lado.» Y empezaba a sudar, porque siempre sudaba cuando el maestro estaba tan cerca, y además me dolía mucho la parte inferior de la espalda, pues estaba muy tenso, aunque yo intentara, mientras tanto, ocultarle a mi mano todos esos sentimientos negativos, pues sabía que no eran buenos para ella. «Relájate, mano», le decía con cariño. «Recuerda que es tu día libre. El trabajo no lo haces tú. Lo hace esa cosa afilada.»

Después estaba el «corte de puñal», una técnica realmente agresiva, como si fuera el asesino de una película muda que sujetara el cuchillo en alto antes de clavárselo a su víctima. El corte de puñal era para separar la carne que se aferraba tenazmente al hueso. Había practicado una versión al hacer *arista*, sujetando el cuchillo como Jack el Destripador y raspando con él las costillas hasta dejar al descubierto la blancura del hueso. Pero aquello era un cerdo; esto era una vaca, y una vaca es diferente porque su tamaño es desmesurado. Supongamos que estás trabajando en un cuadril. Has hecho un corte de punta y dos hermosos músculos se han despegado suavemente, dejando al descubierto un gigantesco hueso parecido a Pedro Picapiedra, el fémur, al que los dos músculos siguen muy adheridos, cubiertos por una gruesa membrana. Para quitar los músculos, tienes que traspasar esa membrana (¡meter el cuchillo allí!) y, una vez en posición, romper el hueso. Era un momento de gran violencia, y la gente se apartaba cuando lo veía llegar.

–No debes tener miedo del cuchillo –decía el maestro–. ¡Nada de vacilaciones! Eres tú el que tiene el cuchillo: ¡ataca!

Hacía lo que podía, pero no era fácil. De pronto el cuchillo era un pincel que no podía sentir porque no tenía mano, y, al cabo de unos instantes, se había convertido en un arma de asalto.

Y también estaba el «corte plateado» para deshacerse de la «piel plateada». (De acuerdo, quizá los nombres fueran un poco tontos, pero no conozco a nadie que haya tenido que bautizar algo semejante. Lo cierto es que casi siempre me sentía perdido. Recuerdo que escribía a un amigo, Pete de Bolla, hijo de un carnicero, pensando que me entendería cuando le contaba que, a menudo, cuando trabajaba en el fondo de aquellos gigantescos muslos, no tenía ni idea de dónde estaba. Aquellos nombres eran lo que mi cerebro imaginaba, una especie de mapa.) La piel plateada es una membrana brillante de algo blanco e incomible que estropea una hermosa pieza de carne. Si no sabes lo que es, lo reconocerás la próxima vez que compres un buen corte a tu carnicero y, al llevarlo a casa, encuentres una membrana plateada muy difícil de quitar: no es grasa, ni un tendón, ni nada que mejore tu comida. El truco es meter el cuchillo por debajo y pasar el filo a lo largo de la pieza. Si eres el maestro, la piel sale en un único trozo alargado, y la carne es pura y color rosa. Si eres yo, la piel sale en dieciocho trocitos de hilos nudosos, y la carne consigue más o menos sobrevivir. El quid está en la textura de la piel plateada: cuando comprendes que es tan dura como el plástico y puedes empujar el cuchillo sin miedo, estás listo para la siguiente técnica: el «raspar y cortar».

No sé por qué me costó tanto dominar el raspar y cortar, pero pasé horas analizándolo, mirando los movimientos del maestro como si fuera una película, con la esperanza de que se grabaran tan profundamente en mi cerebro que pudiera imitarlos sin pensar. Esta técnica se empleaba con los pequeños restos que quedaban después de extraer las mejores piezas, y consistía en realizar un corte lateral con el costado del cuchillo, una especie de tirón-tirón-*corte*, para eliminar cualquier imperfección. En mi primera semana, como era de esperar, acabé cortando más de lo debido y alcanzando el nudillo del dedo índice de mi otra mano –del que siempre olvidaba su proximidad–, que se tiñó de rojo. Era el mismo nudillo que me había destrozado buscando las *ostras* de pato en la cocina auxiliar de Babbo. A esas alturas, debería haber sabido que estaba allí.

Se emplea la técnica de raspar y cortar cuando el aspecto de la carne no tiene importancia. Marco Pierre White había utilizado la versión Harrogate cuando le mandaban aprovechar las sobras de la carnicería y hacer una empanada de carne con ellas. Dario la usaba para hacer terrinas, ragú o *peposo*, que se había convertido en mi receta invernal favorita y que se deja tanto tiempo en el fuego que podría añadirse una zapatilla de deporte sin que nadie se diera cuenta.

El *peposo* es un morcillo de vaca tradicional que se cocina a fuego muy lento, y sobre cuyo origen existe una discusión típicamente italiana. Según una teoría, el plato viene de Versilia, al norte de la costa toscana, aunque esa receta –con una mezcla muy francesa de verduras cortadas muy finas, las hierbas comodín (romero, tomillo y hoja de laurel), un caldo, e incluso un pie de cerdo– se parece más a un estofado de buey *bourguignon* que a ninguna otra cosa servida en Panzano. Algunas personas creen que la cuna del *peposo* es Impruneta, a medio camino entre Panzano y Florencia, el lugar donde los hornos de la familia de Giovanni Manetti llevan siete siglos fabricando baldosas de terracota. La idea es que, en los mismos fuegos en que se cocían las baldosas, había siempre cazuelas de *pepo-*

so. Dario está seguro de que el plato fue inventado por el arquitecto Filippo Brunelleschi, en el siglo XV, para alimentar a los artesanos que trabajaban por las noches en la construcción de la cúpula de la catedral de Santa Maria del Fiore, una prueba más del genio de Brunelleschi, padre de la primera gran cúpula y del primer *peposo*.

Además de la carne de vaca, el plato tiene cuatro ingredientes: pimienta, ajo, sal y una botella de Chianti, y unas instrucciones muy sencillas: poner todo en una olla, meterlo en el horno antes de irse a la cama y sacarlo al despertarse. La carne cocinada en vino tinto se encuentra por doquier, y todos los países europeos tienen su versión, pero en ningún lugar existe una receta más elemental. Sirve de mucho identificar lo que *no* lleva: no hay hortalizas que realcen el sabor de la salsa (nada de zanahorias, cebollas o apio), ni caldo, ni hierbas. No hay agua. No hay grasas, ni siquiera aceite de oliva. No hay ningún intensificador del sabor salado como el beicon, la panceta o las aceitunas. No hay ralladura de naranja. La carne no se dora. Son cinco ingredientes que se dejan caer en una olla y se cocinan durante toda la noche. *(De ahí* su nombre: *peposo notturno*, «pimientada nocturna».)

El secreto está en el corte de la carne, el jarrete, que preparas empleando todas las técnicas que me enseñó el maestro: el corte de punta para separar los músculos más grandes; el corte de puñal para quitar la tibia; el corte plateado para eliminar la membrana nudosa; y el raspar-y-cortar para reducir el tejido conjuntivo. En casa, cociné dos morcillos a la vez y puse cuatro cucharadas bien colmadas de pimienta molida en grano grueso. (Dario utiliza más, pero su *peposo* sabe tanto a pimienta que hace llorar a Teresa.) Añadí una cucharada bien colmada de sal marina y una cabeza de ajo, puse el horno muy caliente y luego lo bajé a noventa grados. Al cabo de dos horas, la carne está cocinada. Al cabo de cuatro, tiene la textura fibrosa de un estofado. Durante las ocho horas siguientes, el plato se oscurece y los trozos más pequeños se deshacen en una espesa salsa, hasta que, finalmente, en un punto que no es líquido ni sólido, tenemos el *peposo*. Huele a vino, a carne magra y a pimienta. Se sirve con un pan blanco muy rústico y un sencillo vaso de tinto, preferiblemente el mismo con que se ha cocinado; una vez más, los tres elementos del alma toscana de Giovanni Manetti: la carne de vaca, el pan y el vino. El sabor es toda una revelación: parece imposible que algo tan sabroso pueda llevar tan pocos ingredientes. Siempre que lo tomo, me encuentro empleando adjetivos como «limpio», «natural» o «saludable», todos ellos muy poco convencionales para describir una carne. En este plato, redescubrí un tópico que he escuchado muchas veces, pero que jamás creí realmente: que los músculos más trabajados son los más sabrosos, siempre que sepas cómo cocinarlos.

26

En el maestro, descubrí una serenidad que no había visto nunca: una paciencia, un sentido del orden, una relación de equilibrio con un mundo que era viejo y en el que se podía confiar. Era algo nuevo para mí. Y también era muy diferente del resto de la carnicería. Ni en sus mejores momentos podía decirse que Dario fuera uno de los individuos más tranquilos del planeta. («Ésa es mi desgracia, soy demasiado apasionado, no sé controlarme.») El caso es que, a mi regreso, lo encontré incluso más inestable de lo normal. Se había separado de Ann Marie y, o estaba triste y malhumorado, o disparatado e imprevisible. Parecía desconsolado. Entonces pareció enamorarse de nuevo. Probablemente las dos cosas eran ciertas. Al amanecer, justo después de que llegara la carne, se sentaba en el bordillo de la acera y aprendía poesías de memoria. Cuando finalmente entraba en la tienda, era para poner canciones de amor de Elvis Presley. Todos los días empezaba con «Love Me Tender». De hecho, había demasiados «Love Me Tender» seguidos, a veces una mañana entera de ininterrumpidos «Love Me Tender», antes de que se calmara y pasase a «It's Now or Never».

—La melancolía... —decía el maestro sin más explicaciones.

El estado de Dario no era fácil para los clientes. Un día quiso presumir de sus bocinas, incluyendo un instrumento multiválvulas que reproducía la sirena de tres notas de un vehículo de emergencia italiano. Lo había usado por última vez en Grossetto, al sur de la Toscana, donde había ido a visitar a un amigo, Simon (el típico ejemplo del Dario caritativo, un hombre de mediana edad con la mentalidad de un niño, que vivía en un hogar para minusválidos). Después de almorzar, Dario llevó a Simon a la plaza principal, y los dos jugaron a los coches de policía, tocando por turnos aquel instrumento-sirena, hasta que apareció la policía de verdad y les pidió que pararan.

Dario sopló. El instrumento sonaba tan fuerte y se parecía tanto a una sirena que sentí verdadero pánico, como si tuviera que dejar inmediatamente la vía libre. A Dario le brillaban los ojos. Supongo que había bebido demasiado vino tinto en el almuerzo. Había una botella de Jack Daniel's en un estante. Pegó unos buenos tragos y salió a la calle.

Panzano es demasiado pequeño para tener una fuerza policial, así que, cuando Dario tocó su sirena, no había ningún agente que pudiera detenerlo. De modo que siguió tocando. Los vecinos salieron a la calle, empujados por el terrible estruendo. Dario volvió a soplar y bebió un poco más de whisky, sin percatarse de que un hombre estaba tratando de llamar su atención. Debía de tener unos sesenta años; vestía pantalones de lana, una chaqueta a juego, unos buenos zapatos; y tenía bigote y modales muy educados. Intentaba que se fijaran en él, pero Dario era incapaz de fijarse en nada. Con la emoción, debía de estar ciego. Tocó la sirena, bebió más Jack Daniel's y tocó nuevamente la sirena.

–Por favor –dijo el hombre, colocándose delante de Dario–. Es usted Dario Cecchini, ¿verdad? Permítame que me presente. He venido en coche desde Mónaco para conocerlo.

Mónaco estaba muy lejos.

Dario asintió distraídamente con la cabeza, y dio un trago al *bourbon.*

–Es usted muy famoso. ¿Sabe que *Le Figaro* ha publicado un largo artículo sobre usted?

Dario se encogió de hombros.

–Es posible –dijo, dándose ligeramente la vuelta.

El hombre estaba molestando a Dario. Éste tocó la sirena, bebió, y se secó la boca con la manga.

–*Le Figaro* dice que es usted muy bueno –insistió el desconocido–. Dice que es usted el mejor carnicero del mundo. Por eso he conducido tantas millas. Para conocer al mejor carnicero del mundo.

Dario dejó a un lado su sirena y fijó en el hombre una mirada borrosa. Luego se echó a reír. «¡Ja! ¡Ja! ¡Ja!» Se asemejaba más a un tosco rugido que a una risa, a escasas pulgadas del rostro del visitante. «¡Ja! ¡Ja! ¡Ja! ¡Ja! ¡Ja! ¡Ja!» Se dio la vuelta y me dijo: «¡Soy una pesadilla!» Volvió a mirar al hombre y tocó la sirena.

El desconocido retrocedió, decepcionado, y regresó a su coche.

Un sábado de mucho ajetreo, Dario estaba atendiendo a una señora que compraba su primera *bistecca* y ésta le preguntó si la carne era buena.

–*E' buona?* –exclamó Dario, alzando teatralmente la voz con desmesurada indignación–. *Non lo so. Proviamo.* (No lo sé. Vamos a probarlo.)

Dio un mordisco al chuletón crudo de su clienta, lo masticó con aire melodramático y se lo tragó. «Sí, la carne es buena», dijo, envolviéndola y dando a la señora su cambio. Ésta cogió el paquete horrorizada y se marchó corriendo. A raíz de esto, varias personas pidieron a Dario que mordiera sus filetes..., ¡como si la huella de sus dientes fuera un autógrafo!

—Por favor —dijo un hombre—, es para mi mujer.

Cuando el ambiente era bueno, esa clase de escenas podían ser muy divertidas. Pero a veces la tensión era terrible. En dos ocasiones, tuve miedo de que se desatara una pelea.

—¡No! ¡No! ¡No! —gritó Dario a un hombre que quería un trozo de carne más pequeño—. Todo lo que vendemos está a la vista y, si no le gusta, puede marcharse. Está en mi territorio. No es usted bienvenido. Será mejor que se largue. Adiós.

Tuve que recordarme a mí mismo que estaba en una tienda de comestibles. Ni siquiera en Nueva York (antes famosa por su falta de educación, y ahora anclada en un perpetuo estado de impaciencia), había visto nada parecido. En esa ciudad, un comerciante, por muy harto que esté, sigue fingiendo respetar el lema de que los clientes siempre tienen la razón. Dario profesaba una filosofía mucho más directa en la que no se podían hacer prisioneros: en ella, los clientes eran gilipollas.

Un día estaba mirando la vitrina de Dario («todo lo que vendemos está a la vista») y reparé en que no había chuletas de cordero. Tampoco había aves, ni siquiera pollo. No había carne para estofar. No había jabalí, ni conejo, ni liebre, aunque la Toscana era famosa por su caza. Por primera vez, advertí que faltaban la mayoría de los productos que uno compra en una carnicería. No sé por qué no me había dado cuenta hasta ese momento, aunque algunas veces (como me había enseñado la polenta en

Babbo) tienes que estar mucho tiempo en un sitio para descubrir ciertas cosas.

Lo que veía allí era lo que Dario llamaba «mis obras» *(le mie opere),* algo que yo había preferido ignorar porque sonaba de lo más pretencioso. Pero era eso lo que había: un carnicero y sus obras. Recuerdo el rapapolvo que me echó un día en que insinué que la carnicería era un negocio; bien pensado, una suposición bastante inocente. Mi pregunta había sido: ¿Qué pasará a la muerte de Dario? Es posible que la hubiera planteado mal. No pretendía hacer hincapié en la muerte de Dario. Era sólo una cuestión teórica: una característica de todo buen negocio, al menos en Estados Unidos, era su capacidad para funcionar sin el jefe.

Dario explotó.

—¿De qué estás hablando? No tengo un buen *bizzzness.* Tengo un mal *bizzzness.* No me interesa un buen *bizzzness.*

«Business» significa negocio, pero Dario prefería su versión mutilada de la palabra inglesa, destrozarla con su acento extranjero, sisear los fonemas sibilantes como si estuviera a punto de escupir.

—No quiero ser Mario Batali —añadió; y la violencia con que pronunció la «B» de Batali me recordó a un air-bag—. Me repugna el márketing. Soy un artesano. Trabajo con las manos. Mi modelo es el Renacimiento. La pequeña bodega. El taller del artista. Giotto. Rafael. Miguel Ángel. Ésas son mis fuentes de inspiración. ¿Acaso crees que a ellos les interesaban los *bizzzness?*

A esas alturas yo había probado toda la carne de Dario, y puedo declarar que es excelente. Es la mejor que he comido jamás. Pero no es una pintura de Miguel Ángel. Es un alimento. Te lo comes; desaparece.

Y, sin embargo, al comprender súbitamente lo de la vitrina, me vi obligado a admitir que la comida tenía algo de la determinación de un artista. Cada uno de los alimentos respondía a un propósito. Algunas recetas eran largas y complicadas de preparar, como la *mostarda* de pimiento rojo, que tardaba un día entero en hacerse, o el *sushi* de vaca (un plato de carne cruda con «muy buen aceite de oliva»), que tardaba toda una mañana, o el «atún toscano», que tardaba casi una semana. Pero todas las recetas eran *realmente* una «obra», incluso las que parecían más sencillas.

No había jamón ni lomo de cerdo, por ejemplo, pero siempre podías comprar una chuleta de cerdo. ¿Por qué? Porque las chuletas estaban cubiertas de polen de hinojo. (Chuleta de cerdo: *no;* chuleta de cerdo con una intensa expresión de las colinas cercanas, de acuerdo con una antigua combinación que rara vez se encuentra en nuestros días: *sí.)* No podías comprar una pierna de cordero, pero en Semana Santa podías conseguir una paletilla de cordero lechal –deliciosa, rosada como una flor, deshuesada y rellena de romero y *pecorino,* el queso local fabricado con leche de oveja: «la leche de la madre con la carne del hijo» pareciendo violar algún código tácito de comer carne, pero, según Dario, una receta romana tan antigua como el Mediterráneo. (Corte convencional de cordero: *no;* corte olvidado y un único ingrediente, siguiendo una vieja receta: *sí.)* En el norte de Italia, hay *polpettone* por todas partes: un pastel de carne picada en forma de pan que se hace con un corte graso. El de Dario era diferente. La carne era el morcillo (una vez más), picado muy fino, mezclado con cebolla roja, ajo y huevo, y enrollado formando una bola muy grande: de hecho, era una albóndiga gigantesca. ¿Por qué? Un día en que estaba preparándolo con Dario, le oí murmurar: «Es un plato familiar, ha de tener el aspecto de una hogaza de pan.» Tenía una imagen en su cerebro, una cena familiar al final de la semana: ése era el momento en que se comía el *polpettone*, porque el pan toscano se cocía normalmente al principio de la semana, y ese plato se hacía con las sobras. Y, aparte del morcillo, el ingrediente esencial era el pan duro: desmigado y metido en la bola de carne, aplastado, golpeado y machacado hasta que las migas formaban una gruesa capa de levadura. El resultado, una vez «cocido», se asemejaba a una rústica hogaza: redondo, crujiente y de color marrón. *(Polpettone* tradicional: *no;* huevo rústico y mutante de dinosaurio evocador de la vida campestre: *sí.)*

Una noche, Dario se despertó obsesionado con la idea de que su mensaje no estaba siendo comprendido. Hacía frío, explicó, eran las tres de la madrugada, y la gélida luz de una luna llena bañaba el dormitorio de Il Greppo. Se levantó como si obedeciera a una llamada interior y empezó a escribir: «No soy escritor, pero hay cosas que la gente debería entender.» Hizo una lista con sus veinte creaciones más importantes y escribió una página sobre cada una de ellas. Llamó a aquel compendio un *Breviario,* término eclesiástico empleado para describir un libro de oraciones. «Debería ser lo bastante pequeño para llevarlo en el bolsillo trasero.» Dario no sabe escribir a máquina; sus cartas las escribe Miriam (una «poetisa retirada», otra de sus obras de caridad, la mujer que cobra un sueldo por leer los periódicos en voz alta); y, cuando Miriam lo mecanografió, me entregó una copia. Como era de esperar, tenía grandes aspiraciones: dedicado al maestro («que me enseñó a distinguir la calidad de la carne y... me convirtió en un hombre»), empieza con una declaración de principios («¡Soy un artesano!»), y termina con una promesa al lector de que, al comer esos platos, «mejorará su vida».

No es un libro de recetas y sólo describe de manera intermitente los platos. En lugar de eso, es una defensa, una explicación de por qué cada una de sus creaciones es importante. El estilo tiende a ser un poco grandilocuente (la sal con hierbas, «el perfume de Chianti», expresa con su fragancia embriagadora «las raíces de nuestra tierra» y «el amor que mueve el sol y las estrellas»).* Algunas son más personales (el *polpettone* se cuece siguiendo «el ritmo del pan» –una elegante evocación de la rutina de fabricar el pan en una aldea–, y el primero que comió Dario fue el preparado por su tía Tosca). Gran parte del *Breviario* está escrito con el desenfado que caracteriza a Dario: para quienes no puedan soportar la rotunda carnalidad de su morcillo braseado (se quita el hueso, se sustituye por el tuétano, y se guisa en una olla con chalotas caramelizadas), Dario lo santifica añadiéndole *vino santo:* el vino dulce y «sagrado» de la Toscana. De hecho, no es un libro sobre la comida de la carnicería sino sobre el modo de visitar ésta. Una guía para el usuario, dirigida a los desconocidos, aquellos no iniciados que llegaban a Panzano esperando encontrar un carnicero.

Me pregunté si no empezaba a vislumbrar el secreto de Dario. Básicamente, él no quería ser carnicero, de modo que, si tenía que serlo –por razones patrimoniales o familiares, o sencillamente porque no le quedaba otra elección–, no se parecería a ningún otro. Lo suyo era una vocación, no un oficio –era artesano, no obrero–, y sus creaciones hablaban de historia y de uno mismo y del hecho de ser toscano, y sólo indirectamente de comida. Venían a ser, en última instancia, una respuesta atormentada al dolor, y se habían convertido en su modo de seguir en contacto, físicamente, con los que ya no estaban con él.

* Dante Alighieri (1265-1321), *La Divina Comedia*, canto XXXIII del *Paraíso. (N. de la T.)*

Cuando llegabas a su tienda, no quería que vieras un carnicero, aunque fuera incapaz de explicar por qué; lo que sí sabía es lo que debías ver en su lugar: un artista cuya especialidad eran las pérdidas.

Siempre me imagino Panzano como un pueblo de progenitores muertos. Al principio, los consideraba fantasmas –un montón de Hamlets padre saliendo de sus tumbas e instando a sus hijos a pronunciar juramentos de venganza o continuidad, a zanjar asuntos que habían dejado a medias. Y, al igual que Hamlet hijo, era incapaz de decir si aquellos fantasmas eran buenos o malos. Ahora, después de vivir allí casi seis meses, no me parecían buenos ni malos, tan sólo unas presencias caducas e irritantes: patriarcas prepotentes que se negaban a aceptar que habían muerto. ¡Largaos de una vez, malditos viejos! Quedaos en vuestras tumbas y dejad que vuestros hijos sigan con su vida.

Dario me metió esta idea en la cabeza. Y también Giovanni Manetti, que, continuando la búsqueda iniciada por su padre del patrimonio de Chianti, había acabado comprando aquel toro. Durante dos semanas, la gente no habló de otra cosa.

–¿Te has enterado? ¡Giovanni ha comprado el toro!

–Tío, ese muchacho se va a divertir... –Codazo tras codazo, guiño tras guiño–. Un toro y cuatro esposas.

–El toro llega la semana que viene.

–Que va, llega mañana...

–¿Te has vuelto loco? Giovanni está en Nueva York. No llegará ningún toro hasta que vuelva.

Giovanni estaba en Nueva York vendiendo su vino. Y daba la casualidad de que Dario estaba en el Veneto, promocionando su carne en un congreso. Los dos hombres deberían haber sido amigos: ambos se habían comprometido a seguir las tradiciones de Panzano, y el vino tinto y la carne de vaca estaban en el corazón del lugar, tal como me habían insistido los dos por separado. Me gustaban Dario y Giovanni. Pero ellos no se llevaban bien. Habían crecido en ambientes muy diferentes. Giovanni era el hijo de un padre orgulloso de su antiguo apellido. Dario, el hijo de un padre orgulloso de pertenecer a una estirpe de hombres que llevaban siglos trabajando con sus manos. Pero lo que más les separaba era un asunto de honor, con una historia amorosa de por medio, y el culto a los dos patriarcas omnipresentes: Giovanna, la hermana pequeña de Giovanni, y Enrico, el hijo del maestro, se habían enamorado.

Enrico tenía treinta años, y era un versión alta, desgarbada y morena de su canoso padre, con una nariz que parecía de arcilla, una gran sonrisa, unos ojos castaños de expresión pícara, una voz tan profunda de barítono que sonaba afectada, y un ritmo muy parecido al del maestro en el habla y en los ademanes, incluyendo el modo en que se echaba hacia atrás, ligeramente, para comentar algo y enfatizarlo con las manos, juntando mucho sus largos dedos. Enrico fabricaba el «excelente aceite de oliva» que empleaba Dario. Hacía también el *vino santo* que Dario añadía al morcillo de vaca. Y era, asimismo, un experto en injertos –esa minuciosa ciencia de manipular la naturaleza–, algo por lo que Dino Manetti le había contratado siete años antes para que trabajara en los viñedos Fontodi, donde había conocido a Giovanna. Los dos se habían enamorado, traspasando unas fronteras que la mayoría de las sociedades modernas han dejado de respetar. Pero el padre de Giovanna sí las respetaba, y no le gustó nada descubrir aquella relación. Según Dario, despidió a Enrico, y ordenó a Giovanna que no volviera a verlo nunca más; y ella obedeció, porque eso es lo que hacen los hijos de los padres de

Panzano: obedecer. (Giovanna, por su parte, insiste en que Enrico se marchó voluntariamente, y que, en cualquier caso, sólo fue una locura de juventud; ella tenía diecinueve años y, como muchos de los jóvenes italianos que crecen en las montañas, no sabía nada del mundo exterior.) Pero la desaparición repentina de Enrico, la describan como la describan *(él* cree que le despidieron), fue pública y notoria –a los ojos de Dario, un claro reproche ¿cómo-te-atreves?– y Dario, furioso por el tratamiento tan indigno que dispensaban a su segundo padre («¿Qué? Que el hijo del maestro, de *mi* maestro, no es lo bastante bueno para una Manetti?), montó en cólera, una cólera que aún no se le ha pasado. Cuando Dino Manetti murió, Dario se negó a ir al funeral, al que asistieron cientos de personas (todos los demás le adoraban), lo que fue una especie de protesta pública, quizá sólo comprensible para Dario, pues unas horas después estuvo en el entierro, una ceremonia más íntima; aquella distinción era importante: aunque siguiera enfadado, Dario no podía dejar de acudir al entierro. La muerte del padre seguía siendo el mayor acontecimiento en la vida de un hijo de Panzano. Dario afirma que su pésame y el agradecimiento de Giovanni fueron las primeras palabras que se cruzaron después de diez años.

Al final del verano, mi mujer y yo estábamos en la plaza del pueblo cuando Dario y Giovanni se encontraron: según Dario, la segunda vez en diez años; Giovanni, por su parte, ni siquiera era consciente de que hubieran dejado de hablarse, algo que tal vez fuera cierto: a veces los furores de Dario eran un asunto privado. Fue con motivo del festival anual del vino, celebrado durante la vendimia, cuando dieciocho viñateros de Panzano (en su mayoría hijos e hijas de patriarcas recientemente fallecidos) montaban unos tenderetes para que la gente catara sus vinos. Dario, objetando que casi todos los vinos de la zona se envejecían en barricas de madera, solía boicotear el acto, pero había un nuevo amor en su vida, Kim, y ella deseaba ir. Los dos aparecieron a última hora, Dario con su llamativa vestimenta de fiesta: una arrugada camisa de lino, un chaleco de cuero de vaquero y unos pantalones de brillantes rayas rojas. Giovanni, con un traje de seda azul marino, una camisa más clara del mismo color, corbata y zapatos marrones de piel, regresaba de un almuerzo en casa de otro viñatero, otro ritual de la vendimia, y se detuvo en el tenderete Fontodi. Dario le vio.

–*Eccolo!* –bramó, tan fuerte que todo el mundo interrumpió lo que tenía entre manos–. ¡Allí está!

Giovanni le saludó inclinando la cabeza.

Dario le imitó.

Así que son amigos después de todo, pensé, hasta que comprendí que se trataba de la típica exhibición de cordialidad que sólo se ve entre personas que no simpatizan de veras. A una segura distancia de seis metros, no corrían peligro de tener que estrecharse la mano, por ejemplo. Hubo un momento de nerviosismo en que los dos trataron de decir algo agradable e inocuo para evitar una escena de *brutta figura*.

Dario volvió a inclinar la cabeza y carraspeó.

Giovanni también inclinó la cabeza.

Dario sonrió forzadamente.

Al final, intentando ser amable, Giovanni dijo que había visto la carne de Dario en la carta de Da Caino, donde había almorzado «tan sólo la semana pasada». Los restaurantes que compran en la *macelleria* de Dario siempre lo mencionan en sus cartas: es un honor, además de una manera de justificar el precio; Da Caino era el restaurante del sur de la Toscana que no quiso enseñarme a fabricar pasta.

Dario dijo: «Es verdad, Da Caino me encarga la carne», e inclinó de nuevo la cabeza, aceptando el cumplido. (La situación estuvo cargada de ironía: Giovanni no dijo que hubiera comido la carne y, en cualquier caso, no necesitaba recorrer cien millas para verla o comerla; la *macelleria* estaba a la vuelta de la esquina. Pero Giovanni no le compraba la carne a Dario; era cliente de la otra carnicería, la de Filippo y *su* padre.)

Los dos hombres se quedaron callados –¿estaba Dario tarareando una canción?–, rodeados de una docena de mirones que, ante la perspectiva de una escena espantosa, eran incapaces de quitarles los ojos de encima. Yo me consideraba parte integrante de aquel grupo de *voyeurs*. Llevaba mi cámara en el bolsillo y, consciente de la pavorosa singularidad del encuentro, quería una fotografía. Pero ¿cómo sacarla? Los dos hombres estaban demasiado separados para salir juntos, pero no me atrevía a pedirles que se acercaran. Ni siquiera osaba decirles que se quedaran quietos (Giovanni no dejaba de moverse), hasta que finalmente me rendí. El hecho de sacar la cámara podría desencadenar aquello tan terrible, fuera lo que fuera... Zeus fulminándome con un rayo, probablemente. Finalmente, se separaron.

–Bien –dijo Dario.

–Bien –repitió Giovanni.

Dario dio una vuelta de ciento ochenta grados y se alejó con Kim pegada a sus talones, tratando de no quedarse atrás. Giovanni le imitó y se marchó exactamente en dirección contraria. No estoy seguro de que supieran dónde se dirigían. Los dos hombres parecían tener otros destinos en su mente en el momento de encontrarse. Debido a la brusquedad de su giro para poner pies en polvorosa, sus espaldas se quedaron simultáneamente a la vista. Fui el primero en vislumbrar una cosa que se agarraba por detrás al cuello de Dario. Observé que Giovanni tenía otra. Le di un codazo a mi mujer, que estaba a mi lado, y se lo mostré con el dedo; ella profirió un grito ahogado, pero no tuvo la certeza de haberlo visto.

—Vuelve a mirar —dije—. Giovanni no sabe que está ahí.

Estaba adentrándose en la sombría oscuridad de la noche, más allá de los farolillos del festival, pero parecía tan preocupado (por el trabajo que le daría la vendimia, por el encuentro que acababa de tener, o quizá por no haber pedido carne en Da Caino) que parecía completamente ajeno a aquello: una figura arrugada y diminuta, semejante a un anciano, que se aferraba a él con una esquelética garra.

27

La llegada del toro de Giovanni –pues finalmente apareció un miércoles, día en que cerraba la carnicería, y mi mujer y yo nos apresuramos a bajar al valle para verlo– resultó ser una de las escenas teatrales más ilustrativas que había visto en mucho tiempo. Nadie estaba preparado para aquel animal. Supongo que tácitamente, aunque muy en el fondo, la gente no creía en la existencia real de la bestia hasta que la contempló con sus propios ojos.

La mencionada bestia iba de un lado para otro en el remolque del camión. Los trabajadores del viñedo corrían alrededor nerviosos y desconcertados. Algunos colocaban postes de madera en la tierra: se necesitaba una valla, y con bastante urgencia: no había valla, no había pasto, y nadie quería un gigantesco toro blanco vagando libremente por el valle. Estaban también construyendo un pesebre, y podías oír el frenético martilleo de media docena de carpinteros en lo alto de una colina. Había que mover, asimismo, las cuatro esposas del toro: estaban en un prado más pequeño con algunas vacas de otra raza, una de origen francés, que en la zona llamaban *la rossa*. Pero los trabajadores del viñedo no tenían ni idea de cómo convencer a una vaca de que se moviera.

Entre unas cosas y otras, faltaba muchísimo por hacer, y el camionero del remolque no entendía nada. «No puedo creerlo. Sabían que venía, ¿no?» (Tampoco él se parecía a nadie que yo conociera. Parecía una rana enorme –sin cuello, con la cabeza en forma de bala, y una barriga aparentemente muy capaz de croar– y llevaba una camiseta del tamaño de una tienda de campaña militar, probablemente porque era una de las pocas prendas que podía cubrir su voluminoso contorno. Hasta ese momento, no se me había ocurrido pensar cómo sería alguien que reparte toros; de lo contrario, habría imaginado exactamente a aquel hombre.)

El mayor problema eran las cuatro esposas del toro. No estaban cooperando en absoluto. Los trabajadores les gritaban, hacían ruidos de vaquero y las perseguían con ramas. Lo único que conseguían era sembrar el pánico entre ellas. Las vacas corrían a toda velocidad, saltaban, se escabullían: podrían haber sido ejemplares de antílope blanco. Tuve que recordarme a mí mismo que habían sido unos animales dóciles y pasivos. Hasta entonces, el movimiento más trepidante que les había visto hacer era masticar.

–¿Por qué estaré dejando que me jodáis la existencia? –gritó el hombre rana–. Volveré mañana por la mañana.

Un trabajador se desabrochó el cinturón, lo agitó por encima de su cabeza y se lanzó al ataque, algo que las vacas interpretaron como un peligro aún más acuciante para su bienestar, y salieron corriendo en las cuatro direcciones. Había una vaca en cada rincón del pasto. Dos trabajadores se habían rendido. Se apoyaban juntos en un poste, con las camisetas manchadas de sudor y los pechos palpitantes. Tenían una vaca muy cerca, mirándoles.

No sé por qué habían aceptado mover las vacas de entrada. Se suponía que Beppe estaría al frente de la operación. Beppe era el viejo desdentado de la plaza del pueblo, el campesino de acento incomprensible que había crecido en el *borgo* Fontodi. Cuando Giovanni decidió criar sus propias *chianine*, hizo correr la voz de que necesitaba a una persona.

—Todo el mundo quería el puesto —me dijo—, pero sólo había trabajo para uno. Así que les pedí que eligieran entre todos a la persona más cualificada.

La idea de criar sus propios animales era primordial para los hombres toscanos de cierta generación, pero casi ninguno lo había hecho. En realidad, Beppe era el único del pueblo que tenía alguna experiencia. Y, por supuesto, al contratar a Beppe, Giovanni había cerrado el círculo.

Beppe estaba sentado en un tocón. Los trabajadores del viñedo le habían puesto furioso. Según parece, con la excitación de la llegada del toro, habían echado a correr como si fueran los extras de una película de vaqueros.

—¡Qué sabrán esos tipos! —exclamó Beppe—. Son recolectores de uva. Lo suyo es la tierra. No saben nada de animales. Beppe sabe de animales. No puedes obligar a un animal a hacer lo que no quiere.

El conductor rana gritó:

—Voy a dejar el toro en aquel pasto. *Eso* espantará las vacas. —Se rió a carcajadas, y la risa atravesó como una ola su gigantesca camiseta de algodón—. ¡Ya viene! —El conductor fue a abrir la parte trasera del camión—. ¡Ya viene!

—Un poco de paciencia —pidió alguien.

—¿Paciencia? —repitió el camionero y escupió en el suelo—. No me habléis de paciencia. Podría escribir un libro sobre ella, y el primer capítulo trataría de unos gilipollas como vosotros.

Se dirigió bamboleándose hacia un lado del camión y golpeó las barras metálicas. El toro dejó de ir de un lado para otro y pateó el suelo. ¿Por qué querría provocar a un toro que estaba a punto de soltar?

–No puedo retenerlo por más tiempo. Está tan cachondo que resulta peligroso.

Beppe se rió. «El toro va a llevar muy buena vida.» Miraba descaradamente los muslos de mi mujer. («Tal vez fuera un error llevar los pantalones cortos», comentó ella más tarde.) «Hoy tendrá cuatro mujeres.»

Entonces, uno tras otro, los trabajadores del viñedo fueron tirando la toalla. Y, como si su fracaso marcara el momento de salir a escena, Beppe se dirigió arrastrando los pies hacia un establo provisional, sacó un poco de grano y, con comida y palabras dulces, consiguió que las vacas le siguieran al prado vecino.

–*Finalmente* –dijo el conductor y abrió la parte trasera del camión.

El toro era un animal realmente poderoso. Y se veía en su cara que era muy joven. Todos nos quedamos mirándolo. Era un muchacho..., un muchacho enorme y musculoso. Era más grande que las niñas, y tenía los músculos muy definidos, sobre todo alrededor de los hombros, y un cuerpo que se estrechaba por detrás, como una caricatura de la masculinidad. Mi mujer y yo le observamos escondidos tras una roca, como si fuera a protegernos si el toro atacaba. Los trabajadores del viñedo se unieron a nosotros y se colocaron justo detrás; parecían convencidos de que nosotros les protegeríamos a ellos.

–Es precioso –exclamó alguien.

–Mítico.

–Pero está bajo presión. O lo hace ahora o –un trabajador del viñedo hizo el gesto de cortarse el cuello– lo mandan de vuelta a casa. Sabe cuál es su cometido.

Estoy seguro de que el toro lo desconocía. Parecía interesado en otras cuestiones más elementales, como, por ejemplo, qué hacía en la parte trasera de un camión, delante de un público impaciente por ver cómo practicaba el sexo con unas vacas desconocidas. Miraba a la izquierda, a la derecha, a la izquierda. Pateaba el suelo, bufaba. Era como si quisiera parecer un toro. Entonces vio a las niñas, renunció a su actuación, bajó trotando por la rampa y se unió a ellas, con la misma naturalidad que si fueran viejos amigos que volvieran a encontrarse después de una separación. Antes de que transcurriera un minuto –y, ¿quién sabe?, tal vez de manera instantánea–, asumió su papel de toro, apartó a las niñas a empujones y se colocó delante. Luego llevó su pequeña manada a inspeccionar el nuevo hogar.

Los mirones se quedaron una hora más, esperando que el toro iniciara su trabajo. Pero éste no parecía consciente de sus responsabilidades. Se armó bastante alboroto cuando una vaca se interesó por sus genitales y metió la cabeza entre sus patas.

–Está preparada –dijo en voz baja un trabajador.

–*Toro*..., ¿a qué esperas?

–Cuatro mujeres. *Veramente!* ¿Mejora la cosa?

Pero el toro siguió adelante. De vez en cuando se detenía, y la vaca entusiasta, aprovechando la oportunidad, se agachaba y le daba un lametazo. El toro no podía mostrar mayor indiferencia. Aquella amistosa lengua de vaca en sus testículos habría podido ser un mosquito.

El toro, comprendí, era tan exótico para los habitantes de Panzano como para mí, y, durante algún tiempo, la gente no habló de otra cosa: ¿Las ha montado ya? ¿Necesita que le enseñen? ¿Es homosexual? El único sitio donde no se comentaba el tema era la *macelleria* de Dario. Y no era extraño. La tienda era como un país extranjero dentro de Panzano, con sus propias leyes y su jefe de Estado (no muy diferente al Vaticano, si el Vaticano fuera una gigantesca carnicería). Pero el interés que despertó el toro –*Chianine!* ¡Carne de vaca toscana! ¡Alma toscana!– me recuerda algo que necesito aclarar: algo que había descubierto sin estar preparado y que, a pesar de la ayuda del maestro, me costó semanas entender. Desde entonces, me había preguntado cuál sería el mejor modo de comunicar algo de esa magnitud. Y lo único que se me ocurre es ofrecer la verdad desnuda: la carne que vende Dario Cecchini –el carnicero más famoso de Italia, probablemente el toscano vivo más famoso– es española.

Ningún carnicero, debería aclarar, sacrifica sus propios animales, algo que muchos creen erróneamente, sobre todo en Italia, donde la palabra «carnicero», *macellaio*, viene de matanza, *macello*. El trabajo de carnicero consiste en dominar el muslo, con todas sus implicaciones, y, en Chianti, ese muslo, durante un milenio o dos, fue siempre de una vaca local: esa que veías al regresar a casa todas las noches. El de Dario era de una vaca española, criada a mil millas de distancia en una pequeña granja de la Costa Brava y transportada en un camión que salía de España todos los jueves y llegaba a Panzano al día siguiente, mucho antes de que los demás habitantes del pueblo se hubieran levantado, si exceptuamos los sufridos empleados del bar La Curva, que abrían a las seis y preparaban capuchinos para Dario, para el maestro y para mí, unos minutos después de que termináramos de descargar la carne. Durante algún tiempo me pregunté si ése era el motivo de que la entrega se hiciera tan temprano: que nadie pudiera ver la matrícula española del vehículo.

Las sospechas me asaltaron un día en que estaba deshuesando un cerdo y descubrí un sello en la panza: *He-*

cho en España.* ¿En España? Aquello me dejó perplejo. Llevé mis trozos deshuesados a Dario y me quedé a su lado mientras preparaba *arista*. Entonces, antes de enrollarlo como si fuera un tronco, Dario examinó el exterior en busca de imperfecciones, incluido el sello «Hecho en España», que separó con el cuchillo. ¿Para ocultar las pruebas?

Mis sospechas estaban fuera de lugar. Dario jamás negaría la procedencia de su carne. Si se lo preguntas, te lo dirá. Pero tampoco va a ir contándoselo a todo el mundo.

«Viene ¿de *dónde?*» *(Viene di DOVE?)*, pregunta una voz que se eleva melodramáticamente cada vez más incrédula.

Ésa es la primera parte de un diálogo que todo el mundo conoce en la carnicería. Un hombre –de mediana edad, profesional, culto, comprometido con la esquiva relación entre comida, cultura e identidad nacional– ha conducido muchas horas con un mapa de la Toscana en el asiento contiguo, ha encontrado aparcamiento, ha preguntado la dirección a los viejos de la plaza, y ha entrado en la famosa carnicería. Intenta asimilar todo en unos instantes: la vitrina, la presentación estética, la música a todo volumen. (Y puede tratarse de cualquier melodía, aunque, al final de mi estancia –«¡Por fin!», exclamó el joven Riccardo–, hubiera dejado de ser Elvis. Dario había vuelto a Mozart, especialmente a *Don Giovanni*, y todas las mañanas ponía la canción inventario de Leporello, en la que éste hace una relación de las conquistas de Don Giovanni. «Más feliz...», comentaba el maestro, sin más explicaciones.) El hombre se acerca al mostrador y grita las palabras que le llevarán al destierro: *«Una bistecca di chianina, per favore!»*

Dario baja la música.

* En castellano, en el original. *(N. de la T.)*

No, no puede darle una *bistecca* de *chianina*, responde (con voz monótona, apagada, quejumbrosa; y los ojos medio cerrados), porque no vende vaca *chianina*.

–Oh –dice el hombre–, ¿y qué clase de vaca tiene usted?

Dario se lo explica. Si el hombre es de naturaleza inquisitiva, dirá: «¡Oh, qué interesante!» Una simple exclamación que, cuando yo estaba en Panzano, pronunciaron sólo dos personas, que fueron inmediatamente recompensadas con una *bistecca*, aunque estuviera reservada. Si el hombre tiene una mente en la que prima el respeto sobre la curiosidad, dirá: «Oh, ¿y eso por qué?» No conseguirá una *bistecca*, pero podrá reservarla. Las cosas se ponen feas cuando el desconocido es un firme partidario, aunque sea de un modo tremendamente romántico, de hacerlo todo con suma corrección. Un hombre de esa clase plantea siempre la pregunta que hemos mencionado antes («Su carne viene... ¿de DÓNDE?»), aunque sea más una declaración que una interrogación. Lo que está diciendo en realidad es: «He perdido un tiempo precioso de mi vida, he conducido hasta este pueblo de mala muerte por una carretera azotada por el viento para visitar a unas gentes de montaña y tener una auténtica experiencia toscana, ¿y me están diciendo que también habría podido ir a Barcelona?»

El hombre está a punto de ser expulsado de la *macelleria*, pero, antes de iniciar su viaje de regreso, en el que reflexionará nostálgicamente sobre la evanescencia de lo italiano, Dario le explica que no se vende *chianina* porque la *chianina* ya no es buena. En realidad es un sermón que suelta a todo el mundo a toda velocidad en el típico tono lo-he-dicho-una-y-mil-veces:

–La *chianina* ya no es buena porque es esencialmente banal. Es una marca. Prada es una marca. Versace es una marca. Armani es una marca. Chianina es una marca. Si yo la vendiera, cosa que no hago, estaría vendiendo una marca. ¿Ganaría dinero vendiendo una marca? Por supuesto. ¿Sería un buen *bizzzness?* Por supuesto. Pero no me interesan los *bizzzness.* No me interesan las marcas. Por eso vendo carne, no marcas. Además –añade Dario, haciendo una floritura final–, no creo en la pureza de las razas. Usted, evidentemente, cree en la pureza de las razas. Hitler también. Pero Hitler, en *mi* opinión, estaba equivocado.

La legendaria vaca blanca se convierte en una vaca nazi de raza aria, y el desconocido es un fascista y un traidor a la causa del nacionalismo italiano. En ese momento es invitado a marcharse.

De todas las tensiones en la carnicería entre un cliente y el propietario, de todos los cabreos y acaloramientos, el tema de la *chianina* era el más conflictivo. Yo sabía, observando a Dario –con el rostro endurecido y la cabeza inclinada antes de hablar, hastiado de repetir el mismo mensaje– que, en el fondo, deseaba vender la carne de un animal criado en las inmediaciones. Odiaba destruir un mito; precisamente porque él también vivía cierta versión del mito, sabía lo poderosa que era su influencia y lo arraigado que estaba. Después de todo, el hombre que había atravesado las montañas en coche para tener una experiencia toscana creía tanto en ese mito que le había dejado ciego: nunca se le pasó por la imaginación que no había visto ni una sola vaca en todo su viaje a Panzano (y, mientras regresaba a casa maldiciendo a Dario, tampoco se percataría de su ausencia). Una vez que estuve en Porretta por alguna de mis lecciones de *tortellini* y le comenté de pasada a Gianni que la carne de vacuno de Dario era española, Gianni se agarró a la mesa –un gesto muy elocuente, como si temblara la tierra–, me interrumpió en mitad de la frase, y declaró sentirse anonadado: «A partir de este momento, viviré sin ilusiones.»

Quise ver al maestro para que me lo explicara.

–En la década de 1970 –dijo–, las *chianine* eran buenas. Tenían el sabor de las laderas y del aire puro. Comían hierba y vagaban por grandes extensiones de terreno, y, como eran animales de trabajo, hacían constantemente ejercicio. La carne era firme y pura. Podía tardar unas dos semanas en ablandarse.

El maestro se refería al envejecimiento de la carne. Yo solía observar el proceso en la despensa: de día en día, la carne ofrecía un poco menos de resistencia a mi dedo.

–Hoy en día, las *chianine* no pueden vagar por las laderas porque están cubiertas de vides. Y tampoco hacen ejercicio, porque, en vez de animales, los viñateros utilizan tractores. Y, en lugar de hierba, comen cereales, grano y pienso: una *papilla*. Comen *papilla*. Saben a *papilla*. Y, después de sacrificar al animal, la carne se comporta como si fuera *papilla*: se desintegra en unos días. ¡Una *chianina* es algo de lo que hay que huir! *(Da sfugire!)*

En la carnicería, el maestro era el mayor de todos, pero tenía la inocencia de alguien más joven... y ninguna malicia. Vivía al margen de campañas y polémicas. Jamás pronunciaba discursos sobre Hitler o el márketing. «No tengo enemigos», aseguró un día mientras almorzábamos, después de que alguien insinuara algo sobre el antiguo idilio entre su hijo Enrico y Giovanna Manetti. «No guardo rencor.» Así que, cuando el maestro emitía un juicio, nadie lo ponía en duda y, si decía que la *chianina* ya no era buena, yo dejaría de desvivirme por encontrar una.

–Deberías escuchar siempre al maestro cuando habla –me dijo Dario–, porque es un hombre parco en palabras.

Seis, quizá ocho frases al mes. Pero éstas llevan el peso de la reflexión.

(No era tan necio como para no escuchar al maestro, pero no sé de dónde salía aquella varonil taciturnidad de entre-seis-y-ocho-frases-al-mes. Sospechaba que Dario y el maestro ya no pasaban mucho tiempo juntos, excepto a las cinco de la mañana, cuando esperaban la llegada del camión de España: y la verdad es que, a esas horas, sería también un milagro que a mí me salieran seis u ocho frases al mes.)

—Cuando era joven —recordó el maestro un día—, sólo había una clase de *prosciutto*. Se hacía en invierno, a mano, y se dejaba curar dos años. Tenía un olor dulce. Un perfume intenso. Inconfundible. Curar un *prosciutto* es algo sutil. Si hace demasiado calor, el proceso de maduración no empieza nunca. La carne se estropea. Si el ambiente es demasiado seco, la carne se echa a perder. Se necesita humedad, pero también frío. —*Umido ma freddo*—. El verano es demasiado caluroso. En invierno..., ésa es la época de hacer el *salumi*. El *prosciutto*. La *soppressata*. Las salchichas.

El maestro trajo de pronto a mi memoria a Miriam —no entiendo cómo no había hecho antes la asociación— y su insistencia en hacer el *culatello* únicamente en enero, porque es entonces cuando debe prepararse la carne. Ambos eran miembros de el-viejo-método-es-el-mejor-porque-es-el-método-de-la-vieja-escuela.

—Cuando era joven —prosiguió el maestro—, no había supermercados. Ahora hay muchos. Y venden más *prosciutto* del que es posible hacer. Así que han inventado otras clases. Además del *prosciutto* que se deja curar dos años, puede conseguirse otro más barato de un año, otro todavía más barato de seis meses, y otro muy barato de tres meses. Se hacen a lo largo de todo el año, en las fábricas de *prosciutto*. Pero lo cierto es que sólo hay una clase de *prosciutto*, y éste se hace en invierno, a mano y no en una fábrica, y se deja curar dos años. Las nuevas variedades no son buenas. No tienen un olor dulce. Son malas.

Lo que el maestro describía era la triste y frecuente historia de la cría de animales desde la Segunda Guerra Mundial, una historia italiana, pero también europea y americana. Ignoro si la culpa la tienen los supermercados: son un blanco demasiado fácil y, al igual que los malos periódicos, no existirían si la gente no quisiera tenerlos. Pero, de un modo u otro, algo (llamémoslo, de nuevo, el siglo XX) falló en casi todas partes, como si gran parte del globo terráqueo hubiera sufrido inexplicablemente una amnesia gastronómica y hubiera olvidado que la carne de vaca procede de un animal que, como todos los animales, necesita que no lo maltraten.

–A todo el mundo en Italia le encanta la carne –dijo el maestro–, y los supermercados siempre han vendido más de la que pueden conseguir. Ése es el problema.

Según el maestro, los supermercados no podían inventar otras variedades de carne, como habían hecho con el *prosciutti*. El desafío, por consiguiente, era producir carne en cantidades industriales, de forma más rápida y barata; el resto del animal podía venderse como productos cárnicos. «Alguien tuvo la idea de alimentar a los animales con harina de pescado.» *Farina di pesce;* pescado molido. «Era barato y rico en proteínas, y las vacas engordaban rápidamente. Pero la carne sabía a pescado. Luego intentaron alimentarlas con un nuevo preparado proteínico, fabricado con los restos del propio animal. La carne dejó de saber a pescado, pero no era correcto.» Era canibalismo de alta tecnología con consecuencias catastróficas: encefalopatía espongiforme bovina, o vacas locas.

–Bien... –el maestro lanzó un suspiro–, bueno... –Su voz se adormeció.

Decidí prepararme: en cualquier momento me declararía que se había vuelto vegetariano.

–¿Entiendes por qué Dario no vende *chianina?* La raza no importa. Da la casualidad de que esta carne española es de una vaca blanca. No es una *chianina.* Pero da lo mismo. Podría ser una vaca norteamericana o francesa. No es la raza. Es la forma en que se cría.

La carne española procedía de una granja rústica muy apartada en el campo: atrasada, familiar, ideológicamente pequeña, sin posibilidad de crecer a menos que el padre ganase a la lotería y comprara la montaña vecina. La familia sabe qué se puede hacer con sus tierras y cuáles son sus límites. Según el maestro, lo más importante en este mundo es llegar a saber dónde están nuestros límites. La mayoría de los grandes productores de carne son, a ojos del maestro, estrechos de miras, anticuados y filosóficamente conservadores.

–Hay una carne de vaca muy buena en Namibia –dijo un día.

¡Válgame Dios!, pensé. *¡Namibia!* ¿Tengo que ir a Namibia para conseguir un buen filete?

–Yugoslavia..., allí también es muy buena.

–Argentina –señaló otro día–. Una carne de vaca excelente. Probablemente la mejor del mundo. Tiene el sabor del aire libre, las hierbas altas y las montañas salvajes. En Argentina encontrarías la carne toscana de hace treinta años. –Interrumpió lo que estaba haciendo y me señaló con su largo dedo–. Billy –se había aficionado a usar mi diminutivo porque sonaba más italiano–, tienes que ir a Argentina. Por la carne. –Se calló unos instantes, disfrutando del recuerdo de algo cocinado al aire libre, y sonrió–.

Y, cuando estés allí, también podrás comer un cabrito extraordinario.

Y me encontré anotando en mi cuaderno: «No olvidar: en Argentina, comer cabrito.»

De hecho, todos los lugares que mencionaba el maestro eran provincianos y sin modernizar, con una excepción: Dinamarca.

—No sé por qué —confesó el maestro—, pero en Dinamarca se puede comprar una carne estupenda.

«No es la raza sino la forma en que se cría», era la contraseña secreta de la carnicería.

28

Un viernes de septiembre, fui andando a la iglesia más antigua de Panzano, La Pieve di San Leolino. Llevaba casi siete meses en Panzano y no la había visto. Se encontraba en una colina muy elevada, siguiendo un camino de tierra cerca del cementerio, y decían que tenía las mejores vistas de la zona. La iglesia era una especie de puzzle: erigida en el siglo X, destruida poco después (cuando el valle fue escenario de la guerra entre florentinos y sieneses), reconstruida en el siglo XII, y en la actualidad un popurrí románico: una edificación cuadrada con algunas partes a punto de desmoronarse. Para hacer más compleja su genealogía, habían desenterrado cerca unos restos de piedra con un texto etrusco incomprensible alrededor de su perímetro, y que databa de quinientos años antes de Jesucristo. La gente llevaba disfrutando mucho tiempo de aquella panorámica.

Dario dice que ese valle está entre las tierras cultivadas más antiguas del planeta. Después de los etruscos, llegaron los romanos (aún queda una torre construida para almacenar el forraje del ganado); pocos siglos después, los expulsaron los lombardos, también llamados bárbaros del norte de la historia, que acabarían convirtiéndose al cristianismo en el siglo VIII. Durante siglos, los ocupantes cambiaron pero el valle siguió igual; los nuevos inquilinos reemplazaban a los anteriores, asumiendo unas rutinas agrícolas que han continuado ininterrumpidamente desde que se inventó la azada. Dichas rutinas están implícitas en una carta del siglo XIII, escrita por Luca di Matteo, un terrateniente, después de que las tropas sienesas saquearan el valle. Los soldados habían quemado cabañas y casas *(chapane e chase*, en el italiano antiguo de Matteo), matado vacas y animales *(perduti buoi e bestiame),* y nadie tendría grano o forraje durante un año *(un anno senza richore grano e biade).* La carta es reveladora por lo que no dice. Entre tanta destrucción, no menciona olivos, ni vides, ni trigo, aunque estoy seguro de que todos formaban parte del paisaje. Después de la iglesia y las casas, lo más importante eran las vacas *(buoi)* y el forraje *(biade)* para alimentarlas. Puede que Dario tenga razón, que esa tierra lleve mucho tiempo cultivada, pero, de ser así, se cultivaba para criar ganado. Las vacas llevan allí tanto tiempo como la gente.

Desde donde estaba, podía ver el pequeño rebaño de Giovanni. El joven toro no resultó ser homosexual ni ignorante. Sólo tímido. «Un amante nocturno», comentó Beppe cuando lo encontré en la plaza. «Se ha herido en la espalda.» Beppe hizo a continuación un movimiento de caderas mundialmente conocido. El toro se había caído torpemente en mitad de una monta, pero no sin copular antes. Sus cuatro esposas estaban sin el período. Así que Giovanni había tenido éxito, y las *chianine* estarían de vuelta en las colinas de Chianti. Era curioso pensarlo. La historia siempre nos enseña que no podemos volver al pasado, pero yo parecía vivir rodeado de gente que seguía intentándolo.

Era el primer día del otoño, y volvía a hacer calor. Los

trabajadores del viñedo estaban entrando a almorzar y no regresarían por la tarde. Cuando las uvas se calientan demasiado, se comportan de manera imprevisible, y se suele esperar a la mañana siguiente para ver si bajan las temperaturas. Giovanni iba más adelantado que los demás, y ya se habían recogido casi todas sus sangiovese. Estaban vaciando los cajones en un pequeño camión, echando hielo seco por encima para evitar que la fruta se estropeara. Para Giovanni, la uva era otro elemento esencial de su identidad toscana, y el hecho de fabricar vino con ella le vinculaba a la historia de la tierra. «Todo el mundo sabe que la sangiovese lleva aquí desde el tiempo de los romanos», me dijo en una ocasión. «Está en el nombre: *sangue*, sangre, y Jove. Pero muy pocos creen que los romanos la introdujeran. Pensamos que ya estaba aquí cuando ellos llegaron.» Al igual que criar vacas, cultivar uvas sangiovese era, en opinión de Giovanni, una de las costumbres que siempre adoptaban y hacían suyas los nuevos arrendatarios: que, desde que aquellos valles habían estado habitados, la gente había bebido una versión de la sangre divina.

En el fondo del valle estaba el Castello dei Rampolla. Allí las uvas eran más pequeñas y oscuras, unas variedades de Burdeos que había plantado Alceo, otro de los fantasmales patriarcas, aunque yo no notase la diferencia desde donde estaba. Lo único que veía eran unas líneas verdes muy frondosas, y, entre ellas, gente agachada que subía lentamente la colina. Mi mujer y yo acabábamos de ser recibidos por la hija de Alceo, Maurizia –menuda, etérea, de cuarenta y muchos años, con holgadas vestimentas bohemias, y un aire serio e intelectual–, que vivía con su hermano en aquel *castello* azotado por el viento. Normalmente, se negaba a recibir visitas y rara vez salía, ni siquiera para promocionar su propio vino, que sólo bebía «de vez en cuando, en Florencia, tal vez», declarando que le gustaba más el aroma que el sabor de su Burdeos. «En nuestras comidas familiares», confesaba, «preferimos la leche.» A diferencia de los demás viñateros de Chianti, no le preocupaba el espantoso calor de aquel verano (las uvas serán buenas o malas), porque se tomaba con filosofía los extremos climáticos («Dejemos que la naturaleza siga su curso»). Vendimiaba según las fases de la luna, a menos que se lo ordenaran ciertas configuraciones estelares, y rechazaba cualquier práctica que pareciera demasiado moderna: como el empleo de refrigeración, bombas, aire acondicionado o filtros, aunque una noche mi mujer y yo, mirando el *castello* desde el otro lado del valle, estuvimos seguros de ver luces eléctricas. Al final de nuestra visita, Maurizia nos enseñó las famosas bodegas de la familia, donde los vinos habían completado su fermentación durante más de mil cien años. La bodega, construida en el siglo X, era de la misma época que la iglesia.

He estado dando vueltas a una teoría que parece confirmarse actualmente en ese valle. Se me ocurrió hablando con Enrico, el hijo del maestro. Enrico pasaba de vez en cuando por la carnicería, pero yo nunca había conversado con él hasta que asistimos a un acto en Montaperti, cerca de Siena, para conmemorar el aniversario de una batalla librada el 4 de septiembre de 1260. Hasta la aparición de las armas de fuego, se consideraba una de las jornadas más sanguinarias de la península italiana. Diez mil florentinos fueron pasados a cuchillo, de uno en uno, detalle que Dario saborea con el entusiasmo propio de un carnicero. Dario era el invitado de honor. En el acto se recitaba mucho a Dante, al modo de Dario: con luz de gas, aire de vodevil y fuertes aplausos. También actuaba uno de los últimos seguidores del estilo trovadoresco, berreando monótona y lastimeramente. Era de Pistoia y simulaba inventarse la letra a medida que cantaba: dos versos que rimaban, seguidos de otro pareado antes de repetir la rima inicial. La estructura era algo así:

Soy un pobre anciano, un ser aburrido,
sé que lo sabes, oigo tus ronquidos,
¿qué puedo hacer? Ése es mi medio,
que parece un poema, pero no es más que tedio,
además, no es un juego, con tanteos repetidos,
sólo un viejo borracho, muy, muy aburrido.

La velada fue interminable y no recuerdo casi nada de ella, salvo una breve conversación que sostuve con Enrico sobre su aceite de oliva. Quería saber por qué era tan bueno.

–Hay dos motivos –dijo Enrico–. *Cuándo* recojo y *qué* recojo. Es lo único que importa.

Enrico empieza la recolección en septiembre, cuando el sentido común te dice que dejes tranquilos a los árboles. En septiembre, las aceitunas están verdes y duras. Casi todo el mundo las recoge a finales de noviembre o diciembre. «Entre diez y doce semanas después, las aceitunas han engordado y están llenas de jugo. Cuanto más jugo, más aceite puedes embotellar y más dinero ganas», me explicó Enrico. «Pero, en mi opinión, es un aceite hinchado. Tiene mucha pulpa y mucha agua.» El fruto está «pastoso», la misma palabra que empleaba su padre. «En consecuencia, es un aceite menos denso. Tienes volumen, pero falta intensidad. Para mí, la intensidad lo es todo. Para mí, menos es más. Mi aceite es muy, muy intenso.»

Enrico tiene mil árboles, pero sólo recoge la mitad. «Los demás son demasiado jóvenes.» Vende las aceitunas de los más jóvenes o deja que se caigan y se pudran, pero su tono deja bien claro que sólo un haragán llorón y despreciable, sin orgullo ni dignidad, en absoluto un verdadero toscano, haría aceite de un árbol joven. «Yo no hago aceite para ganar dinero», decía Enrico.

(Me pregunto si es necesario detenerme y reconocer que esta clase de conversaciones se estaban volviendo bastante corrientes. He repetido las palabras de Enrico como si se tratara de alguien completamente normal. Pero, de vez en cuando, cuando asentía educadamente con la cabeza, en silencio, escuchando con paciencia sentimientos de aquella clase –como, por ejemplo, «no me interesan los *bizzzness*», o «me da igual si el clima estropea mis uvas», o «hago esto sólo por el aroma»–, yo tenía que pulsar un botón de pausa imaginario, como acabo de hacer, y reconocer que las palabras de mi interlocutor no eran nada normales. Algunas veces, cuando estaba en medio de aquellas reflexiones botón-de-pausa, me preguntaba qué convertía a aquellas personas en extraños poetas de las colinas. ¿Sería el hecho de no comer suficiente verdura cuando eran niños? ¿Un exceso de proteínas? Yo tenía ganas de gritar: ¡Eh, vamos, Enrico! ¿Acaso no te gustan las vacaciones en islas exóticas y las televisiones de pantalla plana? ¿No te gusta el dinero?)

El aceite de oliva de Enrico, puedo asegurarlo, es excelente, pero hay muchos otros aceites de oliva buenos, de otros artistas chiflados por la tierra y sin interés por el dinero, obsesionados con el aroma, mirando siempre de reojo para estar seguros de que son los primeros de su montaña en recoger las aceitunas verdes y acres, exprimiendo hasta la última gota del intenso zumo de sus viejos árboles. El líquido viscoso y de un verde dorado que segregan esos frutos duros como piedras no se parece a ningún otro aceite que yo haya probado, y sus productores, con chauvinismo, se jactan de que jamás sale de Italia.

En mi opinión, estos aceites tienen unas cualidades que también se encuentran en los vinos buenos de la región (y hay muchos vinos buenos; en Chianti, es difícil acostarse sobrio). El mejor embotellado de Giovanni (su Flacianello, llamado así por el poblado romano junto a la vieja iglesia) se hace con las vides viejas, nudosas, improductivas y del tamaño del tronco de un árbol. Al igual que los viejos olivos, las viejas vides dan menos frutos, pero las uvas que producen tienen un aroma y un sabor a uva (de nuevo *esa* intensidad) que no se consigue con las vides más jóvenes. La reserva de Giovanni es estupenda, pero lo más precioso para mí es el aceite de oliva. A diferencia de una botella de vino cara, un buen aceite no mejora con el tiempo. Es mucho más fuerte nada más prensar las aceitunas. Luego su vigor se disipa, ineludiblemente, minuto a minuto, hasta desaparecer: evanescente, como una estación del año.

Mi teoría es la de la pequeñez. Lo pequeño es ahora mi medida: una variante de todas las frases que he escuchado, como el «no es la raza sino la forma en que se cría» del maestro, o el «menos es más» de Enrico. Al lado de otras teorías, la mía es bastante rudimentaria. Comida pequeña: buena. Comida grande: mala. En mi opinión, el lenguaje que empleamos para hablar de la comida moderna no es lo bastante preciso o, al menos, no explica lo que me ha enseñado a pensar este valle italiano. La metáfora que se suele utilizar es de velocidad: la comida rápida ha estropeado nuestra cultura; la comida lenta la salvará (y eso aparece en el manifiesto del movimiento Slow Food,* con sede en Bra, en el norte de Italia). El atractivo de esta metáfora es innegable. Pero oscurece un problema funda-

* Asociación internacional fundada en 1989. *(N. de la T.)*

mental, que tiene que ver con la escala, no con la velocidad. La comida rápida no ha estropeado nuestra cultura.
El problema ya estaba ahí, sistémico en realidad, desde el
momento en que empezó a tratarse la comida como un
objeto inanimado –como cualquier otro producto– que
podía fabricarse en cantidades cada vez mayores para satisfacer un mercado. De hecho, los dos actores principales
de la cadena alimentaria (los que hacen la comida y los
que la compran) han invertido sus papeles. Los productores (el tipo que conocía sus vacas, o la mujer que preparaba *culatello* sólo en enero, o el joven lleno de madurez
que recoge sus aceitunas en septiembre) determinaban lo
que se podía conseguir y el modo en que se hacía, y, de
pronto, fueron sustituidos por el consumidor. El maestro
culpa a los supermercados, pero los supermercados no son
más que un síntoma. (O, para invocar un trozo conocido
de filosofía de la venta al por menor: el mundo cambió
cuando el negocio de la alimentación decidió que el cliente tenía razón, cuando, como todos sabemos, el cliente en
realidad..., bueno, no siempre tiene razón.) Lo que sucedió en el negocio de la alimentación ha ocurrido en todos
los sectores de la vida moderna, y el cambio ha sido muchas veces beneficioso. Me encantan las vacaciones en islas exóticas y las televisiones de pantalla plana, y sólo me
quejo del mercado global por lo que le ha hecho a la comida.

Los huevos blanquecinos que Gianni compró el día
que se quedó dormido después del almuerzo: comida grande. Los huevos de la abuela que vendían a los clientes habituales bajo el mostrador en Panzano: comida pequeña. El
cerdo que llevé a casa en mi vespa: comida pequeña, aunque fuera en cantidades tan grandes que no pudiera aca-
barlo. El jamón de un animal tratado químicamente y que

ha vivido hacinado dentro de una nave controlada científicamente (con todas sus lonchas exactamente iguales, como si las hubiera fabricado una máquina): comida grande. La llamada *ricotta* de un supermercado: comida grande, no tocarla. La *ricotta* de Lou di Palo en el Little Italy de Nueva York –más barata que la del supermercado, aunque, como Lou está preparándola en la trastienda y no atiende a los clientes en el mostrador, tendrás que esperar una hora para conseguirla: comida pequeña. (Incluso en Nueva York hay algunas personas que no tienen prisa porque piensan que no eres más que un cliente y, por consiguiente, un gilipollas.) En realidad, el queso de Lou es comida pequeña y lenta al mismo tiempo; de hecho, una comida muy, muy lenta. Pero eso son excepciones.

Los italianos tienen una palabra, *casalinga*, de fabricación casera, aunque su principal significado sea «hecho a mano». Mi teoría es sólo una variante de *casalinga*. (Comida pequeña: a mano y, por lo tanto, valiosa, difícil de conseguir. Comida grande: de una fábrica y, por lo tanto, barata, abundante.) Casi todas las recetas que aprendí en Italia eran de fabricación casera *y* me obligaban a aprender cómo usar mis propias manos de manera muy diferente. Mis manos fueron adiestradas para extender una masa, romper un muslo con un cuchillo, hacer salchichas, *lardo* o *polpettone*. Con algunas técnicas, tenía que hacer mis manos pequeñas, como las de Betta. Con otras, agrandarlas, como las del maestro. Las manos, dice Dario, son todo. Con ellas, los cocineros se expresan como artistas. Con ellas, preparan la comida que la gente come con sus manos. Con las manos, Dario me transmite lo que aprendió de su padre. Con las manos, Betta me confía a sus tías. Las manos de la madre de Miriam, de sus abuelas. Las manos del abuelo de Dario, del bisabuelo que nunca conoció, o sólo indirectamente, gracias a lo que transmitieron sus manos.

Miriam, que ya no puede conseguir una *pastina* que haga la masa, ha dejado de fabricar pasta casera. Cuando su hija la reemplace, ¿seguirá extendiendo a mano la masa? En la Toscana, es imposible conseguir la carne que está en el corazón de la cocina regional, de modo que Dario y el maestro encontraron una pequeña granja que reproduce la intensidad del sabor con el que ellos crecieron. ¿Cuánto tiempo durará esa memoria? El maestro morirá. Dario morirá. Yo moriré. La memoria morirá. La comida hecha a mano es un acto de desafío y va en contra de todo lo que hay en nuestra modernidad. Encuéntrala; cómela; desaparecerá. Ha estado en el mundo durante milenios. Y ahora es evanescente, como una estación del año.

Yo había buscado la vieja iglesia porque sabía que era hora de marcharme. Probablemente sentía que por fin había aprendido lo suficiente, aunque no supiera cómo articular mis conocimientos hasta que visité por última vez la carnicería. Para entonces, Dario era como un hermano, y no sería fácil separarme de él. ¿Y el maestro?

Me hice un propósito: regalaría al maestro mi afilador, ese utensilio con el que sacamos filo al cuchillo. Era una broma entre nosotros. El maestro afilaba su cuchillo quinientas veces al día. Marcaba el ritmo de su trabajo. Su cuchillo era muy afilado. Pero su afilador era muy malo y, en algún momento, había empezado a usar el mío: sin pedírmelo, limitándose a cogerlo. Eso me halagaba. No sé por qué. Quizá fuera una forma de mostrarme su confianza: sí, estás haciendo un desastre, pero todo se arreglará.

—Maestro. Tome. Para sus cuchillos. —Empujé el afilador hacia él.

Se quedó mirándolo un buen rato. Cuando levantó la vista, las lágrimas asomaban a sus ojos. Balbucí algo con voz lastimera, pensando: ¿Cómo voy a decir adiós a estas personas? Nunca me marcharé.

Entonces él explotó. «¡No!», dijo. Ese adverbio tan familiar. Lo había escuchado tantas veces... «No. No puedo aceptarlo. No sería correcto.» Abrió el cajón de su cuchillo. «Se quedará aquí», dijo, «hasta tu regreso.»

(Ése es el modo de marcharse: sin decir jamás adiós.)

Y eso es lo que aprendí: a regresar. Volví al año siguiente y al otro. Espero regresar todos los años (después de todo, puede que nunca se me presente la oportunidad de aprender tanto), hasta que no me quede nadie por quien volver.

Cena con Mario

El primer requisito para escribir bien sobre comida es tener buen apetito. Sin esto, es imposible acumular, en el período de tiempo del que disponemos, suficiente experiencia para contar algo que merezca la pena. Cada día nos ofrece sólo dos oportunidades para el trabajo de campo, y no pueden desperdiciarse reduciendo al mínimo el consumo de colesterol. Son indispensables, como las giras de un boxeador profesional. (He leído que el difunto *gourmand* profesional Maurice Curnonsky tomaba sólo una comida al día: la cena. Pero eso ocurría al final de su vida, y, de todos modos, sus conocimientos siempre me han parecido sospechosos; se le atribuyen tantas ocurrencias mediocres que no pudo tener demasiado tiempo para comer.) Un buen apetito proporciona al comilón capacidad de maniobra para sus especulaciones.

A. J. LIEBLING,
Entre comidas

Nueva York, agosto de 1998. La reseña del *New York Times* que concedía a Babbo sus tres estrellas, escrita por la crítica culinaria Ruth Reichl, eran variaciones sobre el tema de que, por fin, había un lugar dispuesto a correr riesgos. Describía como atento, aunque algo excéntrico, el servicio del restaurante. A Reichl le gustaba especialmente la técnica que empleaban para retirar las migas de la mesa, con una cuchara, y que Joe defendía porque era así como lo hacían en Italia y porque «me parece que queda muy bien». La carta de vinos era únicamente italiana. «Probadlo y, si no os convence», decían que aseguraba Mario, recomendando una botella desconocida, «me lo beberé yo.» Y la carta estaba «llena de platos que, supuestamente, no gustaban a los estadounidenses» (Reichl nombraba algunos: cabeza de jabalí, pulpo, carrillada de vaca, lengua de cordero y sesos de ternera). Su receta favorita era un calamar «muy condimentado, correoso» llamado «Calamar a los dos minutos, estilo socorrista siciliano». «Al comerlo, me imagino *siempre* en una playa siciliana, un día de mucho viento», escribía Reichl; un elegante toque adverbial: a la crítica no sólo le gustaba la comida, sino que se había convertido en una clienta asidua.

Había sido también un objetivo. Cuando Reichl aparecía, no podía imaginar lo cuidadosamente que se había preparado todo para recibirla. Hasta que su crítica salió a la luz, el segundo piso del restaurante estuvo cerrado; el bar no aceptó más de seis personas; no se atendieron más de once mesas; y, al final de la noche, no se superaron los cincuenta cubiertos. (En la actualidad, Babbo llega a servir trescientos cincuenta.) Cuando estaba allí, Reichl tenía al camarero con más experiencia, y otro camarero de apoyo, un jefe de sección y dos ayudantes. La música era calculadamente intencionada —en su primera visita, una selección de Bob Marley porque Mario sabía que le encantaba— o artificiosamente evocadora: una lánguida recopilación de arias de ópera, por ejemplo (y todo muy diferente de lo que se escucha ahora, la más variopinta miscelánea, temas del curso 1982 en Rutgers, Moby, los Jayhawks, Squeeze, R.E.M., y los Stones de los primeros tiempos, destinados únicamente a entretener al chef y dueño del restaurante mientras bebe, como si fuera agua, copas de vino blanco en el bar, transmitiendo a todo volumen el mensaje de ésta es mi casa y pongo lo que quiero).

En conjunto, las estrategias construidas en torno a la visita de Reichl recuerdan a las de un entrenador preparando un importante partido. Creaban, asimismo, una impresión de serenidad en el comedor y una serenidad genuina en la cocina. ¿Era también diferente su comida? No hay manera de saberlo, pero la preparación era sin duda más metódica que el estresante frenesí habitual. Elisa no ha olvidado que todo el restaurante (en aquel entonces ella se encargaba de los entrantes) vivía haciendo ensayos generales mientras esperaban la llegada de Ruth. Joe estaba en la recepción, supervisando el servicio. Mario en la cocina, diciendo en voz baja todos los pedidos e inspeccionándolos antes de que salieran al comedor. Incluso Andy cocinaba. Se ocupaba de la parrilla y no le dejaron salir de allí hasta que Reichl publicó su reseña.

Reichl fue a Babbo cinco veces y probó todos los platos. El *Times* anima a sus críticos a hacer un esfuerzo para pasar desapercibidos. Reichl, con el pelo moreno, tenía fama de llevar una peluca rubia y jamás habría reservado una mesa con su nombre. Pero lo cierto es que bastan un puñado de reseñas para que un crítico sea reconocido por todos los interesados. Mario sabía que iba a aparecer mucho antes de que llegara.

La importancia dada a la reseña parece ahora exagerada, pero era un síntoma de lo que ambicionaba el nuevo restaurante: Mario y Joe querían esas tres estrellas. (Antes de abrir Otto, pasaron por un proceso parecido; sus aspiraciones eran más modestas, sólo dos estrellas, que, como era de esperar, les concedieron, un laurel más que honorable para una pizzería.) Pero yo estaba desconcertado con aquellas historias –las estratagemas, los preparativos clandestinos– y le pregunté a Mario si, al enterarse de que había un crítico en el restaurante, podía servir una cena mejor de la que servía normalmente. ¿No era la regularidad algo fundamental en la cocina? ¿No es un plato es un plato es un plato?

–Confía en mí –dijo–. El hecho de que lo sepamos cambia las cosas.

Reichl dejó el *Times* en 1999 y fue reemplazada por William Grimes, que fue su crítico los cinco años siguientes. (Grimes fue quien concedió a Otto sus dos estrellas.) Cuando Grimes ocupó ese puesto, Mario estaba convencido de que Babbo volvería a ser evaluado. Esa inquietud explicaba las primeras instrucciones que escuché el día de mi llegada: estad preparados..., regresarán los críticos. Mario no volvió a mencionar aquel asunto. En vez de eso, se convirtió en la cantinela paranoica de Frankie (la cantinela de hacéis-esto-a-propósito-para-que-Babbo-pierda-sus-tres-estrellas-y-a-mí-me-echen-a-la-puta-calle). Cuando Grimes se marchó, ocupó su lugar Amanda Hesser, una competente periodista culinaria, amiga, al parecer, de las propuestas Batali-Bastianich. Yo no sabía que existiera una metodología unificadora, pero Mario parecía creer en una: «Ella nos *ama*», me dijo un día, citando su entusiasmo por Lupa, la *trattoria* de inspiración romana que tenían cerca de Babbo; y lo que estaba insinuando era que, como le gustaba Lupa, le gustaría todo lo demás. Pero Hesser no se quedó mucho tiempo; el puesto siguió sin cubrirse cinco meses más.

En aquella época, yo daba las gracias a mi fortuita entrada en el gremio de la alimentación porque me permitía vislumbrar la situación que vivían los restauradores que iba conociendo: la especulación era continua, y bajo ella subyacía una legítima inquietud por el negocio. Nueva York es muy diferente de la mayoría de las ciudades europeas, que a menudo tienen varios periódicos de primera fila compitiendo por unos lectores de primera fila, de esos que tienden a sostener los restaurantes más caros. Nueva York sólo tiene uno, el *Times*, y su crítico, en opinión de muchos propietarios, puede hacer o deshacer un negocio. El temor no es que el crítico pueda tener alguna motivación personal; es simplemente que su juicio es imprevisible y a veces arbitrario, aunque sus consecuencias puedan ser contundentes: si pone por los suelos un restaurante, el negocio se verá afectado y, aunque sobreviva a la crítica, es posible que no tenga otra oportunidad para demostrar lo que vale.

Un sábado por la noche, en el mes de junio, yo tenía una cena con Mario, pero la canceló en el último momento. Acababa de enterarse de que el *Times* había cubierto el puesto de Grimes. El nuevo crítico era Frank Bruni, anterior jefe de la sucursal del periódico en Roma. Sin que nadie lo advirtiera, Bruni había cenado varias veces en Babbo el mes anterior. *(¡Estamos jodidos!)* No le reconocieron hasta su última visita. Su primera crítica sería sobre Babbo, y esta vez Bruni había conseguido probar todos los platos anónimamente. Mario había cancelado nuestra cena con la esperanza de que Bruni regresara. No lo hizo. No necesitaba hacerlo. Ya tenía escrita su reseña: se publicaría el miércoles siguiente.

En un canal televisivo de noticias locales darían un avance: lo habitual era que el crítico leyera la reseña en New York One a las nueve y cuarto de la noche, la víspera de su publicación (en la oscuridad, a fin de mantener el anonimato). La tarde en que iba a emitirse, mi mujer pasó por delante de Babbo y vio a John Mainieri –el *maître*– con un grupo de empleados, fumando frenéticamente en la calle (John no suele fumar) y con la camisa empapada en sudor. «Venid esta noche», le pidió. «Estaremos de celebraciones o de luto, nuestro futuro está en la cuerda floja.»

–¿Que cómo me siento? –exclamó Mario, repitiendo retóricamente mi pregunta–. Ya te lo contaré mañana. Puede que este año se vaya al traste.

Mi mujer y yo pasamos la velada en el restaurante, aguantando con entereza la cuenta atrás y las continuas muestras de falta de confianza. Martin Gobbee, que casualmente había atendido la mesa de Bruni en sus tres últimas visitas, repetía las palabras que había cruzado con él. Otro camarero comentó que se acababa de comprar un piso en Brooklyn («¡Oh, Dios, tengo una hipoteca!»). La mujer de David Lynch, el encargado de los vinos, estaba embarazada («Porque el futuro nos parecía muy sólido, ¿sabes?»). Mario no andaba por allí.

Había dos temores. Uno estaba relacionado con el crítico. Sólo se sabía una cosa de él: que había vivido antes en Roma. Aquel Bruni conocía bien la comida italiana. Eso significaba que compararía Babbo no sólo con los demás restaurantes neoyorquinos, sino también con los del viejo país. Ningún otro crítico de Nueva York tenía esa clase de conocimientos.

El otro temor era Frankie.

Frankie seguía teniendo dificultades para adaptarse, lo que no era de extrañar, pues casi todo el personal de la cocina había presentado su dimisión. Mientras tanto, él había despedido al nuevo segundo chef y contratado a otro. Y luego, de un día para otro, Abelardo, un empleado de la cocina auxiliar, había sido ascendido a encargado de la pasta, el puesto más difícil. Mario no tenía más remedio que estar en Babbo todas las noches. Además, habían circulado unos comentarios despectivos. Un cliente habitual de Babbo, escritor y en ocasiones periodista culinario, había cenado mal una noche –«mi cordero estaba demasiado hecho y el pichón, crudo»–, y contó a tanta gente lo del cordero reseco y el pichón rosa («¿Era porque Andy ya no estaba allí?») que aquello se convirtió en una especie de estribillo público que llegaba con frecuencia a Joe y a Mario. El miedo era que, por culpa de esas murmuraciones, volvieran a evaluar el restaurante: lo que ahora resulta irónico, pues una nueva valoración ya estaba en marcha. «Eso es lo que ocurre con los clientes asiduos», me dijo Joe cuando aquellos ácidos comentarios circulaban imparables. «Son autodestructivos. Esperan demasiado. Olvidan que es un negocio. Nunca puedes contentarlos. Todos los clientes asiduos acaban estrellándose.» Jamás había visto a Joe tan enfadado.

Hace poco, contacté con Frank Bruni. Tenía algunas preguntas obvias –sobre el italianismo de la cocina de Babbo y qué le parecía este restaurante en comparación con lo que había probado en Italia–, pero lo que realmente me interesaba eran cuestiones más punzantes: ¿Era consciente de que su crítica había sembrado el pánico? ¿Sabía que él representaba lo que todos temían, una nueva valoración en un momento en que la cocina pasaba por una crisis? Mario había estado en el restaurante todas las noches que cenó allí: ¿de veras creía que eso era normal?

Bruni admitió que le había sorprendido que nadie se diera cuenta de que estaba allí como crítico, especialmente después de haberle atendido tres veces seguidas el mismo camarero. Y no, no se le había ocurrido que la cocina tuviera problemas en aquellos momentos, más allá de la «impresión caótica» que le había causado todo el lugar. Y no, no había elegido Babbo por su italianismo, aunque era cierto que había comparado su comida con los restaurantes de Roma. («En Babbo todo es demasiado elaborado para ser realmente italiano. La cocina italiana es muy sencilla. Babbo no es sencillo. Italia es el punto de partida.») Lo que más le sorprendió es que alguien se hubiera puesto nervioso. Me explicó que, antes de aceptar el puesto, había buscado lo mejor que podía ofrecer la ciudad. Estuvo cuatro semanas comiendo en los mejores restaurantes neoyorquinos y luego analizó dónde se había divertido más. «Aquélla era mi primera crítica, y quería que versara sobre la alegría de cenar en Nueva York. No era nada científica. Babbo me encantaba, sólo eso. Sabía que disfrutaría describiendo la coherencia con que buscaba lo deleitable.»

La crítica puso a Babbo por las nubes. Mario entró, justo después de las nueve y media, con una fotocopia ampliada (el texto había aparecido en un sitio web). «Entre los restaurantes que hacen brincar especialmente mi estómago», escribía Bruni, «Babbo ocupa uno de los primeros puestos, y ésa es una de las razones por las que se publica una nueva reseña hoy, seis años después de que el restaurante abriera sus puertas y Ruth Reichl le concediera tres estrellas.» Bruni confirmaba ese estatus de tres estrellas, pero insinuaba que había querido concederle una cuarta. En aquellos momentos, señalaba, había cinco restaurantes de cuatro estrellas, y todos eran franceses. ¿Había algún motivo para que un restaurante italiano no estuviera entre ellos? «¿Por qué no Babbo?»

«Hay una respuesta breve y emblemática: la música. En la primera de mis recientes visitas a Babbo, lo que rugía –y quiero decir rugía– desde el equipo de sonido era rock relativamente duro. ¿*Bucatini* con los Black Crowes?* ("Su segundo álbum", nos informó con orgullo un camarero.) ¿*Linguine* con Led Zeppelin?»

Era la crítica perfecta de Batali: la comida era tan buena que podía haber sido francesa; la comida era tan buena que podía haber obtenido el máximo galardón de la ciudad; pero, en el balance final, el local era demasiado *rock and roll*, un rebelde sin la cuarta estrella.

Era también una reivindicación de Frankie. Volví y lo encontré apoyado en el paso, leyendo la fotocopia ampliada. Llevaba medio año dirigiendo la cocina. Había engordado (la mantequilla) y había perdido pelo (las entradas de sus oscuros rizos italoamericanos dejaban ver la frente de un hombre mayor y más sabio). Y tenía una serenidad que yo nunca había visto. Desde que le conocí, había estado preparándose para el día en que apareciera un crítico y juzgase su comida. El día había llegado, y Frankie se había desenvuelto muy bien: dirigía una cocina de cuatro estrellas, estropeada sólo por los gustos musicales de su jefe. De he-

* En castellano, los Cuervos Negros. (*N. de la T.*)

cho, si Mario no hubiera estado allí preocupándose por la cocina de Frankie, la música no habría sido tan ensordecedora; Mario es el único que pone el volumen tan alto que todo el restaurante se ve obligado a escuchar. ¿Es posible que Frankie, de haber estado solo, hubiese conseguido la cuarta estrella? Frankie se rió. «Me siento feliz», dijo. Nos dimos un abrazo. ¿Qué puedo decir? Es un gilipollas, pero un gilipollas con talento, aunque siempre me desconcertará el complejo proceso pedagógico de los restaurantes, ese por el que Mario aprendió tantas cosas de Marco Pierre White, incluyendo el no parecerse a Marco, y que continuó en la siguiente generación, en la que Frankie aprendió tantas cosas de Mario, incluyendo cómo parecerse a Marco Pierre White.

Me quedé un buen rato saboreando el día de Frankie, ese momento-único-en-la-vida, la culminación de años en cocinas calurosas, las horas de aprendizaje, perfeccionamiento y memorización, hasta alcanzar finalmente un punto en el que has aprendido lo suficiente. Recordé la historia de Mario: sobreviviendo en aquel pub de Londres, las humillaciones de Italia, la pérdida de Rocco. Lleva mucho tiempo. A Andy le había llevado mucho tiempo. Y ahora Frankie: había conseguido triunfar.

29

–¿Y qué hay de tu propio restaurante? –me preguntó Mario–. Por ejemplo, un pequeño local en Italia, tal vez en las colinas. Italiano para italianos. Con pocas mesas. De lo más auténtico. Jessica en la recepción, tú en la parte trasera. O –se detuvo con aire teatral– podrías hacer algo aquí. –Movió las cejas–. Contamos con los medios...

Era una sugerencia ridícula, pero la acepté como un indicio halagador de lo mucho que había aprendido. No tenía ni idea de cuánto era hasta que me senté con Mario y empecé a hablar atropelladamente del *girello*, a especular sobre qué podría hacerse con la *sottofesa*, a enumerar los milagros que pueden realizarse con un morcillo. Pensaba que cualquier persona que hubiera estado algún tiempo en Italia sabría esas cosas. No me había dado cuenta de que la mayoría de los italianos también las ignoraban.

–Por favor... –dijo Mario–. No tengo ni idea de qué estás hablando.

¡Vaya! En ese pequeño campo del conocimiento, sé más que Mario. El aprendiz se ha convertido en un discípulo se ha convertido en un... ¿qué? Algo: aunque sólo sea, el alumno del maestro, y de Dario, y también de Betta. (Sólo ahora me doy cuenta de que había olvidado una importante lección de la carnicería: que, cuando regresara a casa, nadie entendería de qué estaba hablando.) Aun así, a pesar mío, empecé a fantasear, sopesando la sugerencia de Mario, preparando comida realmente italiana y realmente sencilla. ¿Podía «lo sencillo» funcionar en Nueva York? ¿O una versión de la *macelleria*? Imaginé la vitrina, el excéntrico horario, el tiempo que tardaría en memorizar a Dante: «*Nel mezzo del cammin di nostra vita.*» En mitad del camino de mi vida, una vez más.

Estábamos cenando juntos para hablar de mi viaje a Italia; el encuentro se había pospuesto (por culpa de Bruni), aunque Mario, post-Bruni, ya no tenía aquella arrogancia cargada de testosterona que yo conocía sino algo peor: omnipotencia, quizá. Nuestra velada había empezado en el pequeño porche de entrada, desde el que Mario llama por teléfono móvil a los camareros para que mantengan su copa fría. Había salido del restaurante realizando una especie de *sprint*, con clientes agarrándolo hasta rebasar la puerta. («Kathleen Turner acaba de darme la lengua», dijo jadeando, después de que la actriz interrumpiera su huida para darle algo más que un beso en la mejilla. «Odio a la gente que hace eso, especialmente cuando el marido me mira.») Mario traía dos botellas de vino blanco, que desaparecieron tan deprisa que no recuerdo haberlas bebido. («Eh, Lynchy», dijo, telefoneando al encargado del vino, «tráenos dos botellas más con tus dos mejores prostitutas mexicanas.») Después de beberlas de un trago, nos marchamos a Lupa, pero no sin enviar antes tres polis a Otto. Habían charlado con nosotros en el porche, observando magnánimamente cómo perdíamos poco a poco nuestra capacidad de distinguirlos. «Escucha, Amanda», dijo Mario, llamando a la encargada, «dales la mesa del rincón y pierde la factura.»

En Lupa, tomamos un Vernaccia di San Gimignano (nuestra quinta botella) y treinta y cinco platos diferentes, la mayoría de ellos preparados *in situ* por Mark Ladner, el genial chef del restaurante: una cantidad que, antes de mis experiencias italianas, habría considerado excesiva, pero que ahora me parecía perfectamente razonable: después de todo, ¿qué eran treinta y cinco pequeños platos comparados con los 1.347 del *pranzo* de Scappi? Había embutidos, fritos, y algunas verduras, incluyendo unas flores de calabacín rellenas y hechas en una mezcla de aceite de oliva y mantequilla, que, según el chef, volvía la textura más interesante que el aceite de cacahuete normal, un detalle que me fascinó de tal manera que lo anoté en mi cuaderno, convencido de que a la mañana siguiente iría al mercado para comprar flores de calabacín. (El caso es que me perdí aquella mañana.)

Pasamos al tinto, dos botellas del Flacianello de Giovanni Manetti, el vino que fabricaba con las mismas vides que yo había contemplado desde el camino que llevaba por encima de la montaña a la vieja iglesia de Panzano. Al terminarlas, Mario y yo superábamos el límite de la media caja.* Cuando aparecieron las pastas (no había reparado en que los primeros treinta y cinco platos eran entrantes), mis anotaciones se volvieron menos fiables. Según leo, tomamos ocho tipos de pasta, pero lo que escribí parece incompleto: «puerros, migas, espaguetis, esposa» (¿cuándo llegó ella?), seguidos de una orden que le dio Mario: «Si no comes la pasta, restregaré tus pechos con las gambas»; lo que es desconcertante porque no recuerdo ninguna gamba. Para entonces, según mis cálculos, habíamos tomado cuarenta y tres platos de comida, aunque me veo obligado a

---

* En el original, *half-case*, caja con seis botellas de vino. *(N. de la T.)*

decir que eran realmente muy pequeños. Llegaron los platos principales. Y más vino. («Bricco dell' Uccellone», dice mi nota. Tres botellas, con lo que ya llevábamos diez, aunque lo mitigara la presencia de un tercer bebedor, mi mujer..., en caso de que ella bebiera. En caso de que ella estuviera.) Recuerdo un estofado de cerdo y rabo de buey y el alboroto que siguió a la aparición de un pez espada. «Es absolutamente delicioso», exclamó Mario. «Pero es pescado. Viene del fondo del mar. ¿Quién quiere pescado?» Después de esto, ni idea... Para empezar, mis notas están al revés (algo nada tranquilizador), y ¿qué significará este comentario?: «¿Empujamos un poco el sobre?» O la petición de Mario a la camarera: «No es justo que sólo yo tenga esta visión cuando te inclinas. De postre, ¿no te quitarías la blusa para los demás?» (Es una mujer con suerte..., trabaja para ese tipo.) O esto: «Dos y media; el exterminador de plagas aquí.» ¿Para desinfectar el restaurante o a nosotros? Después, alarmantemente, nos fuimos de copas (Mario se moría de sed), y entonces Mario volvió a preguntarme: ¿Y tu restaurante?

Y yo lo vi con claridad: no. No quería un restaurante.

Al empezar aquella historia, no había querido un restaurante. Quería los conocimientos prácticos de la gente que lleva un restaurante. No quería ser un chef: solamente un cocinero. Y mis experiencias en Italia me habían enseñado por qué. Durante milenios, la gente había sabido cómo preparar su comida. Conocían bien los animales y qué hacer con ellos, cocinaban con las estaciones y entendían el funcionamiento del planeta con la sabiduría del granjero. Conservaban las tradiciones sobre cómo preparar los alimentos, las pasaban de generación en generación, y las consideraban una expresión de sus familias. La gente no tiene esa clase de cultura en la actualidad, aunque parezca tan fundamental como la tierra, y lo cierto es que, quienes la tienen, suelen ser profesionales, como los chefs. Pero yo no quería esos conocimientos para ser un profesional; sólo para ser más humano.

Y además tenía un asunto pendiente que Mario seguramente no comprendería. Llevaba más de un año pensando en Catalina de Médicis.

La historia de los Médicis se contaba sin parar en la carnicería, aunque yo también la hubiera escuchado en otros sitios; Gianni, en Porretta, por ejemplo, la repetía con tanta frecuencia como Dario. Un miembro muy querido de la familia predilecta de la Toscana cruza los Alpes para convertirse en reina de Francia y revela los secretos de Italia. Así termina la gastronomía italiana; así empieza la francesa. Fuera de la Toscana, por supuesto, nadie cree en esta teoría. *The Oxford Companion of Food* la incluye entre las fábulas culinarias más absurdas de la historia en una entrada llamada «mitología culinaria», donde describe cómo los historiadores la destrozan sistemáticamente, señalando que Catalina no iba a ser reina, sino sólo princesa. Además, en aquella época sólo tenía catorce años, ¿qué podía saber de cocina? Y probablemente tampoco cruzó los Alpes, sino que llegó en barco a Marsella *(ergo,* nada de animales con alforjas llenas de golosinas), y durante diez años la tuvieron marginada (por problemas de fertilidad). Y, para colmo, no surgió una cocina francesa codificada hasta al menos un siglo después, cuando ella llevaba mucho tiempo muerta.

He de reconocer que es una lista de objeciones muy convincente, pero ¿significa eso que la historia es inventada? Bueno, es posible que los toscanos atribuyan demasiados méritos a Catalina, ¿se les puede culpar por ello? Son toscanos. Pero ¿sería ésa la primera vez que los historiadores modernos, en su afán por destrozar mitos, hubieran ido demasiado lejos?

La reina, sabemos, vivió tiempos muy difíciles. No tuvo su primer hijo hasta casi los treinta años (una edad realmente avanzada en el siglo XVI), aunque luego pareció cogerle el tranquillo y tuvo otros cinco muy seguidos. El rey resultó ser un cerdo mujeriego con una estúpida afición a correr de un lado para otro con su armadura (murió en un torneo, cuando la reina, convertida ya en Catherine, tenía cuarenta años). El país se encontraba al borde de la guerra civil (católicos y hugonotes), y no había mucho tiempo para pensar en comidas. Pero el episodio más revelador de la vida culinaria de Catherine de Médicis ocurrió en la década de 1560, cuando no tenía catorce años sino cuarenta bien cumplidos, y, liberada de su marido el rey, se convirtió en la mujer más influyente de Francia. Para fomentar la unidad en unos tiempos de lucha entre distintas facciones y suscitar el respeto hacia el monarca (y el reinado de sus tres hijos), ella, como reina regente, organizó una insólita campaña. Con un séquito de ochocientos caballos, soldados y sirvientes, además del chef real y su extenso personal de cocineros, trinchadores, *scalcos* y camareros, emprendió un viaje culinario de dos años por Francia, celebrando fiestas, banquetes y fastuosos espectáculos, una auténtica gira real en pleno siglo XVI. Durante dos años, trató de consolidar la monarquía de un modo que un italiano entendería: alimentando a la gente.

¿En qué otro lugar europeo, en la década de 1560, preparaba alguien suntuosos y elaborados banquetes de muchos platos? En Francia no, ni en Inglaterra, ni en los países germánicos. Pero viene a mi memoria un *pranzo* italiano de ocho platos, con 1.347 recetas diferentes, preparado por Bartolomeo Scappi. El menú carecía de fecha

—lo que era una parte de su fuerza retórica cuando se incluyó en la edición de 1570 de las obras de Scappi—, pero casi con toda certeza se había preparado en la década anterior. Semejante banquete, o algo muy parecido, inspiró sin duda la gira real de Catherine de Médicis: un festín italiano del Renacimiento.

Pero incluso a esta especulación se le escapa el quid. No estoy convencido de que Catherine de Médicis enseñara a los franceses a cocinar, pero creo que fue una de las influencias culinarias importantes. En el siglo XVI, mucha gente en Francia reconocía que la cocina italiana había vivido un largo período de renacimiento; algo secundario comparado con el auge del propio Renacimiento. En 1505, el libro de Platina sobre el maestro Martino se tradujo al francés y tuvo mucho éxito. Diez años después, Giovanni Rosselli localizó el manuscrito del propio maestro (el que plagió Platina), se atribuyó su autoría y lo publicó bajo el título de *Epulario:* obra que también fue inmediatamente traducida. Las cortes papales de Avignon tenían cocineros italianos, al igual que la del suegro de Catherine de Médicis. Rabelais ya había escrito sobre sus tres viajes a la península italiana. Montaigne estaba a punto de emprender el suyo. ¿Cambió Catherine sin ayuda de nadie la cocina francesa? No. Pero sin duda fue la culminación de una tendencia que ya llevaba algún tiempo en marcha cuando ella cruzó los Alpes (o el Mediterráneo) para ir a Francia.

Aquél no era el momento para que yo abriera un restaurante. Cuando recordaba lo que había aprendido en Italia —la *arista* del siglo XV, las terrinas y ragús de los Médicis, el muslo, los raviolis del Renacimiento, las recetas de Martino—, comprendía que había llegado a dominar una tradición culinaria (la llamaré la tradición florentino-toscana de finales del Renacimiento) hasta un momento dado: cuando Catalina se convirtió en Catherine y cruzó los Alpes (o el Mediterráneo) para ir a Francia.

No estoy preparado, le dije a Mario. Todavía tengo mucho que aprender, y quizá no vuelva a tener otra oportunidad como ésta. Quiero seguir a Catherine de Médicis. Para entender bien la cocina italiana, necesito cruzar los Alpes y averiguar qué sucedió luego. Tengo que ir a Francia.

AGRADECIMIENTOS

La referencia al primer uso del término «pasta», en Cagliari, 1351, procede de *Pasta: The Story of a Universal Food*, de Silvano Serventi y Françoise Sabban, traducido al inglés por Anthony Shugaar (2000). La referencia al primer documento publicado de una polenta de maíz en Italia aparece en *Italian Cuisine: A Cultural History*, de Alberto Capatti y Massimo Montanari, traducido al inglés por Aine O'Healy (1999). *Italian Cuisine* describe también la autobiografía de Antonio Latini. La teoría alimenticia de la demanda predominante aparece en *Culture of the Fork: A Brief History of Food in Europe*, de Giovanni Rebora, traducido al inglés por Albert Sonnenfeld (1998).

Además de los textos más obvios, los siguientes libros resultaron especialmente útiles: *On Food and Cooking: The Science and Lore of the Kitchen* (1984, y la edición revisada y ampliada de 2004), de Harold McGee; *Platina, On Right Pleasure and Good Health*, editado y traducido al inglés por Mary Ella Milham (1998); y *Apicius, Cookery and Dining in Imperial Rome*, editado y traducido por Joseph Dommers Vehling. Varios textos italianos también fueron esenciales, incluyendo los dos volúmenes del *Arte della Cucina, Libri di recette testi sopra lo scalco, il trinciante, and i vini*, editado por

459

Emilio Faccioli (1996); la edición facsímil del texto de 1692 de *Lo scalo alla moderna, overo l'arte di ben disporre i conviti*, de Antonio Latini (1993); *Ne pomodoro ne pasta, 150 piatti napoletani del seicento*, editado por Claudio Novelli (2003); y la edición facsímil del texto de 1570 de *Opera dell'arte del cucinare*, de Bartolomeo Scappi (2002).

Quisiera dar las gracias por sus consejos y comentarios a aquellos que leyeron el manuscrito: Leyla Aker, Jessica Green, Austin Kelley, Cressida Leyshon, David Remnick, Andrew Wylie y mis dos editores del libro, Dan Franklin en Londres y Sonny Mehta en Nueva York.

Este libro no habría sido posible en absoluto sin el apoyo, la tolerancia, el aliento, las enseñanzas y la amistad de Mario Batali. Para expresarle debidamente mi gratitud tendría que escribir otro libro.

ÍNDICE